365 IDEEN
aus Deutschland, die jeder kennen sollte

Im Land der Ideen müssen Ideen auch zünden!

Die Veranstaltungsreihe „365 Orte im Land der Ideen" tritt an jedem Tag des Jahres den Beweis dafür an, dass sich diese Hoffnung an vielen Stellen in unserem Land bereits erfüllt hat. Für 2007 hatten die Standortinitiative und die Deutsche Bank erneut einen bundesweiten Wettbewerb um die zukunftsfähigsten und nachhaltigsten Innovationen ausgelobt. Rund 1500 Bewerbungen sind eingegangen, womit das Ergebnis des letzten Jahres noch übertroffen wurde.

Der Ideenführer dokumentiert die 365 Preisträger mit ihren Veranstaltungen. Sie setzen in allen Bereichen des gesellschaftlichen Lebens tagtäglich das Leitbild um, das jeglicher Innovationspolitik zugrunde liegen sollte: Zukunft nicht zu verbrauchen, vielmehr Wissenschaft, Forschung und moderne Technologien verantwortungsbewusst mit dem Ziel einzusetzen, künftigen Generationen die Perspektive auf eine erstrebenswerte Zukunft zu eröffnen und diese zu festigen.

Ein wesentlicher Baustein ist hierbei die Verknüpfung von Wissenschaft und Wirtschaft in Deutschland, damit sich Ideen aus der Forschung auch auf den Märkten durchsetzen, Spitzenleistungen zu Produkten werden.

Aus diesem Blickwinkel betrachtet, steckt in den „Ausgewählten Orten 2007" ein großartiges innovatives und kreatives Potenzial. Hier findet jeden Tag Zukunft statt. Deutschland ist das Land der Ideen. Die 365 Preisträger zeigen den Weg, wie wir es auch in Zukunft bleiben: Indem wir Ideen in die Tat umsetzen, indem wir Ideen zünden!

Annette Schavan

Dr. Annette Schavan
Bundesministerin für Bildung und Forschung

Zukunft erlebbar machen

Innovative Ideen, visionäres Denken und leidenschaftliche Kreativität sind unverzichtbare Voraussetzungen für eine zukunftsorientierte Gesellschaft, für dauerhaften Wohlstand und soziale Sicherheit.

Auch 2007 treten 365 Orte den Beweis an: unser Land hat diese innovative Kraft. Die Gewinner des Wettbewerbs „365 Orte im Land der Ideen" spiegeln das immense Potenzial kreativer Ideen und weiterbringender Lösungsansätze wider.

Die Veranstaltungsreihe „365 Orte im Land der Ideen" erschöpft sich jedoch damit allein nicht. Sie will darüber hinaus zwischen diesen Orten ein Netzwerk schaffen, um diesen so die Möglichkeit zu geben, voneinander zu lernen, sich gegenseitig in ihrer Wirkung zu stärken, vom Mut, von der Neugier und der Kreativität der jeweils anderen weitere Impulse zu bekommen. So wird im Lauf der Zeit aus einzelnen Ideen und Projekten hoffentlich eine breitere Entwicklung. Die positive Signalwirkung, die die Initiative „Land der Ideen" bereits im Jahre 2006, dem ersten Jahr ihres Bestehens, nach innen und außen erzeugte, hat Deutschland sehr gut getan. Wir in der Deutschen Bank sind froh, dazu mit unserem exklusiven Engagement für die „365 Orte im Land der Ideen" beigetragen zu haben. Wir haben uns deshalb ohne Zögern entschlossen, die Initiative weiter zu unterstützen, um so den erforderlichen Bewusstseinswandel in Deutschland beschleunigen und das Bild unseres Landes in manchen Teilen der Welt verändern zu helfen.

Dieses Buch stellt 365 „ausgewählte Orte" vor, die nicht nur mit Leidenschaft Ideen entwickelt, sondern auch in Erfolge umgesetzt haben. Orte, die in ihrer Gesamtheit beweisen, dass wir aus unserer Vielfalt mehr machen können und dass gerade in ihr der Schlüssel zur erfolgreichen Beantwortung künftiger Herausforderungen liegt.

Tessen v. Heydebreck

Dr. Tessen von Heydebreck
Mitglied des Vorstands der Deutschen Bank

365 Orte im Land der Ideen:

Täglich eine gute Idee entdecken

Der kleine Ort Rotfelden liegt im Schwarzwald und zählt knapp 1.100 Einwohner. Aber auch mehr als 80 Alpakas, Dromedare und Lamas leben hier. Sie sind auf dem Kamelhof „Fatamorgana" zu Hause, der die besonderen Qualitäten dieser exotischen Tiere nach Deutschland bringt: Ihre Milch wird als Naturheilmittel eingesetzt, und ihr einnehmendes Wesen wirkt bei therapeutischen Behandlungen Wunder. Nur eine von 365 außergewöhnlichen Ideen!

LINK-UP kämpft gegen die Ausgrenzung von HIV-Infizierten und für deren Integration ins Erwerbsleben.

Engagement sichtbar machen

Das Land der Ideen, der Erfinder und Kreativen stellt sich vor. Ihre Ideen begleiten uns täglich. Ihre Werke stehen in jedem Bücherregal, fahren auf allen Straßen oder sind ein wichtiger Bestandteil unserer Hausapotheke. Doch oft sind die besten Ideen noch unentdeckt. Dabei entstehen sie auch heute täglich an vielen Orten in Deutschland.

Diese Ideen finden jetzt eine Bühne. Wo sie realisiert werden, zeigt Ihnen der vorliegende Ideenführer. Nehmen Sie Neugier und Wissensdurst mit und gehen Sie auf Entdeckungsreise durch Deutschland. Die Initiative „Deutschland – Land der Ideen" und die Deutsche Bank laden Sie dazu ein: Lernen Sie 365 herausragende Ideen aus Deutschland kennen – an 365 Tagen und 365 ganz besonderen Orten.

Interaktiv und multimedial werden im SCIENCE TUNNEL den Besuchern die Mysterien der Welt erklärt.

Alle hier präsentierten Orte können und sollen Sie unmittelbar erleben. Viele sind das ganze Jahr über geöffnet, manche nur für kurze Zeit. Aber alle Orte richten an einem bestimmten Tag im Jahr eine Veranstaltung aus – mit besonderen Aktivitäten für alle Besucher.

Einige Beispiele mögen die Vielfalt und den Facettenreichtum der Ideenlandschaft Deutschlands sichtbar machen:

Innovativ – integrativ – originell

Erleben Sie im „Science Tunnel" eine einmalige Wissenschaftsausstellung aus Deutschland. Erstmals auf der EXPO 2000 in Hannover präsentiert, bereiste der „Science Tunnel" der Max-Planck-Gesellschaft vier Jahre lang Asien und Europa und zog rund zwei Millionen Menschen in seinen Bann. Er zeigt das Wissen der Welt, wenn er in diesem Jahr in Dresden Station macht.

Ideen können das Leben von Menschen bereichern und erleichtern – als technische Innovation oder geistige Revolution. Für eine integrative Idee kämpft „LINK-UP", ein Projekt der Deutschen Aids-Hilfe e.V. sowie der Initiative EQUAL des Bundesministeriums für Arbeit und Soziales. Hier werden HIV-infizierte Menschen unterstützt, die aufgrund einer erfolgreichen Therapie wieder am gesellschaftlichen Leben teilhaben können.

Einen innovativen Gedanken zu entwickeln und zu realisieren, bedeutet, aktiv und gestaltend

Die JUNGEN DICHTER UND DENKER machen Lust auf klassische Texte, indem sie Gedichte rappen.

neue Wege zu gehen. Die „Jungen Dichter und Denker" aus Niedersachsen machen es vor. Sie schöpfen ihr kreatives Potenzial aus der Verknüpfung von Tradition und Moderne. Werke der Klassiker gehen mit der Jugendkultur eine Verbindung ein und wecken bei Jugendlichen die Lust auf Dichtung und Literatur.

Aktuell – zukunftsorientiert – nachhaltig

Während der Fußballweltmeisterschaft 2006 trainierte die Nationalmannschaft der Niederlande hier: Das badenova-Stadion des SC Freiburg setzt viele wertvolle Energien frei, sowohl

Das BADENOVA-STADION DES SC FREIBURG ist das erste und einzige Solarstadion Deutschlands.

im Sport auf dem Platz als auch im Rund des Stadions. In vorbildlicher Weise decken die Betreiber einen großen Teil des Energiebedarfes durch zwei Photovoltaik-Kraftwerke und ein umweltschonendes System für die Rasenheizung.

Dass ein Zoo mehr als ein Ort ist, an dem Tiere zu besichtigen sind, beweist der Tierpark in Leipzig. Der preisgekrönte „Zoo der Zukunft" ist ein internationales Vorbild für artgerechte und naturnahe Haltung. Er bietet ungewöhnliche Einblicke in das Leben der Tiere: Das solarbetriebene Badebecken der Elefantenanlage erlaubt aus der Unterwasserperspektive die Sicht auf die schwimmenden Tiere.

Schwebende Kolosse können die Besucher im Elefanten Badebecken des ZOO LEIPZIG beobachten.

Der Wettbewerb 2007

Für 2007 haben sich mehr als 1.500 Unternehmen, Kultur- und Forschungseinrichtungen, soziale Projekte und Vereine, Universitäten und Museen um die Auszeichnung „Ausgewählter Ort 2007" beworben und damit ihr Engagement für den Standort Deutschland unter Beweis gestellt. Das Potenzial an Innovation, Qualität und Kreativität beeindruckte die 25-köpfige Jury unter dem Vorsitz von Prof. Dr. Martin Roth, Generaldirektor der Staatlichen Kunstsammlungen Dresden, und Prof. Dr. Michael Hüther, Direktor des Instituts der deutschen Wirtschaft in Köln.

Die Initiative „Deutschland – Land der Ideen"

Die Initiative „Deutschland – Land der Ideen" wurde von der Bundesregierung und dem Bundesverband der Deutschen Industrie (BDI) ins Leben gerufen, um im In- und Ausland für ein sympathisches, innovatives, leistungsfähiges und zukunftsorientiertes Deutschlandbild zu werben. Schirmherr der Initiative ist Bundespräsident Horst Köhler. In ihrer Public-Private-Partnership-Struktur hat die Initiative mit ihren Partnern aus Politik und Wirtschaft in 2006 zahlreiche Projekte erfolgreich umgesetzt. Auch im Jahr 2007 will sich Deutschland als ein modernes, innovatives, kreatives und weltoffenes Land präsentieren. Für dieses Ziel engagiert sich der „Deutschland – Land der Ideen e.V." mit aller Kraft. Auch Sie können das Land der Ideen gestalten. Werden Sie Mitglied im „Deutschland – Land der Ideen e.V.". Aktuelle Informationen zum Land der Ideen, zum Verein „Deutschland – Land der Ideen e.V." und zu den Projekten der Initiative finden Sie unter www.land-der-ideen.de.

Die JVA Fuhlsbüttel nutzt die Kreativität der Gefangenen und produziert unter der Marke SANTA FU Produkte aus dem Knast.

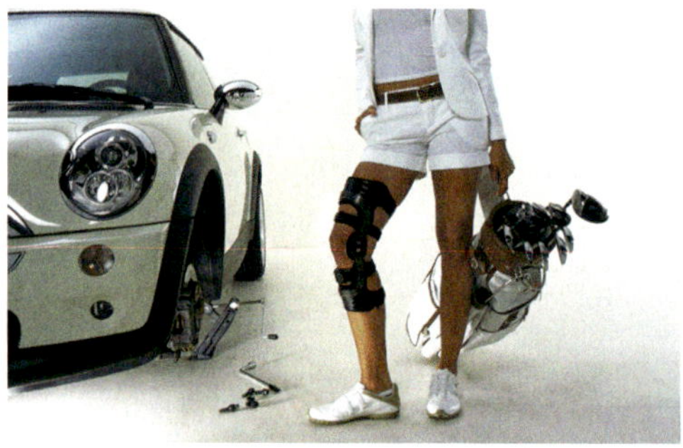

Die OTTO BOCK HEALTHCARE GmbH verhilft mit Hightech Behinderten zu mehr Mobilität.

Ein wesentliches Kernprojekt ist die Veranstaltungsreihe „365 Orte im Land der Ideen". Als Partner guter Ideen unterstützt die Deutsche Bank erneut dieses besondere Projekt. Woche für Woche dokumentieren zusätzlich DIE WELT, DIE WELT kompakt und die WELT am SONNTAG die Entdeckungsreise durch Deutschland. Die 365 ausgezeichneten Projekte sollen Sie durch das Jahr begleiten. An jedem Tag des Jahres stellt sich ein Ort mit seiner Idee im Rahmen einer Veranstaltung vor – und Sie sind herzlich dazu eingeladen. Lassen Sie sich von der Kraft der Ideen im Land der Ideen begeistern!

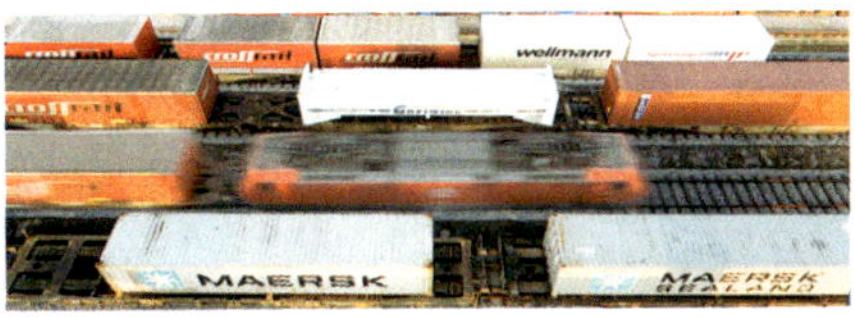
MAERSK
MAERSK

SANTA FU
zelle

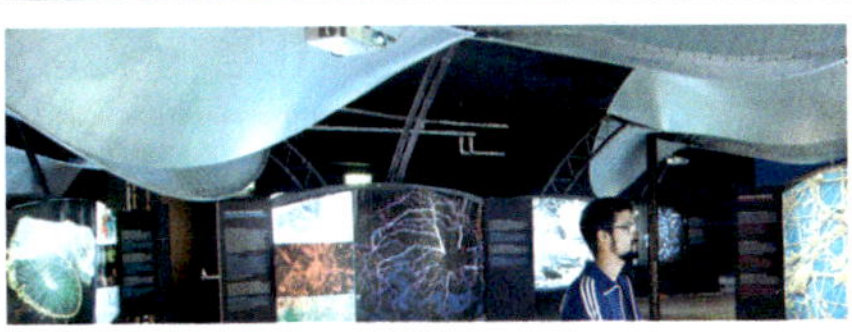

Kunst und Kultur

Ideen können überall entstehen. Doch am engsten verknüpft ist die Kreativität mit der Kunst. Ob Theaterstücke geschrieben, neu inszeniert und auf die Bühne gebracht werden, Musik komponiert oder ganz neu interpretiert wird, Bilder entstehen oder Ausstellungsmacher alte Kunst mit frischem Blick präsentieren: Ohne Ideen geht nichts im Kulturbetrieb. Während gute aktuelle Kunst immer auch ein Blick aus der Gegenwart in die Zukunft ist, werden die Werke aus Musik und Malerei, Romane und Theaterstücke mit den Jahren zum Gedächtnis einer Kultur. Aus diesem kulturellen Schatz ist vor 150 Jahren das Wort von Deutschland als dem „Land der Dichter und Denker" entstanden. Für das Land der Ideen spielen Kunst und Kultur eine ganz besondere Rolle. Als Gedächtnis einer Kultur muss die Kunst gepflegt werden. Jedem Werk muss, wenn es seine Bedeutung bewahren soll, immer aufs Neue Aktualität gegeben werden. Auf den folgenden Seiten möchten wir Ihnen einige hervorragende Ideen vorstellen, die neuer Kunst ein Forum geben, alten Ideen zu neuem Glanz verhelfen oder Menschen, die mit Kunst und Kultur bisher nicht in Berührung gekommen sind, einen Zugang eröffnen. Dabei laden so verschiedene Orte wie die Synagoge in Friedrichstadt, das Nationaltheater in Weimar oder das Kölner Schokoladenmuseum ein, Kultur zu entdecken. Von großer Kunst bis zur Alltagskultur, von Faust bis zum Theater mit Passanten, von Bücherschätzen bis zur Documenta. Jeder dieser Orte pflegt Ideen auf seine ganz eigene Weise. Und jeder dieser Orte hat die Jury dadurch überzeugt, dass er mit seiner Kreativität aus einer reichen kulturellen Tradition eine Brücke in die Zukunft schlägt.

Im Jungen Theater Bonn spielen Kinder und Jugendliche in einem professionellen Schauspielensemble.

001 | **24-STUNDEN-KUNSTMUSEUM**

NIEDERSACHSEN

Schlossplatz 7
29221 Celle
Telefon 05141/12685

Veranstaltung: 14.01.2007
Entdecker-Sonntag mit Sonderführungen und Minuten-Erleuchtungen

ART AROUND THE CLOCK

Das Kunstmuseum Celle bietet rund um die Uhr Kunst im Doppelpack: am Tag im Haus und bei Nacht am Haus.

Unter der Nummer 39854828 ist beim Deutschen Marken- und Patentamt in München ein ungewöhnliches Museumskonzept registriert: das erste 24-Stunden-Kunstmuseum der Welt, mit zeitgenössischer und moderner Kunst. Als geheimnisvoll leuchtender Kristall lockt der Foyerkubus des Museums nachts Passanten zum Rundgang um das Gebäude und macht sie neugierig auf die Schätze im Innern: Auf drei Etagen sehen die Besucher tagsüber Malerei, Grafik, Skulptur und Objektkunst. Die Sammlung Robert Simon schlägt einen Bogen von der Gegenwart zurück ins frühe 20. Jahrhundert. Werke von Beuys, Christo oder Krieg gehören zum Bestand. Bei Nacht findet das Kunsterlebnis draußen statt, wo Skulpturen und Lichtkunst dramatische Verbindungen zwischen dem Gebäude und seiner Umgebung knüpfen. Darunter zwei monumentale Stahlplastiken von Weltkunstpreisträger Otto Piene, die wie erstarrte Feuerfontänen in den Himmel ragen. Das Museum wechselt im Halbtagesrhythmus sein Gesicht – mit dem Öffnen und Schließen der Türen. Wer alles sehen möchte, sollte zweimal kommen: am Tag und bei Nacht.

www.kunst.celle.de

002 | DEUTSCHE ARBEITSSCHUTZAUSSTELLUNG

NORDRHEIN-WESTFALEN

Friedrich-Henkel-Weg 1-25
44149 Dortmund
Telefon 0231/90712479

Veranstaltung: 24.01.2007
DASA Jugendkongress

SCHUFTEN IN SCHICHTEN

Visionen auf 13.000 Quadratmetern: Eine Ausstellung informiert über die Zukunft der Arbeit.

Die Botschaft lautet: „Sicher und gesund leben und arbeiten für alle". 1993 öffnete die „Deutsche Arbeitsschutzausstellung" (DASA) der Bundesanstalt für Arbeitsschutz und Arbeitsmedizin ihre Pforten. Seit der Weltausstellung „Expo 2000" präsentiert sich die Dortmunder Ausstellung sogar auf 13.000 Quadratmetern – und ist damit das größte Ausstellungshaus zum Dreiklang „Mensch-Arbeit-Technik" in Deutschland. Die DASA überzeugt das Publikum mit ihrer Verbindung von innovativer Gestaltung, multimedialen Erlebnissen und Vermittlungsmethoden, die alle Sinne ansprechen. Stets im Mittelpunkt: der Mensch mit seinen körperlichen, seelischen, sozialen und kulturellen Bedürfnissen. Mal eben anpacken? Auf der DASA-Baustelle ist das sogar erwünscht. Genauso kurzweilig kommen die anderen Themen daher. Parallel zur ständigen Ausstellung, die sich der Arbeit im Wandel der Zeit und in der Zukunft annimmt, gibt es wechselnde Spezialausstellungen. Die DASA wird nie fertig sein: Der schnelle Wandel in der Arbeitswelt braucht immer neue Darstellungen.

www.dasa-dortmund.de

003 | DEUTSCH-TÜRKISCHE KULTURWOCHEN

BAYERN

Prielmayerstraße 3
80335 München
Telefon 089/51555240

Veranstaltung: 05.02.2007
Eröffnungsveranstaltung der Deutsch-Türkischen Kulturwochen 2007 im Bayerischen Landtag

BOSPORUS IN BAYERN

Die „Deutsch-Türkischen Kulturwochen" zeigen ein klischeefreies Bild der Türkei.

Dass türkische Kultur mehr zu bieten hat als bunte Teppiche und Teerituale, dürfte sich mittlerweile herumgesprochen haben – immerhin ist die türkischstämmige Bevölkerung die mit Abstand größte ausländische Gruppe in Deutschland. Aber was ist es genau, das typisch Türkische? Antworten verschiedenster Art versuchen die Deutsch-Türkische Freundschaftsföderation, das BAYERNFORUM der Friedrich-Ebert-Stiftung und die Stelle für Interkulturelle Arbeit der Landeshauptstadt München mit den „Deutsch-Türkischen Kulturwochen" zu geben. Lesungen und Jazzabende, Podiumsdiskussionen, Konferenzen und Gesprächsrunden sollen den deutschen Besuchern türkische Kultur schmackhaft machen – und den Dialog zwischen Deutschen und Türken fördern. Als Schirmherren fungieren der Münchner Oberbürgermeister Christian Ude und der türkische Botschafter in Deutschland, Mehmet Ali Irtemçelik. Das Hauptziel der Kulturwochen ist der berühmte Brückenschlag: zwischen den Ländern, und vor allem zwischen den Menschen.

www.bayernforum.de

004 | MEININGER THEATER THÜRINGEN

Bernhardstraße 5
98617 Meiningen
Telefon 03693/4510

Veranstaltung: 09.02.2007
Theateraufführung

DIE GANZE STADT IST EINE BÜHNE

Das Meininger Theater inszeniert Goethes Faust I und II in den Straßen der Stadt.

Ohne Meiningen kein Hollywood: Was wie eine gewagte Behauptung klingt, lässt sich aus der Chronik des 1831 eröffneten Südthüringischen Staatstheaters durchaus herauslesen. Ende des 19. Jahrhunderts inspirierte die naturalistische Spielweise der Meininger Bühne den russischen Theatermacher Konstantin Stanislawski zu seiner Lehr- und Regiemethode, die später Lee Strassberg in New York übernehmen sollte. Und in Strassbergs Actors Studio starteten Größen wie Al Pacino, Robert de Niro und Dustin Hoffman ihre Karrieren. Das Erbe der 176-jährigen Theatergeschichte in Verbindung mit den heutigen Herausforderungen gipfelt im Sommer 2007 in der Neuinszenierung von Goethes Faust I und II. Intendant Ansgar Haag will in seiner Regiearbeit brennende Fragen vom geklonten Menschen bis hin zur Fiktionalität eines modernen Finanzwesens zur Diskussion stellen. Der Clou dabei: Die ganze Stadt dient als Spielort.

www.das-meininger-theater.de

005 | KULTURWERKSTATT BOTTROP

NORDRHEIN-WESTFALEN

Blumenstraße 12-14
46236 Bottrop
Telefon 02041/703721

Veranstaltung: 26.02.2007
Tag der offenen Tür

BUNT IN BOTTROP

Mit breiter Angebotspalette und starkem Netzwerk wird in Bottrop Kunst gemacht.

Mitten im Pott werden Ideen und Farben bunt gemischt: Tanz, Theater, Malen, Töpfern und Fotografieren. Kreativität braucht vollen Einsatz. In der Kulturwerkstatt Bottrop wird der Rahmen des schulischen Kunstunterrichts gesprengt. Jungen und Mädchen ab sechs Jahren entwickeln hier ihren eigenen Kunststil. Die Angebotspalette reicht vom freizeitorientierten Kreativangebot bis zu berufsvorbereitenden Kursen für Schulabgänger. Kunst braucht eben frische Ideen. In der Kulturwerkstatt malochen die jungen Künstler in allen Disziplinen. Neben zahlreichen gestalterischen Kursen und Workshops macht die Theatergruppe „Himmelblau" mit geistig behinderten Schauspielern zwischen 15 und 18 Jahren großes und integratives Theater. „das junge museum" macht verschiedene Themen aktiv „begreifbar", organisiert Ausstellungsprojekte und kreatives Ferienprogramm. Die vielseitigen Projekte zeichnen sich besonders durch ihre starke Vernetzung mit allen Schulformen und anderen Einrichtungen vor Ort aus. Die Farbe des Ruhrgebiets ist bunt.

006 | MUSEUM FRIEDER BURDA BADEN-WÜRTTEMBERG

Friedrichstraße 2
76530 Baden-Baden
Telefon 07221/398980

Veranstaltung: 04.03.2007
Gespräch der drei Polke-Sammler Frieder Burda, Josef Froehlich und Rainer Speck

KUNST, IRONIE UND GEGENWART

Museum Frieder Burda: wegweisende Positionen der Malerei in spektakulärer Architektur

Es gibt Geschenke, da ist schon die Verpackung ein Genuss. Das Museum Frieder Burda in Baden-Baden eröffnete 2004 und schon von außen beeindruckt das schneeweiße 20-Millionen-Euro-Objekt des US-Stararchitekten Richard Meier. Drinnen erwartet Besucher eine faszinierende Sammlung, die wegweisende Positionen der Malerei des 20. Jahrhunderts zusammenführt. Deutscher und amerikanisch abstrakter Expressionismus, ein dichter Werkkomplex des späten Picasso sowie Malerei in Deutschland nach 1960 oder aus Österreich – die Sammlung des Verlegersohnes Frieder Burda konzentriert sich auf eine überschaubare Anzahl von Künstlern und spannt doch einen Bogen über die Malerei der vergangenen 100 Jahre. Das rein privat finanzierte Museum wartet im Frühjahr 2007 mit einer großen Retrospektive von Sigmar Polke auf. Der in Köln lebende Maler ist einer der bedeutendsten Gegenwartskünstler und bedient sich in seiner an die Pop-Art angelehnten Ausdrucksweise gerne der Ironie.

www.sammlung-frieder-burda.de

007 | JUNGES THEATER BONN NORDRHEIN-WESTFALEN

Hermannstraße 50-52
53225 Bonn
Telefon 0228/463672

Veranstaltung: 09.03.2007
Aufführung

SO EIN THEATER!

Das „Junge Theater Bonn" integriert Kinder und Jugendliche in sein Schauspiel-Ensemble.

Zu welcher Form kleine Laiendarsteller auf der Bühne auflaufen können, wenn sie gefordert werden, das hat der Film „Rhythm is it" gezeigt. Im „Jungen Theater Bonn" (JTB) stehen Kinder und Jugendliche schon seit Langem auf der Bühne. Die Kinder lernen Schauspielen, Singen und Tanzen, um schließlich selbst im Rampenlicht zu glänzen. Workshops vermitteln ihnen Verständnis für Inszenierungen und das Theater. Dabei setzt das JTB nicht nur auf Altbewährtes, sondern hat Rechte für viele hochkarätige Stoffe erworben, sie bearbeitet und uraufgeführt. Im September 2006 wurde Cornelia Funkes Weltbestseller „Tintenherz" als Musical uraufgeführt, im April 2007 folgt das Stück „Jenseits der Stille" nach Caroline Links Oscar-nominiertem Film. Hier spielt das Profi-Ensemble gemeinsam mit professionell angeleiteten Kindern und Gehörlosen. Der Mut zu neuen Wegen hat aus dem „Jungen Theater Bonn" eines der erfolgreichsten Kinder- und Jugendtheater in Deutschland gemacht.

www.jtbonn.de

008 | ENSEMBLE MODERN HESSEN

Schwedlerstraße 2-4
60314 Frankfurt am Main
Telefon 069/94343020

Veranstaltung: 11.03.2007
Tag der offenen Tür

MANISCH MODERN

Mainstream, nein danke! Musikalisch und finanziell setzt das Ensemble Modern auf Originalität.

Von der FAZ bis zum „New Yorker" umjubelt: Das in Frankfurt beheimatete Ensemble Modern (EM) ist für seine Interpretationen zeitgenössischer Musik weltberühmt, hatte in den Neunzigern eine aufsehenerregende Zusammenarbeit mit Frank Zappa, tourt um die Welt und hat alle wichtigen Schallplattenpreise gewonnen. Die Bandbreite des Ensembles umfasst Musiktheater, Tanz- und Videoprojekte, Kammermusik sowie das erste Orchester weltweit, das ausschließlich Musik des 20. und 21. Jahrhunderts spielt. Doch das ist nicht das einzige Ungewöhnliche: Auch die Arbeits- und Organisationsweise unterscheidet sich vom klassischen Musikbetrieb. Es wird alles gemeinsam entschieden, ob Projekte, Gastmusiker, Koproduktionen und auch finanzielle Belange. Denn das Ensemble muss 80 Prozent seines Etats selber einspielen. Hier wird bewiesen, dass auch und gerade im Kollektiv gute Entscheidungen getroffen werden. Und manchmal entsteht daraus Weltklasse.

www.ensemble-modern.com

009 | DEUTSCHES NATIONALTHEATER WEIMAR

THÜRINGEN

Theaterplatz 2
99423 Weimar
Telefon 03643/755334

Veranstaltung: 29.04.2007
Theaterveranstaltung

„MY GOD RIDES A SKATEBOARD"

In Weimar holen Schauspieler die Akteure vom Theatervorplatz auf die Bühne.

Runter von der Bühne, raus auf die Straße! Das ist die Idee von Schauspielern des Deutschen Nationaltheaters in Weimar. Auf dem Theatervorplatz erkunden sie, für wen sie eigentlich Theater machen – und für wen nicht. Denn die, die ihrem Haus nahe sind, finden oft den Weg nicht hinein: Taxifahrer, Arbeitslose, Straßenmusiker, Bettler und Skateboardfahrer. Mit dem Projekt „My god rides a skateboard" will das Theater raus aus der Rolle des Statisten, der am regen Treiben vor seiner Tür nicht teilnimmt. Das Ensemble öffnet den Vorhang für die, die das Haus nur von außen kennen. Auf offener Straße suchen die Schauspieler den Dialog, um ungeschminkt zu hören, weshalb die da draußen mit Theater nichts am Hut haben und wie sich das ändern lässt. Das Ergebnis soll eine Inszenierung sein: Die Protagonisten vom Vorplatz stehen auf der Bühne des Nationaltheaters und spielen zusammen mit ihren Gastgebern ein Stück, das sich künstlerisch mit ihrer sozialen Situation und ihrem Blick auf das Theater auseinandersetzt. Schönes Straßen-Theater.

www.nationaltheater-weimar.de

010 | INTERNATIONALE KURZFILMTAGE OBERHAUSEN NORDRHEIN-WESTFALEN

Grillostraße 34
46045 Oberhausen
Telefon 0208/8252652

Veranstaltung: 03.05.2007
Kurzfilmfestival

KURZ UND GUT

Ästhetischer Trendsetter – die Internationalen Kurzfilmtage Oberhausen

Es ist das älteste und berühmteste Kurzfilmfestival der Welt, doch weihevoller Respekt ist hier nicht erwünscht. Seit 1954 sind „Die Internationalen Kurzfilmtage Oberhausen" eine lebendige Quelle filmpolitischer und ästhetischer Neuerungen. Das Festival setzt Trends, schon früh wurden Videos, Musikvideos und digitale Medien künstlerisch anerkannt. In über 100 Vorstellungen werden jedes Jahr rund 350 Filme und Videos der nächsten Generation gezeigt. Einziger gemeinsamer Nenner ist dabei die Zeitbegrenzung auf 35 Minuten für internationale oder 45 Minuten für deutsche Beiträge. Hier bekommt der Zuschauer kein Potpourri aktueller Produktionen vorgesetzt, sondern ein facettenreiches, oft provokatives internationales Programm, das jedes Jahr neue Themen und Persönlichkeiten in den Mittelpunkt stellt. Regisseure wie Martin Scorsese, George Lucas, Werner Herzog oder François Ozon zeigten hier ihre ersten Filme. Bei aller Reputation: Bisher konnten die Kurzfilmtage ein festgelegtes Image erfolgreich vermeiden und sich so immer wieder neu erfinden. **www.kurzfilmtage.de**

011 | SCRATCH-PROJEKT 2007 NORDRHEIN-WESTFALEN

Elberfelder Straße 65
58095 Hagen
Telefon 02331/2073210

Veranstaltung: 05.05.2007
Aufführung „Carmina Burana"

KLASSISCHER QUICKIE

In 24 Stunden studiert das Hagener Theater mit Laienkünstlern die „Carmina Burana" ein.

Es geht auch anders: Statt ätzend langer Casting-Shows, an deren Ende schließlich doch nur Püppchen und Bübchen statt Superstars trällern, rekrutiert das Theater Hagen sein Musikensemble in nur 24 Stunden – und bewerben darf sich jeder. Am Vorabend des Konzerttages startet das „Warming-up". Am nächsten Vormittag wird mit Klavierbegleitung geübt, am Nachmittag ist Probe mit Soli und dem Philharmonischen Orchester Hagen. Und abends gibts die Aufführung in der Hagener Stadthalle unter der musikalischen Leitung von Generalmusikdirektor Antony Hermus. Vor- und mitsingen kann jeder, der leidlich Stimme und vor allem Spaß an Chormusik hat. Notenkenntnisse sind wünschenswert, aber nicht Bedingung. Zur Premiere des „Scratch-Projektes" im Jahr 2006 sang ein 300 Mitglieder starker Chor Mozarts „Requiem". Für 2007 ist der musikalische Schnelldurchlauf bereits programmiert: Am 5. Mai soll Carl Orffs berühmte „Carmina Burana" innerhalb von 24 Stunden auf die Bühne gebracht werden. Ein klassischer Quickie.

www.theater.hagen.de

012 | NORDISCHES INSTITUT DER UNIVERSITÄT GREIFSWALD MECKLENBURG-VORPOMMERN

Hans-Fallada-Straße 20
17487 Greifswald
Telefon 03834/863613

Veranstaltung: 07.05.2007
Nordische Kulturveranstaltung

COOLES AUS DEM NORDEN

Mehr als Wikinger: In Greifswald zeigt Skandinavien sein modernes Gesicht.

Seit 1992 organisieren die Mitarbeiter und Studenten des Nordischen Instituts das Greifswalder Festival für nordische Kultur – den „Nordischen Klang". Es ist ein fester Bestandteil des Kulturangebots im Nordosten und der Europawoche. Konzerte, Ausstellungen, Lesungen, Theater-, Tanz- und Filmaufführungen sowie ein wissenschaftliches Programm am Nordischen Institut locken 10.000 Besucher. Doch Elche und Wikinger sucht man vergebens, denn statt gängiger Nordlandklischees bringt das Festival die neuesten Trends der kosmopolitischen Kulturszenen Nordeuropas. Durch viele internationale, multiethnische Projekte leistet das Festival einen Beitrag zur Aufgeschlossenheit und gegen Fremdenfeindlichkeit, indem es die kosmopolitische Gegenwart Skandinaviens widerspiegelt. Es trägt darüber hinaus zur Imagepflege der Uni bei, denn das Nordische Institut hat sich dank des Festivals einen guten Ruf und intensive Kontakte zu den nordischen Kulturinstitutionen, Unis, Ministerien, Botschaften und dem Nordischen Rat erarbeitet.

www.nordischerklang.de

013 | SCHOKOLADENMUSEUM KÖLN

NORDRHEIN-WESTFALEN

Am Schokoladenmuseum 1a
50678 Köln
Telefon 0221/9318880

Veranstaltung: 22.05.2007
Museumsführung

SENSOREN ZUM DAHINSCHMELZEN

Das Kölner Schokoladenmuseum präsentiert Hightech als süße Versuchung.

Wie riecht eigentlich flüssige Schokolade? Wie sieht es aus, wenn Schokoladentäfelchen verpackt werden und wie entsteht der charakteristische Schmelz? Das erleben Besucher im Schokoladenmuseum in Köln – und zwar mit allen fünf Sinnen. Auf zwei Etagen sehen, riechen, schmecken, hören und fühlen sie, wie aus der Kakaobohne schließlich eine fertige Tafel Schokolade wird. Dass bei vielen Produktionsprozessen hochmoderne ifm-Sensoren zum Einsatz kommen, ist dabei für die Besucher alles andere als langweilig: Sie sehen, wie optische Sensoren helfen, die Tafeln zu verpacken, sie hören, wie Diagnosesensoren Lager an Rührwerken überwachen, und sie fühlen, wie Zylindersensoren den Schmelz kontrollieren. In mehr als 4.500 Führungen pro Jahr gelingt es dem Schokoladenmuseum Köln, duftende Schokolade und moderne Technologie als ganzheitliches Sinneserlebnis zu präsentieren.

www.schokoladenmuseum.de

014 | DER KLANG DER QUADRATE

BADEN-WÜRTTEMBERG

E4, 6
68159 Mannheim
Telefon 0621/2939372

Veranstaltung: 05.06.2007
Eröffnungsfeierlichkeiten im Mannheimer Wasserturm

WENN QUADRATE KLINGEN

Ein Mannheimer Multimedia-Kubus bringt Musik in deutsche Metropolen.

In Mannheim spielt die Musik. Seit Jahrhunderten ist die Stadt ein Zentrum der Musik – sei es durch die klassische Mannheimer Schule des 18. Jahrhunderts, die fiebrigen Jazz-Bands der „Mannheim Area" oder elektronische Musik, Blues und Soul der Gegenwart. 2007 feiert die Stadt ihren 400. Geburtstag. Anlass genug, um mit dem Kultur- und Musikprojekt „Der Klang der Quadrate" auf große Tournee zu gehen. Herzstück des Projekts ist ein Multimedia-Kubus, der mit Köln, Berlin, München und Leipzig Deutschlands Kultur- und Musikmetropolen besuchen wird – begleitet von einem Song, den Mannheimer Musiker und Studierende der Popakademie ihrer Stadt zum Geburtstag schenken. Er wird Musikern aus den Tourstädten zum Remix, dem Arrangieren einer eigenen Version, angeboten. Das Ergebnis: ein jeweils ganz eigener, städtetypischer Soundtrack. Die Idee ist, durch die Musik einen Dialog zwischen den Städten, den Musikern und den Bürgern zu stiften und ihnen die facettenreiche Geschichte des Musiklands Deutschland spielerisch näher zu bringen.

www.klangderquadrate.de

015 | INTERNATIONALES KÜNSTLERHAUS

BAYERN

Concordiastraße 28
96049 Bamberg
Telefon 0951/955010

Veranstaltung: 15.06.2007
Lesenacht

KUNST FÜR JEDERMANN

Kultur für alle und mit allen: In Bamberg wird der Fortschritt greifbar.

„Bamberg ist nicht provinziell, dort wo ich bin, ist der Mittelpunkt", sprach der international bekannte Bildhauer Markus Lüpertz und verwies dabei auf 13 seiner expressiven Großplastiken, die vorübergehend die Plätze der barocken Domstadt kontrastreich schmücken. Das Internationale Künstlerhaus Villa Concordia hat den streitbaren Geist samt seiner umstrittenen Werke in die Stadt geholt und dabei die anschließenden Diskussionen gleich einkalkuliert. Die Ausstellungen, Lesungen und Konzerte mit Kreativen aus aller Welt entfachen immer wieder Gespräche zwischen den Künstlern und ihrem Publikum. Nach den Worten des Direktors Dr. Bernd Goldmann realisieren sich genau darin neue „Ideen, werden Fortschritt und Kreativität greifbar". Und dabei denkt der Bamberger Kulturmanager auch an die Schüler der Region oder die Häftlinge der nahe gelegenen Justizvollzugsanstalt Ebrach. Ein gemeinsam mit den oberfränkischen Schulen verfasstes Leseheft steht für das Künstlerhaus gleichberechtigt neben den Leseabenden von Krimiautoren wie Louise Welsh. Es gilt: Kultur für alle und mit allen.

www.villa-concordia.de

016 | SCHNÜRSCHUH THEATER BREMEN

Buntentorsteinweg 145
28201 Bremen
Telefon 0421/555410

Veranstaltung: 02.07.2007
Präsentation: Kreativität im Jugendtheater

BREMER FREIZEITMUSIKANTEN

Der Jugend eine Bühne: Das Bremer Schnürschuh Theater setzt auf Sturm und Drang.

Was bleibt, wenn der Traum vom Erfolg an der nüchternen Realität scheitert? Das Stück „Nellie Goodbye" des Schnürschuh Theaters in Bremen widmet sich den Sehnsüchten und dem Scheitern junger Musikbands im Übungsraum. Junge Bandmitglieder stehen in dem Stück einer plötzlichen Krankheit und dem Ende der Band hilflos gegenüber. Davon inspiriert, ruft das Theater jetzt zu einem Wettbewerb auf, bei dem reale junge Bands mit selbst geschriebenen Theaterstücken ihre Probleme, ihre Konflikte und ihre Musik auf die Bühne bringen sollen. Hier inszenieren die Jugendlichen selbst ihre ganz persönlichen Vorstellungen von Starkult, Erfolg und Karriere. Ängste, Hoffnungen und Wünsche junger Erwachsener sind seit Gründung des Schnürschuh Theaters 1976 fester Bestandteil des Spielplans, der auch Klassiker enthält. Viele Stücke sind für Jugendliche konzipiert, eine regelmäßig arbeitende Theatergruppe ermöglicht es ihnen, unter professioneller Anleitung selbst auf der Bühne zu agieren. Die Zusammenarbeit mit Schulen und Lehrern garantiert Authentizität.

www.schnuerschuh-theater.de

017 | PASINGER FABRIK BAYERN

August-Exter-Straße 1
81245 München
Telefon 089/8292900

Veranstaltung: 19.07.2007
Theateraufführung

ROCK ME AMADEUS

Don Giovanni oder wie in Pasing ein Opernklassiker die Zukunft entdeckt.

In Fabriken arbeiten für gewöhnlich Arbeiter. In der Pasinger Fabrik im Westen Münchens arbeiten jedoch seit 1991 Künstler. Unter dem Dach der ehemaligen Haushaltswarenfabrik hat sich eine bunte Vielfalt kultureller Disziplinen vereint. Kleinkunst- und Kabarettgruppen, Theaterensembles und Musiker aller Sparten bringen hier allabendlich ihre Talente auf die Bühne. In der Kulturfabrik versteckt sich die künstlerische Größe oft in den kleinsten Nischen. Hinter den strahlend weißen Fabrikmauern residiert zum Beispiel das kleinste Opernhaus Münchens. Dort hat man so seltsam klingende Titel wie „Jon Diovanni" im Repertoire, eine Pop-Oper in zwei Akten mit Rockband und Schauspielern, frei bearbeitet nach Mozarts Klassiker von 1787. Auf dieser Bühne wird der angestaubte Klassiker neu erlebbar, auch fürs Publikum, das gelegentlich ins Geschehen eingreifen darf. So dirigieren bei der Impro-Oper die Gäste vier Sänger und einen Pianisten. Die Zukunft der Oper kommt aus Pasing.

www.pasinger-fabrik.com

018 | INTERNATIONALE MUSIKSCHUL-AKADEMIE BADEN-WÜRTTEMBERG

Schloss Kapfenburg
73466 Lauchheim
Telefon 07363/96180

Veranstaltung: 20.07.2007
Open Air Musik- und Tanz-Performance

ACCELERANDO IM RITTERSAAL

Schloss Kapfenburg ist die einzige internationale Musikschulakademie in Europa.

Auf einer Bergnase über der schwäbischen Stadt Lauchheim thront das trutzige Schloss Kapfenburg. In der geistlich-ritterlichen Residenz des Deutschordens gibt heute die Musik den Ton an: Seit Oktober 1999 bespielt die Internationale Musikschulakademie das Schloss, einzigartig in Europa. Die Stiftung Schloss Kapfenburg hat dabei das Ziel, in dem international ausgerichteten Kulturzentrum die Begegnung von Musikern zu fördern und dem musikalischen Nachwuchs eine Plattform zu geben. Die Welt ist Klang: Auf Schloss Kapfenburg ist Musik mehr als Rahmenprogramm. Auch Gäste aus Wirtschaft und Politik profitieren bei Tagungen oder Feiern von der Begegnung mit Jugendlichen und Musik. Zum musikalischen Leben auf dem Schloss zählen die Konzertreihe „Accelerando" mit Auftritten herausragender junger Künstler, ein internationaler Jazzwettbewerb sowie ein Zentrum für Musik, Gesundheit und Prävention. Als Auftakt zum Festival Schloss Kapfenburg 2007 lädt die Stiftung zu einer Open-Air-Performance hoch über der Ostalb.

www.schloss-kapfenburg.de

019 | FESTSPIELE EUROPÄISCHE WOCHEN PASSAU BAYERN

Dr.-Hans-Kapfinger-Straße 20
94032 Passau
Telefon 0851/560960

Veranstaltung: 22.07.2007
Festspiele Europäische Wochen Passau

KULTUR UND WIRTSCHAFT HAND IN HAND

Bei diesen Festspielen in Passau machen zwei ungleiche Partner gemeinsame Sache.

Die Zeiten sind hart. Die öffentliche Hand spart, wo sie nur kann. Normalerweise zeigen die Wirtschaftsvertreter mit dem Finger auf die kulturellen Einrichtungen, auf Museen, Opernhäuser und Orchester, wenn es ans Sparen geht. Nicht so in Passau: Hier in der Dreiländerregion engagieren sich Kultur und Wirtschaft für ihr gemeinsames Kind: die Europäischen Wochen Passau. Über 100 kulturbegeisterte Partner und Förderer aus der privaten Wirtschaft arbeiten schon mit den Festspielen zusammen. Das Ergebnis ist ein tolles künstlerisches Programm, 2007 unter der Schirmherrschaft des russischen Clowns Oleg Popov. Die Idee der Zusammenarbeit zwischen Wirtschaft und Kultur macht auch an den Landesgrenzen nicht halt. Wie es sich für Europäische Wochen gehört, erstreckt sich die Festspielregion bis nach Österreich und Tschechien. Als Veranstaltungsorte dienen die schönsten Kirchen, Klöster und Schlösser rund um Passau. Immer mehr Freunde der Kultur machen sich auf zu den Veranstaltungen des spartenreichsten Festivals in Deutschland.

www.ew-passau.de

020 | DOCUMENTA 12 HESSEN

Friedrichsplatz 18
34117 Kassel
Telefon 0561/707270

Veranstaltung: 06.08.2007
Sonderführungen
mit dem documenta-12-Beirat

MUSEUM DER 100 TAGE

Schaufenster zeitgenössischer Kunst – die documenta geht in die zwölfte Auflage.

Alle fünf Jahre verwandelt sich die 194.000-Einwohner-Stadt Kassel mit der documenta in eine Hochburg zeitgenössischer Kunst: Der Künstler und Kunsterzieher Arnold Bode gründete 1955 die Ausstellung, um die deutsche Öffentlichkeit nach der NS-Diktatur mit der internationalen Moderne und mit der eigenen gescheiterten Aufklärung zu konfrontieren – und zu versöhnen. Heute gilt das „Museum der 100 Tage" als ein weltweit verbindlicher Kunst-Seismograf. Im Sommer 2007 erlebt die documenta ihre zwölfte Auflage. Das Konzept des künstlerischen Leiters Roger M. Buergel und der Kuratorin Ruth Noack fragt nach historischen Entwicklungslinien in der Kunst und nach unerwarteten Korrespondenzen. „Wir machen eine Ausstellung, um etwas zu erfahren" – mit dieser Devise will documenta 12 lokales Wissen an verschiedenen Orten der Welt in Beziehung setzen – und auch die Menschen, die darüber verfügen. Durch ein Forum lokaler Expertinnen und Experten, den documenta-12-Beirat, wurde ein Modell entwickelt, diesen Wissenstransfer in Kassel zu verwirklichen. **www.documenta.de**

021 | SCHÖNBERGER MUSIKSOMMER

MECKLENBURG-VORPOMMERN

Markt 1
23923 Schönberg
Telefon 038828/23197

Veranstaltung: 07.08.2007
Konzert und Ausstellungseröffnung

KLASSIK IN DER KIRCHE

Der Schönberger Musiksommer verbindet regionale Kultur mit überregionalen Konzerten.

Viele deutsche Städte haben wunderschöne Kirchen mit teils atemberaubender Architektur und Akustik. Doch außer den Künsten des Gemeindeorganisten bekommt man nur selten Konzerte und andere kulturelle Veranstaltungen geboten. In Schönberg bildet die St.-Laurentius-Kirche seit ihrer Renovierung die Heimat des Schönberger Musiksommers. Die Idee: Regionale Kunst und Kultur verknüpfen sich mit erstklassigen Konzerten von überregionaler Bedeutung. Das Programm reicht von ursprünglicher Sakralmusik bis hin zu zeitgenössischem Jazz. Umgesetzt wird die Idee von vielen ehrenamtlichen Mitarbeitern und den Mitgliedern des kircheneigenen Chors. Mit großem Erfolg, denn die Besucher kommen zahlreich. Der Schönberger Musiksommer ist jedoch nicht nur kulturell wichtig für Mecklenburg-Vorpommern. Die Gründung einer eigenen Stiftung zeigt dabei, wie aus öffentlicher Förderung ein Mehrwert entstehen kann. Zudem stärken die Konzerte die Attraktivität der Region und tragen so zur Stabilisierung des Landeshaushalts bei.

www.schoenberger-musiksommer.de

022 | YOUNG.EURO.CLASSIC BERLIN

Meierottostraße 6
10719 Berlin
Telefon 030/88471390

Veranstaltung: 12.08.2007
Konzert

EUROPAS JUGEND MUSIZIERT

Unkonventionelle Frisuren, klassische Musik: In Berlin trifft sich der Orchesternachwuchs.

Jugend hört nicht nur Pop und House, Jugend hört auch Klassik. Zuweilen spielt sie die sogar ganz wunderbar. Jedes Jahr im Sommer zeigen beim Festival „young.euro.classic" im traditionsreichen Konzerthaus am Berliner Gendarmenmarkt die besten Jugendorchester der Welt ihr Können. Obwohl das „Euro" noch im Namen steckt, spielen in den beiden Festivalwochen auch Orchester aus Brasilien, Australien und China. Die rund 1.400 Musiker sind jung und begabt, ihre Stücke meist außergewöhnlich. Schließlich ist das Festivalpublikum neugierig auf Raritäten der teilnehmenden Länder, lässt sich gern auf Uraufführungen ein und feiert Komponisten des 20. Jahrhunderts. 15 Konzerte gibt es, die jeweils von prominenten Paten aus Wirtschaft, Kultur, Medien und Politik eröffnet werden. Und während die Jugend der Welt zeigt, was sie kann (und nebenbei auch ordentlich miteinander feiert), müssen die Besucher Abschied nehmen von ihren Vorurteilen von einer Jugend, die nur bequem und gelangweilt sein soll.

www.young-euro-classic.de

023 | DEUTSCHE NATIONALBIBLIOTHEK LEIPZIG

SACHSEN

Deutscher Platz 1
04103 Leipzig
Telefon 0341/22710

Veranstaltung: 02.09.2007
Tag der offenen Tür

DIGITALES KULTURERBE

In Leipzig baut das Gedächtnis der Nation an.

Utopisch oder einfach nur genial? Was die Deutsche Nationalbibliothek in Leipzig in Angriff nimmt, überschreitet die Grenzen des Fassbaren. Künftig werden die Hüter des gedruckten deutschen Buches auch virtuelle Publikationen in ihren Bestand aufnehmen. Das regelt das gerade beschlossene „Gesetz über die Deutsche Nationalbibliothek". Bereits jetzt stehen in den großen Büchertürmen über 13 Millionen Druckwerke, jeden Tag kommen weitere 24 Regalmeter hinzu. So viel Kulturerbe benötigt Platz. Eine neue Heimat für die Medien ist bereits in Sicht: Im Herbst 2007 wird der Spatenstich für einen Erweiterungsbau vollzogen. Der preisgekrönte Entwurf der Stuttgarter Architektin Gabriele Glöckler verspricht durch sein innovatives Klimakonzept und die hervorragende städtebauliche Einbindung der Buchstadt Leipzig ein neues Markenzeichen zu werden. Ausreichend Platz für das kulturelle Erbe der Nation – sei es gedruckt oder digital – wird es geben. Damit es sich nicht verflüchtigt, sondern jederzeit für jedermann greifbar bleibt.

www.d-nb.de

024 | KUNSTSTIFTUNG DES LANDES SACHSEN-ANHALT SACHSEN-ANHALT

Friedemann-Bach-Platz 5
06108 Halle (Saale)
Telefon 0345/212590

Veranstaltung: 03.09.2007
Präsentation der Arbeitsergebnisse

KÜNSTLER INS LABOR

Das Programm „Artist in Lab" bringt Künstler und Wissenschaftler zusammen.

Als die Künstlerin Maria Volokhova ihr Arbeitsstipendium in der Magdeburger Klinik für Neurologie II und dem Leibniz-Institut für Neurobiologie antrat und die Textilgestalterin Iris Kerlen es ihr im Fraunhofer-Institut für Werkstoffmechanik Halle gleichtat, muss ihnen recht mulmig zumute gewesen sein. Was sollten sie als Grafikerin und Textilgestalterin zwischen lauter Wissenschaftlern und Ärzten? Aber genau das ist die Idee der Kunststiftung Sachsen-Anhalt: das Verhältnis von Kunst und Wissenschaft neu zu definieren und zu gestalten und nach gleichen oder gegensätzlichen Interessen zu fahnden. Daher begleiten Künstler aus Sachsen-Anhalt regelmäßig die Forschung in Instituten von Weltrang im Rahmen des Artist-In-Lab-Programms der Kunststiftung des Landes Sachsen-Anhalt. Schon der Prozess der Annäherung zeigte, dass es wissenschaftlicher wie künstlerischer Forschung gerade auch um eines geht: das Erkennen, Begreifen und Darstellen der jeweiligen Wirklichkeit.

www.kunststiftung-sachsen-anhalt.de

025 | SÜDWESTKIRCHHOF STAHNSDORF

BRANDENBURG

Bahnhofstraße
14532 Stahnsdorf
Telefon 03329/62315

Veranstaltung: 06.09.2007
Künstlersymposium

FRIEDHOF MIT LEBEN

Ungewöhnliches Konzept: Ausstellungen und Konzerte beleben den Südwestkirchhof Stahnsdorf.

„Ein Stück märkischen Waldes, parkartig behandelt, die Gräberplätze weit auseinander, herrlich, schön, friedlich." Mit diesen Worten beschrieb Victor Klemperer den einzigartigen Charakter des Südwestkirchhofs Stahnsdorf. Seine Grabstätten und die nach dem Vorbild norwegischer Stabkirchen errichtete Kapelle befinden sich inmitten einer großzügig gestalteten Waldlandschaft. Der 1909 von der Evangelischen Kirche eingerichtete Südwestkirchhof ist mit einer Fläche von 206 Hektar einer der größten Friedhöfe Deutschlands. Er entwickelte sich rasch zur Begräbnisstätte berühmter Persönlichkeiten. Wissenschaftler, Unternehmer, Politiker, Künstler und Musiker haben hier ihre letzte Ruhestätte gefunden, so zum Beispiel Werner von Siemens, Heinrich Zille, Engelbert Humperdinck oder Lovis Corinth. Heute beleben Führungen, Ausstellungen, Konzerte und Kulturtage den lange vergessenen Friedhof. Besucher können auf Rundgängen Interessantes über Bestattungskultur, Architektur und ökologische Besonderheiten des Südwestkirchhofs erfahren.

www.suedwestkirchhof.de

026 | **FORUM TIBERIUS** SACHSEN

Lehnertstraße 8
01324 Dresden
Telefon 0351/2630990

Veranstaltung: 10.10.2007
Messe

DIE KUNST DES ERFOLGES

Das Forum Tiberius setzt auf die positiven Auswirkungen von Kultur auf Wirtschaft.

„Frage nicht, was Dein Land für Dich tut; frage, was Du für Dein Land tun kannst." So sprach einst US-Präsident John F. Kennedy. Das Forum Tiberius mit Sitz in Dresden stellt eine ähnliche provokante Frage, die über die ewig erhobene Forderung nach Kultursponsoring weit hinaus geht. „Was kann die Kultur für die Wirtschaft leisten?" Zwar veranstaltet das Forum auch internationale Musikwettbewerbe und unterstützt Hochbegabte. Doch das Alleinstellungsmerkmal des Forums ist ein anderes. Die Kernthemen der Tiberianer, die aus Wirtschaft, Politik und Wissenschaft stammen, sind: die Bedeutung der Kultur als Standortfaktor für die Wirtschaft; Kreativität, die Einzug hält in Wissenschaft und Forschung; Internationalität, Emotion, Integration, Norm- und Werteverankerung – allesamt positive Faktoren, mit denen Kunst und Kultur die Wirtschaft bereichern können. Dahinter steht die Annahme, dass in der Kultur gepflegte Werte und Verhaltensweisen zugleich eine entscheidende Grundlage für wirtschaftlichen Erfolg darstellen.

www.forum-international.org

027 | DONUMENTA BAYERN

Am Wiedfang 5
93047 Regensburg
Telefon 0941/55133

Veranstaltung: 30.10.2007
Kunst- und Kulturfestival 2007 Rumänien

REGENSBURGER RENAISSANCE

Die donumenta ist ein internationaler Ankerplatz für Kunst aus dem Donauraum.

Regensburg ist eine historische Handelsmetropole und war über hundert Jahre lang Sitz des Immerwährenden Reichstages des Heiligen Römischen Reiches Deutscher Nation. Heute ist die Stadt am nördlichsten Punkt der Donau Heimat der „donumenta", einem internationalen Festival aktueller Kunst und Kultur, das jeden Herbst ein anderes Donauland präsentiert. Künstler aller Metiers aus der Ukraine, Moldawien, Bulgarien und Österreich hat die donumenta seit ihrer Premiere 2003 bereits präsentiert. In den kommenden Jahren folgen Kroatien, die Slowakei, Ungarn und Serbien. Mit dem EU-Beitritt 2007 rückt Rumänien ins Rampenlicht. Mit Ausstellungen in der städtischen Galerie „Leerer Beutel" und im Historischen Museum, Theaterstücken, Lesungen, Tänzern und Musikern in der Regensburger Altstadt sowie Vorträgen und Symposien trägt die donumenta zu gegenseitigem Interesse, Verständigung und Zusammenwachsen der Völker entlang der Donau bei – und macht Regensburg ein bisschen zu ihrer Hauptstadt.

www.donumenta.de

028 | LAUFER LITERATURTAGE BAYERN

St.-Salvator-Weg 7
91207 Lauf
Telefon 09123/6949

Veranstaltung: 06.11.2007
Autorenlesung mit Wladimir Kaminer

LESEN IN LAUF

Das 200. Kunigundenfest bietet den Stoff für die Laufer Literaturtage 2007.

Vom „Wunder von Lauf" schwärmen Autoren. Über „musikalische Sprachkunst" jubelt die Presse. Die Laufer Literaturtage verdienen sich Jahr für Jahr Superlative. Autoren wie Marlene Streeruwitz, Inge und Walter Jens oder Cees Nooteboom schlugen hier ihre Buchdeckel auf und verhalfen dem einwöchigen Literaturfest zu einem ausgezeichneten Ruf bei Verlegern und Schriftstellern. Seit elf Jahren schreibt die Stadtbücherei Lauf an dieser Erfolgsstory, die regelmäßig über viereinhalbtausend Besucher anzieht und in das fränkische Literaturfestival „LesArt" rund um Nürnberg eingebettet ist. 2007 wird in Lauf das 200. Kunigundenfest gefeiert, was die Initiatoren der Literaturtage auf die Idee brachte, das Lesefest in einen historischen Umschlag zu hüllen. So wird die jährlich im Herbst stattfindende Tagung des Autorenkreises Historischer Romanschriftsteller QUO VADIS die Laufer Literaturtage bereichern. Daneben präsentieren renommierte Schriftsteller ihre Neuerscheinungen, darunter auch Wladimir Kaminer.

www.lauf.de/literaturtage

029 | EHEMALIGE SYNAGOGE FRIEDRICHSTADT

SCHLESWIG-HOLSTEIN

Am Binnenhafen 17
25840 Friedrichstadt
Telefon 04881/939315

Veranstaltung: 09.11.2007
Vortrag

BEGEGNEN STATT ZERSTÖREN

In der ehemaligen Synagoge Friedrichstadt begegnen sich Vergangenheit und Zukunft.

Der Morgen des 10. November 1938: In der Reichspogromnacht erreichte der Hass der Nazis die Synagoge von Friedrichstadt. Das Feuer im Inneren des Gebäudes markierte das gewaltsame Ende einer mehr als 200 Jahre langen Tradition der religiösen Toleranz in der Kleinstadt in Schleswig-Holstein. Zeitweise lebten bis zu sieben Religionsgemeinschaften friedlich zusammen. Die ehemalige Synagoge, die man noch während des Zweiten Weltkrieges zu einem Wohnhaus umbaute, dient seit vier Jahren als Kultur- und Gedenkstätte. Auf der ehemaligen Frauenempore erwartet die Besucher eine Ausstellung zur Geschichte der Friedrichstädter Juden, der Dokumentationsraum daneben informiert detailliert über das Schicksal einzelner Familien. Der rekonstruierte Saal bietet Platz für Veranstaltungen vom Jazzkonzert bis zum historischen Symposium. Die religiöse Vielfalt zeichnet die 2500-Einwohner-Stadt trotz allem noch immer aus: Remonstranten, Lutheraner, Mennoniten, Katholiken und dänische Lutheraner feiern hier ihre Gottesdienste.

www.museum-friedrichstadt.de

030 | MUSIKWERKSTATT DER BREMER PHILHARMONIKER BREMEN

Plantage 13
28215 Bremen
Telefon 0421/626730

Veranstaltung: 26.11.2007
Tag der offenen Tür

NUR GUTE NOTEN

Die Musikwerkstatt Bremen begeistert Kinder und Jugendliche für Musik.

„Mama, Papa, ich will auch eine Geige!", könnte der große Wunsch der kleinen Besucher der „Musikwerkstatt Bremen" sein. Denn die Musikwerkstatt macht Lust auf Musik. Bei der Probe des Philharmonischen Orchesters sind Kinder und Jugendliche live dabei und können anschließend ausprobieren, was die Großen machen. Auf die Fragen, wie man so wunderbare Instrumente baut und spielen lernt, haben die Bremer Philharmoniker mit dem Landesinstitut für Schule (LIS) und weiteren Partnern Antworten entwickelt. Ziel ist dabei, durch die Musikwerkstatt Kinder – ganz unabhängig von kulturellen und sozialen Hintergründen – unter fachkundiger Leitung an Musik heranzuführen. Aufeinander abgestimmte Angebote nehmen das Interesse der Kinder an der klassischen Musik auf und entwickeln es möglichst bis zum Wunsch, selbst ein Instrument erlernen zu wollen. Vom ersten Kontakt mit klassischer Musik zum individuellen Instrumentalunterricht – pro Saison wird für über 12.000 junge Zuhörer und Mitmacher Musik unmittelbar erlebbar.

www.musikwerkstatt-bremen.de

031 | TANZPLAN INTERART PROJEKTE HESSEN

Kelkheimer Straße 11
65719 Hofheim am Taunus
Telefon 06192/5280

Veranstaltung: 12.12.2007
Multimedia Tanztheater mit Live-Musik

WOMMER ODER SINTER?

TANZPLAN bringt Kinder und Künstler zusammen – und vermittelt Umweltbewusstsein.

Wie schaffen es unsere immer noch prähistorisch strukturierten Gehirne, mit fortlaufend veränderten Lebensbedingungen umzugehen? Das Stück „Im Märzen KEIN Bauer... weltverwechselt" des TANZPLAN Kinder und Jugendensembles sucht in poetischer, tänzerischer Form Antworten auf diese Frage und tritt für Lebenslust und fantasievolles, zukunftsfähiges Umweltbewusstsein ein. Die Choreografie setzt sich in zwölf Szenen mit weltweiten Klimaveränderungen, Artensterben und sozialen Polarisierungen auseinander. Dabei wirft die Aufführung einen künstlerischen Forscherblick auf das kindliche Erleben dieser Phänomene. Die preisgekrönten Projekte von TANZPLAN führen seit 16 Jahren Kinder und erfahrene Profi-Künstler zusammen. Das Ziel ist es, Teamfähigkeit und kreative Kompetenz zu entwickeln, den Horizont des Ausdrucks und des Wahrnehmens zu erweitern. Wissensworkshops begleiten die Proben. Bleibt noch eine Frage: Wie heißen die neuen Jahreszeiten? Wommer oder Sinter?

www.tanzplan.de

032 | DEUTSCHES SCHAUSPIELHAUS IN HAMBURG HAMBURG

Kirchenallee 39
20099 Hamburg
Telefon 040/24871460

Veranstaltung: 21.12.2007
Vorstellung und Festakt

GLOTZE AUS, VORHANG AUF!

Die „Klassenkasse" bringt Kinder aus allen sozialen Schichten ins Theater.

Wie es ist, wenn der Theatervorhang aufgeht und Schauspieler in Maske und Kostüm eine kunstvolle Kulisse betreten, wissen die wenigsten TV-fixierten Kinder von heute. Teure Theaterbesuche kommen für viele Familien aus finanziellen Gründen gar nicht in Frage, die Glotze dagegen läuft ohnehin. Damit Theater allen Kindern und Jugendlichen zugänglich wird, egal ob reich oder arm, hat sich in Hamburg das Projekt „Klassenkasse" gegründet, eine Sponsoren-Initiative für kostenlose Theaterbesuche. Lehrer wenden sich an das Deutsche Schauspielhaus und geben beim Buchen der Karten für ihre Schulklassen an, wie viele der Schüler sich den Theaterbesuch nicht leisten können. Für sie werden die Theaterkarten aus der „Klassenkasse" bezahlt. Auch andere Förderungen sind möglich, zum Beispiel für bedürftige Familien, die dann – oft zum allerersten Mal – ein gemeinsames Theatererlebnis genießen. Wenn der Vorhang fällt und alle Fragen offen bleiben, sind die Fernsehstars für einen Moment vergessen.

www.schauspielhaus.de

033 | ADMIRALSPALAST BERLIN

Friedrichstraße 101
10117 Berlin
Telefon 030/32533130

Veranstaltung: 31.12.2007
Tag der offenen Tür

PALAST DES VERGNÜGENS

Der Admiralspalast ist aus dem Dornröschenschlaf erwacht.

Der Admiralspalast spiegelt nahezu 100 Jahre Unterhaltungsgeschichte in Berlin wider. 1911 eröffnete das Haus mit Eispalast, Badeanstalt samt eigener Solequelle, Grand Café, Lichtspieltheater und Kegelbahnen. In den Zwanzigerjahren wurde die Eisarena zum Revuetheater umgebaut. Hier schwangen die Tiller-Girls ihre Beine, aber auch namhafte Künstler wie Gustaf Gründgens gaben dem Haus die Ehre. Nach dem Krieg zog zunächst die Deutsche Staatsoper und später das Metropol-Theater ein. 1997 gingen die Lichter im Operettentheater aus. 2005 erwarben vier Privatleute das Haus vom Berliner Senat mit der Verpflichtung zur Generalsanierung. Im August 2006 eröffnete die Admiralspalast Berlin GmbH & Co. KG den Saal in neuer Pracht mit dem Ziel, die Adresse wieder zu einer weltstädtischen Vergnügungsstätte werden zu lassen. Das große THEATER, das STUDIO und das FOYER 101 werden in Kürze ergänzt durch ein Grand Café und einen Nachtclub. Sogar das herrschaftliche Admiralsbad soll bald in altem Glanz neu entstehen.

www.admiralspalast.de

CMA CGM
CMA CGM
CMA CGM
ALFRED TALKE
crossrail
crossrail
wellmann
spitznagel
crossrail
GREIWING
MAERSK

Wirtschaft

Die Wirtschaft beginnt mit einer Idee. Einem Produkt, das man herstellen und verkaufen kann, Dingen, mit denen man handeln kann, der Erkenntnis, dass die Menschen etwas wollen, was es noch nicht gibt. Wer anders ist als die anderen, macht die besseren Geschäfte, und nur wer immer neue Ideen hat, bleibt im Geschäft. Aber nicht nur die Wirtschaft braucht Ideen, Ideen brauchen auch die Wirtschaft, um Wirklichkeit werden zu können. Denn zur Verwirklichung einer Idee gehört meist auch etwas Geld. Wenn alles gut geht (oder jemand die richtige Idee hatte, Wirtschaft und Forschung zusammenzubringen), treffen sich das Geld und die Idee zur richtigen Zeit am richtigen Ort. Das ist in Deutschland immer schon passiert und passiert dank kluger Köpfe auch heute noch jeden Tag. Kein Wunder also, dass es eine Menge cleverer Ideen und kreativer Orte im Land der Ideen gibt. Dabei geht es nicht immer nur darum, mehr zu verkaufen, sondern oft auch darum, Produkte zu verbessern oder mehr Verständnis für wirtschaftliche Zusammenhänge zu wecken. Die besten Ideen aus dem Bereich Wirtschaft haben wir auf den folgenden Seiten für Sie gesammelt. Und wenn Sie denken, dass Wirtschaft knochentrockene Zahlenhuberei ist, dann statten Sie doch einigen dieser Orte einfach mal einen Besuch ab. Schauen Sie sich bei Otto Bock an, wie die modernsten Prothesen der Welt entwickelt und gebaut werden. Lassen Sie sich in Oldenburg zeigen, wie das dreidimensionale Fernsehen der Zukunft aussieht. Entdecken Sie in Saarbrücken, wie Nanotechnologie in den Alltag Einzug hält. Oder erfahren Sie in Weimar, wie man jungen Kreativen hilft, sich mit ihren Ideen selbstständig zu machen.

Das neue „Logistic Valley": logport ist eines der größten Logistikzentren Europas.

034 | ZUKUNFTSSTANDORT EWALD

NORDRHEIN-WESTFALEN

Rellinghauser Straße 3
45128 Essen
Telefon 0201/17709

Veranstaltung: 08.01.2007
Ewald – SinnRaum

ZECHE – ZUKUNFT – ZUCCHI

Aus einem Bergwerk wird ein Dienstleistungs-, Technologie- und Logistikstandort.

Das Ruhrgebiet – einst eine Region der Bergwerke und der Industrie, inzwischen ein Synonym für Strukturwandel. Zum Beispiel Ewald: Auf dem Areal des ehemaligen Bergwerks Ewald 1/2/7 erschließen die Montan-Grundstücksgesellschaft mbH (MGG) und die Stadt Herten ein neues Quartier. Der Clou an dem Projekt: Die Bauherren haben den italienischen Stararchitekten Cino Zucchi gewonnen, um ein einzigartiges Ensemble zu kreieren. Modernisierte Bergwerksgebäude mit ihrem unverwechselbaren Charakter bilden den Kern der Siedlung, umgeben von funktionalen Neubauten. Die Attraktivität des Standortes ist derart hoch, dass sich hier zahlreiche Dienstleistungs-, Technologie- und Logistikunternehmen niederlassen. Außerdem erhält hier das international bedeutende Wasserstoff-Kompetenz-Zentrum H2Herten sein neues Zuhause. Nun wird das Projekt von der Ruhrgebietsveranstaltung „ExtraSchicht", in deren Rahmen Orte mit industriekultureller Vergangenheit bespielt werden, geadelt: 2007 wird Ewald als Veranstaltungsort eine exponierte Rolle einnehmen. **www.mgg.de**

035 | INSTITUT FÜR EXISTENZGRÜNDUNG UND MITTELSTANDS-FÖRDERUNG BRANDENBURG

Magdeburger Straße 50
14770 Brandenburg
Telefon 03381/3550

Veranstaltung: 10.01.2007
Regionaltreffen

CARPE BIEM

An der FH Brandenburg finden Studierende mit Geschäftsideen alles, was sie zur Gründung ihres Unternehmens brauchen.

Viele Studierende haben gute Ideen für die Gründung eines Unternehmens. Doch mit der Umsetzung hapert es dann meistens. Wer weiß schon, was man bei einer Gründung alles beachten muss? Studierende und Absolventen aus dem Land Brandenburg, die eine Geschäftsidee haben, wenden sich am besten an das Brandenburgische Institut für Existenzgründungen und Mittelstandsförderung – kurz BIEM. Denn das BIEM ist die zentrale Anlaufstelle für akademische Gründungen. Hier finden Nachwuchsgründerinnen und -gründer alle nötigen Informationen und umfassende Beratung für ihr Projekt. Business- und Liquiditätspläne lernt man im BIEM ebenso zu schreiben wie die angebotenen Fördermöglichkeiten zu nutzen. Aber auch Kurse zum richtigen Zeitmanagement und zu effektiven Marktanalysen gehören zum Angebot. Darüber hinaus widmet sich das BIEM der Erforschung des regionalen Gründungsgeschehens und betreibt ein Gründungsnetzwerk, in dem Partner aus der Wirtschaft bei der Finanzierung von Pilotprojekten helfen. Und wenn nach all der Unterstützung dennoch Zweifel bleiben, war die Geschäftsidee vielleicht doch nicht so gut.

www.fh-brandenburg.de/gruender_service.html

036 | geohumus® INTERNATIONAL HESSEN

Vilbeler Landstraße 17–19
60386 Frankfurt am Main
Telefon 069/444777

Veranstaltung: 22.01.2007
Tag der offenen Tür

DIE WÜSTE LEBT

Mit einem neuen Substrat für den Boden werden Wüsten grün.

Golfen in Dubai? Blumenzucht in der Sahelzone? In diesen Gegenden der Welt kommt einem zunächst eher etwas anderes in den Sinn: Sand. Ein saftig-grünes Putting-Green und Tulpen in der Wüste sind aber inzwischen nicht mehr völlig abwegig. Denn wo künstliche Bewässerung größtenteils sofort verdunstet oder versickert und deshalb für Pflanzen nicht lange genug zur Verfügung steht, kann **geo**humus® Abhilfe schaffen. **geo**humus® ist ein Granulat, das wie ein Schwamm das Dreißigfache seines Eigengewichts an Wasser aufsaugen und speichern kann. Weil der patentierte, umweltverträgliche Hochleistungspolymer unter anderem auch Lavagesteinsmehl enthält, werden Pflanzen zusätzlich mit Nährstoffen versorgt. Mit **geo**humus® können das kostbare Gut Wasser effizienter eingesetzt, Desertifikation und die Versalzung von Agrarflächen aufgehalten werden. Sogar heiße und trockene Regionen können so aufblühen. Und demnächst kommen unsere Schnittblumen vielleicht nicht mehr aus Holland, sondern aus Saudi-Arabien.

www.geohumus.com

037 | CHARISMA TECHNOLOGIES NIEDERSACHSEN

Ammerländer Heerstraße 231
26129 Oldenburg
Telefon 0700/33242747

Veranstaltung: 03.02.2007
Präsentation im modernsten Planetarium der Welt

FERNSEHEN IN DRITTER DIMENSION

Echt charismatisch: CHARISMA präsentiert dreidimensionale Fernsehwelten.

Dreidimensionaler Filmgenuss hieß bisher vor allem unangenehmes Jucken auf der Nase, verursacht von einer schief sitzenden Pappbrille. Die rot-grüne Sehhilfe gehört nun endgültig der Vergangenheit an, dank CHARISMA Technologies. Das Oldenburger Technologie-Unternehmen hat das weltweit erste 3-D-Fernsehgerät entwickelt, das ein dreidimensionales, extrem kontrastreiches und superscharfes Bild auf sein Plasma-Display zaubert. Das wirkt wie Zauberei, vor allem weil dem Flachbildschirm ein herkömmliches PAL-Signal zur Darstellung der dreidimensionalen Bilder genügt – folglich sind auch weder Hilfsmittel noch besonderes Filmmaterial vonnöten. Das heißt, dass mit der Charisma-Technik jede Sendung, jede DVD und jedes Video im glasklaren 3-D-Look erscheint – vom Frühstücksfernsehen bis zum schwarz-weißen Bogart-Klassiker. Ein neues plastisches Sehvergnügen, das nicht nur den Fernseher, sondern den Zuschauer gleich mit verändern könnte: Denn der sitzt nun nicht mehr in der ersten Reihe, sondern mittendrin im Fernsehgeschehen.

www.charisma-tv.de

038 | FRANKFURTER INNOVATIONSZENTRUM BIOTECHNOLOGIE HESSEN

Altenhöferallee 3
60438 Frankfurt am Main
Telefon 069/8008650

Veranstaltung: 06.02.2007
Life-Science-Tag

NACHBARSCHAFTSHILFE IM LIFE-SCIENCE-BUSINESS

Im FIZ für Biotechnologie paaren sich Forschung und Wirtschaft.

Schon im vierten Jahrtausend v. Chr. waren biotechnologische Verfahren im Einsatz. Heute sind sie wesentlicher Bestandteil vieler Produktionsprozesse und bei der Entwicklung von Medikamenten von Bedeutung – bei der sogenannten „roten" Biotechnologie. Sie revolutioniert die Pharmalandschaft mit neuen Technologien, um bisher unheilbare Krankheiten zu behandeln. Diesen Weg unterstützt das FIZ, wo kleine und mittlere Unternehmen Büros und Laborräume für ihre Produktforschung und -entwicklung finden. Renommierte Institute, Wissenschafts- und Forschungszentren sowie Industrieunternehmen sind in das Zentrum eingebunden. So arbeiten Forschung und Wirtschaft Tür an Tür. Nachbarschaftshilfe bedeutet hier: Der eine hat die Idee, der andere das Werkzeug. Das FIZ hat sich zu einer wichtigen Adresse für Innovation und wirtschaftliches Wachstum entwickelt. Inzwischen geben hier Firmen aus den USA, Großbritannien, Indien und China ihre Visitenkarte ab, um einen Platz in dem aufstrebenden Life-Science-Cluster zu bekommen.

www.fiz-biotech.de

039 | JOB-TOWER-MUNICH BAYERN

Jutastraße 7
80636 München
Telefon 089/12749306

Veranstaltung: 08.02.2007
Job-Messe

JOB TO THE TOP

Bei job-tower-munich finden Unternehmer und Bewerber schnell einen persönlichen Draht.

Endlich hat das stundenlange Warten in den Fluren der Agenturen für Arbeit oder den Vorzimmern der Personalchefs ein Ende. Wer bei job-tower-munich vorbeischaut, hat gute Chancen, denn hier treffen sich Tag für Tag Entscheider und Jobsuchende aus jeweils wechselnden Branchen. Montags dreht sich alles um IT-Spezialisten, dienstags um Sekretärinnen, mittwochs ... Damit die Trefferquote steigt, gleicht die Agentur vor jedem Event die Profile der Bewerber und die Anforderungsprofile der Firmen genauestens miteinander ab. Anders als bei den üblichen Jobmessen können die beiden Parteien auf ihren Veranstaltungen sofort engere Bande knüpfen. Stimmt die Chemie, geht es in der agentureigenen Rekrutierungslounge sofort ans Bewerbungsgespräch. In entspannter und ruhiger Atmosphäre lernen sich beide Seiten genauer kennen und checken die gegenseitigen Profile. Zeitaufwendige Auswahlverfahren und kostspielige Anzeigen gehören damit der Vergangenheit an.

www.job-tower-munich.com

040 | AUFSCHWUNG-MESSE HESSEN

Alt Eschersheim 44
60433 Frankfurt am Main
Telefon 069/47868860

Veranstaltung: 15.02.2007
Messeeröffnung

IDEEN-BÖRSE

Auf der AUFSCHWUNG-Messe zeigen innovative Ideen den Weg in die Selbstständigkeit.

Schillernd und fantasievoll wie die „Märchen aus 1001 Nacht" erscheint der Rundgang „1000 und eine Idee" in den ehrwürdigen Räumen der alten Frankfurter Börse. Am 15. Februar 2007 öffnet die AUFSCHWUNG-Messe für Existenzgründung, junge Unternehmen und Franchise ihre Pforten. Die Idee: Selbstständigkeit leicht gemacht. Neben neuen Geschäftsideen machen die 80 Aussteller die Besucher mit den Themen Marketing, Finanzen, Innovation, Internet und Zukunftstrends vertraut. Auf 40 Veranstaltungen lernen die Teilnehmer, wie man problemlos in die Selbstständigkeit durchstartet und endlich sein eigener Chef wird. Erste Geschäftskontakte und neue Netzwerke werden gleich mitgeliefert. Sie erleichtern den Weg zur eigenen Firma ebenso wie erfahrene Gründungsförderer und Anbieter von Qualifizierung. Es wird sich zeigen, ob die Messe zum persönlichen Aufschwung der Besucher beigetragen hat. Unter 1001 Idee sollte eigentlich für jeden eine dabei sein.

www.aufschwung-messe.de

041 | KLÄRLE, KIND UND KARRIERE

BADEN-WÜRTTEMBERG

Würzburger Straße 9
97990 Weikersheim-Schäftersheim
Telefon 07934/992880

Veranstaltung: 18.02.2007
Firmenkultur szenarisch dargestellt mit Diskussion und Bürobesichtigung

SELBST IST DIE FRAU

Babybrei und Standortanalyse: Das Ingenieurbüro Klärle zeigt, wie's zusammengeht.

Seit Jahren geistert ein Gespenst namens „Gebärstreik" durch Deutschland. Ältere Herren halten dabei vor allem jüngeren Akademikerinnen vor, sie kümmerten sich zu viel um ihren Beruf und zu wenig um Nachwuchs. Dabei kann von Streik keine Rede sein – die meisten Paare wünschen sich Kinder. Doch die Verhältnisse sind nicht so: In den meisten Betrieben ist das Verständnis für Babypausen oder Betreuungsengpässe gering. Aus einem 700-Seelen-Ort kommt nun ein Beispiel, wie sich Kind und Karriere vor allem für Frauen vereinbaren lassen: Ein Team aus Ingenieurinnen praktiziert die Vereinbarkeit von Familie und Beruf. Zehn Frauen mit 16 Kindern arbeiten mit flexiblen Arbeitszeiten im familienfreundlichen Umfeld. Hier ist Flächennutzungsplanung kein Widerspruch zur Krabbeldecke, Standortanalyse und Babybrei sind durchaus vereinbar. Das Planungsbüro Klärle gehört dennoch oder gerade deswegen zu den renommiertesten in Baden-Württemberg. Dabei organisieren die Frauen alles in Eigenregie, ohne jegliche öffentliche Förderung.

www.klaerle.de

042 | KULTURELLES GRÜNDERZENTRUM

NORDRHEIN-WESTFALEN

Austraße 9
52156 Monschau
Telefon 02472/803194

Veranstaltung: 20.02.2007
Kunstauktion und Tanz-Performance

SCHAFFEN UND SCHAUEN

Haus der Eifel in die Welt: Ein Gründerzentrum in Monschau fördert künstlerische Karrieren.

„Zauberhafter Eifelschatz!" So bezeichnet sich die Stadt Monschau im Westen der Republik. In der Mitte des kleinen Ortes glänzt seit 2002 das Kunst- und Kulturzentrum (KuK), das erste kulturelle Gründerzentrum Nordrhein-Westfalens. Es ermöglicht Künstlern professionelle ökonomische Beratung für den Start in die berufliche Existenz und bietet zugleich 400 Quadratmeter Arbeits- und Ausstellungsfläche. In dem etwa 150 Jahre alten Gebäude sind zwölf hochmoderne Ateliers untergebracht. Die Palette der Kunst reicht von Malerei, Fotografie, Bildhauerei hin zu Schmuckfertigung, Mode oder digitalem Design. Das Offene Atelierhaus ist einzigartig; Besucher können Kunst entstehen sehen, alle zwei Monate werden neue Ausstellungen präsentiert und der Ort dient als Begegnungsstätte, an der die Künstler selbst den kreativen Austausch untereinander pflegen oder aber auch die Möglichkeit nutzen, direkt mit ihrem Publikum zu kommunizieren. Das KuK ist für Kunst-Schaffende und -Schauende und auch für den Eifelschatz Monschau eine Bereicherung.

www.kuk-monschau.de

043 | WILHELM.TEL SCHLESWIG-HOLSTEIN

Heidbergstraße 101 – 111
22846 Norderstedt
Telefon 0800/4324324

Veranstaltung: 22.02.2007
Tag der offenen Tür mit Infoveranstaltungen

KLEIN, ABER SCHNELL

Die städtische Telefongesellschaft macht Norderstedt zur Kommunikationshochburg.

Fährt man durch Norderstedt nördlich von Hamburg, kommt man in ein kleines Städtchen, die Vorgärten gepflegt, die Straßen sauber. Alles geht hier seinen gewohnten Gang, von Schnelllebigkeit keine Spur. Doch unter Tage zeigt Norderstedt sein wahres Gesicht: Im gesamten Stadtgebiet ließen die Stadtväter vor rund acht Jahren ein schnelles Glasfasernetzwerk verlegen und gründeten „wilhelm.tel", eine eigene Telekommunikationsgesellschaft: Internet mit Geschwindigkeiten von bis zu 100 Megabit. Zusätzlich ordern die Nutzer Videos per „Video-on-demand", genießen das Angebot von über 150 TV-Stationen und telefonieren kostenfrei untereinander. Den größten Teil der Daten, die über das Netz fließen, produzieren die Norderstedter mittlerweile selbst, denn sie nutzten die Infrastruktur zum Aufbau einer eigenen Internet-community. Auch an den Haushalt der Stadt wurde gedacht: Der Gewinn, jährlich ein siebenstelliger Betrag, kommt den Bürgern zugute.

www.wilhelm-tel.de

044 | DERMALOG IDENTIFICATION SYSTEMS

HAMBURG

Mittelweg 120
20148 Hamburg
Telefon 040/4132270

Veranstaltung: 28.02.2007
Hausmesse in der
Handelskammer Hamburg

AUF DIE FINGER GUCKEN

Die Firma DERMALOG entwickelt Computersysteme zum Fingerabdruck-Vergleich.

Sonntag, 20.15 Uhr, ARD-Fernsehen: „Tatort". Der Kommissar jagt Fingerabdrücke eines Verdächtigen durch den Computer. Ergebnis: Herr Müller heißt in Wahrheit Schmitt. Soweit der TV-Krimi. Im richtigen Leben entwickelt die Firma DERMALOG als einzige in Deutschland sogenannte AFIS-Anlagen, Automated Fingerprint Identification Systems. Damit können Fingerabdrücke in riesigen Datenbanken verglichen werden. Die biometrische Technologie dämmt Identitätsbetrug ein und wird weltweit bei der Verbrechensbekämpfung genutzt. DERMALOG hat dafür ein kombiniertes AFIS entwickelt, das sowohl zivile als auch kriminologische Recherchen ermöglicht. Mit Erfolg: 2005 wurden die Hamburger Sieger beim größten europäischen Biometrie-Test am Frankfurter Flughafen. Entsprechend selbstbewusst formuliert DERMALOG sein Ziel: Welt-Marktführer. Ob Meldewesen, Sozialamt, Waffenregistrierung oder Organisation von Wahlen: Die Einsatzmöglichkeiten der AFIS-Technik sind gewaltig. Und auch bei Gewaltverbrechen hilft sie. Nicht nur im „Tatort".

www.dermalog.de

045 | PROJEKT REGION BRAUNSCHWEIG NIEDERSACHSEN

Mittelweg 7
38106 Braunschweig
Telefon 0531/12180

Veranstaltung: 01.03.2007
Prämierungsveranstaltung zum regionalen Ideen-Wettbewerb

FIT FÜR DIE ZUKUNFT

Innovation und Wachstum entstehen nicht von allein. Die „projekt REGION BRAUNSCHWEIG GMBH" hilft dabei.

Um im Innovations- und Standortwettbewerb mit einem unverwechselbaren Profil zu bestehen, braucht es ein engagiertes, zielorientiertes Team. 2005 taten sich unterschiedliche Akteure, Entwicklungs- und Marketingagenturen zusammen und gründeten die „projekt REGION BRAUNSCHWEIG GMBH". An 20 Stellen sollen bis zum Jahr 2015 viele neue Arbeitsplätze entstehen. Der Standort Südostniedersachsen verknüpft traditionelle Wirtschaftszweige mit neuen Branchen, daher sind unter anderem die Bereiche Fahrzeugbau, Materialien, Tourismus und Umwelttechnik als zukünftige Wachstumsfelder interessant. Im Rahmen der „projekt REGION BRAUNSCHWEIG GMBH" kooperieren Wirtschaft und Wissenschaft, um innovative Produkte, Verfahren und Dienstleistungen zu entwickeln. Beispiele dafür sind ein Ideen-Wettbewerb für Beschäftigung, Projekte zum Thema nachwachsende Rohstoffe, das Tourismus-Projekt „Netzwerk Zeitreise" und ein „Zentrum für Fahrzeugelektronik". In Südostniedersachsen arbeiten Politik, Wirtschaft und Wissenschaft zusammen, um ihre Region zukunftsfähig zu machen.

www.projekt-region-braunschweig.de

046 | HÜLSTA-WERKE NORDRHEIN-WESTFALEN

Karl-Hüls-Straße 1
48703 Stadtlohn
Telefon 02563/860

Veranstaltung: 10.03.2007
Ideentag des Wohnens

EINFACH MASSGESCHREINERT

Im Möbelwerk hülsta lässt sich alles perfekt kombinieren: Betten, Tische, Schränke.

Die Schubladen des millimetergenau gefertigten Kleiderschranks schließen wie von Geisterhand, so lautlos wie die Schiebetüren, die sanft aneinander vorübergleiten. Bei hülsta, dem bekanntesten und größten Markenmöbelhersteller Deutschlands, gehört Klappern nicht zum Handwerk. Perfektion und Innovation, gepaart mit hoher Handwerkskunst, bilden das Markenzeichen des Münsterländer Familienunternehmens. 1968 überraschten die schon seit drei Generationen erfolgreichen Schreinerprofis mit der revolutionären „allwand": Wohnzimmerregale, die erstmals beliebig kombinierbar waren. Heute richtet man seine komplette Wohnung nach dem kreativen Baukastenprinzip des 1.400 Mann starken Betriebs ein. Das jüngste Möbelprogramm „now" wartet mit einer Vielfalt an Kombinationen auf. Schränke, Betten und Tische aus Erle oder Nussbaumholz, zeitlos, hervorragend in der Qualität und umweltschonend produziert. Die maßgeschreinerten Möbel von hülsta lassen sich einfach kombinieren. Grenzen setzt dabei nur die eigene Wohnung.

www.huelsta.de

047 | IT-SPEICHER BAYERN

Bruderwöhrdstraße 15b
93055 Regensburg
Telefon 0941/6048890

Veranstaltung: 15.03.2007
Vernissage

VIRENJAGD IM SPEICHER

Auf Patrouille im Internet: Im Regensburger Gründerzentrum tummeln sich IT-Experten.

Einst wurde hier Getreide getrocknet, heute ist der Speicher am Südufer der Donau in Regensburg Adresse für frisches Denken. Das Gründerzentrum unterstützt junge Firmen der IT-Branche durch das Angebot günstiger Büros, einer vielseitigen Infrastruktur und Marketingleistungen. Doch der Ort will mehr sein: Mittelpunkt für Hightech, Kunst und Kultur sowie Raum für Visionen. Der Speicher ist Ankerplatz für ausländische High-Tech-Unternehmen, die sich im Freistaat ansiedeln wollen, er bietet aber auch die Bühne für Theater, Ausstellungen und Messen. Künftig wird sich der Speicher als Standort der „IT Security Cluster Initiative" mit über 30 Firmen und zwei Hochschulen etablieren, als Kern und Motor der Regensburger IT-Branche. Kompetenzen im Bereich der IT-Sicherheit, die sich die Unternehmen aus Ostbayern angeeignet haben, werden durch das Netzwerk gestärkt und gefördert. Viren, Würmer, Trojanische Pferde und Ähnliches, was sich auf den Datenautobahnen tummelt und Computer lahmlegt, werden im IT-Speicher erledigt.

www.regensburg.it

048 | 3D IMAGE PROCESSING BAYERN

Pestalozzistraße 5
86438 Kissing
Telefon 08233/79070

Veranstaltung: 18.03.2007
Eventveranstaltung mit 3-D-Filmvorführungen in der Kissinger Paartalhalle

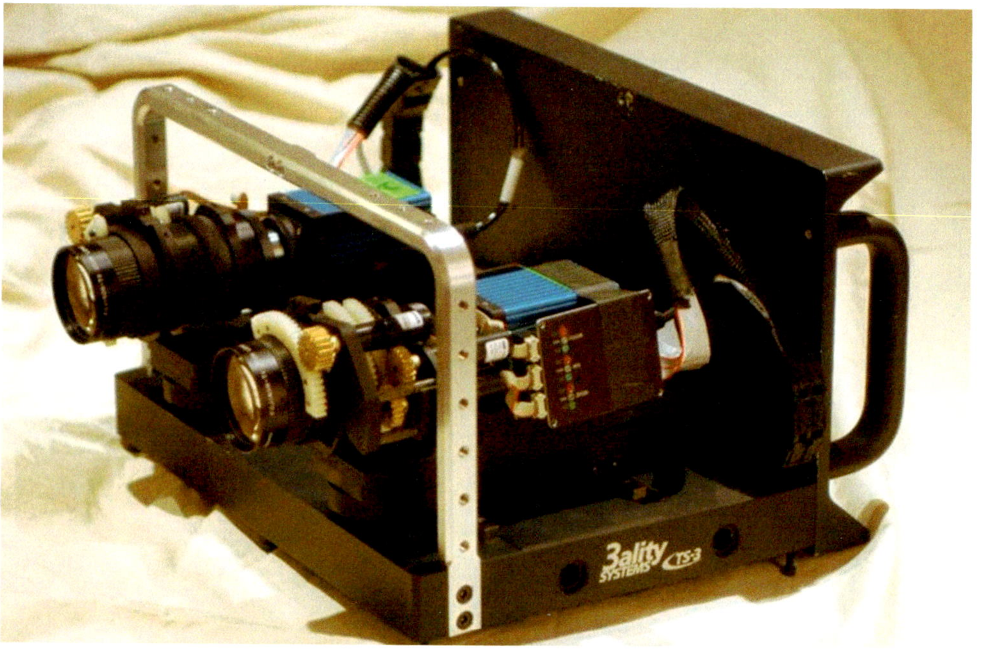

DIE NÄCHSTE GENERATION

Dreidimensionales Fernsehen ohne Brille – eine Firma aus Kissing macht's möglich.

Vorbei die Zeiten, als man mit bunter Pappbrille im Gesicht kurze 3-D-Filmchen ansah. Die Firma 3D Image Processing GmbH (3D IP) aus Kissing hat eine neue, patentierte 3-D-Multimedia-Technologie entwickelt, deren Kern den Wahrnehmungsprozess des menschlichen Sehsystems nachbildet. Eine digitale Stereokamera erfasst die Szene mit bis zu 60 Bildern pro Sekunde. Aus jeweils einem gleichzeitig aufgenommenen Bildpaar wird in Echtzeit eine nahezu beliebige Anzahl (zz. 5-25) generiert und zeitgleich auf einen autostereoskopischen (3-D-)Bildschirm übertragen. So wird auch bei natürlichen Aufnahmen der Eindruck räumlicher Tiefe vermittelt. Bisher war dies nur bei computergenerierten Bildern möglich. Aufgrund ihrer schnellen und präzisen Wiedergabe eignet sich der Kern dieser Technologie nicht nur fürs 3-D-Fernsehen, sondern auch für den Bereich der Automation, Sicherheitstechnik und der Robotik – zum Beispiel in Form intelligenter Airbagsteuerung oder der plastischen Ansicht menschlichen Gewebes in der Medizin.

www.kissing.de

049 | ICIDO BADEN-WÜRTTEMBERG

Jurastraße 8
70565 Stuttgart
Telefon 0711/273030

Veranstaltung: 22.03.2007
Tag der offenen Tür

ZUKUNFT JETZT!

Eine Firma entwickelt Software, mit der man die spätere Realität schon mal vortestet.

Jedes Detail beim Auto ist wichtig: Wie man sitzt und wo der Gurt anliegt. Ob man den Sitz leicht verstellen kann. Ob nicht nur trainierte Sportler, sondern auch eher unrüstige Rentner leicht auf die Rückbank kommen. Solche Feinheiten können Konstrukteure mittlerweile testen, ohne Auto oder Rentner zu bemühen. Realitätsnahe 3-D-Menschen verschiedenster Statur testen das Auto, das noch gar nicht existiert. Digitale Menschen aus der sogenannten VR-Technologie werden immer häufiger eingesetzt: in Architektur, Medizin und Produktentwicklung, ja selbst in der Kunst. Die Vorteile liegen auf der Hand: Das virtuelle Testen spart Zeit, Geld und erhöht die Qualität des Produkts. Die Firma ICIDO in Stuttgart entwickelt und vermarktet diese Art von Software, die den Beruf ein wenig einfacher macht. Unternehmensmission ist, die Einsatzmöglichkeiten von VR weiter zu erhöhen und die Anwendungen nutzerfreundlich in Planungs- und Entwicklungsprozesse zu integrieren. Damit sich keiner später beim Einsteigen ins Auto ganz real den Kopf anstoßen muss.

www.icido.de

050 | BJÖRN STEIGER STIFTUNG SERVICE GMBH

BADEN-WÜRTTEMBERG

Leuschnerstraße 12
70174 Stuttgart
Telefon 0711/66395301

Veranstaltung: 25.03.2007
Präsentation: „Finde die Nadel im Heuhaufen – Die Handyortung im Notfall"

MOBILE NOTRUFSÄULE

Die Björn Steiger Stiftung bietet zur schnellen Hilfe eine kostenlose mobile Ortung an.

Heute ist es kinderleicht, ein lebensrettendes SOS zu funken. Die Notrufnummern 110 und 112 gehören zu den ersten elterlichen Lektionen, wenn der Nachwuchs das erste Mal allein zuhause bleibt. Der bundesweit einheitliche Hilferuf nach Polizei und Sanitäter war eine rettende Idee der Björn Steiger Stiftung. Seit deren Gründung 1969 überlegen die schwäbischen Notfallhelfer, wie nach Unfällen schnell geholfen werden kann. Ihre neueste Idee: Durch eine kostenlose Online-Registrierung für die Notrufortung beim „LifeService" der Stiftung können nach einem Anruf mit dem Handy Unfallopfer oder Verunglückte schnell gefunden werden. Das System nutzt modernste GPS-Technologie und arbeitet mit der gleichen Genauigkeit wie ein Navigationssystem. Das Handy wird damit zur mobilen Notrufsäule. Neben der kostenlosen Handyortung in Deutschland erreicht man mit „LifeService Traveller" selbst im Ausland eine deutschsprachige Notrufzentrale, welche die Position schnell und präzise an die Rettungskräfte vor Ort weitergibt.

www.steiger-stiftung.de

051 | ERLANGEN AG BAYERN

Henkestraße 91
91052 Erlangen
Telefon 09131/5302801

Veranstaltung: 27.03.2007
Kongress zum Thema „Marktzugang in China"

WISSENSWERTES ÜBER ERLANGEN

Eine Internetplattform vernetzt lokale Unternehmen und stärkt den Standort.

„Es gibt ja so viel Wissenswertes über Erlangen", sang Schriftsteller Max Goldt 1982 mit seiner Band Foyer des Arts. Um die Ressource Wissen noch stärker in die Standortentwicklung einzubinden, hat die Erlangen AG das Online-Portal „Regiolog.com" entwickelt. Auf der Basis einer Wissenslandkarte und einer WEB2.0-basierten interaktiven Plattform erleichtert Regiolog den Wissens- und Technologieaustausch und die Kooperation in Forschung, Produktion und Vertrieb regionaler Unternehmen. Ziel ist es, zu einem strategischen Umgang mit Chancen und Risiken der Wissensgesellschaft zu kommen. Die Basis für zukunftsgerichtete Aktivitäten bilden eine visionäre Stadtpolitik, eine innovative Universität, international aktive Forschungseinrichtungen sowie eine kraftvolle Unternehmerschaft aus Global Playern und flexiblen mittelständischen Unternehmen. Das Regiolog bietet hierbei die Verbindung, es vernetzt die Menschen am Standort und ihre Fähigkeiten. Es gibt schließlich viel Wissenswertes über Erlangen.

www.erlangen-ag.de

052 | BELLYBUTTON INTERNATIONAL HAMBURG

Donnerstraße 20
22763 Hamburg
Telefon 040/5480680

Veranstaltung: 29.03.2007
Präsentation der bellybutton-Kinderkollektion

„WIR GLAUBEN AN KINDER!"

Bei bellybutton verbinden fünf Mütter den Sinn fürs Geschäft mit sozialem Engagement.

Ein Unternehmen zehn Jahre aus dem Bauch heraus zu führen, klingt gewagt. Nicht so, wenn es sich bei der Geschäftsidee um Mode, Pflegeprodukte, Accessoires und Geschenkartikel für Schwangere, Babys und Kleinkinder handelt. Fast 6 Millionen Euro Jahresumsatz, mittlerweile 20 Angestellte – und bereits 16 eigene Kinder: Man kann den fünf Macherinnen von bellybutton nicht vorwerfen, dass sie unproduktiv gewesen sind. „Von Müttern für Mütter", so sind sie 1997 angetreten und haben seither konsequent auf Innovation und Investition gesetzt. Die vorwiegend in Europa hergestellten hochwertigen Produkte sind nicht das einzige Baby der fünf Frauen. Sie engagieren sich auch gesellschaftlich: 2007 soll das bellymama-Netzwerk ausgebaut werden zu einer Organisation, die Müttern hilft und das Thema Familie stärkt. Ein Beispiel dafür ist die Aktion „Wir glauben an Kinder", die das Ja zum „Wunder Kind" zum Ziel hat. Die Firma macht es vor. Viele Mitarbeiterinnen sind Mütter mit Teilzeitkarrieren. Bei bellybutton steckt eben vieles in den Kinderschuhen!

www.bellybutton.de

053 | COLUMBUS HOLDING BADEN-WÜRTTEMBERG

Eywiesenstraße 6
88212 Ravensburg
Telefon 0751/363440

Veranstaltung: 05.04.2007
Ausstellungseröffnung im Haus der Ideen

BILDER UND BUSINESS

Gesellschaftliches Engagement bei Unternehmen lohnt sich.

Wer glaubt, künstlerischer Ausdruck und wirtschaftliches Denken gehen nicht zusammen, wird in Ravensburg eines Besseren belehrt. Unter dem Dach der „Columbus Holding" befinden sich vier Unternehmen aus der Finanz- und IT-Branche sowie die „Columbus Art Foundation", ein Förderprojekt für bildende Künstler. Im firmeneigenen „Haus für Ideen" hängen Werke junger Künstler, die noch keine Galeristen und Kataloge vorweisen können. Zurzeit werden 32 Künstler von der „Columbus Art Foundation" unterstützt – mit Publikationen, Vernetzungen mit Museen und Ankäufen. Dass sich das IT-Unternehmen so viel Kunst leistet, hat einen einfachen Grund: Die Tochter des Unternehmenschefs merkte als Kunststudentin, wie schwer es für einen Neuling ist, im Kunstbetrieb Fuß zu fassen. Sie gab den Impuls, der vor zehn Jahren zur Gründung des künstlerischen Seitenarms der Firma führte, der sich lohnt. Die „Columbus Holding" freut sich über eine Quelle neuer Ideen, beste Außenwirkung in der Branche und über den „Deutschen Kulturförderpreis 2006".

www.columbus.ag

054 | AQUA ORBIS AG BADEN-WÜRTTEMBERG

Thaddenstraße 14a
69469 Weinheim
Telefon 06201/2590990

Veranstaltung: 06.04.2007
Tag der offenen Tür

NACHWACHSENDE DELIKATESSEN

Die Fischspezialitäten von der Aqua Orbis AG kommen u.a. aus Sachsen-Anhalt.

Genuss, Geschmack und Luxus pur – dafür steht Kaviar seit Jahrhunderten. Gourmets, Spitzenköche und immer mehr Normalos wissen die edelste aller Delikatessen aus dem Stör zu schätzen. Doch der empfindliche Fisch gilt heute als höchst gefährdet und das Angebot an seinen Eiern wird weltweit immer knapper. Abhilfe verspricht Zuchtkaviar von der Fischfarm. Führend in diesem Wirtschaftszweig ist die Aqua Orbis AG. In Weinheim entwickelte sie mit ihren Technologiepartnern eine einzigartige, patentierte Fischzuchtanlage, die gewinnbringendes Wirtschaften mit artgerechter und arterhaltender Zucht sowie umweltschonender Technik verbindet. Hervorragende Qualität und ganzjährige Frische der erlesenen Spezialität werden garantiert. Daher erweist sich die neue Aquakulturtechnik als echter Exportschlager. Die Aqua Orbis AG baut derzeit neue „Stör-Becken" in Sachsen-Anhalt, den USA und den Vereinigten Arabischen Emiraten. Ab 2007 werden 35.000 Störe die Feinschmecker mit etwa 60 Tonnen Fischfleisch und vier Tonnen Kaviar verwöhnen.

www.aquaorbis.de

055 | TECHNOLOGIE-CENTRUM HANNOVER

NIEDERSACHSEN

Vahrenwalder Straße 7
30165 Hannover
Telefon 0511/93570

Veranstaltung: 11.04.2007
Veranstaltung mit Länderschwerpunkt

MAN SPRICHT KEIN BÜROKRATENDEUTSCH

Das Technologie-Centrum Hannover hilft Migranten bei der Unternehmensgründung.

Arbeitslosen Migranten bei der Unternehmensgründung unter die Arme greifen – das will das Technologie-Centrum Hannover. Seit April 2001 soll die Integration der Einwanderer in die regionale Wirtschaft erleichtert werden. Denn Nicht-Deutsche haben es häufig schwerer, ein Unternehmen zu gründen: Sprachliche oder kulturelle Probleme bilden Hindernisse auf dem Weg zum eigenen Geschäft. Will etwa ein Migrant in Hannover eine Druckerei eröffnen, dann kann er sich beim Technologie-Centrum-Gründerservice beraten lassen. Entschließt er sich dann für die Selbstständigkeit, kann ihm je nach Bedarf und Wunsch geholfen werden. Zielgruppenspezifisches Informationsmaterial hilft den Gründern durch den deutschen Bürokratie-Dschungel. Durch Netzwerke bekommen die Gründer wertvolle Branchenkontakte. Das Projekt läuft so erfolgreich, dass es durch die Region Hannover und die Agentur für Arbeit Hannover gefördert wird. Das Technologie-Centrum zeigt, wie Integration funktionieren kann.

www.tch.de

056 | HANNOVER MESSE NIEDERSACHSEN

Messegelände
30521 Hannover
Telefon 0511/890

Veranstaltung: 16.04.2007
Networking-Event

SPRUNGBRETT FÜR INNOVATIONEN

„Research & Technology" vernetzt Wissenschaft und Wirtschaft.

Einkristalline Nanofasern aus Jena, mobile Umweltanalytik aus Halle und Freiberger Walzstahl – ein Mal im Jahr präsentieren junge deutsche Forschungszentren und Hochschulen ihre Innovationen auf der weltgrößten Technologiemesse. Die Halle 2 der HANNOVER MESSE zeigt Visionen, die schon bald Praxis werden könnten. Eine Maschine mit einer Augenbewegung lenken oder Autos bauen, die nur einen Bruchteil heutiger Modelle wiegen – Besucher und Fachwelt können sich schon heute über Technologien von morgen informieren. Die „Research & Technology" in Hannover ist eine Plattform für Forschung und Industrie weltweit. Hier werden Ideen in der Mikrosystemtechnik, Nanotechnologie und Bionik ausgebrütet und vermarktet. Hochschulen akquirieren Forschungsaufträge, Unternehmen erwerben Know-how für wegweisende Produkte. Mit Ausstellern aus 20 Nationen ist die Halle 2 ein weltweit einmaliges Forum. Bei der „Night of Innovations" werden die neuesten Technologien auf spannende und unterhaltsame Weise vorgestellt.

www.hannovermesse.de

057 | QUELLE INNOVATIONSINITIATIVE BAYERN

Kirchplatz 1
82049 Pullach im Isartal
Telefon 089/284452

Veranstaltung: 18.04.2007
Preisverleihung der QUELLE Innovations-Initiative, Berlin

ERFINDUNGEN ENTDECKEN – ENTDECKUNGEN FÖRDERN

Die „QUELLE InnovationsInitiative" fördert seit 2004 das kreative Potenzial in Deutschland.

Bei den Patentanmeldungen rangiert Deutschland europaweit auf Platz eins, weltweit hinter den USA auf Platz zwei. Unter dem Motto „Entdeckt in Deutschland" will die 2004 gegründete „QUELLE InnovationsInitiative" das kreative Potenzial in Deutschland stärken. Die angeschlossene Stiftung bewertete seither über 3.500 eingereichte Bewerbungen privater Erfinder. Mehr noch: Das Netzwerk der „QUELLE Innovations-Initiative" hilft den deutschen Tüftlern bürokratische und finanzielle Hürden zu überwinden, damit die Ideen den Weg in den Markt finden.

Diesen Sprung haben einige Erfinder bereits geschafft: 2005 wurde das Erfolgsjahr für das Lernspiel „Rechenzug", mit dem Kinder spielerisch Plus- und Minusrechnen lernen können. 2006 setzte sich das „Fahrrad der Ideen", an dem gleich 15 Erfinder bastelten, durch. Da gibt es zum Beispiel beheizbare Lenkergriffe, gesicherte Ventilschlösser und einen aufklappbaren Korb als Gepäckträger. Das Multifunktionsrad kommt 2007 rechtzeitig zum 80. „QUELLE"-Geburtstag auf den Markt.

www.quelle-innovationsinitiative.de

058 | TAG DES OFFENEN UNTERNEHMENS

BRANDENBURG

Heinrich-Mann-Allee 107
14473 Potsdam

Veranstaltung: 12.05.2007
Landesweiter Tag der offenen Tür in Wirtschaftsunternehmen

TÜREN, ÖFFNET EUCH!

Erstmals präsentieren sich in Brandenburg landesweit Unternehmen zum Anfassen.

Was passiert eigentlich in den Fabriken und Büros, an denen wir jeden Tag achtlos vorbeirauschen? Erstmals öffnen landesweit Brandenburger Unternehmen ihre Türen und präsentieren interessierten Bürgern, was und wie sie arbeiten. Nachbarn werfen einen Blick hinter sonst geschlossene Tore, Jugendliche informieren sich über Berufsbilder und Arbeitsmöglichkeiten. Für die Unternehmen zahlt sich der „Tag der offenen Tür" gleich mehrfach aus: Sie werben für ihre Produkte, bessern ihr Image auf, rekrutieren neue Mitarbeiter und Nachwuchs und stärken ihre Verankerung in der Region. Die 2,5 Millionen Einwohner des Bundeslandes im Nordosten der Republik sollen sich mit dem Aktionstag stärker mit „ihren" Unternehmen vor Ort identifizieren und die vielfältigen Facetten des „Modernen Brandenburg" kennenlernen, mit seiner rasanten technologischen Entwicklung und Leistungsfähigkeit. Ministerpräsident Matthias Platzeck lädt in Zusammenarbeit mit den Industrie- und Handelskammern und den Handwerkskammern landesweit Unternehmen zur Teilnahme ein. Schon über 200 Unternehmen haben zugesagt.

www.brandenburg.de

059 | INSTITUT FÜR SOCIAL MARKETING

BADEN-WÜRTTEMBERG

Hohenzollernstraße 11
70178 Stuttgart
Telefon 0711/674471550

Veranstaltung: 15.05.2007
Preisverleihung der Caritas und des Wirtschaftsministeriums Baden-Württemberg

MARKTWIRTSCHAFT, DIE ECHT SOZIAL IST

Ein Mittelstandspreis zeichnet Unternehmen aus, die sich für die Gemeinschaft engagieren.

Täglich eine gute Tat. Das gilt für Pfadfinder, von Unternehmen erwartet man es eher weniger. Und doch gibt es auch das: „Corporate Citizenship" heißt es, wenn Unternehmen für Regenwald, Unicef oder das Kinderfest vor Ort spenden. Nutzen tut es beiden Seiten. Soziale Einrichtungen profitieren von der Finanzkraft der Unternehmen, Unternehmen erhöhen ihre Reputation, bei den eigenen Mitarbeitern und beim Kunden. Das Stuttgarter Beratungsunternehmen „Institut für Social Marketing" hatte die Idee, freiwilliges soziales Engagement von kleineren Firmen auszuzeichnen. Es ruft kleine und mittelständische Unternehmen in Baden-Württemberg auf, ihr soziales Engagement in Zusammenarbeit mit einer Non-Profit-Organisation vorzustellen. Die Unternehmen mit den besten Initiativen bekommen im Mai erstmals den „Mittelstandspreis für soziale Verantwortung in Baden-Württemberg" verliehen. Die Ideen werden ausführlich dokumentiert: Als Anregung und Vorbild für andere Firmen, die ebenfalls Gutes tun wollen.

www.mittelstandspreis-bw.de

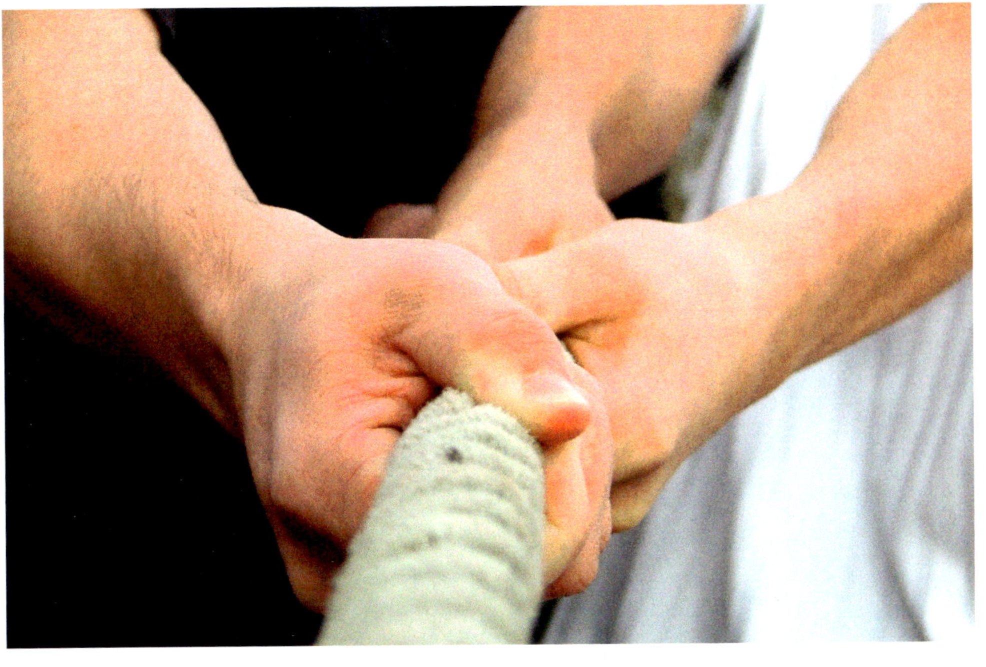

060 | HOCHSCHUL-STADTTEIL LÜBECK

SCHLESWIG-HOLSTEIN

Alexander-Fleming-Straße 6–12
23562 Lübeck
Telefon 0211/6218108

Veranstaltung: 16.05.2007
Tag der offenen Tür

RAUS AUS DEM KANINCHENSTALL

Das Stadtteilzentrum des Lübecker Studentenviertels setzt wirtschaftlich und sozial neue Maßstäbe.

Jeder Student kennt sie: die kleinen, einsamen Apartments in hässlichen Wohnheimen. Sie erinnern eher an Kaninchenställe und sind als Wohnung denkbar ungeeignet. Inspirationen für die Magister- oder Doktorarbeit kommen hier nicht auf. Die Stadt Lübeck hat die wirtschaftliche Bedeutung ihrer Studenten erkannt und schuf für sie ein eigenes Viertel – den Hochschulstadtteil Lübeck. In unmittelbarer Nachbarschaft zu den Lübecker Universitäten und Technologieeinrichtungen entstand ein Ansiedlungsgebiet, das soziale und wirtschaftliche, kulturelle und ökologische Initiativen der Studenten und Wissenschaftler fördert. Kern dieses Projektes ist das Stadtteilzentrum. Hier befinden sich ein Kindergarten, eine Grundschule und Sporthalle, eine Kirche und die Polizei. Alle Institutionen nutzen das Veranstaltungsforum des Gebäudes gemeinsam. Die Idee dahinter: Die im Gebäude entstehenden Kooperationen und Synergien fördern die Gemeinschaft und das Zusammenleben der Viertelbewohner. Hier trifft man sich, tauscht sich aus. So wächst Nachbarschaft als erster Kern der Lübecker Vision vom lebendigen großen Hochschulstadtteil.

www.hochschulstadtteil.de

061 | SIEGER DESIGN NORDRHEIN-WESTFALEN

Schloss Harkotten
48336 Sassenberg
Telefon 05426/94920

Veranstaltung: 19.05.2007
Schlossführung und Produktionspräsentationen zur Porzellanmalerei und Krawattenfertigung

SIEGER DESIGN FÜR DEUTSCHLAND

Christian und Michael SIEGER stehen in zweiter Generation für formvollendetes Design.

„1969 landete der Mensch auf dem Mond, 1989 fiel der Eiserne Vorhang, 1997 kam Arzberg Tric" – so wird ein farbenfrohes Porzellan beworben, das für sein Design im In- und Ausland zahlreiche Preise erhalten hat. Der Kopf hinter dem cleveren Geschirr mit den luftdichten Aromadeckeln ist Michael Sieger, kreative Hälfte zweier Brüder, die das Unternehmen sieger design im Sinne ihres Vaters fortführen. sieger design bietet als Full-Service-Agentur Lösungen aus den Bereichen Industriedesign, Architektur, Grafikdesign und PR – alles aus einer Hand. Zu den Kunden des Unternehmens zählen unter anderem die Vorreiter deutscher Badkultur, u. a. Dornbracht, Duravit oder Alape. Und wo könnte man besser eine neue Linie fürs Bad erschaffen als auf einem Wasserschloss? Von Schloss Harkotten im Münsterland aus hoben die beiden Brüder 2005 schließlich ihre Eigenmarke SIEGER aus der Taufe: ein Luxuslabel mit edelstem Porzellan, eleganten Accessoires und einer Couture-Linie. Innovatives Design „Made in Germany" geht auf Sieger-Kurs.

www.sieger-design.com

062 | SMARTFACTORY-KL RHEINLAND-PFALZ

Sauerwiesen 6c
67661 Kaiserslautern-Siegelbach
Telefon 0631/2053570

Veranstaltung: 21.05.2007
Tag der offenen Tür

TEST FÜR TECHNIK

Novum in Europa: Eine Versuchsfabrik in Kaiserslautern testet Innovationen.

Mathe mochte Konrad Zuse nicht, deshalb erfand er 1941 die binäre Rechenmaschine Z3, den ersten Computer der Welt. Eine deutsche Erfindung, so wie der Vorläufer des Fax und die Chipkarte. Von der Grundlagenforschung bis zum marktreifen Produkt vergeht aber oft viel Zeit. Abhilfe schafft seit Juni 2006 die „Smart-Factory-KL": In der Versuchsfabrik in Kaiserslautern erproben Forscher das Zusammenspiel intelligenter Technologien und beschleunigen Wege von der Idee bis zur Marktreife. Getestet werden z. B. störsichere Funkvernetzungen oder intelligente Kleinstcomputer für die Industrie. So kann man Anlagen per Handy bedienen oder auf Knopfdruck Inventur machen. Die Technologie-Plattform ist gemeinnützig und herstellerunabhängig und damit ein Novum in Europa; Träger sind Partner aus Forschung und Industrie. Gerade der Mittelstand soll von den Erkenntnissen aus der Mensch-Maschine-Kommunikation profitieren. Nebenbei aber auch der Privatmensch, dessen Gerät künftig besser versteht, warum er es nicht bedienen kann.

www.smartfactory.de

063 | STECO-SYSTEM-TECHNIK GMBH & CO. KG

HAMBURG

Kollaustraße 6
22529 Hamburg
Telefon 040/5577810

Veranstaltung: 04.06.2007
Tag der offenen Tür

EINFACH ANZIEHEND!

Mit Minimagneten sorgt steco-system-technik für den Halt von Zahn- und Gesichtsprothesen.

Hier gibts was auf die Zähne. Die Firma steco-system-technik aus Hamburg entwickelt innovative Medizinprodukte, um Menschen das Leben zu erleichtern. In der Dentalforschung setzen die Hanseaten zum Beispiel auf Minimagnete, die bei alterszahnlosen Patienten den Prothesensitz verbessern. Das System funktioniert auch bei im Gesicht versehrten Menschen: Minimagnete halten die Gesichtsprothese. „Einfach anziehend!" nennt die Firma das. Eine andere Neuentwicklung ist ein „liegender" Infusionsport, der z. B. bei Chemotherapien zum Einsatz kommt. Besonders gern schaut steco-system-technik den Menschen aber „aufs Maul": Dafür erfindet die Firma Werkzeuge für die Bearbeitung von Vollkeramiken, die bei der Herstellung von Zahnersatz benötigt werden. Bei Spezialinstrumenten wird sogar an die Linkshänder unter den Zahntechnikern gedacht. Titanhülsen gehören auch zur Produktpalette: Sie helfen beim Einsetzen von Dentalimplantaten. Der Slogan von steco-system-technik gilt für medizinisches Personal wie Patienten: „Mehr Freude am Leben."

www.steco.de

064 | PLAYMOBIL-PRODUKTION BAYERN

Neustädter Straße 26
90599 Dietenhofen
Telefon 0911/96660

Veranstaltung: 09.06.2007
Wochenende der offenen Tür

MIT EINEM LÄCHELN ZUM ERFOLG

Qualität und Markenverständnis: Playmobil setzt auch künftig auf den Standort Deutschland.

Wer kennt es nicht, das Spielzeug, das eine Welt im Kleinen entstehen lässt? Mit Playmobil-Artikeln lassen sich Bauernhöfe spielerisch betreiben, Krankenhäuser, Flughäfen, Tierparks, Feuerwehren, Polizeistationen. Jeder, der schon mal Playmobil verschenkt hat, weiß auch, dass es nicht billig ist. Aber Qualität hat ihren Preis: Während rund 80 Prozent aller in Deutschland verkauften Spielwaren in Asien gefertigt werden, wird Playmobil-Spielzeug in Europa, ein Großteil in Deutschland hergestellt. Um dennoch konkurrenzfähig zu bleiben, sind Ideen gefragt: Playmobil-Inhaber Horst Brandstätter will mit der Marke Lechuza ein zweites Standbein etablieren. Die Pflanzbehälter aus Kunststoff in edlem Design werden ebenfalls in Dietenhofen produziert. Brandstätters Philosophie: Herausragende Qualität kann nur erreicht werden, wenn die Fertigung unter den eigenen Augen geschieht, mit Leuten, die über lange Zeit ein Markenverständnis entwickelt und gelernt haben, höchste Qualität zu produzieren. Der Playmobil-Marktanteil von 8,4 Prozent in Deutschland gibt ihm recht.

www.playmobil.de

065 | SCHÄFEREIGESELLSCHAFT SÜDHARZ

NIEDERSACHSEN

Klusbreite 13
37520 Osterode
Telefon 05522/82171

Veranstaltung: 10.06.2007
Schäfereifest

SCHAFE GEGEN DAS VERGESSEN

Junge Leute, moderne Strukturen und eine alte Tradition – die Schäferei im Südharz lebt.

Vor knapp 100 Jahren waren Schafherden ein alltäglicher Anblick im Südharz. Die Wolle war als Rohstoff begehrt und das Fleisch eine Delikatesse. Noch bis in die Fünfzigerjahre hinein gab es viele Schafhalter. Doch mit der Konkurrenz von Fleischgroßhandel und Kunstfasern verschwanden die Schafherden in Deutschland. Ställe verwahrlosten und Tradition ging verloren. Die Schäfereigesellschaft Südharz mit Sitz in Barbis hält die Schäferei trotz allem in der Region am Leben. Der Schafstall ist frisch renoviert und die Herde gut 1.000 Tiere groß. So entstand im Laufe der Jahre ein ökologischer und erfolgreicher landwirtschaftlicher Betrieb. Neben der Fleischproduktion erfüllen die Schafe durch die Beweidung ungenutzter Flächen auch in der Landschaftspflege und im Naturschutz eine wichtige Rolle. Zudem locken Schäfereifeste und Hütevorführungen viele Besucher nach Barbis. Vor allem junge Menschen entdecken so durch einen modernen Betrieb eine fast vergessene Tradition vollkommen neu.

www.schaefereigesellschaft.de

066 | ENTWICKLUNGSAGENTUR BERNKASTEL-KUES RHEINLAND-PFALZ

Gestade 6
54470 Bernkastel-Kues
Telefon 06531/971230

Veranstaltung: 14.06.2007
Service- und Qualitätstag in der Altstadt

IDEEN AUS BERNKASTEL-KUES

Geografen, Stadtplaner und Architekten erarbeiten Konzepte für eine attraktive Stadt.

Die Entwicklungsagentur ist ein Kooperationsprojekt zwischen der Stadt Bernkastel-Kues und über 120 Vereinsmitgliedern aus den Bereichen Einzelhandel, Gastronomie, Kultur sowie Immobilieneigentümern und Bürgern. Der Verein will damit eine kooperative Projektentwicklung zur nachhaltigen Strukturstärkung der Innenstadt erreichen, an der alle betroffenen Akteure frühzeitig beteiligt sind. Als „Ideenschmiede" dieser kooperativen Stadtentwicklung mit Modellcharakter erarbeitet ein Team aus Geografen, Stadtplanern und Architekten Konzepte wie beispielsweise das Bernkast'ler Fenster. In diesem Projekt wurde eine Immobilie, die lange Zeit leer stand, durch die Kooperation verschiedener Einzelhändler, Gastronomen, Winzer und Künstler zu einem einzigartigen Erlebniskaufhaus in der Region umfunktioniert – eine Attraktion für die Stadt war geschaffen. Der Verein übernimmt zugleich Aufgaben der Stadtentwicklung und Stadtsanierung und engagiert sich für eine Qualitätssteigerung in Einzelhandel, Gastronomie und Tourismus.

www.entwicklungsagentur-bks.de

067 | SCHREINER GROUP

BAYERN

Bruckmannring 22
85764 Oberschleißheim
Telefon 089/315840

Veranstaltung: 18.06.2007
Ausstellung und Vortragsveranstaltung

EIN LICHT FÜR ALLE FÄLLE

Mit einer hauchdünnen Folie bringt die Schreiner Group alles zum Leuchten.

Hier flimmert nichts. Hier blendet nichts. Wo die neuartige Lichtfolie der Schreiner Group eingesetzt wird, geht die Sonne auf. So dünn wie eine Postkarte, so formbar wie Knete, findet sie vielerorts Platz und Verwendung. Endlich lässt sich nachts der Tacho wieder ablesen und auf der hinterleuchteten Computertastatur verwechselt man das „A" nicht mehr mit dem „S". Heiße Finger bekommt man höchstens vom schnellen Tippen. Denn die mit Hunderten von Leuchtpigmenten bedruckte Folie erwärmt sich kaum. Vibrationen, Schock und Druck hält sie mühelos stand. Flugzeugpiloten schwören auf die zuverlässige Lichtquelle in ihrem Cockpit ebenso wie Maschinenbauer, die ihre Hightechanlagen mit robusten Elektrodisplays ausstatten. Doch die preisgekrönte umweltfreundliche Erfindung setzt auch Kunstwerke ins rechte Licht – zum Beispiel die Gemälde des Münchener Künstlers Peter Irberseder. Also gut aufgepasst auf der nächsten documenta. Hinter illuminierten Installationen steckt vielleicht eine elektrisch animierte Leuchtfolie.

www.schreiner-group.de

068 | VOITH TURBO NIEDERSACHSEN

Gottfried-Linke-Straße 205
38239 Salzgitter
Telefon 05341/4031

Veranstaltung: 20.06.2007
Ideenmarkt und Tag der offenen Tür

KUPPLUNGEN FÜR DIE WELT

Voith Turbo Scharfenberg verbindet Züge und Straßenbahnen auf dem gesamten Globus.

Ohne die Erfindung aus Salzgitter liefe auf der Welt so einiges anders. Denn egal, was heute in Europa an Zügen über die Schienen rollt, eines haben fast alle gemeinsam – die Scharfenberg-Kupplung, kurz „Schaku". Die Entwicklung der Voith Turbo Scharfenberg ist die Standardkupplung im Schienenverkehr. Ob in der Metro, in Niederflurbahnen wie der Berliner Straßenbahn oder in Vollbahnen wie dem ICE und dem französischen TGV – fast 300.000 Kupplungen kommen weltweit zum Einsatz. Das erfolgreiche Konzept: hohe Zuverlässigkeit und hoher Fahrkomfort durch ruckfreies Bremsen und Beschleunigen. Auch das reibungslose Entkoppeln der Züge zeichnet die „Schaku" gegenüber Wettbewerbern aus. Doch es geht auf dem Werksgelände noch viel spektakulärer zu. Voith Turbo Scharfenberg baut neben den Kupplungen auch komplett selbst entwickelte Bugnasen für Hochgeschwindigkeitszüge. So bekommt unter anderem der spanische Talgo 350 seine Frontpartie mit der markanten Nase samt Scheibe und Dach direkt aus Salzgitter.

www.schaku.de

069 | BIO-M GMBH BAYERN

Am Klopferspitz 19
82152 Martinsried
Telefon 089/8996790

Veranstaltung: 23.06.2007
Tag der offenen Tür der BioTech-Region München im Biotechnologie-Cluster München-Martinsried

BOULEVARD BIOTECH

Die Bio-M GmbH hat erfolgreich ein Münchner Biotechnologie-Cluster aufgebaut.

Die Ökonomen haben den Begriff „Cluster" geprägt: An einem Ort angesiedelte Unternehmen der gleichen Branche befruchten sich gegenseitig, anstatt sich als Konkurrenten zu bekämpfen. Solch ein „Cluster" hat sich in München im Bereich Biotechnologie gebildet. Die Bio-M GmbH fungierte von Anfang an als zentrale Anlaufstelle und spann ein großes Netzwerk. Die Dachinstitution bringt Unternehmer und Geldgeber, Zulieferer, Politiker und Wissenschaftler an einen Tisch. Sie veranstaltet wissenschaftliche Seminare und gemeinsame Abendessen, organisiert Beratungen und stellt Kontakte zu Kapitalgebern und Politikern her. Außerdem vertritt sie in der Öffentlichkeit die Belange der Biotech-Branche und greift jungen Gründern mit einer sogenannten „Seed-Finanzierung", einer ersten Geldspritze, unter die Arme. Dieser Boulevard Bio hat Erfolg: Seit zehn Jahren ist die Bio-M in München erste Ansprechpartnerin für Firmengründer in der Boombranche Biotechnologie. Und sie hat bewiesen, dass man Erfolge am besten gemeinsam erringt.

www.bio-m.org

070 | DIE ZUNFT AG NORDRHEIN-WESTFALEN

Weinstraße 1
67157 Wachenheim
Telefon 0151/15307908

Veranstaltung: 27.06.2007
Tag der offenen Tür und Besichtigung des zukünftigen Zunftviertels Zeche Zollverein

ZÜNFTIGE MARKTPLÄTZE

Eine Firma verwandelt ein Industriedenkmal in einen Markt der guten Dinge.

Die Zeche Zollverein in Essen ist ein Symbol für den Bergbau im Ruhrgebiet, eines der beliebtesten Fotomotive der Stadt und seit 2001 sogar Weltkulturerbe. Doch wie bei allen Industriedenkmälern, die für ihren ursprünglichen Zweck nicht mehr gebraucht werden, stellte sich die Frage: Wie kann man die historischen Bauten jetzt am besten nutzen? Einerseits soll der Charakter des Ortes erhalten bleiben, andererseits kann nicht alles Museum sein. „Die Zunft AG" bekam für ihre Idee den Zuschlag: Ein „Zunftviertel" mit Manufakturen, Ateliers und Werkstätten wird in einem Teil des ehemaligen Kokereigeländes der Zeche entstehen. Im großen Kamm-Gebäude sollen sich bald kleine Unternehmen und Handwerker ansiedeln, die sorgfältig ausgesucht werden: Einlass finden nur regionale Produzenten hochwertiger und nachhaltig hergestellter Güter, die diese vor Ort auch anbieten werden. Dafür hilft die Zunft AG den gewünschten Kleinunternehmern dann bei Marketing, Vertrieb, Behördengängen, eCommerce und berät zu Fördermaßnahmen. Zünftig!

www.die-zunft.de

071 | B. BRAUN MELSUNGEN AG HESSEN

Nürnberger Straße 55
34212 Melsungen
Telefon 05661/710

Veranstaltung: 29.06.2007
Blick hinter die Kulissen

L.I.F.E. VOR ORT

Ein innovatives Produktionsverfahren für Infusionslösungen.

Immer dann, wenn der Patient viel Flüssigkeit verliert oder nach einer Operation Komplikationen auftreten, kommen sie zum Einsatz: die Infusionslösungen. Sowohl das Fachpersonal im Krankenhaus als auch der Patient müssen sich dann auf höchste Produktsicherheit verlassen können. Um die bestmögliche Versorgung für die Patienten zu gewährleisten, hat die B. Braun Melsungen AG den Infusionslösungsbehälter Ecoflac® plus entwickelt. Der Behälter ist eine Synthese aus Beutel und Flasche – unzerbrechlich und standfest. Durch den Twincap-Verschluss können das Infusionsbesteck sowie Medikamente über die beiden sterilen Zugänge sicher eingesteckt beziehungsweise zugespritzt werden. Der Behälter entleert sich während der Therapie vollständig ohne die Gefahr, dass Luft in die Vene des Patienten eindringt. Die Produktionsstätte L.I.F.E. ist die modernste Fertigungsstätte für Infusionslösungen in Europa. Neben den hochmodernen Produktionsprozessen können Besucher mit dem Bürokonzept 2010 hier auch innovative Arbeitswelten erleben.

www.bbraun.de

072 | EXISTENZGRÜNDERWERKSTATT NEUDELI

THÜRINGEN

Helmholtzstraße 15
99425 Weimar
Telefon 03643/583920

Veranstaltung: 04.07.2007
Gründer- und Innovationstag der Bauhaus-Universität Weimar

KREATIVE AVANTGARDE AUS WEIMAR

Die Gründerwerkstatt „neudeli" hilft jungen Kreativen, sich selbstständig zu machen.

Der Sprung in die Selbstständigkeit ist schwer: Ausprobieren, scheitern, neu beginnen und Erfolg haben, das alles gehört dazu. „neudeli", die Gründerwerkstatt der Bauhaus-Universität Weimar, begleitet findige Tüftler und Macher, die sich selbstständig machen wollen. Ob Architektur, Bauingenieurwesen, Gestaltung oder Medien – alle Studierenden, Absolventen und Mitarbeiter der Bauhaus-Universität werden hier beraten – solange sie eine vielversprechende Geschäftsidee entwickeln. Dafür stellt „neudeli" kostenlose Büroräume, vermittelt Kontakte zur Wirtschaft und weist auf verborgene Fördergelder hin. Ob am Anfang einer Idee oder bereits mittendrin in der Gründungsphase: Alle sind willkommen. Klar, dass hier keine Beratung von der Stange geliefert wird. „neudeli" bereitet auf das Unternehmerleben vor, bessert jedes Gründungsvorhaben individuell nach, bis alles sitzt. Eine Arbeit, die sich lohnt: Seit der Eröffnung 2001 hat „neudeli" bereits 100 Gründungsvorhaben begleitet; mittlerweile sind mehr als 40 ehemalige Studierendenteams auf dem Markt aktiv.

www.neudeli.net

073 | AG TÜRKISCHER UNTERNEHMER UND EXISTENZGRÜNDER HAMBURG

Alter Wall 38
20457 Hamburg
Telefon 040/36138766

Veranstaltung: 10.07.2007
Ausstellung über türkischstämmige Unternehmer

KRIEGST DU CHANCE

Ideen brauchen keinen Pass: In Hamburg finden Existenzgründer mit Migrationshintergrund Rat.

Naveedul Khan hatte lange genug als Kassiererin gejobbt. Während ihrer Suche nach einem Ausbildungsplatz stieß sie auf das Angebot der „Arbeitsgemeinschaft türkischer Unternehmer und Existenzgründer e.V." (ATU) in Hamburg. Die ATU beriet die junge Frau mit pakistanischen Wurzeln und stellte den Kontakt zum Unternehmensberater Hasan Özkan her. Özkan bot ihr zunächst ein Praktikum an, bis klar war: Sie passt ins Team. Jetzt absolviert Naveedul Khan eine Ausbildung zur Kauffrau für Bürokommunikation. Die ATU kann eine Reihe solcher Erfolgsgeschichten vorweisen, sie ist eine regelrechte Ideenfabrik: Coaching von benachteiligten Jugendlichen, ein Azubi-Stammtisch, Fortbildungen für Unternehmer mit Migrationshintergrund. Dazu kommen Aktionen wie die „Kreditkampagne für Migranten-Unternehmen". Auf „Get-togethers" in den Kreditinstituten werden Banker ermuntert, gute Ideen zu finanzieren – auch wenn es bei dem Firmengründer mit der deutschen Sprache noch nicht so gut klappt. Hauptsache ist, das Unternehmen kommt in Gang.

www.atu-ev.de

074 | OTTO BOCK HEALTHCARE GMBH

NIEDERSACHSEN

Max-Näder-Straße 15
37115 Duderstadt
Telefon 05527/8480

Veranstaltung: 13.07.2007
Zukunftstag – Innovationen aus Südniedersachsen

TANZ DER PROTHESEN

Mit Hightech mobilisiert das Medizintechnik-Unternehmen Otto Bock Behinderte und Verletzte.

Nach einer Amputation ist nichts mehr, wie es war. Wer Gliedmaßen verloren hat, muss sein Leben komplett neu zu führen lernen. Schätzungsweise werden in Deutschland jährlich 40.000 Beinamputationen vorgenommen. Hier hilft die Technologie der Otto Bock HealthCare, Weltmarktführer für Prothesen, Bandagen und Rollstühle. Eine Prothese ist inzwischen weit mehr als nur ein optischer Ersatz. Die Zeiten der beigefarbenen, starren Ersatzteile sind vorbei. Heute müssen sie sich in die natürlichen Bewegungsabläufe integrieren. Dabei ist es das Ziel von Otto Bock, Produkte zu schaffen, die einer verlorenen Extremität möglichst nahekommen. Ein Beispiel ist das C-leg, ein von Mikroprozessoren gesteuertes Beinprothesensystem mit kabelloser Fernbedienung. Weltweit verhilft es Menschen zum Laufen, Fahrradfahren, Inlineskaten und damit zu neuer Lebensqualität. Viele Erfahrungen sammeln die Prothetik-Experten bei den Paralympischen Spielen. Sponsor übrigens: Otto Bock.

www.ottobock.de

075 | BRUNO BANANI UNDERWEAR SACHSEN

Mauersbergerstraße 5
09117 Chemnitz
Telefon 0371/842340

Veranstaltung: 18.07.2007
Tag der offenen Tür: Das Leben einer Unterhose

WELTRAUMTAUGLICHE DESIGNER-WÄSCHE

bruno banani zeigt, wie sexy ein Wäscheunternehmen sein kann.

So eine Unterhose muss schon einiges aushalten. Die Wäsche, die bruno banani aus dem sächsischen Mittelbach bei Chemnitz produziert, trägt's mit Fassung. Den wildesten Härtetests haben die beiden findigen Unternehmer Wolfgang Jassner und Klaus Jungnickel, die in den Räumen des ehemaligen Volkseigenen Betriebs Trikotex 1993 mit bruno banani an den Start gingen, ihre Ware schon ausgesetzt. Sie ließen einen Slip in kleinste Teile zerlegen und mit 240 Millionen Stundenkilometern durch den Teilchenbeschleuniger des Forschungszentrums Jülich jagen. Dann ging bruno banani ins All. Im Jahr 1998 zog ein Kosmonaut auf der Raumstation MIR ein T-Shirt der Sachsen über, die seitdem das Siegel „Space Proof" tragen. Außer spektakulärem Marketing sprechen auch die nackten Zahlen für bruno banani: Über 100 Mitarbeiter, viele vom VEB Trikotex übernommen, nähen im Jahr über eine Million Wäscheteile. Die Marke erwirtschaftete im Jahr 2006 einen Umsatz von 55 Millionen Euro.

www.brunobanani.de

076 | E-LAB LIVE HESSEN

c/o VDE Prüf- und Zertifizierungsinstitut
Merianstraße 28
63069 Offenbach
Telefon 0228/5347347

Veranstaltung: 23.07.2007
Tag der offenen Tür

IM TESTEN WAS NEUES

Im VDE-Institut in Offenbach prüfen Ingenieure technisches Gerät auf seine Tauglichkeit.

Der VDE, der Verband der Elektrotechnik, Elektronik und Informationstechnik, öffnet die Tore seines renommierten Instituts in Offenbach: Schüler und Technikinteressierte verfolgen Härtetests an Elektronikprodukten vom Abluftgebläse über Massagegeräte bis zum Zwischenstecker. Sie schauen Ingenieuren bei der Geräteprüfung über die Schulter und informieren sich über aktuelle Techniktrends, Innovationen und Sicherheitsstandards – ehe sie schließlich die Rollen tauschen: Highlight der Aktion ist „E-Lab Live", bei der Schüler selbst Hand anlegen und Maschinen und Geräte auf ihre Tauglichkeit testen. Der Lohn: das „Junior-Tester-Zertifikat". Die Aktion bindet Schulen, VDE-Mitgliedsunternehmen und Experten sowie rund 7.000 Studenten ein. Ziel ist, Jugendliche für die Elektro- und Informationstechnik zu begeistern, die Bedeutung des Engagements für Innovation und Sicherheit für Mensch und Umwelt zu demonstrieren sowie den Nutzen hoher Sicherheitsstandards für den globalen Handel, für den Verbraucherschutz und die Technikakzeptanz zu veranschaulichen. **www.vde.com**

077 | HANSGROHE AQUADEMIE BADEN-WÜRTTEMBERG

Auestraße 5-9
77761 Schiltach
Telefon 07836/510

Veranstaltung: 28.07.2007
Tag der offenen Tür mit Testduschen

WASSER DES LEBENS

Wanne, Whirlpool, Weiterbildung: Die Hansgrohe AG schult Sanitärfachkräfte.

Der Name ist gut gewählt: Die „Aquademie" ist Wasserwelt und Trainingslager in einem und gehört zum Sanitärunternehmen Hansgrohe AG. Die Traditionsfirma mit über 3.000 Mitarbeitern bietet nicht nur Duschbrausen und edle Armaturen an, sondern auch ein Ausstellungs- und Schulungszentrum: An der „Aquademie" kann sich der interessierte Fachmann weiterbilden und bekommt jede Menge Anregungen für die tägliche Arbeit. Jährlich locken die Kurse 25.000 Fachkräfte des Sanitärhandwerks ins Schwarzwaldörtchen Schiltach. Neben Wasser, Wellness und Wirtschaft lehrt man dort auch den nachhaltigen Umgang mit der Ressource Wasser. So wurden neben Wasserspartechnologien für Duschbrausen auch Recyclingsysteme entwickelt, die den Trinkwasserverbrauch deutlich reduzieren. Auch über die Ästhetik von Bädern und Sanitärprodukten wird diskutiert. Die Teilnehmer können sich mit aktuellem Design beschäftigen und anschließend im firmeneigenen Museum „Wasser-Bad-Design" Bäder aus sieben Jahrhunderten bestaunen.

www.hansgrohe.com

078 | EUREGIO RHEIN-WAAL NORDRHEIN-WESTFALEN

Boschstraße 16
47533 Kleve
Telefon 02821/894580

Veranstaltung: 30.07.2007
Lesung und Präsentation

MODEPFLANZE HANF

Landwirte, Unternehmen und Forschungsinstitute produzieren umweltfreundliche Textilien.

Kaum jemand, der bei Hanf nicht zuerst an Drogen denkt. Dabei ist die Pflanze auch ganz anders einsetzbar: Man kann einen Möbelbezug, einen Kittel oder eine Jeans daraus machen. Textilien aus Hanffasern, einem der ältesten Rohstoffe Europas, sind nicht nur schön und robust, sondern auch umweltfreundlich: Schließlich braucht die Pflanze wenig Wasser und kaum chemische Schutzmittel. Für ein deutsch-niederländisches Projekt in der Euregio Rhein-Waal haben sich Landwirte, Firmen und Forschungsinstitute zusammengeschlossen, um gemeinsam eine regionale Hanftextilkette aufzubauen. Die Idee ist es, die umweltfreundliche Herstellung von Textilien aus Hanf zu fördern und gleichzeitig die regionale Wirtschaft zu stärken. Denn die gesamte Produktion findet vor Ort statt: Bauern bauen den Hanf an, die regionalen Textilunternehmen entwickeln mit den bearbeiteten Fasern neue Stoffe, die Forschungsunternehmen im Grenzgebiet steuern wissenschaftliches Know-how bei. Und die Käufer freuen sich über eine Hose, die man nicht in der Pfeife rauchen kann.

www.technet-euregio-rw.com

079 | SPOT AG HESSEN

Rowentastraße 9
63071 Offenbach
Telefon 069/7701990

Veranstaltung: 02.08.2007
Unternehmens- und Technologiepräsentation

SPOT AN, BEVOR DAS LICHT AUSGEHT

Aus Hessen kommt die Energie der Zukunft – dank Biomasse.

Der Name des Unternehmens ist Programm: SPOT. Denn ohne die Spirit of Technology AG „würde das Licht ausgehen", so die eigene, selbstbewusste Darstellung der Gesellschaft. Als weltweit erstes Unternehmen hat SPOT eine kommerzielle Biosynthesegasanlage konzipiert, gebaut und erfolgreich getestet, mit der ein hochwertiges Gas mit hohem Wasserstoffanteil zur energetischen Nutzung hergestellt wird. Als Einsatzstoff dient Biomasse: Futtermittel und nachwachsende Rohstoffe. Die Idee, durch ein spezielles Vergasungsverfahren wertvollen Wasserstoff und somit Energie zu gewinnen, wurde in der Biosynthesegasanlage in Brandenburg – der ersten weltweit – getestet. Nach dem fünften Testlauf im Juni 2006 dann die heiße Kunde: Die Fackel brennt. SPOT ist in der Lage, ein synthetisches Gas zu produzieren, das deutlich billiger ist als Rohöl. Die Patente für die Produktion des Synthesegases sind angemeldet, das Frankfurter Unternehmen ist überzeugt, den Finger auf dem Lichtschalter der Zukunft zu haben. Also dann: SPOT AN!

www.spot-ag.de

080 | IC! BERLIN BRILLEN BERLIN

Saarbrücker Straße 37
10405 Berlin
Telefon 030/41717733

Veranstaltung: 13.08.2007
Tag der offenen Tür

TRIUMPH DES BRILLENZWERGS

Auch in Hollywood trägt man sie – die ebenso einfache wie geniale ic! berlin Brille.

Schluss mit verbogenen Bügeln und losen Schrauben – eine neue Brille aus Berlin ist schick, alltagstauglich und unverwüstlich. Der Clou: das patentierte Federscharniersstecksystem, eine weltweit einzigartige schraubenlose Gelenklösung. Sie hält Rahmen und Bügel mit einem herausnehmbaren Clip zusammen. Entwickelt wurde die ic! berlin Brille von den Designern Ralph Anderl, Harald Gottschling und Philipp Haffmans. Die erste Serie der schraubenlosen Brillen ging 1996 in Produktion. Heute sind die schlichten Modelle aus Chrom in Europas Modemetropolen extrem angesagt. Sie sind unkonventionell, qualitativ hochwertig und sexy. Der Brillenzwerg ic! berlin hat sich gegen die Branchenriesen durchgesetzt. Lehnten die Profis die Brillenidee der branchenfernen Unternehmer zunächst ab, sind die ic!-berlin-Gestelle heute bei vielen Optikern erhältlich. Derweil suchen die Berliner nach neuen Ideen. Ihr Credo: Dinge tun, statt nur darüber zu reden. So ist ein erster Reiseführer entstanden: „Übersehene Sehenswürdigkeiten. Deutsche Orte."

www.ic-berlin.de

081 | **4SC AG** BAYERN

Am Klopferspitz 19a
82152 Planegg-Martinsried
Telefon 089/7007630

Veranstaltung: 14.08.2007
Führung durch die Forschungslaboratorien

DAS DIGITALE REAGENZGLAS

Computer gegen Krebs: Das Unternehmen „4SC AG" entwickelt Medikamente auf unorthodoxe Art.

Vier bis fünf Millionen Krebskranke leben in Deutschland – Tendenz steigend, führt doch die wachsende Lebenserwartung in den Industrieländern dazu, dass immer mehr Menschen an Krebs erkranken. So arbeitet die Krebsforschung fieberhaft an neuen Heilmitteln, doch im Schnitt dauert es zwölf Jahre, bis ein neues Medikament auf den Markt kommt. Im Normalfall testen die Wissenschaftler Wirkstoffe in langwierigen Verfahren im Reagenzglas. Ganz anders läuft es bei der „4SC AG". Die Forscher des Biotechnologie-Unternehmens entwickeln neue Wirkstoffe gegen Krebs und andere schwere Krankheiten. Dabei werden die Wirkstoffkandidaten in der Anfangsphase nicht mehr im Labor getestet, sondern schneller und billiger am Computer – als patentiertes Verfahren, das vom Finden neuer Wirkstoffe bis zur klinischen Erprobung reicht. Aktuell arbeiten die 59 Mitarbeiter des Unternehmens an fünf Projekten, wovon eines die klinische Phase I bereits abgeschlossen hat. Auch andere Pharma- und Biotechnologieunternehmen nutzen bereits die neue Technologie und verschaffen der „4SC AG" damit auch erste Umsätze.

www.4sc.com

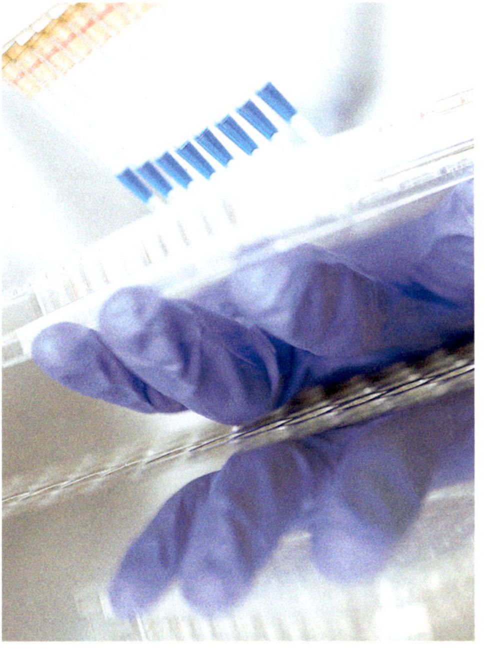

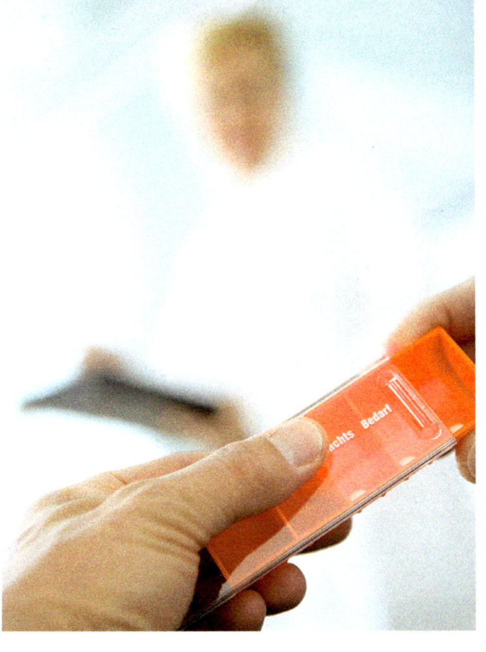

082 | LOGPORT NORDRHEIN-WESTFALEN

Alte Ruhrorter Straße 42–52
47119 Duisburg
Telefon 0203/8031

Veranstaltung: 18.08.2007
Tag der offenen Tür

VON DER KOHLE ZUM CONTAINER

Logistik der Superlative – logport wächst bis 2010 zu einem „Logistic Valley" heran.

Die typischen Ruhrgebietszeiten mit rauchenden Schloten, Stahlarbeitern und Schimanskis sind vorbei. Doch das bedeutet nicht unbedingt ein Absterben der Region, wie das Beispiel Duisburg zeigt. Die Superlative häufen sich: Die Stadt liegt am größten Binnenhafen der Welt, ist einer der größten Eisenbahnknotenpunkte Europas und Schnittstelle großer Verkehrsachsen von Nord, Süd, West und Ost. Klar, dass hier eines der wichtigsten Logistikzentren Europas liegt. Container voller asiatischer Lebensmittel, Lippenstifte, Konserven oder Autos gehen hier von Bord, bevor die Waren europaweit im Handel landen. „logport", eine 265 Hektar große Fläche im Duisburger Hafen, wird erst seit 1998 erschlossen und bebaut. Heute sind bereits 50 Prozent in Betrieb und mehr als 2.000 Arbeitsplätze wurden geschaffen. Damit ist „logport" eines der am schnellsten wachsenden Logistikzentren in Europa – und eine echte Jobmaschine: Bis 2010 sollen 4.000 neue Arbeitsplätze entstehen. Klingt ganz nach einem Logistic Valley.

www.logport.de

083 | BLIS ALPENRANGER BAYERN

Joseph-von-Fraunhofer-Straße 9
83209 Prien am Chiemsee
Telefon 08051/69160

Veranstaltung: 20.08.2007
Tag der offenen Tür,
Nationalpark Berchtesgaden

DIE STIMME AUS DEM OFF

Service vom Satelliten: Der elektronische Reiseleiter „BLIS" führt durch Berg und Tal.

Allein im Gebirge, unvorbereitet im Zentrum einer Stadt, überwältigt vom Messegetümmel? Das muss nicht sein. Ab jetzt fungiert „BLIS" als Fremdenführer. Das kleine, handliche Gerät zum Umhängen begleitet Besucher. Dank Satellitentechnik wird seine Position auf zehn Meter genau bestimmt. Und per Sprachautomatik erfährt er Wissenswertes zum Standort. Der „Alpenranger" etwa, der im Nationalpark Berchtesgaden zum Einsatz kommt, informiert über Pflanzen, Tiere und einzelne Bergmassive, aber auch über Gastronomie und den Busfahrplan.

Zukünftig könnte es sogar noch präziser werden: Mit dem europäischen Satellitenprojekt Galileo wird die Standortbestimmung noch viel genauer und die Informationen des „BLIS-Gerätes" ebenso. Entscheidend an dem elektronischen Wegweiser ist die Benutzerfreundlichkeit, die selbst Technikmuffel und Senioren nicht abschrecken dürfte: Dank der Zusammenarbeit mit dem Blinden- und Sehbehindertenverband Bayern wurde das Gerät so entwickelt, dass es fast ohne Bedienung auskommt.

www.blisinfo.de

084 | KAROSTAR MUSIKHAUS ST. PAULI HAMBURG

Schulterblatt 26-36
20357 Hamburg
Telefon 040/43139342

Veranstaltung: 22.08.2007
Open House, Musikfestival und Musikbranchentreffen

NEUER STAR IM KIEZ

Ein Musikhaus auf St. Pauli erleichtert Newcomern den Weg ins harte Geschäft.

In der Idee liegt Musik. Um Newcomern und Existenzgründern der Unterhaltungsbranche einen guten Start zu verschaffen, wurde in Hamburg das „Karostar Musikhaus St. Pauli" gegründet. Mitten im schnelllebigen Szenekiez des Schanzenviertels will sich das Haus als feste Adresse etablieren, wo junge Plattenlabels, Verleger, Händler, Nachwuchs-Agenten und PR-Spezialisten sowie Filmemacher unter einem Dach arbeiten. Günstige Büromieten und vor allem die kurzen Wege, die hier ein Bandmanager für ein Treffen mit einem Plattenboss gehen muss, sollen sich als Erfolgsfaktoren der Idee erweisen. Im Duett wollen Kiez und Karostar sich behaupten. Die frischen Impulse aus dem Musikhaus sollen die Hamburger Kulturszene beleben, andererseits können die Jungunternehmer von den Erfahrungen gestandener Größen des Geschäfts profitieren. Zugleich reagiert das Konzept auf den Strukturwandel der Musikwirtschaft, indem es Raum für kleine Einheiten und neue Geschäftsideen bietet. Scharfe Sache auf St. Pauli.

www.karostar.de

085 | CUREVAC

BADEN-WÜRTTEMBERG

Paul-Ehrlich-Straße 15
72076 Tübingen
Telefon 07071/920530

Veranstaltung: 27.08.2007
Lange Nacht der Wiederentdeckung der RNA

IMPFEN GEGEN KREBS

Das älteste Biomolekül der Welt soll die Kräfte der Immunabwehr gegen Krebs aktivieren.

Mehr als 130 Jahre ist es her, dass der Mediziner Friedrich Miescher in der alten Schlossküche in Tübingen forschte und aus eitrigen Wundverbänden eine gallertartige Masse isolierte. Vor Augen hatte er, ohne es zu wissen, nichts Geringeres als die Erbsubstanz des Menschen: die Nukleinsäuren. Diesen altbekannten Stoff für die Heilung von Krankheiten nutzbar zu machen, ist seither Ziel molekularbiologischer Forschung. Der ebenfalls in Tübingen ansässigen Firma CureVac gelang dabei eine wichtige Entwicklung: Die Forscher können RNA-Moleküle so stabilisieren, dass ein Impfstoff gegen Krebs in greifbare Nähe rückt. Ihr Medikament RNActiveTM soll die Selbstheilungskräfte des Körpers aktivieren, sodass er eigenständig in der Lage ist, Krebszellen zu bekämpfen und zu vernichten. Erste Studien sind ermutigend und das RNA-Molekül ist auf dem Weg, die Grundlage einer neuen Generation von Medikamenten zu werden. Auf den Markt kommen kann das Mittel jedoch erst, wenn weitere Tests und Studien sowohl Wirksamkeit als auch Unbedenklichkeit bestätigt haben.

www.curevac.de

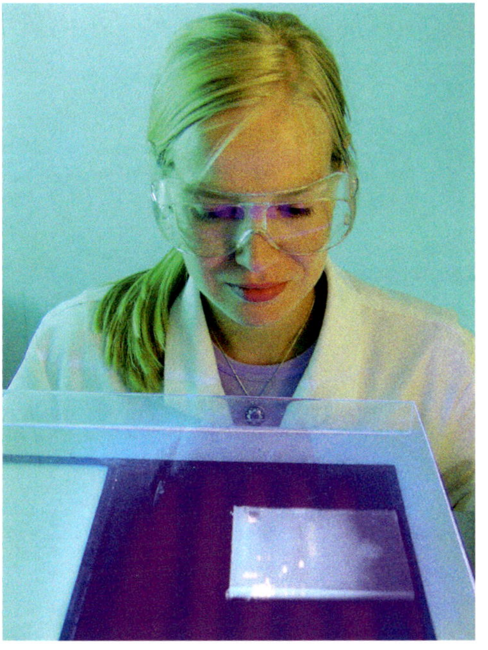

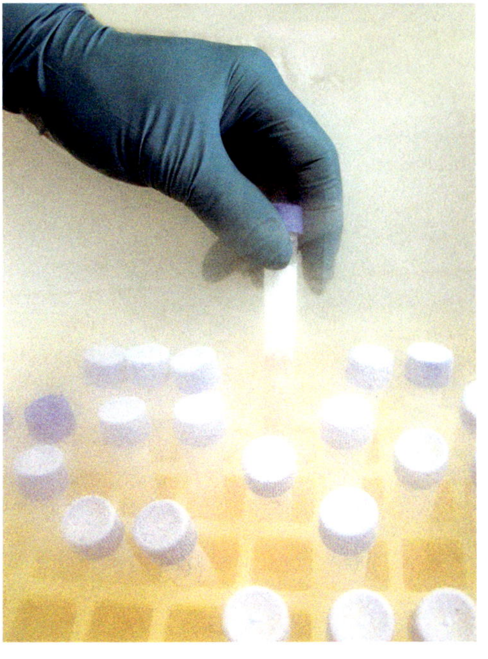

086 | HANNING & KAHL

NORDRHEIN-WESTFALEN

Rudolf-Diesel-Straße 6
33813 Oerlinghausen
Telefon 052/02707600

Veranstaltung: 28.08.2007
Führung

KAIZEN MACHT LAUNE

Hanning & Kahl feiert Erfolge mit japanischer Management-Philosophie.

Kaizen. Das Wort ist kein Druckfehler, sondern beschreibt eine Management-Philosophie aus Japan: den steten Wandel zum Besseren unter Beteiligung von Führungskräften und den Mitarbeitern. Hanning & Kahl aus Oerlinghausen setzt seit 1996 auf dieses Konzept. Mit Erfolg: Die Firma ist ein Global Player im Bereich der Sicherheitstechnik im Öffentlichen Personennahverkehr. Ihr Motto „Vorwärts denken" wurde mit der Einführung des Kaizen neu belebt. Die Idee: Eigenverantwortung fördert das Mitwirken jedes Mitarbeiters und formt eine leistungsbereite, kompetente Belegschaft. Ergebnis: Nicht nur die Produktivität wurde gesteigert, sondern auch Qualifikation und Motivation der Mitarbeiter. Mitsprache und Weiterbildung werden von den Mitarbeitern begeistert angenommen. Mit messbarem Erfolg: 98 Prozent würden sich wieder für Hanning & Kahl als Arbeitgeber entscheiden. Diese Zufriedenheit spürt der Kunde: 95 Prozent bewerten ihren Berater als kompetent und verlässlich. Und das ist erst der Anfang: denn Kai heißt „Wandel", Zen „zum Besseren".

www.hanning-kahl.de

087 | SKYSAILS HAMBURG

Veritaskai 3
21079 Hamburg
Telefon 040/702990

Veranstaltung: 31.08.2007
Systempräsentation an Bord der MS Beaufort

SEGEL SETZEN FÜR DIE UMWELT

„SkySails" reduzieren den Treibstoffverbrauch der modernen Schifffahrt drastisch.

Es ist eine einfache Tatsache: Wind ist billiger als Öl und auf hoher See die kostengünstigste Energiequelle. Trotzdem wird dieses attraktive Einsparungspotenzial von Reedereien nicht mehr genutzt. Der Grund: Bisher genügte kein Segelsystem den Anforderungen der modernen Schifffahrt. Doch jetzt gibt es Abhilfe: SkySails stellt ein neues Wind-Antriebssystem bereit, das allen Anforderungen gerecht wird und sich auf fast allen Frachtschiffen und Superyachten einfach nachrüsten lässt. Die Idee: Ein großer Zugdrachen wird als Zusatzantrieb installiert und auf hoher See zur Entlastung der Hauptmaschine immer dann eingesetzt, wenn die Windbedingungen es erlauben. Durch Einsatz des SkySails-Systems können die Treibstoffkosten eines Schiffes, abhängig von den Windverhältnissen, zwischen zehn und 35 Prozent gesenkt werden. Im Idealfall reduziert sich der Treibstoffverbrauch auf die Hälfte. Je nach Ölpreis kann dies bei einem 87 Meter langen Frachtschiff eine jährliche Ersparnis von 280.000 Euro bedeuten. Ein guter Grund, die Segel zu setzen.

www.skysails.de

088 | INITIATIVE HANDWERK BERLIN-BRANDENBURG BERLIN

Naumannstraße 81 - Gebäude 38
10829 Berlin
Telefon 030/7845005

Veranstaltung: 08.09.2007
Tag der offenen Tür in den Handwerksbetrieben

VON WEGEN ALTES EISEN

Die „Initiative Handwerk" vermittelt Arbeitnehmer über 40.

Wer hat eigentlich das Gerücht in die Welt gesetzt, dass Arbeitslose über 45 Jahre zum alten Eisen gehören? Klar, ein sechzigjähriger Dachdecker kann nicht mehr auf dem First herumspringen wie der Azubi, aber dafür zählt seine Erfahrung. Das hat auch der Unternehmer Lutz Krause erkannt: Er gründete im Januar 2006 die „Initiative Handwerk", um älteren Arbeitslosen tatkräftig unter die Arme zu greifen. Hartnäckig hängt sich Krause seitdem ans Telefon und knüpft Kontakte zu Firmen, die Arbeitsplätze für erfahrene Handwerker schaffen. Sechs Unternehmen in Berlin und Brandenburg sind bereits am Projekt beteiligt und zehn weitere Firmen will Krause in diesem Jahr gewinnen. Die Idee, sich für ältere Arbeitslose zu engagieren, kam Krause, als er seinen Job als Bauleiter bei DaimlerChrysler aufgab, um sich ganz der eigenen Handwerksfirma zu widmen. Er erkannte, dass er als Unternehmer auch eine soziale Verantwortung trägt, und kämpft seitdem dafür, dass der Erfahrungsschatz der Älteren nicht verloren geht.

www.initiative-handwerk.de

089 | ALTE MESSE LEIPZIG SACHSEN

Zwickauer Straße 55
04103 Leipzig
Telefon 0341/2277200

Veranstaltung: 09.09.2007
Tag der offenen Tür

STARTPLATZ DER IDEEN

Die Alte Messe Leipzig bietet Platz für Kunst, Kommerz und Wissenschaft.

Die Technische Messe zeigte seit 1920 Innovationen des Maschinenbaus. Aber Fortschritt muss ständig neu bestätigt werden. Deshalb hat Leipzig seit 1996 die Neue Messe und für die alte begann damit eine Zukunft als zentrumnahes „Filetstück" von 500.000 Quadratmetern Fläche, bebaut mit traditionsreichen Hallen. Reichlich Raum für zukunftsträchtige Ideen. Die Leipziger Entwicklungs- und Vermarktungsgesellschaft (LEVG) siedelte Unternehmer, Künstler, Wissenschaftler und Ideenbastler an. Sie gründeten die Interessengemeinschaft Alte Messe, die inzwischen 26 Mitglieder hat: von der Bundesbank bis zum Experimentaltheater, von der BIO CITY bis zum prominenten Autohaus, vom Supermarkt bis zur Nationalbibliothek. Das Netzwerk von Ideen und Tätigkeitsfeldern hat dem neuen Stadtteil der Forschung, Medien, Freizeit und Dienstleistung ein Image erschaffen, das anziehend auf neue Partner wirkt. In einer 1913 gebauten, damals als supermodern geltenden Betonhalle lockte eine originelle Diskothek in kurzer Zeit 350.000 Besucher.

www.ig-altemesse.de

090 | DEUTSCHE GLEIS- UND TIEFBAU

SACHSEN-ANHALT

Ladestraße 8
39175 Magdeburg-Königsborn
Telefon 030/63987480

Veranstaltung: 10.09.2007
Tag der offenen Tür auf dem Freigelände Königsborn

SCHIENEN AUF NEUEN WEGEN

In Königsborn werden alte Eisenbahnschienen recycelt – und neue Maschinen erfunden.

Die Mitarbeiter der DGT demontieren jährlich viele Kilometer Eisenbahnschienen und arbeiten über 100.000 Schwellen wieder auf. Die Deutsche Gleis- und Tiefbau GmbH (DGT), eine Gesellschaft der Bahnbau-Gruppe der DB AG, gewinnt in Königsborn bei Magdeburg und an fünf anderen Standorten Ressourcen aus Bauabfällen. Damit ist die DGT Vorbild für die europäische Eisenbahnbranche. In Königsborn befindet sich auch ein Aus- und Fortbildungszentrum für den Eisenbahner-Nachwuchs. Hier werden Materialaufarbeitungstechnologien für den Verkehrswegebau vermittelt: einer der wenigen Orte in Deutschland, wo mit modernsten Verfahren alte Schienen und Schwellen recycelt werden. So erzeugt die DGT aus Abfall wertvolle Materialien für den Eisenbahn- und Straßenbau – ein wichtiger Beitrag zum Umweltschutz. Die DGT arbeitet zudem stets an neuen Ideen wie zuletzt an einer mobilen Aufarbeitungsanlage. Die Gesellschaft besitzt ein europaweites Patent, wie man alte Betonschwellen direkt an der Baustelle erneuert.

www.bahnbaugruppe.de

091 | TECHNOLOGIE- UND INNOVATIONSPARK JENA THÜRINGEN

Wildenbruchstraße 15
07745 Jena
Telefon 03641/675100

Veranstaltung: 19.09.2007
Tag der offenen Tür

LICHTBLICKE FÜR DIE ZUKUNFT

Der Technologie- und Innovationspark Jena weckt den Erfindergeist in Schülern.

1846 eröffnete der Mechaniker-Meister Carl Zeiss in Jena eine feinmechanisch-optische Werkstatt, ein Jahr später stellte er einen Lehrling ein, fünf Jahre später fertigte er mit zehn Mitarbeitern Mikroskope. Jena – die Wiege der modernen Optik, heute ein High-Tech-Zentrum des Ostens. In der Universitätsstadt Jena lernen Ideen laufen, zum Beispiel im Technologie- und Innovationspark Jena. Über 165 junge Unternehmen hat das Gründerzentrum schon gefördert, aus Bereichen wie Optik und Sensorik, Softwareentwicklung oder Medizintechnik. Ab 2007 heißt es nun in Projektwochen für Schüler: Augen auf für die Erfindungen von morgen. Zum Auftakt geht's von den Ursprüngen der Optik und des technischen Glases in Jena in Richtung Zukunft. Erfindergeist und Vorstellungsvermögen sind gefragt, wenn es darum geht, Licht als komplexes Medium zu erforschen und als Werkzeug anzuwenden. Vielleicht wird einer der jungen Forscher ja selbst zum Lichtblick, indem auch er als nächster Gründer Arbeitsplätze schafft – wie einst Carl Zeiss.

www.tip-jena.de

092 | TESTO AG BADEN-WÜRTTEMBERG

Testostraße 1
79853 Lenzkirch
Telefon 07653/6810

Veranstaltung: 21.09.2007
Tag der offenen Tür im Rahmen des 50-jährigen Jubiläums

ÜBER ALLE MASSE ERFOLGREICH

Mit innovativer Messtechnik setzt die Testo AG neue Maßstäbe.

Ob Luft, Licht, Schall, Strom oder Temperatur, die Testo AG bietet neueste Technik für so ziemlich alles, was sich messen lässt. Pioniertätigkeiten im Bereich Wärmebildkameratechnik, ein neues automatisches Rußanalysegerät und ein völlig neuartiger Frittieröltester sind nur einige der Highlights, mit der sich die Firma zu ihrem 50-jährigen Bestehen schmücken kann. Innovative Ideen zahlen sich immer aus, weiß Vorstandsvorsitzender Burkart Knospe zu berichten, der auch in Zeiten der Stagnation Rekordumsätze einfährt und neue Arbeitsplätze schafft. Unter dem Motto „Zeichen setzen für die Zukunft" investiert er kontinuierlich in Forschung und Entwicklung. Und der Erfolg gibt ihm Recht, denn aus dem einst mittelständischen Betrieb hat er einen „Global Player" geformt. Der Konzern mit 25 Tochterfirmen und rund 1.300 Mitarbeitern zählt mittlerweile zu den wachstumsstärksten Firmen Europas. 200 weitere Arbeitsplätze können derweil am Stammsitz im badischen Lenzkirch entstehen. Man ahnt es schon: Auch Erfolg ist messbar.

www.testo.de

093 | BIOTECHNOLOGIEPARK LUCKENWALDE

BRANDENBURG

Im Biotechnologiepark, TGZ I
14943 Luckenwalde
Telefon 03371/681100

Veranstaltung: 23.09.2007
Tag der offenen Tür

DER HIGH-TECH-CAMPUS

In Brandenburg finden Biotechnologiefirmen ideale Bedingungen vor.

Kaum eine Branche weckt so viele Fantasien wie die Biotechnologie und schon heute schaffen Bio-Tec-Unternehmen hoch qualifizierte Arbeitsplätze. Dass sich ausgerechnet ein Ort im relativ armen Brandenburg in wenigen Jahren zu einem Leuchtturm der Branche entwickelt hat, ist dem dortigen Biotechnologiepark zu verdanken. Auf dem campusartigen Gelände in Luckenwalde herrschen optimale Bedingungen: Kein Wunder, dass sich schon 37 junge, innovative Unternehmen hier angesiedelt haben. Und es sollen noch mehr werden: Ein Technologie- und Gründerzentrum vor Ort unterstützt spezifisch Neugründungen im biotechnologischen Bereich. Der Park ist in ein großes Netzwerk aus Kliniken, Universitäten und Finanzgebern eingebunden, von dem die jungen Unternehmen profitieren. Die hier ansässige Life Science Akademie bietet Aus- und Fortbildungskurse an: für Doktoranden, Laboranten und wissenschaftliche Mitarbeiter. Aber auch für Lehrer, Schüler und jeden Interessierten: Nachwuchswerbung für eine boomende Industrie in Brandenburg.

www.bio-luck.de

094 | WISSENSMANAGEMENT IN DER PRAXIS

BAYERN

Josef-Sterr-Straße 4
81377 München
Telefon 089/8594251

Veranstaltung: 26.09.2007
Experten-Netzwerk-Treffen bei einer Mitgliedsfirma

WIMIP WIE WISSEN

Deutschlands Industrieunternehmen entwickeln neue Wissensmanagement-Konzepte.

Diamanten und Gold sind in Deutschland ungefähr so häufig wie Schnee in der Sahara. Alle anderen natürlichen Ressourcen haben Kumpels fast komplett aus den Minen gebuddelt. Dass die Wirtschaft trotzdem nicht am Boden liegt, verdanken wir vor allem dem Wissen und der Kreativität der deutschen Unternehmen. Damit dies auch so bleibt, gibt es den Industriearbeitskreis Wissensmanagement in der Praxis, kurz WiMiP. Das Experten-Netzwerk bietet Wissensmanagern aus 50 Unternehmen eine Kommunikationsplattform. Im „Industriearbeitskreis Wissensmanagement in der Praxis" (WiMiP) diskutieren und arbeiten die Manager zusammen an neuen Ideen zur Weiterentwicklung und zum effizienten Umgang mit dem Wissen in ihren Unternehmen. Der Arbeitskreis ermöglicht gemeinsames systematisches und konzeptionelles Arbeiten und unterstützt die Mitglieder bei ihren Projekten. Der Leitgedanke des WiMiP: Systematisches Wissensmanagement sichert nicht nur den Erfolg der Unternehmen, sondern auch den Wissensstandort Deutschland.

www.wimip.de

095 | SGL CARBON AG HESSEN

Rheingaustraße 190–196
65203 Wiesbaden
Telefon 0611/60290

Veranstaltung: 05.10.2007
Werksführung

BESSER BREMSEN

Die SGL Carbon AG sorgt mit ihrer neuen Technologie für mehr Sicherheit.

Beim Autoquartett in der eigenen Jugend waren Beschleunigung und Höchstgeschwindigkeit die absoluten Königswerte zum Auto-Duell. Mit über fünf Sekunden auf Tempo 100 und unter 230 Stundenkilometern trat man überhaupt nicht an. Eigentlich ein großer Fehlglaube, denn wer schon einmal seinen Wagen aus diesen Geschwindigkeiten zum Stehen gebracht hat, der weiß: Die wahre Größe eines Fahrzeugs misst sich in Bremsmetern. Nichts Neues ist diese Erkenntnis für den Standort Meitingen der SGL Carbon AG. Denn hier entwickelten die Ingenieure die Carbon-Keramik-Bremsscheibentechnologie. Durch die kohleverstärkte Keramik halten die Scheiben nicht nur länger, sondern bremsen den Wagen auch viel schneller als die herkömmlich verbauten Materialien, egal, bei welchem Wetter. Eine Technologie, die vor allem Sportwagen- und Luxuskarossenhersteller wie Audi oder Porsche nutzen, denn ihre Fahrzeuge brauchen die stärksten Bremsen. Und vielleicht hört man demnächst auf Deutschlands Schulhöfen: Bremsweg 35 Meter, sticht.

www.sglcarbon.de

096 | KATJES BONBON

BRANDENBURG

Wetzlarer Straße 96–106
14482 Potsdam
Telefon 0331/704240

Veranstaltung: 20.10.2007
Werksjubiläum

GROSSES KINO IM KATJES-WERK

In Potsdam gibt die erste gläserne Bonbonfabrik Einblick ins süße Gewerbe.

Einst tauschten Ost und West auf der Glienicker Brücke in Potsdam Agenten aus, heute öffnet die Stadt Industriespionen sogar Tür und Tor. Katjes gewährt in der brandenburgischen Hauptstadt in Europas erster gläserner Bonbonfabrik Einblick ins süße Gewerbe. 100 Meter müssen Zuckerwasser und Glukose – die wichtigsten Zutaten eines Bonbons – zurücklegen, bevor sie in die Tüte kommen. Durch eine großzügige Glasfront lässt sich die gesamte Produktionslinie vom Bonbonstrang bis zur Endverpackung verfolgen. Der Katjes-Gast fühlt sich wie in einer überdimensionalen Showküche, in der die Zutaten tonnenweise mit Kranaufzügen in riesige Trichter gehievt und in XXL-Edelstahltöpfen gekocht werden. Der Besuch des Werkes, das für zwölf Millionen Euro gebaut wurde und Anfang Oktober 2006 in Betrieb ging, ist großes Kino – wozu allein der Standort verpflichtet: die Bonbonfabrik steht in Babelsberg, Heimstätte der Ufa und der Defa. Kein Wunder, dass man bei Katjes auf die Idee kam, die Produktionskulisse zur Schau zu stellen.

www.katjes.de

097 | AUTOBAHNDREIECK WITTSTOCK/DOSSE

BRANDENBURG

An der Promenade 5
16928 Pritzwalk
Telefon 03396/882527

Veranstaltung: 24.10.2007
Ausbildungsmesse

ABFAHRT DER CHANCEN

In der Prignitz wollen Unternehmer dem Nachwuchs die Zukunftschancen aufzeigen.

Das Autobahndreieck Wittstock/Dosse ist ein Synonym für die gesamte Region. Eine Wegkreuzung, an der man sich entscheidet, wohin die Reise geht: Hamburg, Berlin oder Rostock. Vor dieser Wahl sehen sich viele junge Menschen der Prignitz. Den Abwanderungstrend zu stoppen ist ein Ziel der Arbeitsgemeinschaft „Autobahndreieck Wittstock/Dosse". Das Netzwerk aus 32 Unternehmen und fünf Kommunen will vor allem talentierten Nachwuchskräften die Chancen in der Region zwischen Berlin und Hamburg verdeutlichen. Die Idee, dies mit einer Bildungsmesse zu tun, wurde im Herbst 2006 erstmals umgesetzt. 50 Aussteller informierten rund 800 Besucher über berufliche Perspektiven in der Prignitz. Auch 2007 wird es die Messe geben, die als Kontaktbörse funktioniert: Firmen treffen hier ihren Nachwuchs und dieser auf seine Zukunft. Um den Übergang von der Schule an die Uni zu ermöglichen, hat die Fachhochschule Brandenburg in Pritzwalk eine Präsenzstelle eingerichtet, an der sich junge Menschen aufs Studium vorbereiten. Gute Gründe, in der Prignitz Halt zu machen.

098 | PEAK WERKSTOFF

NORDRHEIN-WESTFALEN

Siebeneicker Straße 235
42553 Velbert
Telefon 02053/950

Veranstaltung: 31.10.2007
Hochleistung in Aluminium

PRÄCHTIG IN FORM

Die Hochleistungsaluminium-Produkte der PEAK Werkstoff GmbH bringen Motoren beständig auf Hochtouren.

In V-Motoren von schnellen Pkws und Rennwagen kann es heiß hergehen. Motorkolben arbeiten bei Temperaturen von mehreren Hundert Grad Celsius. Diesem Druck und dieser Hitze hält der Aluminiumwerkstoff DISPAL der PEAK Werkstoff GmbH dauerhaft stand. Das 1988 im nordrhein-westfälischen Velbert gegründete Entwicklungsunternehmen stellt Hochleistungsaluminium für Motorenkomponenten her. Und senkt die Verbrauchszahlen für Autofahrer deutlich. Dank der entwickelten Herstellungsmethode ist das Aluminium hitzebeständig, robust, leicht, flexibel zu verarbeiten und äußerst verschleißfest. Anfänglich wurden die Zylinderlaufbuchsen für DaimlerChrysler hergestellt, mittlerweile umfasst das Projektspektrum eine Vielzahl weiterer Motorenkomponenten. Diese innovative Werkstoffanwendung zeigt auch auf dem internationalen Markt Erfolg: 2006 konnte der weltgrößte Motorenhersteller Honda für Zylinderlaufbuchsen aus Hochleistungsaluminium gewonnen werden. Kunden wie Maschinen fahren glänzend damit.

www.erbsloeh.de

099 | NÜRNBERGER ERFINDERMESSE IENA

BAYERN

Messezentrum 1
90471 Nürnberg
Telefon 0911/98833570

Veranstaltung: 04.11.2007
Messe

ALLES ERFUNDEN

Erfinder treffen auf der Nürnberger Messe IENA finanzkräftige Partner.

Tüftler haben es schwer. Den ganzen Tag basteln sie im Verborgenen herum, bis sie endlich eine tolle Entdeckung machen. Anschließend müssen sie zusehen, wie ihre Erfindung sang- und klanglos in irgendeiner Schublade verschwindet. Damit ist Schluss, seit es die IENA gibt: die internationale Fachmesse „Ideen – Erfindungen – Neuheiten". Jedes Jahr Anfang November stellen Erfinder aller Couleur auf der IENA in Nürnberg ihre neuesten Ideen aus und werben finanzkräftige Vermarktungspartner. Mit Erfolg: Im vergangenen Jahr erzielten 28 Prozent der Aussteller noch auf der Messe konkrete Abschlüsse. Ob ein schwebendes Campingzelt, ein virtueller Rettungsarzt oder eine chemische Methode zur Rauchentgiftung – jede noch so schräge Innovation findet das Interesse der Besucher. Der Aussteller findet hier kompetente Gesprächspartner, etwa das Deutsche Patent- und Markenamt sowie nationale und internationale Organisationen des Erfindungswesens, Erfinderclubs, Jugenderfinder. Hier bleibt kein Tüftler allein.

www.iena.de

100 | PROTAGEN AG NORDRHEIN-WESTFALEN

Otto-Hahn-Straße 15
44227 Dortmund
Telefon 0231/97426300

Veranstaltung: 05.11.2007
Tag der offenen Tür

KLEINE DETEKTIVE AUF GROSSFAHNDUNG

Die Protagen AG entwickelt Biochips für die medizinische Diagnostik.

Proteine und Chips. Klingt nach Kraftfutter für Bodybuilder und TV-Fans. Doch der Protein-Biochip hat andere Qualitäten. Von Gestalt nicht größer als der Objektträger eines Mikroskops, findet er seinen Einsatz in der Medizin. Ein mit Proteinen bestückter Chip kann bei Immunkrankheiten im Blutserum von Patienten gezielt Antikörper aufspüren. Der kleine Detektiv wird bei der Diagnostik unterschiedlicher Krankheiten künftig eine wichtige Rolle spielen und der Entwicklung von Medikamenten neue Möglichkeiten eröffnen. Weit vorn bei der Herstellung von Protein-Biochips ist die Protagen AG. Das Biotech-Unternehmen, vor zehn Jahren an der Ruhr-Universität Bochum gegründet, strebt die globale Führungsrolle als Anbieter von Proteinanalytik und Protein-Biochips an. Das engagierte Protagen-Team hat die Grundlagen geschaffen, um das enorme Potenzial der „Zwerge" nutzen zu können. Neben herausragender Expertise und neuesten Herstellungstechniken ist dies die Verfügbarkeit geeigneter Proteinbibliotheken in hoher Qualität, Reinheit und Vielfalt.

www.protagen.de

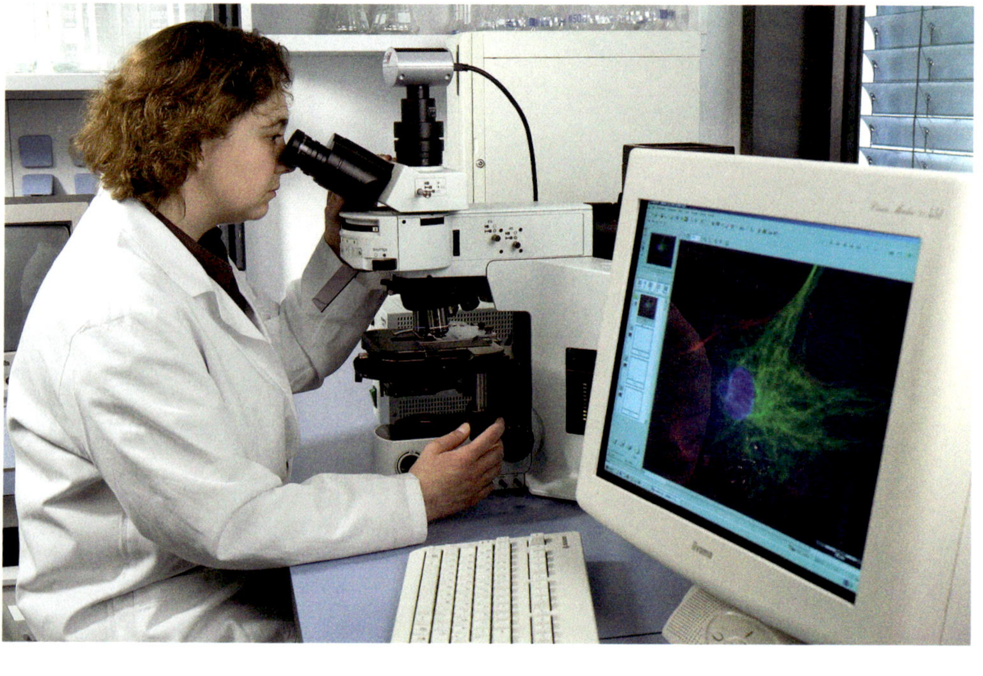

101 | UNITRACC NORDRHEIN-WESTFALEN

Konrad-Zuse-Straße 6
44801 Bochum
Telefon 0234/51670

Veranstaltung: 08.11.2007
Interaktive Erkundung des Untergrundes

VIRTUELLES LICHT INS DUNKEL

Das Online-Portal UNITRACC: Trainings- und Kompetenz-Center für unterirdische Infrastruktur.

„Die im Dunkeln sieht man nicht", heißt es in der Moritat von Mackie Messer von Bertolt Brecht. Der Satz passt auch zur Arbeit im Kanal- und Rohrleitungsbau. Dort unten im Dunklen ist tatsächlich wenig zu sehen. Daher gibt es UNITRACC, das Online-Trainings- und Kompetenz-Center für unterirdische Infrastruktur. Betrieben wird es von der Knowledge Factory in Bochum. Der Clou: UNITRACC vereint Information, E-Learning und Arbeiten und bietet somit der Branche vom Auszubildenden bis zum Ingenieur Zugriff auf die Technik sowie Lern- und Arbeitshilfen. Ein Leitsatz des mehrfach ausgezeichneten Portals lautet „The Future is in the Underground". Die unterirdische Infrastruktur bildet die Lebensadern für die Ver- und Entsorgung der Städte; sie entscheidet über Lebensqualität und Zukunftsfähigkeit. UNITRACC stellt dafür Wissen, Werkzeuge und die richtige Kontaktadresse online. Bereits seit 2004 gibt es den „kurzen Weg zur langen Leitung", unterstützt mit Finanzhilfen von Bund und Land sowie des Hauptverbandes der Deutschen Bauindustrie.

www.unitracc.de

102 | MEDIENGRUPPE PRESSEDRUCK BAYERN

Curt-Frenzel-Straße 2
86167 Augsburg
Telefon 0821/7770

Veranstaltung: 10.11.2007
Presseball

TRADITIONEN BEWAHRT, DIE ZUKUNFT BEREITET

Bereits 1810 war Augsburg in der Medienwelt „top", jetzt wird der Erfolg wiederholt.

1810 kam die Allgemeine Zeitung nach Augsburg und wurde zu einem der bedeutendsten Blätter Deutschlands. Knapp 200 Jahre später zählen die Augsburger Allgemeine und ihre „Mutter", die Mediengruppe Pressedruck, wieder zu den wichtigsten Medienhäusern im Land. Und das, obwohl die Medienbranche in den letzten Jahren gehörig unter Druck geriet: Kein Geld, um Personal zu verpflichten, keines um auszubilden. Der Verlag der Augsburger Allgemeinen ist da eine Ausnahme. Die Verleger haben das Zeitungshaus zur Mediengruppe erweitert, sie investierten in Radio, TV und Internet und bauten ein Vertriebsdienstleistungsnetz auf. So konnte eine eigene Medienakademie ins Leben gerufen werden, in der junge Leute ausgebildet werden. Seiner gesellschaftlichen Verantwortung für die Region ist sich der Verlag schon lange bewusst. Das Hilfswerk der Mediengruppe, die Stiftung Kartei der Not, unterstützt seit über vierzig Jahren Menschen, die unverschuldet in Not geraten sind – und dies bislang mit knapp 28 Millionen Euro.

www.mediengruppe-pd.de

103 | ZWEIBRÜDER OPTOELECTRONICS

NORDRHEIN-WESTFALEN

Kronenstraße 5-7
42699 Solingen
Telefon 0212/59480

Veranstaltung: 14.11.2007
Vortrag mit Werksbesichtigung

BRÜDER DES LICHTS

Die Brüder Opolka machten aus einer kleinen Schlüsselleuchte einen Weltmarktführer.

Ihre LEDs leuchten fast überall. Vor allem die Photonenpumpe V8 ist der Liebling deutscher Schlüsselbunde und hilft so manchem Autoschlüssel nachts ins Schloss. Die Erfolgsgeschichte der Zwillinge Harald und Rainer Opolka begann mit einer kleinen Idee: Hellere Lampen mit geringerem Stromverbrauch in ästhetischem Design. Vor 14 Jahren gründeten sie das Unternehmen in einer Garage in Solingen und vor sechs Jahren bauten sie zum ersten Mal hell leuchtende LEDs in Taschenlampen. Aus der Garage wurde im Laufe der Jahre ein stattlicher Firmensitz. Auch die Photonenpumpe V8 bekam reichlich Gesellschaft. Knapp 70 Basismodelle bieten die Opolkas unter dem Namen ihrer Firma LED LENSER an. Die Erfolgsbilanz liest sich beeindruckend: rund 200 Designpatente und 50 Designpreise. Mittlerweile ist Zweibrüder Optoelectronics Weltmarktführer von LED-Taschenlampen. Damit dies auch noch lange so bleibt, entwickeln Harald und Rainer Opolka fleißig neue Ideen – aber nicht mehr in der Garage, sondern im eigenen Lichtlabor.

www.zweibrueder.com

104 | NANOGATE AG SAARLAND

Gewerbepark Eschbergerweg
66121 Saarbrücken
Telefon 0681/980520

Veranstaltung: 15.11.2007
Führungen auf dem Grubengelände

NANOTECHNOLOGIE, EIN MEGAERFOLG

Die Technologie der kleinen Teilchen schützt vor Schmutz, Schweiß und Sonnenbrand.

Oberflächen, die mit Nanomaterialien behandelt sind, machen eine erstaunliche Wandlung durch: Plötzlich sind sie schmutz- und wasserabweisend und lassen sich viel leichter reinigen. Eigenschaften, die eigentlich überall nützlich sind, sei es die Badfliese, die Winterjacke, das Fensterglas oder der Autolack. Auf dem Gelände des ehemaligen Bergwerks Göttelborn wird keine Steinkohle mehr gefördert, sondern in diese Zukunftstechnologie investiert. Die Firma Nanogate entwickelt hier für die Industrie Lösungen, wie verschiedene Produkte dank Behandlung auf der Basis von Nanokompositen ihre Eigenschaften verbessern können. Die Möglichkeiten sind zahlreich: Auf nanotechnologisch veredeltem Glas sind keine Fingerabdrücke mehr zu sehen, Holz ist vor Sonne, Hitze und Pilzen geschützt und Metall vor Korrosion, Betonwände sind vor hässlichen Graffitis sicher, der Badeanzug bekommt einen UV-Schutz und Sportkleidung riecht auch nach stundenlangem Joggen nicht unangenehm. Manchmal können ganz kleine Dinge eben Großes bewirken.

www.nanogate.com

105 | GROW BAYERN

Edlmairstraße 6 + 8
94469 Deggendorf
Telefon 0991/3615330

Veranstaltung: 17.11.2007
Unternehmertag und Dies Academicus

DEN CHEFSESSEL IM BLICK

Nachwuchsökonomen wachsen spielerisch in ihre zukünftigen Jobs hinein.

Was tun, wenn Unwetter Strände und Hotels verwüsten und den Herstellern von Surfbrettern plötzlich die Umsätze wegbrechen? Solche und ähnlich knifflige Fragen stellt die Gründungsinitiative der Region Ostbayern zur Wachstumsförderung (GROW) jenen Schülern und Studenten, die es einmal in den eigenen Chefsessel bringen wollen. Am Computer können die Nachwuchsökonomen schon mal Unternehmer spielen. Mit dem Professor des Hans-Lindner-Instituts, Christian Lendner, geht's zunächst an die Businesspläne, bevor sich die Firma im simulierten Wettbewerb behaupten darf. Das von zahlreichen Hochschulen Ostbayerns unterstützte Projekt weist aber auch Unternehmensnachfolgern, Geistes- und Naturwissenschaftlern den Weg in die Chefetage. In weiterbildenden Seminaren und Summerschools bekommen die zukünftigen Firmengründer etwa Nachhilfe in Sachen Marketing, Finanzen oder Rechnungswesen. Mit diesem Rüstzeug werden die Absolventen der GROW-Kurse die Karriereleiter sicher erklimmen.

www.grow.org

106 | CONFERENCE.EXCELLENCE NIEDERSACHSEN

Fritz-Hahne-Straße 8
31848 Bad Münder
Telefon 05042/9990

Veranstaltung: 19.11.2007
Tag der offenen Tür

KONFERIEREN MIT STIL

Innovative Büromöbel: Wilkhahn trotzt der Krise mit Design nach Maß.

Im Jahr 2001 stand der Designmöbelhersteller Wilkhahn vor einer Krise. Die Dotcom-Blase platzte, ungezählte Insolvenzen reinigten die Märkte von Überzogenem und Sinnlosem. Nicht die beste Zeit, um mit stilvollen Designermöbeln für Konferenzräume zu punkten. Auch Wilkhahn, ein Hersteller für gehobene Büroaustattung aus dem niedersächsischen Bad Münder, musste sich überlegen, wie das Geschäft weiter brummt. Der Weg: Das Unternehmen profilierte sich mit Maßanfertigungen auf der Basis von Seriendesign-Vorlagen als ein Marktführer für moderne und innovative Konferenzeinrichtungen. Der Schlüssel zum Erfolg: Die Kunden fühlen sich noch besser betreut als zuvor. Das gelang, indem alle Prozesse neu überdacht, aufgeteilt und im Dienstleistungszentrum zusammengefasst wurden. Dieses Jahr feiert Wilkhahn sein 100-jähriges Bestehen. Viele Konkurrenten haben in den vergangenen Jahren Federn gelassen. Wilkhahn konnte in der Krise seine Mitarbeiter behalten und steht weiter für „Design made in Germany".

www.wilkhahn.de

107 | VIRTUAL DIMENSION CENTER FELLBACH

BADEN-WÜRTTEMBERG

Auberlenstraße 13
70736 Fellbach
Telefon 0711/5853090

Veranstaltung: 23.11.2007
Tag der offenen Tür,
5 Jahre VDC Fellbach

VIRTUELL DURCH STUTTGART

Das Fellbacher Virtual Dimension Center entführt seine Nutzer in eine reale 3-D-Welt.

Stuttgart und Umgebung sind dank Global Playern wie DaimlerChrysler, Porsche oder Bosch, aber auch innovativen Mittelständlern eine der führenden Wirtschaftsregionen Europas. Die „Knowledge Base", entwickelt vom wirtschaftlichen Verein Virtual Dimension Center (VDC) in Fellbach, macht diesen einmaligen Wirtschaftsraum auf Messen, Ausstellungen und Präsentationen virtuell begehbar. Die dreidimensionalen Projektionen der „Knowledge Base", einer mobilen Informationsplattform für audiovisuelle Installationen, beeinflusst der Betrachter interaktiv mit 3-D-Brille und Steuerungsgerät. So beobachtet er zum Beispiel in einer inszenierten Realität in Echtzeit und aus mehreren Perspektiven die Produktionsabläufe und Dienstleistungen innovativer Unternehmen aus der Region. Ziel des VDC ist es, „Knowledge Base" zum Mittelpunkt des Wirtschaftsraums zu machen: Über die Lebensqualität in der Region soll der Besucher genauso aufgeklärt werden wie über Denkmäler, Wirtschaftsdaten und die Zusammenhänge zwischen den Unternehmen.

www.vdc-fellbach.de

108 | CYTONET HANNOVER NIEDERSACHSEN

Feodor-Lynen-Straße 21
30625 Hannover
Telefon 06201/259810

Veranstaltung: 04.12.2007
Informationstag

WENN DIE LEBER STREIKT

Heilung ohne Transplantation – Cytonet revolutioniert die Lebermedizin.

Tausende Menschen sterben jährlich an Leberversagen. Viele Kinder erleiden wegen angeborener Stoffwechselerkrankungen der Leber irreversible Hirnschäden. Nur etwa 800 haben das Glück, durch eine Organtransplantation gerettet zu werden. Bei Kindern ist eine Transplantation meist erst nach dem ersten Lebensjahr möglich. Aber jetzt gibt es Hoffnung, denn vitale Leberzellen können verloren gegangene oder krankhaft veränderte Funktionen der Leber wieder herstellen. Mit dem von dem Biotechunternehmen Cytonet entwickelten Medikament ist eine Heilung bei akutem Leberversagen auch ohne Transplantation möglich. Dieselben Ergebnisse hat das Mittel auch bei Kindern mit angeborenen Stoffwechselstörungen gezeigt: Die menschlichen Zellen ersetzen das Defizit, vermeiden Hirnschäden und schaffen so die Voraussetzung für eine normale Entwicklung. Bestätigung für Cytonet: Als erster Entwickler in Europa darf das Unternehmen ein solches Zell-Medikament unter Reinraumbedingungen in Serienproduktion herstellen.

www.cytonet.de

109 | STARTERZENTRUM SAARLAND

Campus Saarbrücken, Gebäude A1 1
66123 Saarbrücken
Telefon 0681/3022656

Veranstaltung: 07.12.2007
Entrepreneur-Party und Open House

AUF DIE PLÄTZE, FERTIG, LOS!

Das „Starterzentrum" bietet Nachwuchsunternehmen ein Sprungbrett in die Wirtschaft.

Jungakademikern mit Gründungsideen bietet die Universität Saarland ein perfektes Sprungbrett: Seit 1995 kümmert sich die Kontaktstelle für Wissens- und Technologietransfer (KWT) um Nachwuchsunternehmer – und zählt damit bis heute zu den Vorreitern in Deutschland. Studierende und Absolventen mit Unternehmergeist können im „Starterzentrum" in unmittelbarer Nähe zu Forschung und Lehre ihre Geschäftsideen realisieren. Gemeinsam nutzen die Jungunternehmer die Infrastruktur an den mittlerweile drei Standorten in Saarbrücken und Homburg, vom Sekretariatsdienst bis hin zur Cafeteria, und können quasi nebenbei Erfahrungen austauschen. Die Mietdauer ist auf drei Jahre begrenzt, denn die Nachfrage von Gründungswilligen hält an. Das „Starterzentrum" wirkt als Motor für Unternehmensgründungen und treibt mithin den Strukturwandel im Saarland voran. Die beeindruckende Erfolgsbilanz nach elf Jahren: 171 Unternehmen erblickten bisher im „Starterzentrum" das Licht der Wirtschaftswelt. Heute bieten sie mehr als 1.000 Arbeitsplätze.

www.uni-saarland.de/kwt

110 | THYSSENKRUPP TITANIUM NORDRHEIN-WESTFALEN

Westendstraße 15
45143 Essen
Telefon 0201/1882245

Veranstaltung: 09.12.2007
Tag der offenen Tür

IN ZAHNPASTA UND AIRBUS

Die Thyssenkrupp Titanium präsentiert einen bemerkenswerten Hochleistungs-Werkstoff.

Kein Airbus A380 kann ohne ihn abheben, keine stark ätzenden Flüssigkeiten könnten ohne ihn durch Rohre fließen: Der Werkstoff Titan spielt in unserer Umwelt öfter eine Rolle, als wir ahnen. Verbunden mit Sauerstoff findet sich das Element in Zahnpasta und Sonnencremes. Farben, die unsere Welt bunter machen, sind voller Titanpigmente. Und insbesondere in der Medizin, der Automobilbranche und der Architektur ist der Tausendsassa Titan dank seiner hervorragenden Eigenschaften ein gefragtes Zukunftsprodukt. Das Werk der Thyssenkrupp Titanium in Essen ist einer von nur drei Titan-Produktionsstandorten in ganz Europa. Seit über 50 Jahren wird der Hochleistungs-Werkstoff hier erforscht. In der Vergangenheit wurden Titan und Titanlegierungen vor allem in der Luft- und Raumfahrt und beim Bau von Chemieanlagen unter extremen Bedingungen eingesetzt, heute ist das Metall für viele zukunftsorientierte Unternehmen interessant. Einst galt Titan als exotisch, heute weiß man: Es ist das vierthäufigste Metall und ein junger Werkstoff mit großem Potenzial.

www.deutschetitan.de

111 | EIKA WACHS-WERKE HESSEN

An Vierzehnheiligen 19-25
36039 Fulda
Telefon 0661/83990

Veranstaltung: 15.12.2007
Kerzen-Bastelwerkstatt

OPTIMALER BRENNWERT

Auch Kerzen können High-Tech sein: Zum Beispiel, wenn sie aus nachwachsenden Pflanzenrohstoffen bestehen.

Über Kerzen machen sich nur wenige Menschen Gedanken. Sie werden angezündet und verschwinden dann langsam, ob an Advent, bei Grillfesten oder als Romantikspender beim Dinner zu zweit. Lässt sich ein nahezu perfektes Ding wie eine Kerze noch verbessern? Aber ja, findet der Kerzenhersteller Eika aus Fulda. So stellt die Firma immer mehr Kerzen aus Stearin her – das ist ein Rohstoff, der hauptsächlich aus Palmöl gewonnen wird. Während die meisten Kerzen immer noch aus erdölbasierendem Paraffin hergestellt sind, schont die Verwendung von Stearin die Ressourcen, zudem werden die Kerzen fester und sind qualitativ hochwertiger. Um die besten Brenner aus Stearin herzustellen, arbeitet Eika in seinem Labor daran, den Docht sowie Farb- und Duftstoffe auf das neue Material abzustimmen und optimale Verarbeitungsmethoden zu finden. Eine andere Innovation sind die hochglänzenden Kerzen der Serie Brillant, deren Produktionsverfahren bei Eika entwickelt und patentrechtlich geschützt wurde. Eika sorgt dafür, dass manchem ein Licht aufgeht.

www.eika.de

112 | WEINMANN GERÄTE FÜR MEDIZIN

HAMBURG

Kronsaalsweg 40
22565 Hamburg
Telefon 040/547020

Veranstaltung: 17.12.2007
Tag der Medizintechnik:
Rettung, Diagnose, Schlafmedizin

CHAMPS GESUCHT

Mit guten Ideen nach vorn: Die Firma Weinmann belohnt die Kreativität ihrer Mitarbeiter.

Als Gottlieb Weinmann 1874 sein Unternehmen für Feinmechanik in Ludwigshafen gründete, ahnte er nicht, dass Medizintechnik eines Tages Schwerpunkt der Produktion sein würde. Begonnen hatte zunächst alles mit feinmechanischen Armaturen für Sauerstoffgeräte. Sie gehören – natürlich weiterentwickelt – auch heute noch zum Programm. Inzwischen ist Weinmann ein erfolgreiches Hamburger Familienunternehmen, vertreten in 55 Ländern auf der ganzen Welt. Die Medizintechnik fördert ständige Innovationen. Damit seine Mitarbeiter weiter gute Ideen haben wie etwa für Diagnose- und Therapiegeräte in der Schlaf- und Sauerstoffmedizin, gibt es bei Weinmann „InnoChamp", eine eigene Initiative, die Mitarbeiter begeistert und motiviert: Unter dem „InnoChamp"-Leitgedanken „Ideen sind gefragt" und „Powered by ideas" umfasst das Programm Kreativ- und Kritik-Zirkel, in denen die Mitarbeiter Konzepte entwerfen und Ergebnisse diskutieren. Die besten Ideen werden belohnt – mit den Sommer- und Weihnachtspreisen für angewandte Kreativität.

www.weinmann.de

113 | FESTO AG BADEN-WÜRTTEMBERG

Jakobstraße 33
73733 Esslingen
Telefon 0711/3470

Veranstaltung: 18.12.2007
Nacht der Bewerber

PERSONALAKQUISE ONLINE

Werben um Nachwuchs im Computerzeitalter: Festo bloggt über Berufsalltag.

„Durch die Berichte im Tagebuch ihrer Auszubildenden bin ich in meiner Berufswahl bestärkt worden." Diesen Satz liest das Unternehmen Festo immer häufiger in den Unterlagen, mit denen junge Menschen sich um einen Ausbildungsplatz bewerben. Das Unternehmen für Industrie- und Prozessautomatisierung hatte die Erfahrung gemacht, dass geeignete Bewerber schwer zu finden sind, und mit einer besonderen Methode der Personalgewinnung reagiert: Seit etwa zwei Jahren betreibt Festo ein Online-Tagebuch, in dem eine Auszubildende und zwei Ausbilder regelmäßig über ihre Erfahrungen, Gefühle und Erlebnisse im Berufsalltag berichten. Die Einträge vermitteln Bewerbern einen lebhaften Eindruck von der Arbeit. So können sie realistischer entscheiden, ob die Arbeit und das Unternehmen zu ihnen passen, denn die Blogger berichten gleichermaßen über gute wie schlechte Seiten ihres Alltags. Dass der Blog mehr Menschen erreicht als die üblichen Hochglanzprospekte, Webseiten oder Kugelschreiber, zeigen die vielen positiven Rückmeldungen.

www.festo.com/ausbildung

114 | WACHENDORFF ELEKTRONIK HESSEN

Industriestraße 7
65366 Geisenheim
Telefon 06722/99650

Veranstaltung: 20.12.2007
Wein, Musik und Elektronik

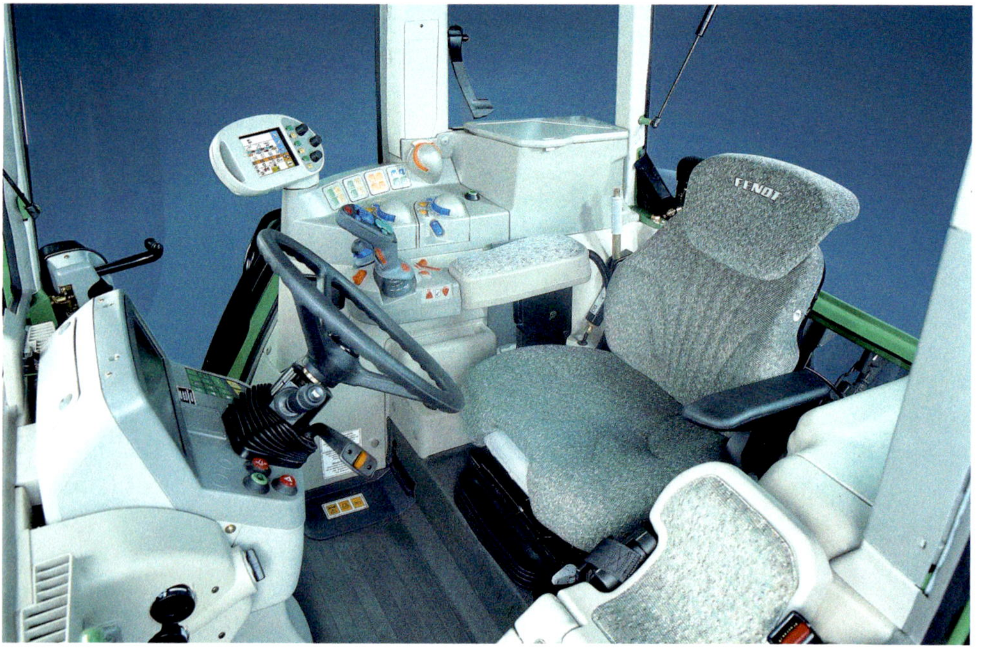

HÄRTETEST FÜR BORDCOMPUTER

Erschütterung, Hitze und Kälte: Die Bediengeräte von Wachendorff halten so einiges aus.

Robust und beinhart sind sie, die Bediengeräte des Elektronikkonzerns Wachendorff. Wenn sie den Familienbetrieb in Geisenheim im Rheingau verlassen, dann um in einem Pisten-Bully im eisigen Schnee der Alpen genauso zuverlässig zu arbeiten wie am heißen Strand von Dubai. Die Wachendorffer Bediengeräte kommen als Kommandozentrale in Traktoren des Landmaschinenherstellers Fendt zum Einsatz, als Armaturenbrett in Bucher-Kehrmaschinen oder in Baggern von Caterpillar. Seit 1996 entwickelt die Firma Wachendorff robuste Bediengeräte für mobile Arbeitsmaschinen wie Traktoren oder Bagger, mittlerweile mit 80 Mitarbeitern. An Simulatoren testen Hard- und Software-Entwickler, ob die Displays der Geräte trotz Erschütterung einwandfrei arbeiten, in der Fertigungshalle gehen die Ideen schließlich in Produktion. Für seine Pionierarbeit wurde das Unternehmen mit dem „Unternehmerpreis Innovativer Mittelstand 2006" ausgezeichnet. Über 1.000 Geräte schickt es monatlich vom Rhein auf die Reise.

www.wachendorff.de/opus

115 | UVEX WINTER HOLDING BAYERN

Würzburger Straße 181
90766 Fürth
Telefon 0911/97360

Veranstaltung: 22.12.2007
Tag der offenen Tür

SCHUTZENGEL AUS FÜRTH

Sicherer Leichtsinn: uvex entwickelt Radhelm und Brille, die kaum etwas wiegen.

Manchmal geht es auf dem Motorrad oder auf der Skipiste ganz schnell. Ein kurzer Moment der Unaufmerksamkeit und man prallt mit hoher Geschwindigkeit ungebremst auf den Boden oder ein Hindernis. Dass solche Unfälle bisweilen glimpflich ausgehen, liegt an der Schutzausrüstung und vor allem am Helm. Der Großteil der weltweit produzierten Schutzengel für Kopf und speziell für Augen stammt von der Firma uvex aus Fürth. Das Leitmotiv „Protecting people" ist gleichzeitig auch das Erfolgsrezept. Das Einsatzgebiet der Produkte reicht von der Tour de France bis zum Familienausflug auf dem Fahrrad, von der Streif bis zur Arbeit im Labor – überall kommen die Entwicklungen von uvex zum Einsatz. Besonderes Highlight aus der Innovationsabteilung: ein Radhelm und eine Schutzbrille, die zu den leichtesten der Welt gehören. Bei aller Sicherheitsausrüstung gilt dennoch: Vorsicht ist der beste Schutz.

www.uvex.de

116 | DENKFABRIK SACHSEN-ANHALT

Rogätzer Straße 8
39106 Magdeburg
Telefon 0391/532900

Veranstaltung: 27.12.2007
Eröffnungsveranstaltung

Süden **Denkfabrik Magdeburg** - Umbau von 2 Getreidespeichern Arbeitsstand: Juni 2006

LEUCHTTURM IM HAFEN DER WISSENSCHAFT

Neue Ideen in alten Getreidespeichern: Magdeburg bietet Raum für Forschung und Wirtschaft.

Wenn in zwei historische Getreidespeicher Büro- und Laborflächen eingebaut werden, dann passt der Begriff „Denkfabrik". Eine solche entsteht gerade in Magdeburg. Im Handelshafen der Stadt soll der Imagewandel vom Industriestandort hin zum Hort der Wissenschaft Wirklichkeit werden. „Wissenschaftshafen" heißt das Projekt. In unmittelbarer Nähe der Otto-von-Guericke-Universität, dem Fraunhofer-Institut und der Experimentellen Fabrik entstehen Flächen für innovative Unternehmen und Forschungseinrichtungen. Für die „Denkfabrik" investieren EU, Land und Kommune 9,5 Millionen Euro. Gut 5.000 Quadratmeter Fläche bieten dort wissenschaftsnahen und innovativ denkenden Unternehmen Raum und Möglichkeit, von der kreativen Atmosphäre des Hafens zu profitieren. Zu den ersten Ansiedlungen gehören das Max-Planck-Institut sowie ein Unternehmen der Fraunhofer-Gesellschaft. Aber es werden nicht die letzten Forscher sein, die im Magdeburger Wissenschaftshafen festmachen.

www.kge-kommunalgrund.de

Bildung und Jugend

Ein Land voller Ideen zu sein, ist das eine. Ein Land der Ideen zu bleiben, etwas ganz anderes. Denn wer sich auf Ideen ausruht, entwickelt sich nicht weiter – und aus jeder guten Idee wird irgendwann ein Museumsstück. Also müssen ständig neue Ideen entstehen und in die Tat umgesetzt werden. Für eine gute Idee braucht man zwei Dinge: Erstens muss man so viel wie möglich wissen. Wissen, was schon ausprobiert wurde, wie die Welt funktioniert und warum die Banane nun einmal krumm ist – das ist die Bildung. Zweitens muss man dieses Wissen nutzen können, um völlig neue Lösungen zu entwickeln – und manchmal ist es sogar nötig, alles, was man weiß, wieder zu vergessen, um den richtigen Weg zu finden – das ist die Kreativität. Beides kann man lernen. Und weil beides für die Zukunft der Ideen so wichtig ist, sind auch gute Ideen so wichtig, die Kinder und Jugendliche – und manchmal auch noch Erwachsene – auf eigene Ideen bringen. Das können Forscherwerkstätten in Grundschulen sein, ein Azubi-Check, Englischunterricht für den Kindergarten oder lebenslanges Lernen für ältere Menschen. An manchen Orten geht es erst einmal darum, Lesen und Schreiben zu lernen, ein anderes Projekt macht Schiller und Mörike mit Rapmusik wieder jugendtauglich. Doch alle Institutionen, die 2007 für ihre Ideen im Bereich Bildung und Jugend ausgewählt wurden, haben eines gemeinsam: Ihre Ideen für Förderung und Kreativität zahlen sich doppelt aus. Denn durch sie entstehen viele neue Ideen – überall in Deutschland. Und auch wenn Sie sich geschworen haben, nie wieder eine Schule zu betreten: Besuchen Sie die Orte im Land der Ideen, an denen sich Ideen bilden. Es lohnt sich.

Für mehr Profis in Kitas: Die Robert Bosch Stiftung setzt sich für höhere Qualitätsstandards in Kindergärten ein.

117 | BRILONER BÜCHERBABYS NORDRHEIN-WESTFALEN

Gartenstraße 13
59929 Brilon
Telefon 02961/794460

Veranstaltung: 02.01.2007
Jubiläumsfeier

BABYBUCH

Sprachförderung beginnt für die Briloner „Bücherbabys" direkt nach der Geburt.

Im Sauerland werden „Bücherbabys" geboren. Babys lieben Reime, Text mit Rhythmus und Melodie. Zum Lebensstart ist alles neu und interessant und am besten, wenn die Eltern vorlesen. Deshalb erhalten in Brilon seit 2006 alle Mütter ein „Lesestart-Paket": ein Bilderbuch für Babys, die „Briloner Leselatte" und Informationsmaterial für die Eltern. Zudem weisen Säuglingsschwestern die jungen Mütter beim Entlassungsgespräch auf die Entwicklungschancen der Neugeborenen durch frühe Sprach- und Leseförderung hin. Mit der Initiative „Bücherbabys – ein guter Start für jedes Kind" ist die Stadtbibliothek Brilon deutschlandweit Vorreiterin. Als Private-Public-Partnership mit dem Städtischen Krankenhaus Maria Hilf Brilon und anderen Sponsoren wird für eine frühe Sprachschatzexplosion gearbeitet. Die Idee entstand Anfang der Neunzigerjahre in England. In Brilon weiß man: Nichts fördert so umfassend Konzentration, Sprachvermögen und viele andere Fähigkeiten. Und niemals kuscheln Eltern und Kinder gemütlicher als beim Betrachten eines Bilderbuches.

www.buecherbabys.de

118 | KINDERTAGESSTÄTTE „AM FLUGHAFEN GATOW" BERLIN

Kladower Damm 182
14089 Berlin
Telefon 030/36899050

Veranstaltung: 04.01.2007
Projekttag

GEMEINSAM STATT EINSAM

Der Bildungsauftrag lautet: starke und selbstbewusste Kinder.

Der Kindergarten als Nachwuchsablage? Das muss nicht sein: Das Angebot der Kindertagesstätte „Am Flughafen Gatow" entspricht dem Berliner Bildungsprogramm und respektiert die individuellen Neigungen der Kinder. Ab einem Alter von sechs Wochen bis zum Schuleintritt lernen die Kleinen nicht nur ergebnisorientiert, sondern nach ihren eigenen Wünschen. Die ErzieherInnen der Tagesstätte unterstützen dabei, fördern natürlichen Entdeckerdrang, zwingen aber nicht zum Mitmachen. 21 Räume, wabenförmig um einen Innenhof gruppiert, bieten Platz, um in den drei Kernbereichen „Ruhe und Gemütlichkeit", „Spiel, Spaß und guten Appetit!" und „Reich der Sinne – Kunst und Musik" zu spielen, zu basteln, zu musizieren, Sprachen zu lernen und in freier Natur die Welt zu entdecken. Auch Eltern sind eingeladen, sich vor Ort ein Bild zu machen und sich zu engagieren. Die Kindertagesstätte „Am Flughafen Gatow" ist ein Ort der Begegnung, Bildung und Begleitung. Hier werden Kinder zu lebensfrohen, engagierten und toleranten Menschen. Getreu dem Motto: „Gemeinsam gegen einsam."

119 | VIVA ROBOT UND SCHLAUE KLEIDUNG

BREMEN

Mobile Research Center
Am Fallturm 1
28359 Bremen
Telefon 0421/2182882

Veranstaltung: 05.01.2007
Workshop mit Präsentation

KLAMOTTEN UNTER HOCHSPANNUNG

Nähen war gestern: Heute beschäftigen sich junge Forscher mit den Textilien von morgen.

Möglichst smart: So sollen Produkte der Zukunft sein. Einige sind es bereits – aber Kleidung? „Smarte Textilien" nennt sich ein Forschungsfeld, das Klamotten und Hightech miteinander verbindet. Die Ideen reichen von selbstreinigenden Stoffen bis zum sensorgestützten Babystrampler, der kranke Säuglinge Tag und Nacht überwacht. Dabei integrieren die Forscher winzige Chips und Sensoren direkt ins Gewebe und weben feinste Leiterbahnen für elektronische Verbindungen ein. Das ist nicht unbedingt Haute-Couture-tauglich, aber nützlich. So könnten künftige Trikots Herzfrequenz und Blutdruck eines Fußballspielers überwachen und die Daten zum Mannschaftsarzt übertragen. Der kann dann dem Trainer Auswechslungstipps geben, noch bevor der erste Krampf kommt. Dass das keine Zukunftsmusik ist, lernen Kinder und Jugendliche in den Workshops „Gibt es schlaue Kleidung?" des Technologiezentrums Informatik der Universität Bremen. Hier können sie mit Mikroprozessoren, Sensoren und Textilien experimentieren oder Hightech-Fashion von morgen entwerfen.

www.mrc-bremen.de

120 | INTERKULTURELLER BILDUNGS- UND FÖRDERVEREIN NORDRHEIN-WESTFALEN

Luisenstraße 40
44575 Castrop-Rauxel
Telefon 0234/3226337

Veranstaltung: 07.01.2007
Fußballturnier für Jugendliche unterschiedlicher Nationalitäten

FÜRS LEBEN LERNEN

Ein Bildungsverein hilft Schülern mit Migrationshintergrund – nicht nur in der Schule.

Schüler, die ihren Platz in der Berufswelt finden wollen, müssen dafür einige Hürden überwinden – vor allem, wenn sie aus Migrantenfamilien kommen. Diese Erfahrung machten die Initiatoren des „Interkulturellen Bildungs- und Fördervereins" (IBFS), da sie selbst einen Migrationshintergrund haben. Die Eltern können häufig ihre in Deutschland aufgewachsenen Kinder nicht so fördern, wie es nötig wäre: Sprachbarrieren und mangelnde Bildung stehen im Weg. Der IBFS hilft Kindern und Jugendlichen aus Migrantenfamilien bei einer erfolgreichen Schullaufbahn: Mit Hausaufgabenbetreuung, Sprachkursen, Nachhilfe und gezielter Vorbereitung für das Abitur. Der Verein versteht sich nicht nur als Nachhilfeangebot, sondern als Brücke zwischen Familie, Schülern und Schule. Ziel ist es, das interkulturelle Verständnis zu fördern – auch zwischen den Generationen. Die Hoffnung des Vereins: dass die Eltern besseren Einblick in das Bildungspotenzial ihrer Kinder bekommen und so den Wunsch nach einem guten Schulabschluss unterstützen. Die Kinder und Jugendlichen sollen durch aktive Hilfestellung in die Gesellschaft integriert werden.

www.ibfs-ev.org

121 | COMMON PURPOSE DEUTSCHLAND HESSEN

Hedderichstraße 108–110
60596 Frankfurt am Main
Telefon 069/96372893

Veranstaltung: 17.01.2007
Alumni-Treffen und Abschlussfeier

LEITWÖLFE MIT GEMEINSINN

Ein Verein ermutigt Führungskräfte zu gesellschaftlichem Engagement.

Einsame Wölfe entdecken ihren Sinn fürs Rudel – das ist nicht normal. Traditionell ist die Luft in den Chefetagen dünn und der Sinn fürs Miteinander bisweilen etwas unterentwickelt. Der gemeinnützige Verein „Common Purpose Deutschland" ermutigt deutsche Führungskräfte, nicht nur an sich zu denken. Unter dem Motto „changing leaders – leading change" gibt es Anregungen, wie man seine Fähigkeiten für die Gemeinschaft einsetzt. Bei der Fortbildung „Matrix" treffen sich die Teilnehmer innerhalb eines Jahres mehrfach, um sich mit den drängenden Themen ihrer Stadt auseinanderzusetzen. Ob Verbrechensbekämpfung, Bildung oder Kultur – auf allen Gebieten werden Strategien erarbeitet, welchen Beitrag Führungskräfte leisten können. So wird zugleich der Blick für das politische, soziale und kulturelle Umfeld geschärft. Seit 1998 bietet der Verein in vier deutschen Städten Weiterbildungen zu „Leadership in der Zivilgesellschaft" an – er ist Teil einer weltweiten Bewegung, die in Großbritannien ihren Ursprung hat.

www.commonpurpose.de

122 | SMOG HESSEN

Schlossbergweg 4
36286 Neuenstein
Telefon 06677/918211

Veranstaltung: 19.01.2007
SMOG-Benefizturnier

EIN SCHIRI FÜR ALLE FÄLLE

Gewalt an Schulen: Ein osthessisches Netzwerk beugt vor und greift ein.

Was tun, wenn ein Kind oder Teenager von den Mitschülern ausgegrenzt, drangsaliert oder erpresst wird? Gewalt auf dem Schulhof und das Phänomen „Bullying" machten durch die Berliner Rütli-Schule Schlagzeilen. Oft reagieren Mitschüler, Lehrer und Behörden hilflos oder schauen weg. Der osthessische Verein „SMOG" hat deshalb ein Netzwerk gegen Gewalt und Sucht ins Leben gerufen: Ehrenamtliche und professionelle Trainer von „Schule machen ohne Gewalt" arbeiten in den Landkreisen Hersfeld-Rotenburg, Fulda und Vogelsberg eng mit Schulen, Behörden und der Polizei zusammen. Schon Kindergartenkinder lernen im Seminar „Faustlos" mit Gefühlen wie Wut und Ärger umzugehen, für Grundschüler steht das Projekt „Nicht mit mir!" auf dem Lehrplan. In Seminaren für Streitschlichter üben Lehrer, Erzieher und Jugendliche, bei Ärger zu vermitteln. Im Notfall garantiert die SMOGline, eine kostenlose Rufnummer, einen heißen Draht zu Jugendsachbearbeitern der Polizei. Einsatz gegen Gewalt, der Schule machen kann.

www.smogline.de

123 | PRIVATE MONTESSORI-VOLKSSCHULE WERTINGEN BAYERN

Zusmarshauser Straße 19
86637 Wertingen
Telefon 08272/5000

Veranstaltung: 25.01.2007
Tag der offenen Tür
mit Wirtschaftsforum

ARBEIT FÜR GENERATIONEN

Die private Grund- und Hauptschule in Wertingen führt Jung und Alt zusammen.

Echte Arbeit soll es sein, wenn in der staatlich genehmigten Montessori-Schule nachmittags die Generationen zusammenkommen und miteinander lernen. Eltern wie Großeltern mit ihrem Wissen, aber auch Handwerker, Künstler und Naturwissenschaftler sind im „Werkhaus der Generationen" mit Schülern von 6 bis 15 Jahren zusammen. Als Honorarkräfte oder ehrenamtlich. Egal ob Holz, Metall, Glas oder Kunststoff. In den Werkstätten wird geleimt, gelötet und geschraubt. Gemeinsam reparieren sie Autos, nähen Kleider, schmieden Silberschmuck oder behauen Stein. Und die Schülerfirma „kids@work" vermarktet die Waren. Als Aktiengesellschaft natürlich. Alt und Jung lernen sich besser kennen, übernehmen neue Verantwortung und merken, dass Arbeit auch Spaß macht. Natürlich futtern die Kinder in Wertingen auch andere „Hirnnahrung", z. B. Business-Englisch und Informatik. Erst wenn die Kinder spielen, malen oder schauspielern, entfalten sie sich – ganz im Sinne der Montessori-Pädagogik. Mit diesem Lern-Paket ist man für die Zukunft bestens gerüstet.

www.montessori-schule-wertingen.de

124 | JUGEND HILFT BAYERN

Nikolaistraße 7
80802 München
Telefon 089/3243609

Veranstaltung: 30.01.2007
Wettbewerb mit Camp und Preisverleihung

HILFE FÜR JUNGE HELDEN

Ein Wettbewerb für Jugendliche zeichnet herausragendes soziales Engagement aus.

Eine Bootsreise mit behinderten Menschen, der Aufbau des Pausenhof-Radios, die Organisation eines Hilfsprojekts in Nepal – Videospiele und Rumhängen war gestern. Heute ist soziales Engagement gefragt. In vielen Schulen und Vereinen, aber auch privat setzen sich Kinder und Jugendliche mit viel Tatkraft, Zeit und Kreativität für Benachteiligte ein. Die Kinderhilfsorganisation CHILDREN for a better World hat den Wettbewerb JUGEND HILFT! ins Leben gerufen, um diesen Einsatz zu würdigen. Kinder und Jugendliche können sich das ganze Jahr über beim JUGEND HILFT!-Fonds mit ihren sozialen Projekten um Förderung bewerben. Für ein Projekt werden bis zu 2.500 Euro pro Jahr bewilligt. Eine Jury wählt die zehn besten Aktionen aus und die Gewinner dürfen am JUGEND HILFT!-Camp teilnehmen. Neben Coaching-Angeboten von Experten aus dem Bereich Fundraising und Marketing findet als krönender Abschluss eine feierliche Siegerehrung statt. Die Jugendlichen werden dort von prominenten Laudatoren für ihr soziales Engagement ausgezeichnet.

www.jugendhilft.de

125 | BERUFSBILDUNGS- UND BESCHÄFTIGUNGSGESELLSCHAFT NIEDERSACHSEN

Glockenstraße 1
31224 Peine
Telefon 05171/402669

Veranstaltung: 01.02.2007
Jubiläumsfeier „1 Jahr Produktionsschule Naherholungsgebiet Eixer See"

KARRIERESPRUNGBRETT AM BADESTRAND

Am Eixer See finden Jugendliche den Weg ins Berufsleben.

Ihre Berufswünsche sollen nicht ins Wasser fallen, daran arbeiten 30 Jugendliche am Eixer See. Der beliebte Naherholungsort hat eine Frischekur nötig, weshalb die Berufsbildungs- und Beschäftigungsgesellschaft mbH Landkreis Peine das 30 Hektar große Landschaftsschutzgebiet zu einem Betätigungsfeld für junge Leute entwickelt hat. Der Nachwuchs übt sich als Landschaftsgärtner, Gastwirt oder Facility-Manager. In der „Produktionsschule Eixer See" bereiten sich Jugendliche auf das Berufsleben vor. Im Idealfall folgt dem Einsatz eine erfolgreiche Bewerbung auf einen Ausbildungsplatz. Daher ist die Arbeit zugleich Bewerbungsschaulaufen und Kontaktbörse, denn bei täglich 1000 Besuchern an Sommertagen ergeben sich zahlreiche Gespräche mit Unternehmern, die an zuverlässigem Personal interessiert sind. Durch gute Arbeit und Service auf sich aufmerksam machen – diese Idee funktioniert: 80 Prozent der Jugendlichen haben inzwischen eine Lehrstelle oder einen Arbeitsplatz. Das Sprungbrett am Eixer See hat seinen Test bestanden.

www.bbg-in-peine.de

126 | AKADEMIE REGENSBURG BAYERN

Andreasstraße 28
93059 Regensburg
Telefon 0941/2800854

Veranstaltung: 04.02.2007
Schnuppersonntag

KUNSTSTÜCK STUDIENWAHL

Zukunft gestalten – die Akademie Regensburg hilft beim Einstieg in gestalterische Disziplinen.

Die richtige Wahl des Studienfaches ist eine Kunst für sich. Schulabgänger haben nur eine vage Vorstellung, was sie an den Hochschulen erwartet, und sind oft verunsichert, was ihre Fähigkeiten betrifft. Die Akademie Regensburg schafft hier Abhilfe: Sie ermöglicht das Vorstudienjahr für die gestalterischen Disziplinen. Abiturienten, Studienplatzbewerber und Studienumsteiger können sich hier die erforderlichen handwerklichen und technischen Voraussetzungen für eine erfolgreiche Studienplatzbewerbung aneignen und weiterentwickeln, ihre Bewerbungsmappe professionell erstellen und gleichzeitig ein anerkanntes Praktikumsjahr absolvieren. Die intensive Auseinandersetzung mit schöpferischen Potenzialen hilft bei der „richtigen" Entscheidung. 2002 gründeten Georg Fiederer und Stefan Göler die private Schule für Kunst und Gestaltung in inspirierender Nachbarschaft: Regionale Künstler, Schauspieler und andere Kulturschaffende haben das Künstlerhaus Andreasstadel in Regensburg bereits als Sprungbrett genutzt.

www.akademieregensburg.de

127 | WITTHAUSCHULE BADEN-WÜRTTEMBERG

Oberstadtstraße 74
72401 Haigerloch
Telefon 07474/954716

Veranstaltung: 12.02.2007
Projekttag: „Von Finnland lernen heißt Lernen lernen"

PISA KANN KOMMEN

In Haigerloch stellt man sich mit einem Erfolgskonzept gegen die Bildungsmisere.

Der letzten Pisa-Studie zufolge ist ganz Deutschland von strukturellen Bildungsproblemen besetzt. Ganz Deutschland? Nein, eine kleine Grundschule in Haigerloch stellt sich mit einem neuen Ganztageskonzept gegen die deutsche Bildungsmisere. Die klassischen 45-Minuten-Schulstunden sind in der Witthauschule passé, gelernt wird hier in zwei 90-Minuten-Blöcken und einem 60-Minuten-Block. Nach dem gemeinsamen Mittagessen in der schuleigenen Mensa erfolgt eine individuelle Hausaufgabenbetreuung durch die Lehrkräfte, Erzieherinnen und engagierte Eltern. Ist die Pflicht erledigt, toben sich die Kinder am Nachmittag in musischen, sportlichen oder kreativen Arbeitsgemeinschaften aus. Dazu setzt man auf Kooperation mit außerschulischen Partnern. Ein rundes Konzept: Die Kinder gehen gerne zur Schule, Lehrer und Eltern sind begeistert. Auch der Bildungsberater der finnischen Regierung bescheinigte den Haigerlochern die Qualität finnischer Schulen. Und die haben bei Pisa hervorragend abgeschnitten.

www.witthauschule.de

128 | FEUERWEHR-INFORMATIONS-ZENTRUM

HAMBURG

Bei der Hauptfeuerwache 2
20099 Hamburg
Telefon 040/428514044

Veranstaltung: 14.02.2007
Ausbildung zum SICHEREN KIND

LÖSCHEN LEICHT GEMACHT

Was tun, wenn's brennt – Kinder und Erwachsene werden zu künftigen Lebensrettern.

Ein Kindheitstraum: Feuerwehrmann sein und Menschenleben retten. Die Hamburger Feuerwehr erfüllt Kindern und Erwachsenen diesen Wunsch und macht aus ahnungslosen Bürgern perfekte Brandschutzexperten. In ihrem deutschlandweit einmaligen Informationszentrum simulieren engagierte Feuerwehrleute größere und kleinere Katastrophen. Wie man diese brenzligen Gefahren in den Griff bekommt und am besten vermeidet, wird in brandheißen Einsätzen und virtuell am Computer eingeübt. Aber auch Erste Hilfe steht auf dem vielfältigen Programm, das sich vor allem an Kinder und Jugendliche richtet. Spielerisch lernen sie, worauf beim Zündeln mit Krachern und Raketen zu achten ist und dass in der Wohnung außer Kerzen auch Gardinen brennen können. Mehr als 15.000 Bürger werden jährlich von dem durchdachten Angebot angesteckt, das weltweit nur noch in New York und Shanghai anzutreffen ist. Also höchste Zeit für ähnliche Projekte in Deutschland. Denn brennen kann es immer.

www.feuerwehr.hamburg.de

129 | ZUKUNFT DURCH INNOVATION.NRW

NORDRHEIN-WESTFALEN

Bismarckstraße 28
45470 Mülheim
Telefon 0208/300040

Veranstaltung: 16.02.2007
Robotershow

LEGO FÜR GROSSE

Ein wichtiger Baustein für die Zukunftspläne junger Leute.

Manchmal sieht man den Wald vor lauter Bäumen nicht. 58 Universitäten und Fachhochschulen, 24 Forschungsinstitute und über 60 Technologiezentren machen Nordrhein-Westfalen zu einem Brennpunkt der Wissenschaft. 23 große deutsche Wirtschaftsunternehmen und zahlreiche Hightech-Firmen sind hier ansässig. Aber viel zu wenige junge Leute entscheiden sich für ein natur- oder ingenieurwissenschaftliches Studium, nur wenige lernen einen technischen Beruf. Um der Jugend die Augen für die Chancenvielfalt zu öffnen, hat die Initiative „Zukunft durch Innovation.NRW" die Idee eines Schülerkalenders umgesetzt. Auf über 200 Seiten bündeln sich Informationen über technische Ausbildungsberufe und Studiengänge. Für das Schuljahr 2007/08 ist die dritte Auflage mit mehr als 90.000 Exemplaren geplant. Um Innovationen erlebbar zu machen, animiert die Initiative Tüftler zum Wettbewerb: An 80 Schulen werden Baukastenelemente verteilt, aus denen Roboter konstruiert werden sollen. LEGO für Große als Karrierebausteine.

www.zukunft-durch-innovation.nrw.de

130 | LEIBNIZ PRIVATSCHULE SCHLESWIG-HOLSTEIN

Langelohe 65c
25337 Elmshorn
Telefon 04121/261040

Veranstaltung: 19.02.2007
Informationsveranstaltungen für Eltern

BILDUNG, DIE BEGEISTERT

Moderner Unterricht: In der Leibniz Privatschule fördern die Lehrer ihre Schüler individuell.

Lehrer als Dienstleister? Der Traum jedes Schülers ist in Elmshorn Realität. Denn die Leibniz Privatschule hat es sich zum Ziel gesetzt, Kinder, auch hochbegabte, individuell zu fördern. Die Lehrer stehen daher ausdrücklich im Dienste ihrer Schüler. Ziel ist es, Lernen als positive Herausforderung zu erfahren. Bereits in der Grundschule findet der Unterricht mehrheitlich auf Englisch statt. Die Verbindung zwischen Schule und Wirtschaft wird frühzeitig durch Praktika hergestellt. Naturwissenschaft und den Umgang mit Medien lernen die Leibniz-Schüler auf neuestem technischen Stand. Täglicher Sportunterricht und soziale Verantwortung sind selbstverständlich. So machen die Kinder beispielsweise ihre Klassenräume selbst sauber. Und wer möchte, bleibt den ganzen Tag, macht seine Hausaufgaben und wählt nachmittags aus unterschiedlichen AGs. Die Kinder spielen Theater, veranstalten Zirkus oder schreiben für die Schulzeitung. In Elmshorn müssen Eltern ihre Kinder nicht zur Schule schicken, sie gehen freiwillig dorthin. Denn in Elmshorn macht Schule Spaß.

www.leibniz-privatschule.de

131 | ZUKUNFT LEBEN NIEDERSACHSEN

Idafehn-Süd 5
26842 Ostrhauderfehn
Telefon 04952/942970

Veranstaltung: 25.02.2007
Ideenmarkt

AFRIKA IM OSTFRIESENLAND

In Ostrhauderfehn entsteht ein pädagogisches Zentrum für Menschen aus aller Welt.

Zur Erziehung eines Kindes braucht es ein ganzes Dorf. Diese afrikanische Weisheit haben die Einwohner von Ostrhauderfehn in die Tat umgesetzt. Der Verein „Zukunft Leben e.V." bringt unterschiedliche Träger zusammen für eine effektive Jugend- und Bildungsarbeit. Denn die ist der Schlüssel zur Zukunft – der Jugendlichen und des Ortes. Ein „Pädagogisches Dienstleistungszentrum" mit Tagungs- und Ausstellungsräumen, Bürgercafé und einem Gründerzentrum ist im Aufbau, um Geschäftsideen zu fördern. Bis dahin nutzen Eltern, Pädagogen und Jugendliche im „Netzwerk Familie" ein Qualifizierungsprogramm. Unter dem Motto „Fit for Life" werden in Ostrhauderfehn 30 Jugendliche im Alter von 13 bis 18 Jahren zu internationalen Jugendgruppenleitern ausgebildet und realisieren Projekte im Sinne der UN-Dekade „Bildung für nachhaltige Entwicklung". Dank der Schulpartnerschaft „Mirantao" treffen sich jährlich Jugendliche aus Ostfriesland, Brasilien und Südafrika, um ein Thema künstlerisch umzusetzen. Ostrhauderfehn macht vor, was Zusammenhalt bewirkt.

www.zukunftsfehn.de

132 | KINDER BEWEGEN – ENERGIEN NUTZEN

BADEN-WÜRTTEMBERG

Engler-Bunte-Ring 15
76131 Karlsruhe
Telefon 0721/6088323

Veranstaltung: 02.03.2007
Kongress, Workshops und Arbeitskreise

FIT WIE EIN TURNSCHUH

Forscher machen mobil, um Deutschlands Kindern auf die Sprünge zu helfen.

Keine Frage, immer mehr Kinder in Deutschland sind zu dick. Sitzen ständig vor der Glotze oder am Computer und verzehren Pizza und Pommes. Der Kongress „Kinder bewegen – Energien nutzen" an der Universität in Karlsruhe wird dieser Nicht-Bewegung entgegensteuern. Pädagogen, Psychologen, Sport- und Ernährungswissenschaftler zeigen vom 1. bis 3. März 2007, warum Sport und ausgewogene Kost für Kinder so wichtig sind. Ob unsere Kids wirklich so fit oder faul sind, beschäftigt die Teilnehmer ebenso sehr wie Programme gegen Bewegungsmangel, Fast Food und Übergewicht. Sechs Vorträge füttern die rund 900 Kongress-Besucher mit Fakten. Über 100 Arbeitskreise und Praxis-Workshops, die auch Themen wie Gewaltprävention, Integration und Psychomotorik behandeln, sowie eine Fachausstellung illustrieren die enorme inhaltliche Bandbreite. Der Kongress steht unter der Schirmherrschaft von Bundesfamilienministerin Ursula von der Leyen und macht allen Beine, die mit Kindern und Jugendlichen arbeiten.

www.kinderkongress-karlsruhe.de

133 | BILINGUALE KINDERTAGESSTÄTTE

SCHLESWIG-HOLSTEIN

Klausdorfer Straße 78c
24161 Altenholz
Telefon 0431/3294910

Veranstaltung: 03.03.2007
Tag der offenen Tür

BRUSH YOUR TEETH, PLEASE

Englisch ab dem zweiten Lebensjahr

„Früh übt sich, wer ein Meister werden will." Dies gilt auch für das Lernen von Sprachen. Das haben die Leiter der AWO-Kindertagesstätte Altenholz in Schleswig-Holstein begriffen. Die Idee lässt sich auf eine einfache Formel bringen: Immersion, eine Methode der Sprachenförderung, bei der Kinder schon früh in einen zweisprachigen Alltag eintauchen. Ab zwei Jahren schicken Eltern ihre Kleinen in die Kita, wo auch englische Muttersprachler arbeiten. Natürlich funktioniert das Lernen hier nicht wie in der Schule mit Vokabelnpauken. Die Betreuer wiederholen im Alltag wichtige Sätze und Worte und bringen sie gleich in einen sachlichen Bezug. „Could you please brush your teeth now?" sagt die Betreuerin und greift zur Zahnbürste. Dass dieses Konzept auch Erfolge zeitigt, haben Wissenschaftler der Universität Kiel herausgefunden: Die Forscher haben nachgewiesen, dass die Kinder bei Schulbeginn einen passiven Wortschatz im Englischen haben, der mit dem von gleichaltrigen Muttersprachlern mithalten kann.

www.awokita-altenholz.de

134 | **AESCULAP AKADEMIE**

BADEN-WÜRTTEMBERG

Am Aesculap-Platz
78532 Tuttlingen
Telefon 07461/952001

Veranstaltung: 05.03.2007
Tag der offenen Tür – Medizin-Produkte und Informationen für Laien

SCHULBANK FÜR DOKTOREN

Wenn Mediziner sich weiterbilden, tun sie das in der weltweit anerkannten Aesculap Akademie.

Wissen kann Leben retten. In kaum einem Bereich wirken sich Unkenntnis und Fehler so unmittelbar aus wie in der Medizin. Innovative Entwicklungen in der Medizintechnik, anspruchsvolle neue Behandlungsmethoden, zunehmende Anforderungen an Klinik- und Qualitätsmanagement – medizinisches Know-how ist gefragt wie nie. Das Aesculapium in Tuttlingen macht Ärzte, Pflege- und Klinikpersonal fit für die Zukunft. Die international renommierte Fortbildungsstätte versteht sich als Zentrum für den interdisziplinären Wissensaustausch. Es prüft, transportiert und fördert zukunftsfähige Ideen. Wie kann ein diabetischer Fuß zeitgemäß versorgt werden, wie wird Sterilgut sachgemäß aufbereitet und wie funktioniert die laparoskopische Chirurgie – Mediziner aus aller Welt nutzen das Seminar- und Workshop-Angebot. Von der OP-Live-Übertragung via Internet über weltweite Video-Konferenzen bis zu OP-Simulationen – das 1995 gegründete Privatunternehmen verfügt über modernste Technik. Neben Tuttlingen und Berlin ist es mittlerweile in ganz Europa, in Amerika, Afrika, Asien und Australien vertreten.

www.aesculap-akademie.de

135 | KUNST MACHT SCHULE SAARLAND

Hohenzollernstraße 60
66117 Saarbrücken
Telefon 0681/50100

Veranstaltung: 17.03.2007
Künstlerischer Workshop

KUNST AM STÜCK

Seit 2001 schnuppern Schüler im Saarland ins Künstlerleben.

Man nehme: interessierte Schüler, renommierte Künstler und ein spannendes Motto. Fertig ist das Projekt „Kunst macht Schule", das die Staatskanzlei des Saarlandes 2001 ins Leben rief und das seither Jahr für Jahr ein mitreißendes Erlebnis verspricht. 2006 lautete das Motto „Natur(s)pur", 2007 werden Schüler gemeinsam mit Künstlern in freier Interpretation künstlerisch „einen Tisch decken" und sich dabei mit der für die Region traditionellen Keramik- und Glaskunst beschäftigen. In einer Projektwoche lernen die Schüler aus dem Dreiländereck Saarland, Lothringen und Luxemburg zudem das Leben als Künstler und die Bausteine des Kunstbetriebes kennen und erfahren so neue Dimensionen kultureller Aktion. Die Abschlusspräsentation samt großem Fest findet, wie könnte es anders sein, an einer langen Tafel in Meisenthal statt. Der pädagogische Mehrwert kommt selbstverständlich nicht zu kurz: „Kunst macht Schule" will den Innovationsgeist junger Menschen wecken, ihre kritischen Sichtweisen formen und ihrer Kreativität Selbstbewusstsein verleihen.

136 | UNTERNEHMERGYMNASIUM BAYERN

BAYERN

Arnstorferstraße 9
84347 Pfarrkirchen
Telefon 08561/97101

Veranstaltung: 21.03.2007
Tag der offenen Tür

DIE PATEN

In Pfarrkirchen werden Schüler auf das Wirtschaftsleben vorbereitet.

Dies hier ist etwas für ganz Eilige: Noch zur Schule gehen, aber schon Geschäfte machen. Im bayerischen Pfarrkirchen funktioniert die Idee. Das dortige Unternehmergymnasium hat sich darauf spezialisiert, neben dem Gang zum Abitur die Pennäler aufs harte Wirtschaftsleben vorzubereiten. Vormittags Mathe und Bio, nachmittags Insolvenz und feindliche Übernahme. Der künftige Jungunternehmer bekommt eine einjährige unternehmerische Ausbildung inklusive Praktika und einen Paten aus der Wirtschaft an die Seite. In der Grundausbildung stehen in 26 Workshops Geschäftsideen, Businesspläne, Auftreten und Styling, Versicherungen, Rechtsfragen oder Finanzierungspläne auf dem Lehrplan. Konkrete Berufsvorstellungen, eine entwickelte Persönlichkeit, Unternehmenskontakte, bevorzugte Aufnahme an beteiligten Universitäten und eine Ahnung, wie die Welt da draußen funktioniert, sind Ergebnis der Reifeprüfung. Für 40 Plätze gibt es mehr als 100 Bewerber. Also: In Sachen Selbstmarketing sind die Hausaufgaben schon gemacht.

www.unternehmergymnasium.de

137 | AZUBI-CHECK RHEINLAND-PFALZ

Bahnhofsplatz 2-4
56410 Montabaur
Telefon 02602/15630

Veranstaltung: 28.03.2007
Kinoabend

STARKE VORSTELLUNG

Reif für die Ausbildung: Azubi-Check stellt Jugendlichen ein wertvolles Zertifikat aus.

Es ist schon eine eigenartige Bilanz, vor der Arbeitsmarktexperten jedes Jahr stehen. Tausende Jugendliche sind auf der Suche nach Ausbildungsplätzen, Tausende solcher Plätze sind frei. Dass diese beiden Variablen nicht zusammenfinden, liegt oft daran, dass die Profile der Jugendlichen nicht zu den Ausschreibungen passen – und die Schulabgänger sich noch nicht so gut verkaufen können. Als Gegenmittel bietet der Verband Wirtschaftsjunioren im Landkreis Westerwald/Lahn und in Rheinhessen den „Azubi-Check". Im Assessment-Center werden Schulabgänger auf ihre Ausbildungsreife getestet. Die Idee: Jugendliche sollen für die Erfordernisse der Berufsausbildung sensibilisiert werden und sich damit bei der Stellensuche leichter zurechtfinden. Wer dieses wertvolle Zertifikat hat, wird im Schnitt zu drei bis fünf Vorstellungsgesprächen nur aufgrund des Papiers eingeladen. Das Projekt der ehrenamtlichen Personaldienstleistung finanziert sich größtenteils aus Geldern der Wirtschaft – von potenziellen Arbeitgebern.

www.azubi-check.de

138 | EXPLORATORIUM POTSDAM BRANDENBURG

Wetzlarer Straße 46
14482 Potsdam
Telefon 0331/8773628

Veranstaltung: 01.04.2007
Wissenschaftliche Mitmach-Welt für Kinder

EINGEFRORENE SCHATTEN

Im Exploratorium Potsdam lernen Kinder spielerisch Mathe, Physik, Chemie und Biologie.

„Physik ist langweilig", jammern viele Schüler bereits in den ersten Stunden. Erst wenn sie merken, dass die Naturwissenschaften wichtig sind, erwacht ihr Interesse an Biologie, Chemie, Physik und manchmal sogar an Mathematik. Um die natürliche Neugier von Kindern zu wecken, haben sieben Potsdamer Bürger das „Exploratorium Potsdam" gegründet. Hier erleben die Kinder verblüffende Phänomene aus dem Alltag. Sie können ausprobieren, wie man einen Magneten schweben lässt, Schatten einfriert oder wie lange man auf dem Energiefahrrad strampeln muss, um eine Tasse Wasser zum Kochen zu bringen. Über 100 interaktive Ausstellungsstücke und Alltags-Phänomene zeigen, dass Physik ohne Mathematik ebenso wenig funktioniert wie Biologie oder Chemie. Tutoren veranstalten Experimentierkurse in Grundschulen und bieten Workshops für Kita-Erzieherinnen und -Erzieher an, sodass Kinder bereits im Vorschulalter ihre Lust am Experimentieren und damit an den Naturwissenschaften entwickeln können.

www.exploratorium-potsdam.de

139 | MODEL UNITED NATIONS

NORDRHEIN-WESTFALEN

Robert-Koch-Straße 40
48149 Münster
Telefon 0251/8332221

Veranstaltung: 04.04.2007
Internationale Konferenz

DIPLOMATISCH, PRAKTISCH, GUT

Dabei sein ist alles: Studierende aus aller Welt treffen sich zum „Model United Nations".

Wie die Vereinten Nationen arbeiten und funktionieren, können Interessierte nachlesen – oder gleich am eigenen Leib erfahren. Beim Planspiel „Model United Nations" übernehmen Studierende aus aller Welt die Rolle von Botschaftern, arbeiten sich in deren politische Positionen ein und vertreten deren Interessen im UN-Plenum. Mit Spielerei hat das nichts zu tun: Die Studierenden lernen praktisch, verschiedene Verhandlungsstrategien anzuwenden, zu argumentieren und sich zu präsentieren. Jetzt wird die UN-Simulation erstmalig auch an der Universität Münster stattfinden. Studierende aller Fachrichtungen nehmen am „Münster University International Model United Nations", kurz „MUIMUN", teil und spielen Diplomaten. Sie diskutieren komplexe Themen wie die weltweite wirtschaftliche Entwicklung, Menschenrechte oder Abrüstung und bereiten sich dabei auf den späteren Berufsalltag vor. Dank eines Stipendienprogramms sind auch Studierende aus Entwicklungsländern geladen – denn die Völkerverständigung ist eine Kernidee der Vereinten Nationen.

www.muimun.org

140 | NEUE WEGE FÜR JUNGS NORDRHEIN-WESTFALEN

Wilhelm-Bertelsmann-Straße 10
33602 Bielefeld
Telefon 0521/1067322

Veranstaltung: 17.04.2007
Preisverleihung „Fort-Schritte wagen!"

TSCHÜSS, MACHO

Die Frau bleibt beim Kind, der Mann geht in die Fabrik – das ist von gestern!

Haushalts-Rallye. Babysitter-Diplom. In den Ohren männlicher Jugendlicher kann das ziemlich uncool klingen. Muss aber nicht. „Neue Wege für Jungs" verspricht das Kompetenzzentrum „Technik – Diversity – Chancengleichheit" in Bielefeld. 2005 als bundesweites Vorbildmodell gestartet, hat es zum Ziel, Schülern der Klassen 5 bis 10 neue Wege und Perspektiven für ihre Lebensplanung aufzuzeigen. Zwar führen traditionelle Männerberufe immer noch die Hitlisten der Berufswahl an, doch bietet der gewandelte Arbeitsmarkt auch jenseits von Industrie und Handwerk Chancen, zum Beispiel in sozialen oder erzieherischen Berufen. Auch Familienbilder ändern sich, Männer sind in der Erziehung gefordert. „Neue Wege für Jungs" hilft ihnen, sich vom Klischee des malochenden Alleinernährers zu lösen. Regionale Initiativen organisieren Programme für Jungen – das Babysitter-Diplom. Das Kompetenzzentrum vernetzt die Initiativen, wertet die Erfahrungen wissenschaftlich aus, dokumentiert vorbildliche Konzepte und zeichnet sie im Wettbewerb „Fort-Schritte wagen!" aus.

www.neue-wege-fuer-jungs.de

141 | BÖRSENVEREIN DES DEUTSCHEN BUCHHANDELS HESSEN

Großer Hirschgraben 17–21
60311 Frankfurt am Main
Telefon 069/13060

Veranstaltung: 20.04.2007
Lesung mit Prominenten

EINLADUNG ZUR BÜCHERPARTY

Am „Welttag des Buches" macht ein deutschlandweites Lesefest Lust auf Literatur.

Eines ist klar: Der Deutsche ist zu bequem – er verbringt seine Freizeit lieber vor der Flimmerkiste als mit einem Buch. Eine Stunde und 53 Minuten guckt er täglich fern, immerhin 37 Minuten am Tag liest er, 7 Minuten davon ein Buch. Derlei Wissen sammelt das Statistische Jahrbuch 2006 – für alle, die gerne in solchen Wälzern schmökern. Mehr Lust am Lesen zu wecken, dieser Aufgabe haben sich die im Börsenverein zusammengeschlossenen Buchhändler und Verleger verschrieben. Zu dem seit dem Jahr 1995 gefeierten „UNESCO-Welttag des Buches" organisieren sie gemeinsam mit der Stiftung Lesen und weiteren Partnern ein bundesweites Lesefest. Rund um den 23. April laden Buchhandlungen, Schulen, Kindergärten, Bibliotheken und andere Kulturinstitute zu Lesungen, Bücherpartys, literarischen Rallyes und Märchenstunden ein. Zum Auftakt des Lesefests stellen prominente Lesebotschafter in der Alten Oper Frankfurt ihre Lieblingslektüre vor. Ob „Herr der Ringe", „Buddenbrooks" oder „Harry Potter" – wer liest, weiß mehr.

www.boersenverein.de

142 | INTERKULTURELLER SCHULHOF KÖLN-KALK NORDRHEIN-WESTFALEN

Giselbertstraße 10
51429 Bergisch Gladbach
Telefon 0221/8010755

Veranstaltung: 28.04.2007
Interkulturelle Schulhofgestaltung mit Schulfest, Köln

JULIA MACHT DIE SCHULE SCHÖNER

Köln-Kalk: Ein trister Schulhof wird interkulturelle Erlebnisfläche.

Ein Platz zum Verlieben sind Schulhöfe nur noch selten. Das fand „Julia" auch, als sie den Pausenhof der beiden Hauptschulen Adolph-Kolping und Max-Albermann in Köln-Kalk sah. „Julia" ist ein gemeinnütziger Verein, der die Idee verfolgt, das triste Schulumfeld in interkulturelle Erlebnisflächen umzuwandeln. Mitgenommen haben die Vereinsmitglieder dabei Schüler, Lehrer und Eltern. Gemeinsam entwickeln sie Pläne, wie das Ödland zu einem Ort der Kommunikation gestaltet werden kann. Der Pausenhof wird dabei zur alternativen Unterrichtsstätte, in der selbstständig gearbeitet wird. In dem Stadtteil, der von Arbeitslosigkeit, einem geringen Bildungsniveau und einem hohen Grad an Zuwanderung geprägt ist, fördert das Projekt den Abbau von Vorurteilen sowie die Kommunikation zwischen Deutschen und Migranten. Aus Erfahrung weiß „Julia", dass es Zeit und Geduld braucht, um ein Miteinander zu entwickeln. Daher wird das Schulhofprojekt Schritt für Schritt umgesetzt, um das Verantwortungsbewusstsein und den Dialog zu fördern.

www.julia-ev.de

143 | SCHULDORF BERGSTRASSE HESSEN

Sandstraße
64342 Seeheim-Jugenheim
Telefon 06257/97030

Veranstaltung: 08.05.2007
„Open School" – Tag der offenen Tür

PISA-MISERE? NEVER HEARD OF!

Fließend Englisch und interkulturell fit durch internationales Lehrangebot

Das weiß heute jeder: Wer im Beruf an die Spitze will, muss Fremdsprachen können. Fremdsprachenunterricht und internationale Atmosphäre sind für Pennäler oft nur außerhalb des Schulunterrichts zu erleben. Im südhessischen Seeheim-Jugenheim ist das zum Glück anders. Zwar kommen die Schüler auch hier aus aller Herren Länder, was das Lernen manchmal schwer macht. Hier gibt es seit Herbst 2005 aber die erste staatlich getragene internationale Gesamtschule. Als Teil der Europaschule Schuldorf Bergstraße bietet die State International School (SISS) ein englisch- und deutschsprachiges Lehrangebot für Kinder, deren Eltern unterschiedlicher Herkunft sind. Vom Kindergarten bis zum internationalen, mit dem Abitur vergleichbaren IB lernen die Schüler hier neben dem Schulstoff, mit anderen Kulturen umzugehen. Auch der deutsche Abschluss ist möglich. Ein Traum für berufstätige Südhessen: Die Schüler besuchen die SISS ganztags und englischsprachige Assistenzlehrer unterstützen die Schüler in Kleingruppen bestens.

www.schuldorf.de

144 | JUGENDHOTEL HALLE SACHSEN-ANHALT

Kardinal-Albrecht-Straße 6
06108 Halle (Saale)
Telefon 0345/2040512

Veranstaltung: 13.05.2007
Stadtteilfest, Tag der offenen Tür

MIT 17 HAT MAN NOCH TRÄUME

Jugendliche in Halle setzen ein Hotel instand und werden es eigenständig führen.

Teenager reißen Tapeten von den Wänden, verlegen Rohre und dekorieren Räume – sie arbeiten an dem Projekt „Jugendhotel Halle". Später übernehmen sie selbst die Führung des Gästehauses. Das Thalia Theater in Halle hat die Initiative ins Leben gerufen und hilft damit jungen Menschen, sich selbst einen Arbeitsplatz zu schaffen. Sozialpädagogen und ehrenamtliche Fachkräfte unterstützen sie dabei – 2008 soll das Hotel fertig sein. 50 Betten werden dann für die Gäste bereitstehen, jedes Zimmer wird anders gestaltet. Nebenher können die Jugendlichen ihren Hauptschulabschluss nachholen, eine Berufsausbildung machen oder Einstiegsqualifikationen erwerben. Vorbild war das „Hotel Neustadt" des Thalia Theaters, das 2003 eröffnete. Dort gab es ein Meereszimmer mit Fischen an den Wänden, ein karges Aggressionszimmer und sogar eine Präsidentensuite in den Farben der amerikanischen Flagge. Die künftigen Gäste des Jugendhotels werden wohl in ähnlich kreativen Räumen schlummern.

www.jugendhotel-halle.de

145 | SAARLERNNETZ SAARLAND

Stuhlsatzenhausweg 3
66123 Saarbrücken
Telefon 0681/30264810

Veranstaltung: 23.05.2007
Tag der offenen Tür

FIT IM KOPF AN DER SAAR

Vom Online-Wissenskrimi zu Sprachkursen – das SaarLernNetz bietet Bildung für alle.

Wer in der heutigen Wissensgesellschaft nicht auf der Strecke bleiben will, sollte lebenslang lernen. Das „SaarLernNetz", ein Zusammenschluss aus Forschungseinrichtungen, öffentlichen Stellen, Bildungsträgern und Unternehmen, hat vor allem ein Ziel: Lernprojekte für benachteiligte Gruppen mithilfe der Neuen Medien und des Internets. Dafür gewannen die Initiatoren unter anderem das Deutsche Forschungszentrum für Künstliche Intelligenz, die Bundesagentur für Arbeit, aber auch Volkshochschulen und die Arbeitskammer für ihr Projekt.

Das Bildungsangebot ist vielfältig. Vom „Wissenskrimi in Lyonesien" für Jugendliche über die Nutzung des iPods als Selbstlernangebot bis hin zum Sprachkurs „Technisches Englisch" bietet das „SaarLernNetz" für jeden etwas. Damit man bei diesem riesigen Angebot den Überblick behält, gibt es die „Weiterbildungsdatenbank Saar". Mit wenigen Klicks finden Lerninteressierte, was sie suchen. Darunter sind nicht nur Online-Kurse, sondern auch normale Kursangebote in der Volkshochschule.

www.saarlernnetz.de

146 | YOUTH BANK BERLIN

Tempelhofer Ufer 11
10963 Berlin
Telefon 030/2576760

Veranstaltung: 26.05.2007
Jugendprojektmesse im Rathaus Magdeburg

YOUTH BANK: MORE THAN MONEY

Jugendliche helfen Jugendlichen, Ideen mit wenig Geld und viel Know-how umzusetzen.

Eine deutsch-polnische Schreibwerkstatt für Jugendliche, Schulfunk am Gymnasium, eine Benefizgala zugunsten einer Integrationsklasse – prima Ideen. Aber wer weiß schon, wie man so was auf die Beine stellt und wie man es finanziert? Youth Banks, die es mittlerweile in über 20 deutschen Städten gibt, fördern gezielt mit kleinen Summen bis maximal 400 Euro Projekte von Jugendlichen in ihrer Region. Ehrenamtliche jugendliche „Youth Banker" sorgen dafür, dass das Geld an die richtige Stelle fließt. Als Initiative von drei bis zehn Jugendlichen agiert jede Youth Bank als kleine, eigenständige Stiftung in ihrer Stadt. Einigen Youth Banks stehen Mitarbeiter der lokalen Deutsche-Bank-Filiale mit Rat und Tat zur Seite. Seit der Gründung im Jahr 2004 wurden über 300 Projekte gefördert, darunter Wettbewerbe für Nachwuchsbands, Fotoausstellungen junger Künstler, eine Kiezzeitung für Jugendliche. Youth Bank ist eine Gemeinschaftsaktion der Deutschen Kinder- und Jugendstiftung, der Deutsche Bank Stiftung und der Servicestelle Jugendbeteiligung.

www.youthbank.de

147 | KULTURSTROLCHE IN MÜNSTER

NORDRHEIN-WESTFALEN

Klemensstraße 10
48127 Münster
Telefon 0251/4924071

Veranstaltung: 29.05.2007
Kinderfest der Kulturen

KULTUR MACHT KLUG

Münsteraner Grundschüler erobern die Kulturstätten ihrer Stadt.

„Kultur ist was Besonderes, ist wild und elegant", singen die „Kulturstrolche" verwegen in ihrem Lied. Die Kulturstrolche, das sind rund 200 Grundschulkinder, die seit April 2006 die Kulturorte ihrer Heimatstadt Münster erkunden, strolchend, sozusagen. Eine Orchesterprobe erleben, im Archiv stöbern: Im Rahmen des „Kulturstrolche"-Projekts besuchen die Drittklässler von vier Grundschulen im Klassenverband oder in kleineren Gruppen Kulturstätten und lernen die dort arbeitenden Menschen und die jeweilige Kunstform kennen. Für jede besuchte Theaterprobe, jedes Museum oder Künstleratelier gibts einen Aufkleber fürs Sammelheft. Das Modellprojekt der Stadt Münster will Kindern die Chance geben, sich die Kultur ihrer Stadt unabhängig von Geldbeutel oder Interessen der Eltern selbst zu erobern. Ob Stadtmuseum oder Bürgerfunk: Kultur macht Kinder klug, sensibel, tolerant und neugierig. Und auch die Kulturschaffenden müssen sich ob der neugierigen Kinderfragen mal wieder infrage stellen.

www.stadt-muenster.de

148 | ERLEBNIS MASCHINENBAU Nordrhein-Westfalen

Mörsenbroicher Weg 200
40470 Düsseldorf
Telefon 0211/68774819

Veranstaltung: 01.06.2007
Erlebnisworkshop

SCHREIBTISCHE ZU WERKBÄNKEN

„Erlebnis Maschinenbau – Technik, die fasziniert": Industrieberufe testen.

Der Deutsche ist pünktlich, gewissenhaft, praktisch begabt – und von Beruf Techniker. Das Klischee klingt zwar veraltet, doch Facharbeiter werden für die deutsche Industrie auch in Zukunft wichtig bleiben. Die meisten Jugendlichen, Eltern und Lehrer wissen aber kaum mehr Bescheid über moderne technische Ausbildungsberufe. Damit der technisch begabte Nachwuchs nicht komplett hinter den Schreibtischen verschwindet, haben Maschinenbaufirmen und Verbände aus Nordrhein-Westfalen das Projekt „Erlebnis Maschinenbau" initiiert. Einmal im Jahr können sich Schüler ihr eigenes Bild von Ausbildungsberufen machen, die wenig bekannt sind. Einen Tag lang dürfen Jugendliche zusammen mit Auszubildenden eine Vielzahl von High-Tech-Maschinen unter die Lupe nehmen und Maschinenbau vor Ort erleben. Das Interesse am Programm wächst stetig: 2002 startete „Erlebnis Maschinenbau" mit 17 Unternehmen und 1.000 Schülerinnen und Schülern. Im vergangenen Jahr machten bereits 110 Firmen und 4.500 Jugendliche mit.

www.erlebnis-maschinenbau.de

149 | HEINZ SIELMANN NATUR-ERLEBNIS-ZENTRUM NIEDERSACHSEN

Gut Herbigshagen
37115 Duderstadt
Telefon 05527/9140

Veranstaltung: 03.06.2007
Themenwanderung „Natur erleben am Grünen Band Eichsfeld"

NACHWUCHSSCHMIEDE FÜR NATURSCHÜTZER

Die Heinz-Sielmann-Stiftung begeistert junge Menschen für den Erhalt von Flora und Fauna.

Die Artenvielfalt ist unschätzbar wertvoll. Aber welches Stadtkind kann ihre Schönheit und ihre Zusammenhänge persönlich erleben? Deshalb hat die Heinz-Sielmann-Stiftung das Natur-Erlebniszentrum Gut Herbigshagen bei Duderstadt gegründet. Die Idee: Wenn Kinder und Jugendliche durch persönliches Erleben von der Natur fasziniert sind, werden sie sich für ihren Erhalt einsetzen. Das Umweltbildungsprogramm „Tage voller Wunder" eröffnet Menschen aller Altersstufen die Wunderwelt der heimischen Natur. Auf einem Lehrpfad lernen sie einen Bauerngarten kennen, erkunden Bienenhaus, Insektennistwand und Streuobstwiesen, beobachten Schlangen und Amphibien auf der Reptilienterrasse oder in einem Feuchtbiotop. Seltene historische Nutztierrassen zeigt der Ökobauernhof. Gut Herbigshagen ist ein Regionales Umweltbildungszentrum (RUZ) des Landes Niedersachsen und wird jährlich von rund 100.000 Gästen besucht. In Dauerausstellungen wird zudem über das Wirken des Tierfilmers Heinz Sielmann und die Naturschutzprojekte seiner Stiftung informiert.

www.sielmann-stiftung.de

150 | EURO|TOPICS NORDRHEIN-WESTFALEN

Adenauerallee 86
53113 Bonn
Telefon 01888/5150

Veranstaltung: 11.06.2007
Expertengespräch zu Themen der EU-Ratspräsidentschaft

PRESSESCHAU AUF EUROPÄISCH

Hier spricht Europa: Pressestimmen aus 26 Ländern des Kontinents.

Stromausfall quer durch Europa: Wie solide ist die Stromversorgung in Frankreich? Schlüsselfrage Zypern: Wie kritisch sieht Spanien die Haltung der Türkei? Viele Themen, die uns morgens in der Tageszeitung ins Auge springen, betreffen auch unsere europäischen Nachbarn – da lohnt ein Blick in die Auslandspresse. Wer neugierig ist auf die Meinung des „Figaro" zur Energie-Debatte, muss künftig weder zum Bahnhofskiosk laufen noch das Wörterbuch suchen: Ein Klick auf das Online-Angebot www.eurotopics.net genügt. Hier liefert eine europäische Presseschau jeden Werktag einen raschen Überblick über die wichtigsten Stimmen aus 26 europäischen Ländern. Korrespondenten und Redakteure der Bundeszentrale für politische Bildung beleuchten Themen aus ganz Europa in Dossiers, Publikationen und Veranstaltungen. Das Ziel: Europäische Debatten zugänglich machen, neue Netzwerke und politische Diskussionsfreude über die Landesgrenzen hinaus. Die Presseschau lässt sich per Mausklick abonnieren (auch in Englisch und Französisch).

www.eurotopics.net

151 | ARCHISCHOOL NORDRHEIN-WESTFALEN

Hiberniastraße 6
45731 Waltrop
Telefon 02309/1233

Veranstaltung: 16.06.2007
Tag der offenen Tür in der Zeche Waltrop/ Manufactum

ICH BAU DIR EIN SCHLOSS

Kinder lernen in der „Archischool", wie man ein Haus baut.

Kinder malen und basteln gerne, sie bauen bevorzugt schummrige Höhlen und heimelige Buden. Aber ein Haus? Oder ein Fußballstadion? Eine ganze Stadt gar? In der „Archischool" auf dem Gelände der ehemaligen Zeche Waltrop konstruieren Kinder – von ganz klein bis fast erwachsen – all diese Gebäude mit Begeisterung und lernen dabei ganz spielerisch etwas über Architektur. Gemeinsam mit echten Architekten malen und planen die Kinder Gebäude nach ihren eigenen Wünschen und bauen sie dann aus Materialien wie Pappe, Holz, Leder und Beton nach. Am Ende des Tages darf jeder das eigene kleine Haus mitnehmen. In den Schulferien werden Projektwochen angeboten, an deren Ende die Nachwuchsarchitekten das „Archischool Baumeister Mini-Diplom" verliehen bekommen. Der Kreativität können die Kinder beim spielerischen Architekturkurs freien Lauf lassen, das Ergebnis sind oft Kunstwerke. Wie sagte schon Pablo Picasso: „Als Kind ist jeder ein Künstler. Die Schwierigkeit liegt darin, als Erwachsener einer zu bleiben."

www.archischool.de

152 | PROFIS IN KITAS BADEN-WÜRTTEMBERG

Heidehofstraße 31
70184 Stuttgart
Telefon 0711/4608475

Veranstaltung: 28.06.2007
Netzwerk- und Transferveranstaltung

KOMPETENZ FÜR DIE KLEINEN

Die Robert Bosch Stiftung setzt sich für eine bessere Erzieher-Ausbildung ein.

Erzieher gelten hierzulande als Betreuer, Spielanimateure und Bastelanleiter. Doch die Anforderungen an den Beruf sind gewachsen. Kita-Zeit ist Lernzeit, stellt Weichen für die Zukunft. Aber die Ausbildung der Fachkräfte hält nicht Schritt. Kaum ein Industrieland investiert weniger Geld in die frühkindliche Bildung als Deutschland. Einheitliche Standards? Fehlanzeige. Die Robert Bosch Stiftung hat sich zum Ziel gesetzt, diesen Mangel zu beseitigen. Dafür hat sie die Innovationswerkstatt „PiK – Profis in Kitas" gegründet. Sie setzt sich dafür ein, den Beruf zu reformieren und Kitas stärker in das gesamte Bildungssystem zu integrieren. Die Vision: Lehrer und Erzieher erhalten eine einheitliche Kernausbildung, auf deren Basis sie sich weiter qualifizieren. Das deutschlandweit einmalige Programm fördert Hochschulprojekte, die moderne und international anschlussfähige Bildungskonzepte für Früherzieher entwickeln. Damit die Ideen nicht in Schubladen verstauben, sondern schnell umgesetzt werden, arbeitet die Stiftung mit Entscheidern aus Politik und Praxis eng zusammen.

www.profis-in-kitas.de

153 | HAUS DES LEBENSLANGEN LERNENS

HESSEN

Am Hirschsprung
63303 Dreieich
Telefon 06103/310470

Veranstaltung: 06.07.2007
Sommerfest der Bildungsinstitutionen

LERNE LIEBER LEBENSLANG

Der HLL-Campus Dreieich eröffnet neue Möglichkeiten dauerhafter Bildung.

Eigentlich frustrierend: Wenn heute ein Informatik-Student sein Examen ablegt, ist sein studiertes Wissen bereits zum Teil veraltet. In den meisten Berufen gehört das einmal Erlernte schon bald nur noch zur Basis, neues Wissen muss her. Doch was tun? Die Gesellschaft, der Arbeitsmarkt und die Europäische Union sind sich einig: Der Trend heißt lebenslanges Lernen. Darauf reagiert nun das „Haus des lebenslangen Lernens" im HLL-Campus Dreieich. Hier ist Bildungsvermittlung ein fließender Prozess, vom Kindergarten bis zum Seniorentreff lernen Vierjährige in einem Gebäude mit 74-Jährigen. Klar, dass dabei unterschiedlichste Betreuungs- und Ausbildungsformen zusammengeschlossen und bisher getrennte Bildungszweige miteinander verknüpft werden. In Amerika ist „lifelong-learning" längst bekannt, für Deutschland betritt das HLL neues Terrain. Mit Plato hat man sich einen erfahrenen Bildungsexperten als Paten gewählt. Er wusste schon vor mehr als 2.000 Jahren: „Es ist keine Schande, nichts zu wissen, wohl aber nichts lernen zu wollen!"

www.hll-dreieich.de

154 | NATURSCHUTZZENTRUM ANNABERG

SACHSEN

Am Sauwald 1
09487 Schlettau
Telefon 03733/56290

Veranstaltung: 27.07.2007
Kunst-Jugendcamp für Deutsche und Tschechen

KUNST MIT ÖKOFAKTOR

Mit Pinseln und Kamera – deutsch-tschechisches Kunst-Jugendcamp begeistert für Naturschutz.

„Ist doch total öde!" Für viele Jugendliche klingt Umweltbildung nach Gesundheitslatschen und Rohkost, ergo langweilig. Dieses dröge Image wollen die Mitarbeiter des „Naturschutzzentrums Annaberg" ändern, mit Hilfe der Kunst. Eigenes Erleben weckt Interesse, eigenes Mitmachen Begeisterung. Und wo ließe sich die besser verwirklichen als in den Ferien? Klar, dass sich durch die Nähe zu Tschechien eine nachbarliche Zusammenarbeit anbietet. Eines der vielen Projekte des Zentrums Annaberg ist ein deutsch-tschechisches Kunst-Jugendcamp, in dem Natur und Kunst spielerisch verknüpft werden. Unter dem Motto „Deutsch-tschechische Lebensadern" steht das „Wasser als Lebensraum" im Mittelpunkt der künstlerischen Arbeit. Dabei geht es um besonders geschützte Gebiete der Region. Mit Pinsel, Video- und Fotokamera und auf der Bühne erschaffen die Jugendlichen kleine Kunstwerke, vor allem aber ein eigenes Verständnis für Natur, deren Schutz und Nachhaltigkeit. Künstler aus der Region unterstützen die Arbeit.

www.naturschutzzentrum-ana.de

155 | LITCAM FRANKFURT NORDRHEIN-WESTFALEN

Berliner Platz 8-10
48143 Münster
Telefon 0251/49095901

Veranstaltung: 03.08.2007
Bildungskick

FUSSBALL MACHT SCHLAU

Jugendliche kicken gegen Dichter und Denker – und lernen lesen und schreiben.

Fast jeder fünfte Erwachsene weltweit kann nicht lesen und schreiben. Allein in Deutschland leben ca. vier Millionen so genannte funktionale Analphabeten. Sie können trotz Schulbesuch weder eine Zeitung lesen noch ein Formular ausfüllen oder einen Brief schreiben. Analphabeten haben kaum Chancen, den Anforderungen des Arbeitsmarktes gerecht zu werden. Die LitCam ist eine Initiative der Frankfurter Buchmesse. Die Kooperationspartner, der Bundesverband Alphabetisierung und Grundbildung, das UNESCO-Institut Lebenslanges Lernen und das Portal Zweite Chance online wollen Abhilfe schaffen. Sie starten 2007 das Projekt „Fußball trifft Kultur". Spielerisch sollen bildungsferne Jugendliche aus Frankfurt am Main ans Lernen herangeführt werden. Sie besuchen ein Jahr lang die Eintracht Frankfurt-Fußballschule von Rekord-Bundesligaspieler Charly Körbel. Parallel dazu erhalten sie Grundbildungsangebote. Beim Bildungskick treten sie gegen Dichter und Denker der Nation an. Das Modellprojekt wird von der Aventis Foundation gefördert.

www.litcam.de

156 | SCHOOL OF MANAGEMENT AND DESIGN NORDRHEIN-WESTFALEN

Gelsenkirchener Straße 209
45309 Essen
Telefon 0201/185030

Veranstaltung: 08.08.2007
Tag des offenen Lernens

ENTWICKLUNGSMOTOR FÜR DAS RUHRGEBIET

Kreativ und marktorientiert zur erfolgreichen Unternehmensführung.

Stellvertretend für das Ruhrgebiet ist Essen im Jahr 2010 die Kulturhauptstadt Europas. Vor allem der spektakuläre Hochschulneubau des japanischen Architekturbüros SANAA auf dem Gelände des UNESCO-Welterbes Zeche Zollverein zeigt deutlich den Wandel der Region zu einem Designstandort mit Zukunft. Diese Verbindung von Ökonomie und Gestaltung ist ebenfalls Ziel der Zollverein School of Management and Design, deren Lehrveranstaltungen in dem markanten Kubus von SANAA stattfinden. Die 2003 gegründete Weiterbildungsinstitution versteht kreative und marktorientierte Disziplinen wie Design und Architektur, Marketing und Werbung als Schlüsselfaktoren für eine erfolgreiche Unternehmensführung im 21. Jahrhundert. Interdisziplinarität ist Programm: Hier studieren Ökonomen und Architekten mit Ingenieuren und Designern, um gemeinsam Innovations- und Transformationsprozesse an der Schnittstelle zwischen Management und Design anzuregen und zu steuern.

www.zollverein-school.de

157 | KAMELHOF ROTFELDEN BADEN-WÜRTTEMBERG

Kamelweg 1
72224 Ebhausen-Rotfelden
Telefon 07054/8125

Veranstaltung: 10.08.2007
Kamelfest

DAS TRAMPELTIER, DEIN FREUND UND NUTZTIER

Kamele im Schwarzwald helfen, Kinder zu therapieren und geben Milch mit heilender Wirkung.

Was weiß man als Durchschnittsmensch über Kamele? Sie kommen lange ohne Wasser aus und haben Höcker. Aber da fangen die Schwierigkeiten schon an: ein oder zwei? (Und ist ein Dromedar eigentlich auch ein Kamel?) Diese und andere Fragen beantworten die Züchter auf dem privaten Kamelhof in Rotfelden, wo sie mehr als 80 Dromedare und Trampeltiere halten, um Erkenntnisse für Zucht und artgerechte Haltung der Tiere in Europa zu gewinnen. Obwohl pro Jahr an die 60.000 Menschen jedes Alters die Rotfeldener Kamele besuchen, versteht sich der Hof nicht primär als Zoo. Die Idee ist, die außergewöhnlichen charakterlichen Eigenschaften der Kamele in der tiergestützten therapeutischen Behandlung von Kindern und Jugendlichen einzusetzen. Zudem soll verstärkt Kamelmilch genutzt werden, der eine heilende Wirkung bei Nahrungsmittelallergien und Störungen des Verdauungstraktes zugeschrieben wird. „Fatamorgana", der Verein der Kamelfreunde und -züchter, hat seinen Sitz ebenfalls auf dem Hof und unterstützt ihn tatkräftig.

www.kamelhof.de

158 | AUGSBURGER SOMMER KRIMI BAYERN

Schaezlerstraße 17
86150 Augsburg
Telefon 0821/5088418

Veranstaltung: 15.08.2007
Ferienaktion für Jugendliche

EIN FALL FÜR DIE GANZE FAMILIE

Tatort Augsburg: Beim Ferienkrimi 2007 lernen Kinder, mit Konflikten umzugehen.

Jeden Sommer kehrt es wieder: das Sommerloch. Seine Dimension reicht exakt von der 28. bis zur 36. Kalenderwoche, wenn der Deutsche Bundestag ruht. 2007 fallen die bayerischen Schulferien genau hinein. Nur in der drittgrößten Stadt Bayerns, in Augsburg, will keine Trägheit einkehren. Dort findet in den Ferien das kriminellste Ereignis statt, das Augsburger Jugendliche je erlebt haben. Der Augsburger Sommer-Krimi – ein Live-Krimi zum Mitmachen. Bei dem Ferienprogramm des Stadtjugendrings und der Universität Augsburg müssen Jugendliche und ihre Familien brenzlige Aufgaben lösen, die in eine Kriminalgeschichte eingebettet sind. Wer der heißen Spur folgt, lernt gleichzeitig, sich mit anderen Kulturen auseinanderzusetzen und Konflikte zu bewältigen. Die Erwachsenen, die Aufgaben aus den Medien lösen müssen, helfen dabei den Jugendlichen. Durch die geteilte Spannung will die Spurensuche aus der Erlebnispädagogik zugleich das „Wir"-Gefühl in den beteiligten Familien stärken. Tatzeitpunkt: 13. bis 17. August 2007.

www.ask2007.de

159 | ACADEMY FOR JUNIOR MANAGERS

NORDRHEIN-WESTFALEN

Knechtsteden
41540 Dormagen
Telefon 02133/8963

Veranstaltung: 23.08.2007
Zeugnisverleihung

SCHULFACH UNTERNEHMENSGRÜNDUNG

Früh übt sich: Oberstufenschüler lernen, wie man eine Firma aufbaut und führt.

Schule ist praxisfern, Anforderungen des Berufslebens spielen im Unterricht keine Rolle? Nicht am Norbert-Gymnasium Knechtsteden in Dormagen. Die Oberstufenschüler haben jeden zweiten Samstag im Monat die Chance, nicht Mathe oder Deutsch, sondern Wirtschaftsrecht, Projekt- oder Innovationsmanagement zu lernen. Der ökonomische Grundkurs dient als Vorbereitung aufs Studium, soll aber auch auf die Gründung einer eigenen kleinen Firma zielen. Die „Academy for Junior Managers" (AJM) am Gymnasium ist nicht einfach eine AG, sondern verlangt ihren Schülern Professionalität ab: Die Dozenten kommen aus Unternehmen und von Fachhochschulen, im zweiten Ausbildungsjahr wird in Teams an einem Gemeinschaftsprojekt gearbeitet. Am Ende steht eine Abschlussprüfung vor der Industrie- und Handelskammer. Das Konzept soll an weitere Gymnasien gebracht werden. Vielleicht kommt die nächste millionenschwere, börsennotierte Dotcom-Garagenfirma nicht aus Kalifornien, sondern aus Deutschland. Und der nächste Bill Gates aus Dormagen.

www.ajm-knechtsteden.de

160 | SENIOREN-UNI NORDRHEIN-WESTFALEN

Parkstraße 17
32805 Horn-Bad Meinberg
Telefon 0521/3298600

Veranstaltung: 24.08.2007
Tag der offenen Tür

BILDUNG VOR ALTER

Höhere Lebenserwartung nutzen: Generation 50+ drückt in Bad Meinberg die Hörsaalbänke.

„Was Hänschen nicht lernt, lernt Hans nimmermehr." Ein Sprichwort, das für das „Europäische Zentrum für universitäre Studien der Senioren" nicht gilt. Hier in Ostwestfalen-Lippe drückt die Generation 50+ die Hörsaalbänke. Ein erster Schwung Studierender hat im August 2006 bereits das „Studium Generale" aufgenommen. Wer zwei Jahre durchhält, kann bei komplizierten philosophischen, politischen oder ethischen Fragen besser mitreden. Außerdem weiß der Bildungshungrige danach ein Zertifikat in seiner Tasche. Dies bekommen auch jene Senioren, die sich für die Studiengänge „Bürgerschaftliches Engagement" oder „Senior Consultant" einschreiben. Ersterer macht fit für Aufgaben in gemeinnützigen Vereinen und anderen gesellschaftlichen Organisationen; zweiterer eröffnet älteren Arbeitnehmern die Chance, neue Wissens- und Aufgabenfelder zu beackern. In dieser europaweit einzigartigen Bildungsstätte hat man die Zeichen des demografischen Wandels erkannt. Auch ein Zeichen der Zukunft: Die Senioren zahlen Studiengebühren.

www.zig-owl.de

161 | JUNGE DICHTER UND DENKER NIEDERSACHSEN

Holmer Weg 14
21244 Buchholz
Telefon 04187/312251

Veranstaltung: 29.08.2007
Sommerparty in der Schule Kattenberge, Buchholz

YO! GOETHE IN DA HOUSE!

Kinder finden klassische Gedichte langweilig und altmodisch? Nicht, wenn man sie rappt.

Der „Erlkönig" ist ein langes Gedicht, nicht gerade in Jugendsprache abgefasst und schwierig auswendig zu lernen. Leichter geht es, wenn man die Worte mit Musik unterlegt und – sie rappt. Schon bekommen die Zeilen „Wer reitet so spät durch Nacht und Wind" einen neuen Rhythmus. „Junge Dichter und Denker" (JDD) nennt sich ein Projekt von Kindern zwischen acht und sechzehn Jahren, die mit Hilfe eines in der Musikbranche erfahrenen Elternpaares (der Vater war Entdecker der Rapper „Die Fantastischen Vier") klassische Gedichte mit coolen Beats aufpeppt – und sie so für die junge Altersgruppe interessant macht. Die Idee: Richtig rübergebracht, beschäftigen sich Kinder auch mit Inhalten, die sie sonst als langweilig abtun würden. JDD rappen Mörike wie Schiller, treten auf Festen auf und veranstalten mit dem Rapper Thomas D. – Mentor und Freund von JDD und Kultfigur des deutschen Sprechgesangs – Workshops an Schulen. Zudem haben JDD-Kinder u.a. eine CD mit gerappten deutschen Balladen aufgenommen – für mehr Style im Deutschunterricht.

www.jungedichterunddenker.de

162 | MUSIKKINDERGARTEN BERLIN BERLIN

Leipziger Straße 41
10117 Berlin
Telefon 0172/6705078

Veranstaltung: 11.09.2007
Ausstellung

AUF DIE OHREN

Ein Berliner Kindergarten fördert Lernkompetenzen mit Musik.

„Wie wird ein Horn gespielt, was ist Strom und was machen die Zahlen auf der Uhr?" Antworten auf diese Fragen bekommen Kinder im Musikkindergarten. Auf Initiative von Daniel Barenboim wurde 2005 in Berlin ein ganz besonderer Kindergarten gegründet. Leitlinie ist „nicht die Musikerziehung, sondern die Erziehung der Kinder durch die Musik", sagt Daniel Barenboim. Über Musik lernen sie Disziplin, Leidenschaft und Konzentration. Hier geht es um frühkindliche Vermittlung musischer Fähigkeiten, das Entwickeln der Sinne, um Wahrnehmungsschulung, darum, die angelegten Fähigkeiten eines jeden Kindes bestmöglich zu fördern. Frühe, musikalisch angelegte Kommunikationsmuster sind bei jedem Kind vorhanden; sie zu einer allgemeinen musikalischen Ausdrucksfähigkeit zu entwickeln, bedarf der individuellen Förderung. Deshalb sind in diesem Kindergarten Musikinstrumente genauso einfach zu erreichen wie Bauklötze, Buntstifte oder Bilderbücher. Zum Kita-Alltag gehören auch Besuche von Musikern, die ihre Instrumente vorstellen.

www.musikkindergarten-berlin.de

163 | MGCONNECT NORDRHEIN-WESTFALEN

Lüpertzender Straße 6
41061 Mönchengladbach
Telefon 02161/823799

Veranstaltung: 12.09.2007
Deutschlands größtes Bewerbungstraining im Hockeypark

WAS 100 UNTERNEHMER IM HOCKEYSTADION MACHEN

Bewerbertraining auf Stadionrasen: 500 Schüler erlernen die Kniffe des Berufseinstiegs.

Die deutschen Hockeyteams spielen seit Jahren an der Weltspitze. Die Herren bewiesen dies im vergangenen Jahr, als sie in Mönchengladbach ihren Weltmeistertitel erfolgreich verteidigten. Wo im letzten September noch die Schläger geschwungen wurden, finden ein Jahr später ganz andere Höchstleistungen statt. Die Wirtschaftsförderung der Stadt hat gemeinsam mit der Schulverwaltung das Projekt MGconnect ins Leben gerufen: Im größten Hockeystadion Europas geben 100 Unternehmer 500 Schülerinnen und Schülern ein individuelles Bewerbungstraining. Wo sonst Spielzüge trainiert werden, üben Schüler einen Tag lang die Kniffe des Bewerbens und bereiten sich auf den Berufseinstieg vor. MGconnect hat sich den Zusammenschluss von Schülern, Lehrern und Chefs auf die Fahnen geschrieben. Die Mönchengladbacher Pennäler optimal auf den richtigen Start in den Job zu trimmen, das ist die Idee hinter der Aktion. Dafür wurde Mönchengladbach vom Land NRW zur Modellregion für zukunftsweisende Unterrichtsentwicklung ernannt.

www.mgconnect.de

164 | FOCUS SCHÜLERWETTBEWERB BAYERN

Arabellastraße 23
81925 München
Telefon 089/92503947

Veranstaltung: 25.09.2007
Preisverleihung

SCHÜLER STÜRZEN SICH AUF GLOBALISIERUNG

„Auf ins Global Village" lautet das Motto beim 11. Focus-Schülerwettbewerb.

Die frohe Botschaft für die Schüler Deutschlands: Raus aus den Klassenzimmern, rein in die Praxis. Krempelt eure Hemdsärmel hoch und lasst eurer Kreativität freien Lauf! Statt beim Frontalunterricht zu versauern, entwickeln Schüler beim 11. Focus-Schülerwettbewerb „Schule macht Zukunft" ideenreiche und innovative Konzepte, setzen sie um und knüpfen nebenbei Kontakte zur Wirtschaft. Die Projekte im Jahr 2007 firmieren unter dem Motto „Auf ins Global Village", das Thema wählen die Schüler gemeinsam mit ihren außerschulischen Projektpartnern: Von den neuesten Entwicklungen in der Städteplanung, neuen Methoden im Kampf gegen Infektionskrankheiten bis hin zu internationalen Kulturprojekten ist alles erlaubt – lediglich die Auswirkungen der Globalisierung sollen im Mittelpunkt stehen. Jedes Jahr nehmen rund 1.500 Schüler der Klassen acht bis 13 aus allgemein- und berufsbildenden Schulen teil. Neben Einblicken in die Arbeitswelt von morgen warten auf die Gewinnerteams Flugtickets. Diesmal geht es in die USA, nach Finnland und in die Niederlande.

www.focus.de/schuelerwettbewerb

165 | KINDERKUNSTWERKSTATT

BADEN-WÜRTTEMBERG

Lichtentaler Straße 64
76530 Baden-Baden
Telefon 07221/973720

Veranstaltung: 07.10.2007
Tag der offenen Tür mit Ausstellung in der Kinderkunstwerkstatt

KLEINE LEUTE, GROSSE KUNST

Zeichnen, drucken, modellieren – in Baden-Baden macht Kunst den Kindern Spaß.

„Was ist Kunst? Wie ist ein Bild aufgebaut? Wie entsteht eine Skulptur?" – Die Kinderkunstwerkstatt Baden-Baden hat sich zum Ziel gesetzt, Kindern zwischen drei und zwölf Jahren ihre Fragen zu beantworten. Die Werkstatt ist Teil der Stiftung Frieder Burda und wurde 2003 auf Initiative des Kunstsammlers und Mäzens zusammen mit der Bürgerstiftung Baden-Baden gegründet. Die Kurse der Kinderkunstwerkstatt sind eng mit dem Ausstellungsprogramm im Museum Frieder Burda verzahnt, dessen Sammlung Malerei des 20. Jahrhunderts zeigt. Die Idee der Kunstwerkstatt: Für Schulkinder wird das Museum zum Ort erlebbarer Kultur. Für die ganz Kleinen gibt es spielerische, museumspädagogische Angebote. In der Kinderkunstwerkstatt selbst wird kindgerecht experimentiert, gezeichnet, gedruckt, collagiert oder modelliert. So werden Entstehungsprozesse und der Aufbau von Bildern und Installationen deutlich. Etwa 180 Kinder finden pro Woche den Weg in die Kunstwerkstatt – in kleinen Schritten zur großen Kunst.

www.kinderkunstwerkstatt-baden-baden.de

166 | SCHÜLER-INSTITUT SITI SACHSEN-ANHALT

Pestalozzi-Str. 5
39539 Havelberg
Telefon 039387/80929

Veranstaltung: 12.10.2007
Tag der offenen Tür

FORSCHE JUGEND

Schüler aus Havelberg setzen zukunftsträchtige Ideen in die Welt.

Schüler haben manche Flausen im Kopf. Wer wüsste das besser als ihre oftmals genervten Lehrer. Im Norden Sachsen-Anhalts können die Pauker aufatmen. Hier reifen die Flausen zu ebenso innovativen wie produktiven Ideen. Wenn sich in Havelberg die Schultafeln selbsttätig reinigen oder aus einer Zahnbürste per Knopfdruck die duftende Zahncreme strömt, dann hat die Jugend des mittelalterlichen Städtchens wieder in ihren Werkstätten gebrütet, geschwitzt und gebastelt, zum Wohle der Wirtschaft, des Verbrauchers und der eigenen Zukunft. Das vor sieben Jahren gegründete Schüler-Institut für Technik und angewandte Informatik (SITI e.V.) gibt den jungen Erfindern Raum und Zeit für ihre Ideen. Und wer in seiner Freizeit bereits den Auftritt regionaler Unternehmen im Internet entwirft und regelmäßig bei „Jugend forscht" gastiert, der kann seiner beruflichen Zukunft optimistisch entgegensehen. Einige können den Start ins Berufsleben kaum noch abwarten und gründen Schülerfirmen.

www.siti.de

167 | KINDERHORT DIESELSTRASSE

NORDRHEIN-WESTFALEN

Oberingstraße 76
32019 Herford
Telefon 05221/981603

Veranstaltung: 13.10.2007
Stadtteilevent 2007

MIT ANLAUF INS LEBEN

Zukunft für benachteiligte Kids: Der Kinderhort Dieselstraße hilft auch Eltern.

Kinder wissen, wie schwer es ist, eine Spielplatzrutsche nach oben zu rennen. Um es zu schaffen, bedarf es gewaltigen Anlaufs, und selbst dann ist Ausrutschen nicht ausgeschlossen. Besser geht es, wenn ein stützendes Geländer da ist. Dieses Geländer versucht der Kinderhort Dieselstraße für arme Kinder und deren Familien zu sein. Wer im Herforder Westen groß wird, der fängt meist bei Null an. Viele Migranten und mittellose Menschen leben hier, die ihrem Nachwuchs nur das Nötigste zum Überleben mitgeben können. Dabei ist erwiesen, dass der schulische und berufliche Erfolg von Kindern maßgeblich von Bildungsstand und Einkommen der Eltern abhängt. Die Betreuer des Ganztagshorts, der vom Verein für Soziale Arbeit und Beratung Herford betrieben wird, nehmen diese Erkenntnis in ihre Arbeit mit auf. Neben Angeboten für Grundschüler versuchen sie, auch deren Eltern mit ins Boot zu nehmen. Denn nur gemeinsam mit ihnen kann es gelingen, den Nachwuchs nach vorne zu boxen. In der Dieselstraße weht jetzt ein bisher unbekannter Wind: Die West-Herforder Kinder bekommen neuen Schwung beim Run auf die Rutsche.

www.vab-herford.de

168 | HOCHSCHULE FÜR FERNSEHEN UND FILM MÜNCHEN BAYERN

Frankenthaler Straße 23
81539 München
Telefon 089/689570

Veranstaltung: 15.10.2007
40-Jahrfeier und Grundsteinlegung

FILM AB

40 Jahre Münchner Filmhochschule: Sie bleibt auch künftig das Mekka für Cinemaniacs.

Ein guter Film ist ein Gesamtkunstwerk. Vor der Kamera glänzen die Schauspieler, doch dahinter arbeiten jede Menge Kreative, deren Leistungen ebenso wichtig sind. An der „Hochschule für Fernsehen und Film München" lernen junge Cinemaniacs, wie Film funktioniert. Sie schreiben Drehbücher, trainieren den Kamerablick und lernen Produktion, PR und Vermarktung. Dabei entstehen Spiel- und Dokumentarfilme, Werbespots und fernsehjournalistische Beiträge. Die Talentschmiede, die u. a. Doris Dörrie und Mika Kaurismäki ausbildete, feiert ihr 40-jähriges Jubiläum. Außerdem entsteht ein Neubau mitten im Münchner Museumsareal. Klar, dass hier filmreif gefeiert wird: Während der Grundsteinlegung drehen die prominenten Gäste Szenen, die sie sofort zu einer Collage zusammensetzen. Abends dann verwandeln Scheinwerfer, Kameras und Nebelmaschinen die Hochschule in einen partytauglichen Drehort, wo um Mitternacht der fertige Film präsentiert wird. Der Titel erinnert an einen Film des berühmten Absolventen Wim Wenders: „Himmel über Bayern".

www.hff-muc.de

169 | JUGEND DER WELT BEI UNS HESSEN

Kaiser-Friedrich-Promenade 30
61348 Bad Homburg
Telefon 06172/895912

Veranstaltung: 21.10.2007
„Jugend der Welt"-Festival auf dem Gelände des FFC Frankfurt

KÖNIGIN FUSSBALL

Junge Frauen aus der ganzen Welt fahren zur Frauenfußball-WM nach China.

Sechsmal Europameister und amtierender Weltmeister: Der deutsche Frauenfußball ist erfolgreich. Ebenso erfolgreich will auch das zwanzigköpfige deutsche „Land der Ideen"-Team sein, das zur Frauenfußball-Weltmeisterschaft 2007 nach Peking reist. Dort spielen die jungen Frauen gegen Teams verschiedener Länder und Kulturen. Das Turnier ist Teil der Initiative „Jugend der Welt – die Faszination des Miteinander", die ihren Auftakt in der Aktion „Jugend der Welt bei uns" 2006 in Deutschland hatte. Die Idee: Sportliche Großereignisse bringen junge Menschen aus der ganzen Welt unabhängig von deren sozialer Schicht zusammen und werden zu einem Fest des Friedens und der gelebten Völkerverständigung. Dies wird 2007 in China und beim „Jugend der Welt"-Festival in Frankfurt wieder bewiesen. Unter der Schirmherrschaft von DFB-Präsident Theo Zwanziger erleben Besucher Talks, Showdarbietungen und eine Bildschirmpräsentation des Jugendevents in China. Höhepunkt des Festivals: Das Land-der-Ideen-Team spielt gegen den FFC Frankfurt.

www.jugend-der-welt-bei-uns.de

170 | FORSCHERGARTEN BERLIN

Robert-Rössle-Straße 10
13125 Berlin
Telefon 030/94892943

Veranstaltung: 07.11.2007
Experimentieren im Kindergarten

IM FORSCHERGARTEN LERNEN ZWERGE

Schon Kindern ab vier Jahren wird eine Karriere als Wissenschaftler schmackhaft gemacht.

„Es irrt der Mensch, so lang er strebt", schrieb Goethe. Die Irrwege werden jedoch kürzer, je früher der Mensch anfängt zu lernen. Mit Hilfe des Netzwerkes „Forschergarten" entdecken Kinder schon ab vier Jahren die Geheimnisse der Naturwissenschaften. Initiatoren sind das Berliner Medizintechnikunternehmen Eckert & Ziegler AG, das Gläserne Labor und die staatliche Friedrich-Fröbel-Schule für Sozialpädagogik. Sie senden wissenschaftlich und pädagogisch geschulte Dozenten an acht Terminen in die Kitas. Die „Forschergärtner" führen Experimente zu den Themen Luft, Druck, Temperatur, Wasser, Körper, Elektrizität und Magnetismus, Küchenchemie und Schall durch. 2007 will das Netzwerk mit Hilfe von Eltern und Kita-Personal expandieren: 150 Euro kostet die vierstündige Ausbildung zum Forschergärtner, inklusive einmaliger Assistenz sowie zwei Koffern mit den Materialien für die Experimente. Anschließend können die so Gelehrten die kindliche Lernbegierde der Forschgarten-Zwerge nutzen, um Wissen und Verständnis zu pflanzen.

www.forschergarten.de

171 | WISSENSFABRIK RHEINLAND-PFALZ

4. Gartenweg 4b, Gebäude Z17
67063 Ludwigshafen
Telefon 0621/6040794

Veranstaltung: 13.11.2007
Tag der offenen Tür

BILDUNG UNTERNEHMEN

Betriebe starten eine Wissensinitiative für Kinder und Jugendliche.

Immer mehr Unternehmen finden, dass man die Verantwortung für die Bildung nicht allein dem Staat aufbürden darf. Mehr als 40 Betriebe haben nun Ernst gemacht und sich im Netzwerk „Wissensfabrik – Unternehmen für Deutschland e.V." zusammengeschlossen. Weil sie glauben, dass Wissen Deutschlands wichtigster Rohstoff der Zukunft ist, engagieren sie sich in Bildungspartnerschaften: Sie entsenden speziell ausgebildete Mitarbeiter in benachbarte Kindergärten und Schulen und bieten Mitmachprojekte an, um den Schülern praxisnahes Lernen zu ermöglichen und sie für Technik, Wirtschaft und Naturwissenschaft zu begeistern. Außerdem werden die Unternehmen einen „Tag des Wissens" in Berlin ausrichten. Es wird einen interaktiven Wissensparcours geben sowie eine Podiumsdiskussion mit Vertretern aus Wirtschaft, Politik und Bildung. Selbst beim Besuch des Rahmenprogramms können die Besucher noch etwas lernen: Informationsschilder an den Imbissbuden werden verraten, wie die Kohlensäure in die Brause kommt oder warum Zuckerwatte so schön klebt.

www.wissensfabrik-deutschland.de

172 | FORSCHERWERKSTÄTTEN AN GRUNDSCHULEN NORDRHEIN-WESTFALEN

Klemensstraße 10
48127 Münster
Telefon 0251/4924063

Veranstaltung: 20.11.2007
Kinder-Forscher-Tag

WOHER KOMMT DAS LOCH IM BAUCH?

Unkonventionelles Lernen: Universitätsdozenten lassen Grundschüler experimentieren.

Vielleicht ist ja ein künftiger Nobelpreisträger unter den Knirpsen. Wissenschaftler der Westfälischen Wilhelms-Universität in Münster wagen sich an eine ganz große Herausforderung: Sie leiten quirlige Grundschüler zum freien Forschen und Entdecken an. An dem dreijährigen Modellprojekt der Stadt Münster „Forscherwerkstätten an Grundschulen", das seit Ende 2004 läuft, nehmen fünf Schulen und neun Institute der Uni Münster teil. Hier werden unkonventionelle Lehrmethoden erprobt, denn die Experten dozieren nicht, sondern geben den Kindern Hilfestellungen, sodass sie selbst Hypothesen bilden und Experimente entwickeln können. Dabei fragen sie die Wissenschaftler jede Menge Löcher in den Bauch – und die können dabei überprüfen, wie sicher sie ihren Stoff auch didaktisch beherrschen. Einem Kind anschaulich zu machen, warum Wasser kocht, ist schwieriger als ein paar Formeln an die Tafel zu schreiben. Statt bloße Fakten zu pauken, finden die Grundschüler eigene Antworten auf ihre Fragen.

www.muenster.de/stadt/forscherwerkstatt

173 | MEDIENKULTURZENTRUM DRESDEN

SACHSEN

Schandauer Straße 64
01277 Dresden
Telefon 0351/3125237

Veranstaltung: 02.12.2007
Tag der offenen Tür

MACH DOCH SELBER

Das Medienkulturzentrum zeigt, wie man Radiobeiträge, Filme oder Webseiten erstellt.

Fernsehen, Radio, Internet – der Medienkonsum steigt beständig und ist für uns alle längst fester Bestandteil des Alltags. Wie die Medien nicht nur passiv genutzt, sondern auch aktiv gestaltet werden können, zeigt das Medienkulturzentrum Dresden in Kursen und Mediencamps. In dem vom Zentrum betriebenen Sächsischen Ausbildungs- und Erprobungskanal lernt jeder, wie Radio und Fernsehen gemacht wird. Ausgestrahlt werden die Beiträge später auf dem vom Zentrum betriebenen Radiokanal NEON 425 oder jeden Sonntagabend im Lokalfernsehen in Dresden, Chemnitz und Leipzig. Auch an Liebhaber des fiktiven Genres ist gedacht: Gemeinsam mit dem Verein Fantasia Dresden bietet das Medienkulturzentrum Kurse an, in denen sie die Kunst des Trickfilmens lehren. Jährlicher Höhepunkt ist die internationale Trickfilmwerkstatt „Anima" im Februar. Ein weiteres jährliches Projekt ist der bundesweite Wettbewerb „MB21-mediale Bildwelten", bei dem Jugendliche bis 21Jahre Ideen für multimediale Projekte einreichen.

www.medienkulturzentrum.de

174 | MITMACHEN EHRENSACHE

BADEN-WÜRTTEMBERG

Hohe Straße 9
70174 Stuttgart
Telefon 0711/9978599

Veranstaltung: 05.12.2007
Mitmachen-Ehrensache-Event

JOBBEN FÜR DEN GUTEN ZWECK

Jugendliche lernen soziales Engagement und künftige Berufe kennen.

Antriebs- und perspektivlos, ohne Engagement und Motivation – das sind nur einige der Vokabeln, mit denen Arbeitgeber die „Jugend von heute" gerne bedenken. Dass es auch anders geht, beweist seit einigen Jahren die Aktion „Mitmachen Ehrensache" des Vereins Stuttgarter Jugendhaus e.V. und der Jugendstiftung Baden-Württemberg, die Schüler und Betriebe zusammenbringt. Die Idee ist simpel: Die Jugendlichen suchen sich einen Arbeitgeber aus, bei dem sie unentgeltlich am 5. Dezember, dem Internationalen Tag des Ehrenamts, jobben. Ihren Lohn spenden sie einer karitativen Einrichtung in der Region. So profitieren am Ende alle: Die Schüler lernen mögliche Berufe kennen, sich zu engagieren und Verantwortung zu übernehmen. Die Schulen stellen den Praxisbezug zur Arbeitswelt her, die sozialen Einrichtungen vor Ort sammeln Spenden. Und die Arbeitgeber erfahren, dass die „Jugend von heute" doch nicht so schlecht ist, wie sie oft gemacht wird.

www.mitmachen-ehrensache.de

175 | FACHHOCHSCHULE JENA THÜRINGEN

Carl-Zeiss-Promenade 2
07745 Jena
Telefon 03641/205100

Veranstaltung: 06.12.2007
Workshop für Studenten

LEBENSHILFE FÜR STUDENTEN

In einem Jenaer Workshop begegnen sich zweimal im Jahr Kultur, Technik und Wirtschaft.

Jedes Semester blicken Studenten der Fachhochschule Jena über ihr Studienfach hinaus. Im Workshop „Begegnungen" setzen sie sich intensiv mit Kunst auseinander. Der Kooperationspartner JENOPTIK AG Jena ermöglicht ihnen den Zugang zu seinen kulturellen Sponsoringprojekten. Das Ungewöhnliche besteht dabei in der Kombination von Kunst und Kultur mit technischen und wirtschaftlichen Fragen. Durch „Begegnungen" erfahren die Studierenden, was zum Beispiel die Arbeit eines Optikdesigners und eines Streichquartettvirtuosen verbindet: eine hervorragende fachliche Ausbildung, die Orientierung auf ein Endprodukt und das Wissen, dass nichts ohne das Team geht. Die Studenten erleben Individualität, Teamarbeit, aber auch Führungsstärke, allesamt Voraussetzungen für Qualität, Produkt- und auch Lebensqualität. „Begegnungen" ermöglicht Erfahrungen, die fachliche und soziale Kompetenz vermitteln. Und die, das lernen die Jenaer Studenten, lässt sich nicht berechnen.

www.fh-jena.de

176 | NACHT-WANDERER BREMEN

Leverkenbarg 1
28779 Bremen
Telefon 0421/6900332

Veranstaltung: 14.12.2007
Projektpräsentation

SCHLAFLOS IN BREMEN

Die Nachtwanderer machen ehrenamtlich Straßen sicherer – allein mit Worten.

Nachts ausgehen macht Spaß, nachts allein nach Hause gehen nicht unbedingt. Welcher jungen Frau oder welchem jungen Mann ist nicht mulmig zumute, wenn sie/er allein in der Straßenbahn mit einer Gruppe aggressiv-betrunkener Jungs sitzt, die plötzlich anfangen zu pöbeln? Gut, wenn dann die Nachtwanderer zusteigen: Junge Erwachsene ab 25 Jahren, die am Wochenende ehrenamtlich in kleinen Gruppen nachts auf Straßen und in öffentlichen Verkehrsmitteln unterwegs sind, erkennbar an einheitlicher Kleidung. Die Nachtwanderer sehen hin, greifen bei Schwierigkeiten beruhigend ein und sind jederzeit ansprechbar. Die freiwilligen Helfer verstehen sich nicht als Hilfspolizisten. Bewaffnet sind sie nur mit Handy, Taschenlampe und Erste-Hilfe-Set, geschult sind sie in Deeskalationstraining, Erste Hilfe und Rhetorik. Sie wollen als Vertrauenspersonen mit Worten Aggressionen abbauen, die Jugendkriminalität senken und allein durch Anwesenheit nachts Sicherheit in der Stadt vermitteln. Das Modell wird in Schweden mit Erfolg seit 1989 erprobt und wurde 2004 erstmals in Deutschland übernommen.

www.nachtwanderer-bremen.de

177 | SCHULVERWEIGERUNG – DIE ZWEITE CHANCE BERLIN

Michaelkirchstraße 17/18
10179 Berlin
Telefon 030/62980-523

Veranstaltung: 19.12.2007
Bundesweiter Fachkongress

ZURÜCK IN DIE ZUKUNFT

Persönliche Betreuer helfen Schulschwänzern, sich im Unterricht wieder zurechtzufinden.

Die Zahlen verheißen nichts Gutes: Von 12 Millionen deutschen Schülern schwänzen zehn Prozent regelmäßig den Unterricht. 500.000 Jugendliche gelten als Schulverweigerer. Ihre düstere Zukunftsprognose: kein Schulabschluss, keine Lehrstelle, kein Job. Der Weg ins soziale Abseits ist vorgezeichnet. Es sei denn, die Schulschwänzer kriegen die Kurve und nutzen eine zweite Chance: Im Herbst 2006 startete das vom Bundesfamilienministerium initiierte Modellprogramm „Schulverweigerung – Die 2. Chance". An 74 Orten im gesamten Bundesgebiet werden Strukturen aufgebaut und Projekte gefördert, die Jugendlichen den Weg zurück zur Schule ermöglichen. „Case Manager" helfen den Jugendlichen, sich im Unterrichtsalltag wieder zurechtzufinden und unterstützen sie in sozialen Fragen. Örtliche Träger der Jugendhilfe sind an der Umsetzung der Idee beteiligt. Deutschlandweit wird das Programm zunächst 1.450 Schulverweigerern angeboten. Ein erster Schritt für eine zweite Chance.

www.Zweite-Chance.eu

178 | KLINGENDES MOBIL BERLIN

Zingster Str. 15
13357 Berlin
Telefon 030/39993522

Veranstaltung: 28.12.2007
Tag der offenen Tür im Klingenden Museum

DAS SINGENDE, KLINGENDE SPIELMOBIL

Ein Bus voller Instrumente weckt bei Kindern Lust auf selbstgemachte Musik.

Musik kommt nicht nur aus dem iPod, Musik kann man auch selber machen – und je früher Kinder damit anfangen, desto besser. Spaß daran gewinnen die Kleinen einfach durch Ausprobieren: Im „Klingenden Mobil", wie zukünftig auch im „Klingenden Museum", testen Kinder und Jugendliche ganz ungeniert, ob sie vielleicht geborene Rockgitarristen oder zukünftige Geiger bei den Berliner Philharmonikern sind. Der sinnliche Zugang zur Musik ist das Entscheidende. Dafür tourt der bunte Doppeldeckerbus mit Musikpädagogen und der großen Instrumentensammlung des Berliner „Klingenden Museums" zu Schulen, Kitas und Jugendeinrichtungen. Manchmal wird das Dach des Busses auch zur Open-Air-Bühne, die Festivals und Veranstaltungen beschallt. In zwei Jahren hatte das „Klingende Mobil" mehr als 100 Einsätze, u.a. bei den Salzburger Festspielen. Mehr als 15.000 Kinder und Jugendliche konnten Musik zum Anfassen erleben und sich dabei nach Herzenslust mit Lärm und schiefen Tönen austoben. Das geht mit dem iPod nun wirklich nicht.

www.klingendes-mobil.de

179 | BARRIEREFREI KOMMUNIZIEREN BERLIN

Wilhelmstraße 52
10117 Berlin
Telefon 030/2060890

Veranstaltung: 30.12.2007
Tag der offenen Tür

RAN AN DIE RECHNER

Behinderte erhalten Anschluss an die Kommunikationswelt.

Heute sind nahezu alle Prozesse in Ausbildung, Beruf und im Alltag ohne Computerkenntnisse und Internetkompetenz kaum mehr zu bewältigen. Das Projekt „barrierefrei kommunizieren!" bietet Menschen mit Behinderungen die Chance, Computer und Internet selbstbestimmt und weitestgehend ohne fremde Hilfe zu nutzen. Von seinen Standorten Berlin und Bonn aus richtet „barrierefrei kommunizieren!" seine Angebote bundesweit an Behinderte sowie an Verantwortliche aus Politik und Wirtschaft, an Gemeinden oder Einrichtungen, die mit behinderten Menschen arbeiten. Das Testzentrum demonstriert, wie man Arbeitsplätze behindertengerecht einrichten kann, und informiert über technische Geräte, die behinderungsbedingte Nachteile kompensieren helfen. Ein interdisziplinäres Team von Pädagogen, IT- und Medienspezialisten sowie medizinischem Fachpersonal baut Berührungsängste ab und zeigt Betroffenen und ihren Angehörigen mit Schulungen und Kursen die breiten Möglichkeiten der Computer- und Internetnutzung.

www.barrierefrei-kommunizieren.de

Umwelt und Energie

Ohne Energie bewegt sich nichts in der modernen Welt. Von der Glühlampe bis zum Containerschiff ist es Energie, die für Wärme, Licht und Mobilität sorgt. Die meisten Gegenstände, die wir täglich benutzen, wären ohne Energie nicht nur funktionslos, sie hätten gar nicht erst hergestellt werden können. Leider sind die meisten Energieträger, die auch heute noch unsere Zivilisation in Gang halten, nicht bis in alle Ewigkeit verfügbar. Schlimmer noch: Wenn wir Öl verbrennen, verbrauchen wir einen wichtigen Rohstoff und zerstören gleichzeitig unsere Lebensgrundlagen auf diesem Planeten. Alternative Energiequellen, Möglichkeiten, Energie zu sparen und sicher zu speichern, sind die heißesten Forschungsthemen unserer Zeit. Themen, die in den kommenden Jahren noch an Bedeutung gewinnen werden. Ideen für saubere Energie und Umweltschutz sind vielleicht die wichtigsten Ideen, die man zurzeit haben kann. Im Land der Ideen spielt der bewusste Umgang mit der Natur schon seit zwei Jahrzehnten eine wichtige Rolle in Politik, Wirtschaft und Wissenschaft. In der Wind- und Solarenergie sind Ideen aus Deutschland weltweit führend. Anfangs belächelt, ist aus dem Umweltsektor inzwischen ein Wirtschaftszweig mit atemberaubenden Wachstumsraten geworden. Wir wollen Ihnen einige Orte zeigen, an denen clevere Ideen entstehen, die in Zukunft helfen werden, mit unserem Planeten verantwortungsvoll umzugehen und Ressourcen zu schonen. Vom Diesel aus Pflanzen über das „Biosphärenhaus" und Windkraftwerke mitten im Meer bis hin zu einem Wohngebiet, das ganz ohne Auto auskommt, hat die Jury Orte ausgewählt, die zeigen, dass Umweltschutz vor allem Ideen braucht.

Auf hoher See: REpower Systems aus Hamburg baut umweltfreundliche Windkraftwerke.

180 | KOMPLEXLABOR FÜR ALTERNATIVE ENERGIEN

MECKLENBURG-VORPOMMERN

Zur Schwedenschanze 15
18435 Stralsund
Telefon 03831/457810

Veranstaltung: 10.04.2007
Tag der offenen Tür

SALATÖL IM TANK

Im „Komplexlabor für Alternative Energien" tüfteln Stralsunder Forscher an neuen Antriebsmodellen für Autos.

Das beste Mittel gegen das drohende Infarktrisiko an Tankstellen: ein Motor, der weniger als 0,1 Liter auf 100 Kilometer schluckt. Unmöglich? Studenten der Fachhochschule Stralsund haben in ihrem „Komplexlabor Alternative Energien" einen Rapsölleichtrennwagen gebaut, der genau dieses Wirtschaftswunder fertigbringt. Serienreif ist das Modell leider noch nicht, aber die Idee hat Zukunft. Erneuerbare Energien sind ein Schwerpunkt in Lehre und Forschung an der Stralsunder Hochschule. Neben Forschungen zur alternativen Energiegewinnung tüfteln Studenten und Wissenschaftler auf dem Gebiet der Wasser- und Brennstoffzellentechnik an innovativen Treibstofftechnologien. Ein mit Salatöl betriebenes Dieselmotorrad und der Rapsölflitzer sind bislang die Vorzeigeexemplare der Hanseaten. Aus ihrem Labor rollt jedes Jahr ein neues Modell, das bei Rennen gegen internationale Konkurrenz an den Start geht. Während der jährlichen Spring School, auf Symposien und internationalen Tagungen verraten die Konstrukteure neuer Antriebs- und Energiemodelle, wie künftig geheizt wird.

www.komplexlabor.fh-stralsund.de

181 | LU-TECO RHEINLAND-PFALZ

Donnersbergweg 2
67059 Ludwigshafen
Telefon 0621/56040

Veranstaltung: 15.04.2007
Einweihungsfeier und Tag der offenen Tür

HEIZKOSTEN RUNTER

Modernste Bautechnik bringt Häusern das Energiesparen bei.

Die Chemiemetropole Ludwigshafen gilt als heimliche Hauptstadt der Energieeffizienz. Schon früh wurden hier große Erfolge bei der energetischen Altbausanierung erzielt. Nun verwirklicht das Immobilienunternehmen GAG Ludwigshafen ein neues Projekt. Lu-teco heißt es, und die Idee ist vorbildlich. In der neu entstehenden Technologiemeile Ludwigshafens wurde mit Lu-teco eine zukunftsweisende Verbindung mehrerer innovativer Technologien praktisch umgesetzt, die für umweltbewusstes, energieneutrales Bauen stehen. Passivhausbauweise ist das Zauberwort und bedeutet, dass durch optimale Wärmedämmung, geothermische Betonkerntemperierung, Erdsonden, Wärmepumpen sowie Fotovoltaikanlagen Energie gespart wird. Das zahlt sich auch für die Mieter aus, denn sie müssen nur ein Zehntel der üblichen Heizkosten aufbringen. „Aber was hier gespart wird, legen die Mieter doch wohl bei der Miete drauf", ist man geneigt zu denken. Stimmt aber nicht, die monatlichen Zahlungen liegen im Bereich des Durchschnitts für Büroflächen in Ludwigshafen.

www.gag-ludwigshafen.de

182 | SCHUL-LAB HANNOVER NIEDERSACHSEN

Mühlenberger Markt 1
30457 Hannover
Telefon 0511/16849508

Veranstaltung: 30.04.2007
Tag der offenen Tür

PHYSIK ZUM ANFASSEN

„Learning by doing" gegen mangelndes Interesse an Physik und Technik

Kann man auch in unseren Breiten Spiegeleier auf dem Solarkocher zubereiten? Wieviel Energie braucht man zum Teekochen? Und wie funktioniert eigentlich eine Brennstoffzelle? Die fossilen Energieträger gehen zur Neige – es gilt, nachfolgende Generationen auf eine veränderte Energiezukunft vorzubereiten. Im Schul-LAB in der IGS Hannover-Mühlenberg lernen Kinder und Jugendliche in anwendungsorientierten und spannenden Experimenten, wie man sinnvoll mit Energie umgeht. Nach den Tests im Labor werden die größeren Anlagen erkundet: eine solare Warmwasserversorgung für die Schulküche, eine „Solartankstelle" für kleine Elektrofahrzeuge, die 240-W-Windenergie-Anlage sowie eine 5 kW-Fotovoltaik-Anlage. Das Energielabor ist das Ergebnis langjähriger Arbeit engagierter Physiklehrer. Das Schul-LAB wird unterstützt vom niedersächsischen Kultusministerium, der Stadt Hannover sowie durch viele namhafte Sponsoren aus der Industrie. Und ja, man kann auch hierzulande Spiegeleier mit Sonnenenergie braten.

www.Schul-LAB.de

183 | BAYERISCHE STAATSFORSTEN BAYERN

Tillystraße 2
93053 Regensburg
Telefon 0941/69090

Veranstaltung: 17.05.2007
Jazzfestival im Staatswald

BLICK INS GRÜNE

Das Unternehmen „Bayerische Staatsforsten" behält vor lauter Bäumen den Wald im Blick.

„Oh Tannenbaum, oh Tannenbaum, du kannst mir sehr gefallen", schallt es insgeheim in den Köpfen der Wanderer, die Bayerns Wälder durchstreifen. Für den wundervollen Blick ins Grün sorgt das Unternehmen „Bayerische Staatsforsten", das zu den größten Forstbetrieben in Mitteleuropa gehört. Aber die grüne Pracht will nach allen Regeln des „Nachhaltigen Wirtschaftens" gehegt und gepflegt sein. Der größte Holzanbieter Deutschlands fällt mit Verstand und forstet deshalb sofort wieder auf. Das Unternehmen pflegt die ergiebigen Reviere, damit die Herzen der Jäger schneller schlagen und allzeit frisches Wildbret von Hirsch, Wildschwein und Reh auf die Teller kommt. Außerdem hält ein Gutteil der 3.100 Mitarbeiter die mehreren Tausend Kilometer Rad- und Wanderwege in Schuss. Smoggequälte Städter können auf einer Fläche fast so groß wie die Insel Korsika wieder aufatmen. Das Unternehmen „Bayerische Staatsforsten" bringt ökonomischen Nutzen, ökologischen Schutz und das Freizeitvergnügen der Menschen in Einklang.

www.baysf.de

184 | BADENOVA-STADION DES SC FREIBURG

BADEN-WÜRTTEMBERG

Schwarzwaldstraße 193
79117 Freiburg
Telefon 0761/385510

Veranstaltung: 20.05.2007
Tag des offenen Daches

DAS SONNENSYSTEM

Vom Himmel fällt die Energie für Deutschlands erstes und einziges Solarstadion.

Wenn es um die Solarenergie geht, spielt der SC Freiburg in der ersten Liga. Steigt man dem badenova-Stadion aufs Dach, steht man auf der größten Solaranlage der Stadt. Der Zusammenschluss von Fußballklub und der Solarinitiative regiosonne schuf eines der größten Sonnenkraftwerke Deutschlands. Neben dem Solarstadion mit Solarmodulen und ökologischer Rasenheizung gehören noch zahlreiche andere Anlagen im Breisgau zu dem Projekt. Auch das Dach der Fußballschule hat die Solarinitiative mit Solarmodulen ausgestattet. Insgesamt hat regiosonne bereits eine Million Kilowattstunden emissionsfreien Strom aus der Kraft der Sonne produziert. Finanzielle Unterstützung erhält das Projekt von den Freiburgern selbst: Bereits 230 Menschen haben Kommanditanteile im Wert von knapp zwei Millionen Euro erworben. Die Kooperation zwischen Sport und Wirtschaft nützt der Umwelt und fördert gleichzeitig ein Umdenken in der Region: Aus der Begeisterung für Sport entsteht ein ökologisches Bewusstsein.

www.scfreiburg.com

185 | CLEAN ENERGY PARTNERSHIP BERLIN BERLIN

Reinhardtstraße 15-17
10117 Berlin
Telefon 030/30878090

Veranstaltung: 25.05.2007
Aktionstag „Null-Emissions-Route"

DAS AUTO DER ZUKUNFT

Technologien für wasserstoffbetriebene Fahrzeuge im Alltag

Ohne Benzin und Diesel auf die Autobahn - dass diese Vorstellung nicht mehr nur eine Zukunftsvision vereinzelter Umweltaktivisten ist, beweist das internationale Projekt Clean Energy Partnership (CEP) in Berlin. Elf namhafte Unternehmen entwickeln gemeinsam das Auto der Zukunft - betrieben mit Wasserstoff, der beim Fahren nichts hinterlässt als Wasser. Mit im Boot sind Aral, BMW, Berliner Verkehrsbetriebe, DaimlerChrysler, Ford, GM/Opel, Hydro, Linde, Total, Vattenfall Europe und Volkswagen. Gemeinsam entwickeln sie Technologien, die den Energieträger, der in der Natur nur in gebundener Form wie Wasser, Erdöl oder Erdgas vorkommt, alltagstauglich machen. Sie erarbeiten Methoden, um ihn in speicherbare Energie umzuwandeln, konzipieren spezielle Fahrzeuge und Betankungsverfahren und legen Sicherheitsstandards fest. Im europaweit größten Wasserstoff-Demonstrationsprojekt betreiben sie seit zwei Jahren öffentliche Wasserstoff-Tankstellen und lassen eine Flotte von 17 Fahrzeugen durch Berlins Straßen fahren.

www.cep-berlin.de

186 | BELLAGIO FORUM NIEDERSACHSEN

An der Bornau 2
49090 Osnabrück
Telefon 0541/9633490

Veranstaltung: 31.05.2007
Mitgliedertreffen

DIE RETTUNG KOMMT AUS OSNABRÜCK

Das Bellagio Forum Osnabrück fördert Projekte zur nachhaltigen Entwicklung weltweit.

Die Polkappen schmelzen, weil die Temperaturen steigen, Wirbelstürme zerstören komplette Landstriche und ohne den Golfstrom herrschen in unseren Breiten bald polare Bedingungen. Dies sind keine Horrorszenarien aus Science-Fiction-Filmen mehr, sondern möglicherweise Folgen des Klimawandels. Die Hauptschuld daran trägt der Mensch. Das „Bellagio Forum" in Osnabrück kämpft dafür, dass wir noch die Kurve kriegen. Unter seinem Dach verfolgen Stiftungen, Firmen und nichtstaatliche Organisationen in einem internationalen Netzwerk ein Ziel: nachhaltige Entwicklung auf der ganzen Welt. In den Arbeitsgruppen Energie, Wasser, Bildung, Gesundheit und Finanzen versuchen die Mitglieder das ökologische Gleichgewicht, wirtschaftliche Stabilität und sozialen Fortschritt in Einklang zu bringen. Daher unterstützt das Bellagio Forum kreative und frische Nachhaltigkeits-Projekte. Es stellt ihre Finanzierung sicher und begleitet die praktische Umsetzung. Die Rettung kommt vielleicht aus Osnabrück.

www.bfsd.org

187 | WILDTIERLAND KLEPELSHAGEN

MECKLENBURG-VORPOMMERN

Klepelshagen 2
17335 Strasburg in der Uckermark
Telefon 039753/2970

Veranstaltung: 25.06.2007
Hirschtage Brohmer Berge mit Wildtiererlebnis zur Rothirschbrunft

WO DIE WILDEN TIERE WOHNEN

In Klepelshagen gibt es keine Käfige. Dafür kann man jede Menge Natur erleben.

Wilde Tiere sind in Deutschland selten. Kaum ein Kind hat schon einmal Hirsche oder Wildschweine außerhalb eines Zoos gesehen. Die Deutsche Wildtier Stiftung will das mit dem Projekt Wildtierland in Mecklenburg-Vorpommern ändern. Die Idee des Naturprojektes: Auf Erlebniskanzeln, Themenwegen und mit fachkundigen Exkursionen auf 1.000 Hektar Fläche sollen Besucher die einheimischen Wildtiere hautnah erleben. Vor allem Kinder und Jugendliche begeistern sich so erstmals für Tiere und Pflanzen, von denen sie vorher gar nicht wussten, dass sie mit ihnen den Wald teilen. Das große Ziel: Die Erlebnisse im Wildtierland sollen die Städter für die Belange der heimischen Fauna sensibilisieren und so die Zukunft des deutschen Wildtierbestands sichern. Höhepunkt ist die jährliche Brunft der Rothirsche während der Hirschtage Brohmer Berg. Das lautstarke Werben der mächtigen Geweihträger hat bisher noch jeden Gast nachhaltig beeindruckt und den Hirsch zum Lieblingstier von so manchem kleinen Besucher aufsteigen lassen.

www.DeutscheWildtierStiftung.de

188 | CUTEC NIEDERSACHSEN

Leibnizstraße 21+23
38678 Clausthal-Zellerfeld
Telefon 05323/9330

Veranstaltung: 09.07.2007
Tag der offenen Tür

AUTOFAHREN MIT PFLANZENPOWER

Das Clausthaler Umwelttechnik-Institut entwickelt den Kraftstoff von morgen.

Das Erdöl wird knapp, gleichzeitig nimmt die Zahl der Autos rapide zu: Doch mit welchem Kraftstoff werden wir fahren? Die Antwort liefern die Wissenschaftler des Clausthaler Umwelttechnik-Instituts (CUTEC): das Benzin von morgen. Das Institut betreibt eine Versuchsanlage, die Biomasse, vorwiegend Pflanzen, zu flüssigem oder gasförmigem Kraftstoff verarbeitet. Im Gegensatz zum Erdöl oder zum Erdgas wächst Biomasse ständig nach und sie gibt auch nur so viel schädliches Kohlendioxid in die Atmosphäre ab, wie sie zuvor beim Wachstum aufgenommen hat. Die CUTEC-Forscher entwickeln aber neben Bio-Benzin auch andere Energierohstoffe: So können sie aus Holz, Raps oder Tiermehl verschiedene Produkte wie Bio-Methan oder Bio-Wasserstoff gewinnen. Bio-Methan entsteht durch Vergärung von Biomasse – beispielsweise in der Landwirtschaft oder im Faulturm von Kläranlagen. Mit dieser Vielfalt an Produkten kann man dank der Naturrohstoffe nicht nur Autos fortbewegen, sondern Gebäude beheizen, Fabriken betreiben oder Chemikalien herstellen.

www.cutec.de

189 | SOLAR DECATHLON TEAM DEUTSCHLAND

HESSEN

El-Lissitzky-Straße 1
64287 Darmstadt
Telefon 06151/162046

Veranstaltung: 24.07.2007
Tag der offenen Tür

DER SONNE ENTGEGEN

Studenten der TU Darmstadt zeigen in Washington den Vorsprung deutscher Technologien.

Es dürfte wohl das innovativste Wohnmobil sein, das Darmstadt je verlässt. Abfahrt: Sommer 2007. Das Gebäude ist der einzige Beitrag aus Mitteleuropa, der den Sprung in den internationalen Wettbewerb „Solar Decathlon" des US-Energieministeriums geschafft hat. Gesucht wird das beste zukunftweisende, energieautarke Wohnhaus. Beim Decathlon treten 20 Hochschulen in zehn Disziplinen wie Architektur, Wohnqualität, Haushaltsgeräte oder Energieleistung gegeneinander an. Das Darmstädter Solar Decathlon Team Deutschland stellt seinen Wettbewerbsbeitrag unter das Motto „2015 prototype home – Made in Germany". Mit dem Haus möchten Studenten und Professoren in Washington den Vorsprung deutscher Technologien zeigen. Auf dem Darmstädter Campus ist die Entstehung des Hauses auf einer public-viewing-Baustelle zu verfolgen. Richtfest und Einweihung werden öffentlich gefeiert. Die Strahlkraft der Idee ist so groß, dass sich Partner und Sponsoren aus Wissenschaft, Politik, Wirtschaft und Handwerk beim Hausbau ins Zeug legen.

www.solardecathlon.de

190 | SYNENERGIE GMBH HESSEN

Heinrichstraße 17/19
36037 Fulda
Telefon 0661/121300

Veranstaltung: 11.08.2007
Tag der offenen Tür

ES WERDE LICHT – MIT RAPSÖL!

Die SynEnergie GmbH betreibt in Hessen ein Blockheizkraftwerk mit Rapsöl.

Wie kommt der Strom in die Steckdose? Mit Rapsöl, so lautet die Antwort in Hessen. Seit August 2003 erzeugt die SynEnergie GmbH auf der 950 Meter hohen Wasserkuppe in einem Blockheizkraftwerk (BHKW) Strom und Wärme aus der gelb blühenden Pflanze. Zur Energiegewinnung rüstete das Unternehmen aus Fulda die Notstromanlage der ausgedienten Radarstation der Bundeswehr so um, dass die Aggregate statt mit Diesel mit Rapsöl arbeiten. Mit dem Prinzip der Kraft-Wärme-Kopplung liefert das Blockheizkraftwerk gleichzeitig Strom und Wärme. Eine Verbrennungsmaschine treibt einen Generator an, der Elektrizität produziert. Dabei entsteht Wärme im Motorkühlwasser und im Abgas, die wiederum das Wasser eines Pufferspeichers aufheizt. So kommt etwa der Deutsche Wetterdienst auf der Wasserkuppe in den Genuss der Energie aus nachwachsenden Rohstoffen. Weitere Gewinner der Anlage im Biosphärenreservat Rhön sind die Landwirte. Die jährlich benötigten 400.000 Liter Rapsöl entsprechen dem Ertrag von mehr als 400 Hektar Ackerland.

www.synenergie.de

191 | BIOSPHÄRENHAUS PFÄLZERWALD/ NORDVOGESEN RHEINLAND-PFALZ

Am Königsbruch 1
66996 Fischbach bei Dahn
Telefon 06393/92100

Veranstaltung: 25.08.2007
Wunderbare Wipfelnacht

ÜBER ALLEN WIPFELN

Das „Biosphärenhaus" verbindet Naturschutz, ökologische Erziehung und Spaß.

Schon mal einen Wald aus der Wipfelperspektive betrachtet? Das lässt sich im Pfälzerwald nachholen. Im Zickzackkurs führt der „Baumwipfelpfad" durchs Geäst – in atemberaubenden 18 bis 35 Metern Höhe. Hobby-Ornithologen bewundern die Vogelwelt vom Adlerhorst aus und Naturästheten genießen den Ausblick über die Baumkronen. Stahlstützen und massives Geländer sorgen dafür, dass der deutschlandweit erste Wipfelpfad bei aller Luftigkeit eine sichere Angelegenheit bleibt. Nach dem natürlichen Nervenkitzel geht es bequem über eine Rampe abwärts – oder rasant via Baumrutsche. Der Wipfelpfad gehört zum Biosphärenhaus, das im Jahr 2000 öffnete, um das Biosphärenreservat in der Grenzregion Pfälzerwald/Nordvogesen auf sanfte Art zu vermarkten. Das Biosphärenhaus und das angrenzende Naturerlebniszentrum entwickelten sich zum Publikumsmagnet. Bis zu 150.000 Besucher jährlich begeistern sich für die Einrichtung, die mit ihrer Mischung aus Edutainment und Survivaltraining Naturerlebnisse der besonderen Art vermittelt.

www.biosphaerenhaus.de

192 | VILLA ÖKI NORDRHEIN-WESTFALEN

Ostmerheimer Straße 555
51109 Köln
Telefon 0221/22124224

Veranstaltung: 01.09.2007
Vernissage zum Projekt „Vater Rhein – seine Tierwelt" im Großklärwerk Köln-Stammheim

UMWELTSCHULE IM KLÄRWERK

Ein einmaliges Projekt bietet Umweltschutz zum Anfassen und Mitmachen.

Nachhaltigkeit – ein Zauberwort, das in kaum einer politischen Sonntagsrede vergessen wird. Wie man den abstrakten Begriff mit Leben füllt, zeigt die Umweltschule Villa Öki im Großklärwerk Köln-Stammheim. Seit 1994 weckt das Team des Vereins „Abwasserforum Köln" bei Kindern und Jugendlichen aus der Region das Interesse am Naturschutz. Die Bildungsprogramme des Vereins setzen dabei weniger auf abstraktes Dozieren als auf das persönliche Erleben der Schüler. In Kursen bauen die Kleinen Iglus aus Weiden, besuchen das „Kölner Fledermaushotel" oder lernen, dass Toiletten keine Abfalleimer sind und Speisereste im Abwasser Ratten anziehen. Im denkmalgeschützten Alten Faulturm auf der Kläranlage sensibilisieren Künstler mit ihren Werken die Kinder und Jugendlichen für Gewässerschutz. Umwelterziehung mit allen Sinnen: Die Villa Öki verzeichnet bereits über 15.000 Besucher. Das Abwasserforum ist in Europa einmalig und wird komplett über Mitgliedsbeiträge und Spenden finanziert.

www.abwasserforum-koeln.de

193 | TECHNOLOGIEZENTRUM FÜR ZUKUNFTS-ENERGIE NORDRHEIN-WESTFALEN

Leihbühl 21
33165 Lichtenau
Telefon 05295/996400

Veranstaltung: 07.09.2007
Tag der offenen Tür

MODEL MIT GRÜNEM KOPFSCHMUCK

Das Technologiezentrum Lichtenau ist Vorbild und Quelle für Zukunftsenergien.

Einfach mal ein paar Blumen aufs Dach, beschlossen die Bauherren, als das Technologiezentrum in Lichtenau (TZL) errichtet wurde. Ein grünes Dach unterstreiche den natürlichen Charakter des Hauses, das als Niedrigenergiegebäude konzipiert und realisiert wurde. Die Form soll zum Inhalt passen: Das TZL ist Arbeitsstätte junger Firmen, die Konzepte für Zukunftsenergien entwickeln. Sonne, Wind, Wasser und Erdwärme sind ihre Arbeitsmaterialien. Die Idee: Das TZL-Gebäude selbst dient als Vorzeigemodell für neue Technologien. Wie Energie in und an Gebäuden gespart werden kann, ist die täglich gestellte Frage in den Arbeitszimmern. Schließlich verlangen immer mehr Häuslebauer nach geringerem Energieverbrauch in den eigenen vier Wänden. Mehr noch, die Idee, das Haus nach bestem ökologischem Wissen und Gewissen zu bauen, erweist sich als nachhaltig für den Tourismus. Investoren aus Frankreich, Kasachstan, Tschechien, der Türkei und der Schweiz kommen nach Lichtenau, um sich über den umweltfreundlichen Bau zu informieren.

www.tzl-lichtenau.de

194 | REPOWER SYSTEMS AG HAMBURG

Alsterkrugchaussee 378
22335 Hamburg
Telefon 040/53930730

Veranstaltung: 17.09.2007
Tag der offenen Tür bei REpower in Husum

RIESEN IM MEER

Ingenieure von REpower aus Hamburg bauen Windkraftwerke – sogar auf hoher See.

Soviel Wind macht keiner: 126 Meter – oder zwei nebeneinander gelegte Fußballfelder – beträgt der Durchmesser der Rotoren der 5M, mit fünf Megawatt eine der leistungsstärksten Windenergieanlagen der Welt. In Rendsburg, Husum und Trampe baut das Hamburger Maschinenbauunternehmen REpower Hochleistungs-Windkraftwerke wie die 5M. Über 1.400 Anlagen haben die 700 REpower-Mitarbeiter weltweit schon errichtet, die 5M ist wohl ihre größte Innovation: In Zeiten knapper Standorte an Land wagt sich REpower mit seinen Anlagen hinaus auf hohe See. Denn Windparks im Meer sind umweltfreundlich, effizient und sie können die Kapazitäten konventioneller Kraftwerke erreichen. Weltweit sind derzeit Windparks auf See mit einer Gesamtleistung von 45.000 Megawatt geplant. Die Bundesregierung möchte in Deutschland bis ins Jahr 2030 See-Windparks mit 25.000 Megawatt Leistung in Betrieb sehen. Mit ihrer rund 410 Tonnen schweren Kopfmasse aus Rotoren und Maschinenhaus trotzt die 5M der tobenden Brandung.

www.repower.de

195 | STELLWERK 60 NORDRHEIN-WESTFALEN

Kontrola Treuhand GmbH & Co. KG
Aachener Straße 524-528
50933 Köln
Telefon 0221/9498000

Veranstaltung: 18.09.2007
Führungen und Zwischenbilanz

AUTOFREI UND SPASS DABEI

Ohne Pkw lebt es sich besser – im Viertel Stellwerk 60 in Köln Nippes.

Fast 55 Millionen Autos gibt es in Deutschland. Die Dreckschleudern produzieren außer Abgasen auch Lärm und Stress. Dabei sind die meisten Fahrzeuge unnötig. Wer in der Großstadt lebt und arbeitet, der kann leicht darauf verzichten. Die zukünftigen Bewohner des Stellwerks 60 haben es schon verstanden: Hier, im Stadtteil Nippes, entsteht Kölns erste autofreie Siedlung. Das Konzept: Ja zu Ruhe, nein zu Smog. Autos sind verboten. Wer auf dem Gelände, auf dem früher Eisenbahnen repariert wurden, eine Wohnung oder ein Haus kauft, verpflichtet sich, das Auto auf dem Parkplatz außerhalb der Siedlung zu lassen. So entsteht die perfekte Umgebung für junge Familien, die ihre Kinder in der Stadt, aber sicher und gesund großziehen möchten. Die hinter dem Projekt stehende Kontrola Treuhandgesellschaft hat auch an Ältere gedacht: Im Stellwerk 60 werden gerade 13 seniorengerechte Wohnungen gebaut. Einige der Wohneinheiten sind schon an den Mann gebracht – Tendenz steigend. Die ersten Haus- und Wohnungsbesitzer ziehen 2007 ein.

www.stellwerk60.de

196 | SOLVIS NIEDERSACHSEN

Grotrian-Steinweg-Straße 12
38112 Braunschweig
Telefon 0531/289040

Veranstaltung: 29.09.2007
Tag der offenen Tür

UMWELTSCHUTZ IM SONNENSCHEIN

Solvis nutzt im Firmengebäude ausschließlich erneuerbare Energien.

Nachhaltigkeit, Umweltschutz, Vorbildcharakter: Dies alles vereint das Solar und Heiztechnik-Unternehmen Solvis bis in sein Firmengebäude hinein. Solvis entwickelt und verkauft nicht nur verschiedene Produkte zum aktiven Umweltschutz, sondern stellt diese auch ökologisch her. Das Betriebsgebäude – als größte Nullemissionsfabrik Europas – verbraucht circa 75 Prozent weniger Energie und Wasser als herkömmliche Industrieanlagen. Den Bedarf der Fabrik decken ausschließlich erneuerbare Energien. Das von den Architekten Banz & Riecks entworfene Gebäude ist Vorbild für ökologischen Industriebau und mehrfach preisgekrönt: unter anderem mit dem „Europäischen Solarpreis 2002" und dem „Energy Globe 2003", dem Weltpreis für Nachhaltigkeit. Ebenso vorbildlich wie das Firmengebäude sind auch die Produkte, die mit Blick auf die Zukunft ständig weiterentwickelt werden, allen voran der patentierte Solarheizkessel „SolvisMax". Er liefert Warmwasser und Heizkraft und spart dabei bis zu 50 Prozent Brennstoff.

www.solvis.de

197 | ÖKO-INSTITUT BADEN-WÜRTTEMBERG

Merzhauser Straße 173
79100 Freiburg
Telefon 0761/452950

Veranstaltung: 19.10.2007
Tagung und Festveranstaltung zum 30-jährigen Bestehen

HANDELN STATT HOFFEN

Spitzenforschung sorgt dafür, dass beim Fußball nicht nur der Rasen grün ist.

„Wir können nur hoffen, wenn wir selbst handeln!" Gesagt, getan. 1977 gründeten 27 engagierte Bürger, die sich im Widerstand gegen das Atomkraftwerk Wyhl zusammengefunden hatten, das Öko-Institut. Über die Jahre entwickelte sich aus der Wissenschaftsschmiede eine der europaweit führenden, unabhängigen Forschungs- und Beratungseinrichtungen für eine nachhaltige Zukunft. Heute informiert der gemeinnützige Verein mit seinen mehr als 100 Mitarbeitern Entscheidungsträger aus Politik, Wirtschaft und Zivilgesellschaft und präsentiert unkonventionelle Initiativen und Konzepte, wie sich Nachhaltigkeit global, national und lokal umsetzen lässt. Das Öko-Institut betreut an seinen Standorten Freiburg, Darmstadt und Berlin jährlich mehr als 100 Projekte. Dazu gehören die Verbraucher-Infokampagne „EcoTopTen" mit Produkten, die sowohl bestes Preis-Leistungsverhältnis bieten, als auch aus Umweltsicht spitze sind. Und „Green Goal" – das weltweit erste Umweltschutzkonzept für eine Fußball-Weltmeisterschaft.

www.oeko.de

198 | CHOREN INDUSTRIES SACHSEN

Frauensteiner Straße 59
09599 Freiberg
Telefon 03731/2662-0

Veranstaltung: 22.11.2007
Tag der offenen Tür im Werk Freiberg

DER SONNE ENTGEGEN

Die Firma CHOREN ist sich sicher: SunDiesel ist der Biokraftstoff der Zukunft.

Mit Holz im Tank mobil – schön ist die Vision einer klimagesunden und nachhaltigen Energie nach dem Vorbild der Natur. Die Firma CHOREN im sächsischen Freiberg wird ab Mitte 2007 die weltweit erste kommerzielle Anlage zur Herstellung eines synthetischen Kraftstoffs aus Biomasse betreiben. In einem patentierten mehrstufigen Prozess wandelt sie feste Biomasse in Gase um, die dann in einem weiteren Schritt zum synthetischen Biokraftstoff SunDiesel verarbeitet werden. Dieser Sprit funktioniert in jedem Diesel-Motor und reduziert die Schadstoffemissionen im Vergleich zu fossilen Kraftstoffen. Die Verbrennung setzt nur so viel CO_2 frei, wie die zur Produktion angebauten Pflanzen, die Biomasse, zuvor aufgenommen haben. Somit wirkt SunDiesel nachhaltig dem Treibhaus-Effekt der Erde entgegen. Die in Deutschland zur Verfügung stehende Biomasse deckt 10 bis 20 Prozent des deutschen Kraftstoffbedarfs CO_2-neutral. Die CHOREN-Anlage in Freiberg macht einen wichtigen Schritt in die sauberere Zukunft.

www.choren.com

199 | KOMPETENZZENTRUM FÜR ERNEUERBARE ENERGIEN SACHSEN-ANHALT

Pömmelter Straße 17
39249 Barby
Telefon 039298/297983

Veranstaltung: 27.11.2007
Tag der offenen Tür

LICHT DURCH MIST

Sonne, Wind, Wasser und Biomasse dienen als Unterrichtsmaterialien.

Mist stinkt nicht, sondern leuchtet. Wind bläst nicht, er wärmt. Die Sonne scheint nicht, sie heizt. Regenerative Energiequellen sind der Schlüssel zur Zukunft. Sonne, Wind, Wasser und Biomasse sind die Botenstoffe der Energiewende. Sie richtig in Szene zu setzen, das ist die Idee im Teutloff-Kompetenzzentrum für erneuerbare Energien im anhaltinischen Barby. Die Ausbildungs- und Beratungsstätte ist ein Showroom alternativer Energiesysteme: Die Funktions- und Wirkungsweise von Solarthermie, Photovoltaik, Wärmepumpentechnik, Windkraft oder Biogasanlagen wird allgemein verständlich erklärt. Seminare vermitteln theoretische und praktische Grundlagen, um alternative Energiesysteme umzusetzen und zu installieren. Handwerker, Ingenieure, Planer, Architekten und Landwirte holen sich hier ihr Rüstzeug für die innovativen Herausforderungen ihres Berufes. Bei der Gründung vor fünf Jahren noch belächelt, hat sich das Kompetenzzentrum mit seiner Vielfalt an Informations- und Bildungsangeboten zu einem Energiebündel entwickelt.

www.teutloff.de/sbk

200 | NIEDRIGENERGIEHAUS BERLIN

Deutsche Energie-Agentur GmbH
Chausseestraße 128 a
10115 Berlin
Telefon 030/726165600

Veranstaltung: 03.12.2007
dena-Dialog regional mit Besichtigung, Hannover

BESSER ALS EIN NEUBAU

Energieeffizient sanierte Altbauten leisten einen wertvollen Beitrag zum Klimaschutz.

Haben Sie beim Aufdrehen der Heizung schon mal darüber nachgedacht, wie viel Energie durch die Ritzen eines Hauses verpufft? Bis zu 80 Prozent des heutigen Energiebedarfs eines Bestandsgebäudes könnten durch energetische Modernisierungsmaßnahmen eingespart werden. Hochinnovative Passivhaustechnologien kamen lange Zeit nur bei Neubauten zum Einsatz. Die Deutsche Energie-Agentur GmbH (dena) hat deshalb mit Unterstützung von Bundesministerium und Wirtschaft das Pilotprojekt „Niedrigenergiehaus im Bestand" initiiert. Seit 2003 werden im dena-Modellvorhaben über 140 Gebäude energetisch hocheffizient saniert. Diese Modellprojekte demonstrieren vorbildliche Modernisierungen, bei denen Wärmedämmung, kontrollierte Wohnungslüftung, Einbau moderner Fenster und Einsatz von effizienter Technik sowie regenerativer Energien sinnvoll miteinander kombiniert werden. Durch Publikationen, Internetangebote, Workshops und Kongresse werden die Erkenntnisse der dena an die Öffentlichkeit weitergegeben.

www.dena.de

SANTA FU ®
kreative zellen

Soziales und Religion

Wer anderen helfen will, braucht gute Ideen. Besonders in Zeiten knapper Kassen sind Projekte, die Menschen unterstützen, auf kreative Lösungen angewiesen. Auf Ideen, die neue Spielräume eröffnen und ein soziales Miteinander auch dort ermöglichen, wo Fördergelder nicht immer reichlich fließen. Andere Menschen finanziell zu unterstützen, ist einfach. Ihnen mit wenigen Mitteln das Gefühl zu geben, gebraucht zu werden und nicht verloren zu sein, Menschen in schwieriger Situation eine Perspektive zu geben – auch das ist eine Frage der Ideen. In einem Land, das in der ganzen Welt für seine soziale Sicherheit bekannt ist, werden diese Ideen dringend gebraucht. Auf den folgenden Seiten finden Sie beeindruckende Beispiele, die zeigen, wie eine Idee die Welt verbessern kann – und wenn nicht die Welt, so doch zumindest einen kleinen Teil davon. Diese Projekte laden nicht nur ein, davon zu erfahren. An vielen dieser Orte im Land der Ideen können Sie sich selbst engagieren. Das kann vom Erwerb eines echten Designerstückes aus der Hamburger Justizvollzugsanstalt Santa Fu über Spenden für ein Hilfsprojekt in Äthiopien bis zur Aufnahme in die Stammzellenspenderdatei reichen, mit der Sie möglicherweise ein Leben retten. Viele dieser Ideen machen deutlich, dass es oft nur wenig braucht, um viel zu bewegen. Natürlich sind Sie auch hier eingeladen, an bestimmten Terminen vor Ort mehr über die Menschen und ihre Ideen zu erfahren. Und vielleicht inspiriert Sie diese Erfahrung, selbst mitzumachen und die Ideen weiter zu tragen. Denn die beste Idee kann nur so gut sein wie die Menschen, die sie umsetzen.

Santa Fu: Im wohl berühmtesten Gefängnis Deutschlands entstehen ungewöhnliche Ideen.

201 | BUNTER KREIS BAYERN

Stenglinstraße 2
86156 Augsburg
Telefon 0821/4004848

Veranstaltung: 06.01.2007
Tag der offenen Tür

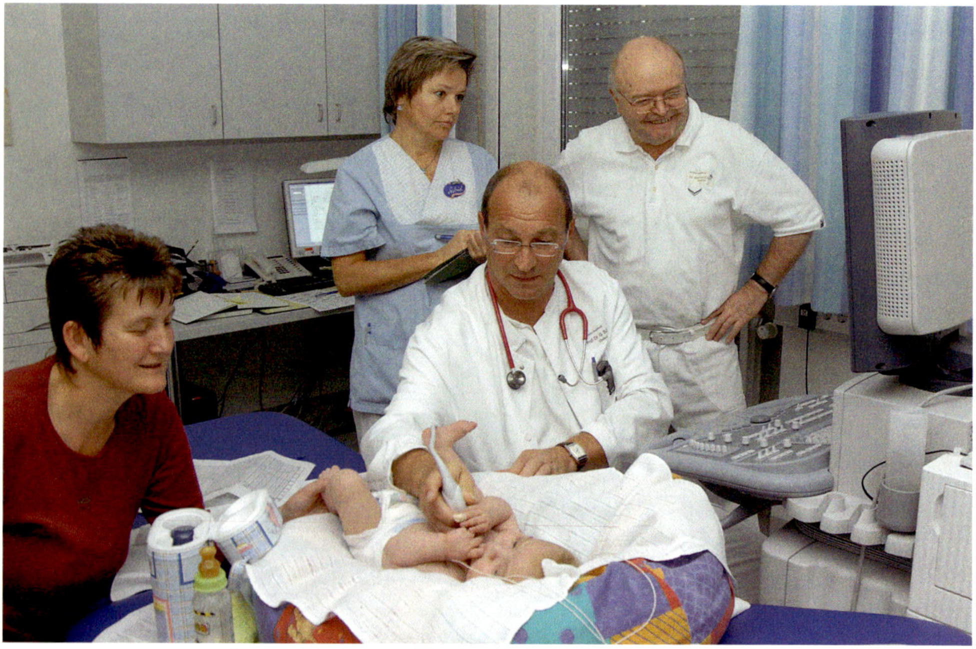

VON FALL ZU FALL

Der „Bunte Kreis" setzt auf ein Selbsthilfemodell aus der Sozialarbeit.

„Wir helfen kranken Kindern" – so einfach lautet der Leitspruch, unter dem der „Bunte Kreis" in Bayrisch-Schwaben chronisch, krebs- und schwerstkranke Kinder und ihre Familien während und nach dem Klinikaufenthalt bei der Bewältigung der veränderten Situation unterstützt. Den Ansatz dazu hat der Verein aus der Sozialarbeit aufgenommen: das „Case-Management". Eine persönliche Fall-Betreuerin kümmert sich fachkundig um Nachsorge. Die Case-Managerin übernimmt jedoch nicht die Pflege, sondern leitet eine Familie dazu an, ist Ansprechpartnerin und hilft, das Leben der Betroffenen neu zu organisieren. Kinder und Familien erhalten eine umfassende Betreuung weit über das gesetzliche medizinische und psychosoziale Netz hinaus. Zudem steht ein Sozialfond für finanzielle Notsituationen bereit. Der Verein, dessen Arbeit deutschlandweit Nachahmer findet, finanziert sich durch Fördergelder und Spenden. Mit Sponsoringmodellen und einem Versorgungsvertrag der Primärkassen werden zudem neue Wege der Finanzierung beschritten.

www.bunter-kreis.de

202 | KIDSKLINIK BERLIN

Deutsche Kinderhilfe Direkt e. V.
Wilmersdorfer Straße 94
10629 Berlin
Telefon 030/24342940

Veranstaltung: 12.01.2007
Feierliche Eröffnung der neugestalteten Cnopf'schen Kinderklinik, Nürnberg

FARBEN AUF DIE STATION

Das Projekt „KidsKlinik" renoviert Kinderstationen in Krankenhäusern.

Dunkle Flure mit Neonlicht, abgelaufene Linoleumböden in schlichtem Grau und triste Spielzimmer mit abgewetztem Spielzeug – so sehen oftmals die Kinderstationen in deutschen Krankenhäusern aus. Vor allem schwer kranke Kinder leiden sehr darunter, leben sie doch über Monate oder Jahre in diesen öden Räumen. Das Projekt „KidsKlinik" der Deutschen Kinderhilfe Direkt gestaltet diese deprimierenden Stationen zusammen mit dem Deutschen Stuckgewerbebund und dem Fachverband des Deutschen Fliesengewerbes kindgerecht um. Das Konzept: Die Mitgliedsunternehmen der Fachverbände sanieren die Kinderstationen kostenlos, die Verbände spenden die Materialien und Spendenaktionen sorgen für Geld und neues Spielzeug. Mit Erfolg, denn schon in vier Kinderkliniken hellten die Flure auf. Freundliche, warme Farben strahlen seit dem Umbau von den Wänden und in den Spielzimmern wartet neues Spielzeug auf die kleinen Patienten. So ertragen sie die schwere Zeit im Krankenhaus abseits von Freunden und Eltern leichter.

www.kinderhilfe.de

203 | HELFENDE HÄNDE BADEN-WÜRTTEMBERG

Neusatzstraße 2
75335 Dobel
Telefon 07452/60067012

Veranstaltung: 24.02.2007
Benefizveranstaltung
in Waldbronn-Neuroth

MOBIL IN MAURETANIEN

Wenn andere Urlaub machen, arbeiten die „Helfenden Hände" in Mauretanien.

Schwarz-weiß ist hier kein Kontrast, sondern die Farbe eines Händedrucks – Symbol des Vereins „Helfende Hände". Die beiden ineinandergreifenden Hände illustrieren die Idee der Initiative: anpacken und tätig werden, wo es notwendig ist. Seit drei Jahren engagiert sich der gemeinnützige Verein ehrenamtlich in Mauretanien. Wenn andere First-Class-Urlaub machen, reisen Vereinsmitglieder in die Dritte Welt, um in Städten und ländlichen Regionen praktische Hilfe zu leisten. Vor allem auf medizinischem Gebiet und in Umweltfragen unterstützen deutsche Ärzte und Ingenieure die Projekte vor Ort. In mehr als 65 Einsätzen sind bereits über 50.000 Menschen medizinisch untersucht und behandelt worden. Fachleute beraten und helfen bei Fragen der Wasserver- und Abwasserentsorgung sowie bei der Müllbeseitigung. Durch anschaulich demonstrierte Hilfe sollen die einheimische Bevölkerung und mauretanische Fachkräfte geschult und zur Selbsthilfe befähigt werden. Seit Frühjahr 2006 ist auch ein umgebauter LKW als mobile Krankenstation im Einsatz.

www.helfende-haende.cw-net.de

204 | SÜDSTADTKIDS BAYERN

Wölckernstraße 10
90459 Nürnberg
Telefon 0911/2317430

Veranstaltung: 27.02.2007
Interkultureller Elternabend

KIDS MIT WITZ

Nürnberger Schüler gestalten ihr eigenes Integrationsprogramm.

Wo gibt's denn so was? Die „Südstadtkids" sind etwa 25 Schüler und Ehemalige der Hauptschule Hummelsteiner Weg in Nürnberg, die sich außerhalb der Schule in einer Arbeitsgemeinschaft engagieren – ganz freiwillig und mittlerweile schon seit drei Schülergenerationen. Ziel ist es, ihre soziale Kompetenz zu steigern, Deutsch zu lernen, für ein gesundes Klima im Viertel zu sorgen und als Mittler zwischen Schule und Eltern zu fungieren. Die Jugendlichen unterschiedlicher nationaler und ethnischer Herkunft bieten interkulturelle Elternabende, Museumsbesuche oder Stadtteilexkursionen an, machen Radiosendungen und programmieren Internetseiten. Die Südstadtkids der ersten Generation sind mittlerweile in Ausbildung oder besuchen weiterführende Schulen, stehen aber dem Projekt als Mentoren weiterhin zur Seite. Ein pädagogisches Team von Volkshochschule, Hauptschule und Universität bietet den organisatorischen und inhaltlichen Rahmen – starke Partner, die das Projekt professionell begleiten und einen Zugang zur Öffentlichkeit schaffen.

www.suedstadtkids.de

205 | ABRAHAM GEIGER KOLLEG BERLIN

Kantstraße 152
10623 Berlin
Telefon 030/31800587

Veranstaltung: 06.03.2007
Vortrag

KIPPA, TALMUD UND THORA

In Potsdam gibt es die erste Ausbildungsstätte für Rabiner in Deutschland.

Daniel Alter, Malcolm Mattitiani und Tomas Kucera sind die ersten in Deutschland ausgebildeten Rabbiner nach dem Holocaust. Aufmerksam verfolgte die Weltöffentlichkeit ihre feierliche Ordination im September 2006 in der Dresdner Synagoge. Damit rückte auch das Potsdamer Bildungsinstitut ins Zentrum des Interesses: das Abraham Geiger Kolleg, einziges Rabbinerseminar Deutschlands. Die Nationalsozialisten schlossen die von dem jüdischen Theologen Abraham Geiger 1836 gegründete Hochschule für die Wissenschaft des Judentums. 1999 wurde sie neu eröffnet. Das Kolleg möchte der jüdischen Weltgemeinschaft ein Deutschlandbild vermitteln, das aus dem Schatten des Nationalsozialismus heraustritt. Es ist an die Potsdamer School for Jewish Studies angegliedert, wo die Rabbinerkandidaten einen Magisterstudiengang absolvieren. Die Einrichtung wird aus privaten und öffentlichen Mitteln gefördert. Zur Zeit studieren hier zehn Männer und eine Frau. Im Jahr 2008 werden die nächsten Rabbiner geweiht.

www.abraham-geiger-kolleg.de

206 | **RESTAURANT ESTRAGON** BAYERN

Jakobstraße 19
90402 Nürnberg
Telefon 0911/2418030

Veranstaltung: 07.03.2007
Gedenkfeier zum Welt-Aids-Tag

DIE HEILKRAFT DES ESTRAGON

In einem Nürnberger Restaurant bekommen kranke und behinderte Mitarbeiter wieder Appetit aufs Leben.

Estragon würzt und heilt. Das Nürnberger „Estragon" ist ein Restaurant, in dem Kräuter zwar zur Küchenausstattung gehören. Doch die heilende Wirkung dieser Gaststätte ist eine andere: Der Verein, der das Lokal betreibt, beschäftigt in seinem Team Menschen mit Behinderung, HIV-Positive und Langzeitarbeitslose. Profis schulen und qualifizieren die neuen Mitarbeiter, die zudem sozialpädagogisch betreut werden. Behinderten und Kranken durch Arbeit wieder Mut und Selbstwertgefühl zu geben, ist die Idee hinter dem Projekt. Das Estragon-Menü ist einzigartig: Es stillt den Hunger seiner Gäste und macht seinen Angestellten wieder Appetit aufs Leben, weil ihre persönlichen Umstände akzeptiert und ihre Fähigkeiten anerkannt werden. Durch gute Teamarbeit und die Stärken des Einzelnen werden die Gäste bestens bewirtet. Das kollegiale Miteinander wiederum ist der besondere Service für den Lebensmut all derer, die hier wieder eine berufliche Chance bekommen. Bedienung statt Ausgrenzung ist das beste Rezept im „Estragon".

www.estragon-nuernberg.de

207 | HOTEL-RESTAURANT ANNE-SOPHIE

BADEN-WÜRTTEMBERG

Schlossplatz 9
74653 Künzelsau
Telefon 07940/93460

Veranstaltung: 13.03.2007
Expertengespräch

HAND IN HAND IN DIE WIRTSCHAFT

Ein neues Konzept hilft Familien mit erkrankten Kindern, den Alltag zu meistern.

Ein gutes Essen kommt aus einer guten Küche. Das Hotel-Restaurant Anne-Sophie in Künzelsau bietet auch noch edles Ambiente dazu. Außen Fachwerk und Romantik, innen ein 200 Jahre alter Gewölbekeller für Veranstaltungen, dazu saisonale und regionale Speisen im Restaurant und 29 Gästezimmer. Das Außergewöhnliche des Hauses Anne-Sophie ist ein bundesweit einzigartiges Projekt: Seit der Eröffnung im Jahre 2003 arbeiten 18 behinderte Menschen mit 21 nicht behinderten Kollegen zusammen. Küche, Service, Hotel und Backstube. Ziel des Hauses ist die Förderung der Integration und Persönlichkeitsentfaltung von behinderten Menschen, um ihnen die Teilnahme am gesellschaftlichen Leben und eine sinnvolle berufliche Beschäftigung zu ermöglichen. Damit die Behinderten selbstständig in Gastronomie und Hotellerie arbeiten können, werden sie von gastronomisch und pädagogisch ausgebildetem Personal angelernt. Denn das Hotel-Restaurant will seinen Mitarbeitern den Weg in die freie Wirtschaft ebnen.

www.hotel-anne-sophie.de

208 | AKADEMIE DER NATIONEN BAYERN

Landwehrstraße 26
80336 München
Telefon 089/23114920

Veranstaltung: 14.03.2007
Interkultureller Museumstag

BAND DER KULTUREN

Die Akademie der Nationen lädt ausländische Mitbürger in Münchens Museen.

München ist reich. Mehr als 80 Museen hat die bayerische Landesmetropole, deren kulturelle Vielfalt aber auch durch die Einwohnerstruktur geprägt ist. 300.000 Menschen ausländischer Herkunft, über 180 Nationen und Ethnien leben in München. Die Akademie der Nationen, die das gemeinsame interkulturelle Lernen fördert, will ausländischen Familien die lehrreichsten Orte der Stadt zeigen. Ausländische Familien werden von Landsleuten und in ihrer Muttersprache durch Münchens Museen geführt. Dadurch werden sprachliche und kulturelle Barrieren überwunden. Die Besucher befassen sich mit Kunst, Kultur und Geschichte und erleben die schönen Seiten der Stadt, zu denen sie sonst kaum Zugang haben. Die Museumsbesuche stärken einerseits die Identität mit der eigenen Kultur, fördern und fordern aber auch Offenheit, Verständnis sowie Interesse für Fremdes. Die museumspädagogische Initiative ist ein wertvoller Beitrag für das multikulturelle Zusammenleben in der Stadt, weil sie sensibilisiert und eine konstruktive Auseinandersetzung fördert.

www.akademie-der-nationen.de

209 | KINDERN MIT DIABETES EINE ZUKUNFT

BADEN-WÜRTTEMBERG

Stiftung Dianiño
Siemensstraße 8
88048 Friedrichshafen
Telefon 07541/6040041

Veranstaltung: 16.03.2007
Betroffene treffen Experten

NO SUGAR, BABY

Ein neues Konzept hilft Familien mit erkrankten Kindern, den Alltag zu meistern.

Gut, dass es die Nannys gibt. Ähnlich wie die Super-Nanny im Fernsehen über richtige Erziehung aufklärt, schickt die Diabetes-Stiftung Dianiño ihre Betreuerinnen kostenlos in Schulen, Kindergärten und Familien, um über die Zuckerkrankheit zu informieren. Die Diabetes-Nanny ist ein Pilotprojekt der seit November 2004 bestehenden Stiftung Dianiño, die sich vor allem um die nicht-medizinischen Probleme und psychischen Folgen der chronischen und lebensbedrohenden Krankheit kümmert. Viele zuckerkranke Kinder sind mit ihrer Krankheit überfordert und ratlos. Die Initiatoren rücken die Familien und deren Probleme in den Mittelpunkt, da es im alltäglichen Umgang mit der Zuckerkrankheit oftmals an professioneller Hilfe mangelt. Die junge Stiftung finanziert sich aus Spenden und ist auf ehrenamtliche Helfer angewiesen. Neben dem Nanny-Projekt ist eine Beratungshotline eingerichtet, an der Diabetiker und medizinische Fachleute in Notfällen rund um die Uhr Hilfe leisten, Fragen beantworten oder Kontakte zu Kliniken oder Hilfseinrichtungen herstellen.

www.stiftung-dianino.de

210 | LESEWELT MÜNCHEN BAYERN

Pfeuferstraße 43
81373 München
Telefon 089/72016141

Veranstaltung: 20.03.2007
Polizeibeamte lesen vor

BÜCHER, KINDER, POLIZISTEN

Mit ungewöhnlichen Vorlesern macht Lesewelt München Kindern wieder Lust auf Bücher.

Ein Polizist in Uniform liest Detektivgeschichten vor – für Kinder eine spannende Vorstellung. Der Verein Lesewelt München macht sie wahr: Im März 2007 tragen Polizeibeamte in einer Lesewoche Kindern in Schulen und Stadtbibliotheken Kriminalgeschichten vor. Der Verein will damit auch das Vertrauen von Kindern in die Polizei fördern und sie mit einem interessanten Beruf bekannt machen. Lesewelt München gründete sich 2003 mit einer einfachen Idee: Viele Kinder bekommen zu Hause nichts vorgelesen – über Geschichten, Rätsel, Sprach- und Wortspiele will der Verein Kindern, besonders solchen mit Migrationshintergrund, Freude am Zuhören und am Lesen vermitteln und ihre Deutschkenntnisse fördern. Rund 200 meist ältere ehrenamtliche Vorleser lesen bis zu 700 sozial benachteiligten Kindern einmal in der Woche vor, immer zur gleichen Zeit, am gleichen Ort. So haben die Vorleser und auch die Kinder die Möglichkeit, einander kennenzulernen und sich auszutauschen. Klingt wie ein Märchen, ist aber wahr.

www.lesewelt-muenchen.org

211 | BLINDENINSTITUT RÜCKERSDORF BAYERN

Dachsbergweg 1
90607 Rückersdorf
Telefon 0911/95770

Veranstaltung: 24.03.2007
Tag der offenen Tür

WENN DER DACHSBERG ROCKT

Hier werden Blinde und Sehbehinderte in Kultur und öffentliches Leben integriert.

Musicals, Konzerte, Vernissagen – jedes Jahr widmet das Blindeninstitut im mittelfränkischen Rückersdorf sechs Abende der Kultur und lädt Künstler zu sich auf den Dachsberg ein. Sonst leben und lernen mehrfachbehinderte Kinder und Jugendliche in den Räumen des Blindeninstituts Rückersdorf. Die Veranstaltungsreihe „Kunst und Kultur am Dachsberg" soll Besuchern der Region die Einrichtung näherbringen und sie für die Belange der Bewohner sensibilisieren. Der Dachsberg wird durch diese Veranstaltung Teil des öffentlichen Lebens, an dem die Bewohner teilhaben können. Aber nicht nur für die Kultur öffnet die Einrichtung ihre Pforten: Im Schwimmbad, in der Turnhalle und in den Fachräumen bieten Vereine oder die Volkshochschule außerhalb der eigenen Nutzungszeiten Töpferkurse, Babyschwimmen und Seniorengymnastik an. Tagsüber nutzen Besucher das große parkähnliche Gelände mit seinen Spielplätzen und Erfahrungsstationen. Diese sind nach der Lehre des Pädagogen Hugo Kükelhaus konzipiert, die alle menschlichen Sinne ansprechen.

www.blindeninstitut.de

212 | PFLEGESTIFT MEDIANA HESSEN

Martin-Luther-Platz/Rangstraße 33
36043 Fulda
Telefon 0661/25051500

Veranstaltung: 31.03.2007
Erlebnis- und Begegnungstag Alt & Jung

BESSER ALTERN

Das „Pflegestift Mediana" – zwischen Großfamilie, Pflegeheim und Begegnungsstätte

Zu Hause in Würde altern – das wünscht sich jeder. Das privat betriebene „Pflegestift Mediana" in Fulda versucht, diesem Ideal so nah wie möglich zu kommen. Das Seniorenheim beschreitet neue Wege bei der Betreuung und Begleitung pflegebedürftiger Menschen. Die Idee: In zwölf Hausgemeinschaften leben jeweils etwa zehn Senioren wie in einer Großfamilie zusammen – mit einer großen Wohnküche als zentralem Treffpunkt. Das tägliche Leben organisieren die Mitarbeiterinnen, die an der „Mediana" weitergebildet werden, gemeinsam mit den Bewohnern. Der strukturierte familiäre Alltag eignet sich vor allem für Demenzkranke – wobei im Haus sowohl pflegebedürftige als auch gesunde ältere Herrschaften wohnen. Neben der besonderen Wohnform und Annehmlichkeiten wie dem hauseigenen Bäcker und Friseur fällt das „Pflegestift Mediana" durch seine anspruchsvollen Ausstellungen auf. Als erstes Seniorenheim zeigte es etwa Peter Gransers vielfach preisgekrönten Bilderzyklus des amerikanischen Altengettos „Sun City".

www.mediana.de

213 | ZISTERZIENSERMUSEUM KLOSTER WALKENRIED NIEDERSACHSEN

Steinweg 4a
37445 Walkenried
Telefon 05525/9599064

Veranstaltung: 08.04.2007
Nacht der offenen Pforte – Kloster im Kerzenschein

GEISTLICHER RHYTHMUS IM GROSSUNTERNEHMEN

Das Zisterziensermuseum Kloster Walkenried bietet Einblick in den „Weißen Konzern".

Klosterbesichtigungen sind manchmal ein bisschen langweilig. Überall alte Gemäuer und im letzten Raum liegen meist noch ein paar Mönchskutten in den Vitrinen. Im Zisterziensermuseum Kloster Walkenried wählte man hingegen einen anderen Weg: Eine moderne Ausstellung mit Audioführung zum Leben der Mönche begeistert hier die Besucher, die lernen, dass die Zisterziensermönche nicht nur tiefgläubige Ordensmänner waren, sondern auch clevere Geschäftsleute eines sehr erfolgreichen Wirtschaftsunternehmens. Neben der ausgeprägten Wirtschaftstätigkeit werden im Museum auch die geistige Kraft und die Baukunst der Zisterzienser, aber auch ihr Niedergang erlebbar. Kinder werden von Bruder Conrad und der Klostermaus Mathilde ganz speziell durch das Kloster geführt und entdecken so kindgerecht den Alltag der Zisterzienser.
Das Besondere an der gesamten Ausstellung: Sie macht den strengen geistlichen Tagesrhythmus am eigenen Leib erfahrbar. Und das ist alles andere als langweilig.

www.kloster-walkenried.de

214 | WERKSTATT FÜR BEHINDERTE MENSCHEN

NORDRHEIN-WESTFALEN

Im Heidkamp 20
33330 Gütersloh
Telefon 05241/95050

Veranstaltung: 01.05.2007
Open-Air-Veranstaltung mit Livemusik

BEHINDERTENARBEIT AUF DEM BAUERNHOF

Der Kiebitzhof im Landkreis Gütersloh ist eine Begegnungsstätte der besonderen Art.

Der Kiebitzhof ist kein normaler Bauernhof. Landwirtschaftliche Großmaschinen sucht man hier ebenso vergebens wie Kälbermastanlagen und andere Anzeichen einer technologisierten Agrarökonomie. Auf dem Gelände eines alten Guts legt man großen Wert auf ökologische Landwirtschaft nach dem Gütesiegel der Bioland-Richtlinien. Das allein wäre noch nichts Besonderes, doch der Betrieb in Gütersloh ist viel mehr, nämlich ein Sinnbild für funktionierende Integration. Umgesetzt von der Werkstatt für behinderte Menschen im Kreis Gütersloh, entstand auf dem Kiebitzhof ein integratives Projekt für Menschen mit und ohne Behinderung. Die Idee: Durch „Treffpunkte" wie das Freiluftcafé, das grüne Klassenzimmer, den Streichelzoo oder den Sinnes- und Erfahrungspark bauen sich Berührungsängste und Vorurteile gegenüber Menschen mit Behinderung in der Arbeitswelt ab. Eine Vision, die Wirklichkeit wurde – vor allem zum jährlichen Maifest und zum Erntedank-Hoffest kommen mehrere Tausend Besucher immer wieder gern auf den Kiebitzhof.

www.wfb-gt.de

215 | INSTITUT FÜR KUNST- UND DESIGN-THERAPIE

BADEN-WÜRTTEMBERG

Föhrenbühlweg 5
88633 Heiligenberg
Telefon 07554/80010

Veranstaltung: 06.05.2007
Tag der offenen Tür

WEG VOM STOFF DURCH SCHICKE MÖBEL

Das Heiligenberger Institut für Kunst- und Designtherapie geht neue Wege in der Drogen- und Behindertentherapie.

Jungen Menschen, die drogenabhängig sind, hilft oft eine Therapie. Dass beim Entzug auch Architektur und Design eine Rolle spielen können, ist ein ungewöhnlicher Gedanke. Und einer, für den die kreativen Macher des Instituts für Kunst- und Designtherapie anfangs belächelt wurden. Wer baut, baut an sich selbst, so die These der Heiligenberger Einrichtung. Dass das ein kluger Ansatz ist, zeigen die Erfahrungen, die bislang mit dem Konzept gemacht wurden. Mit jungen Drogenabhängigen oder behinderten Jugendlichen konnten erstaunliche Erfolge erzielt werden. Und ansehnliche: Die Arbeiten der Klienten, handgefertigte Stühle etwa, sind bemerkenswert. Außer Holzarbeiten werden auch therapeutisches Weben, Flechten, Töpfern, Drucken, Papierschöpfen und Wollarbeiten eingesetzt. Mit der Idee, durch Design Menschen bei der Lösung von Problemen zu helfen, sind die Baden-Württemberger Vorreiter: Mittlerweile ist das Konzept auch im Ausland übernommen worden.

www.designtherapie.de

216 | DEUTSCHE KNOCHENMARKSPENDER-DATEI NORDRHEIN-WESTFALEN

Scheidtweilerstaße 63-65
50933 Köln
Telefon 0221/9405820

Veranstaltung: 28.05.2007
Aktionstag

SIND SIE EIN LEBENSRETTER?

Die DKMS motiviert Menschen, mit Stammzellenspenden zum Lebensretter zu werden.

Andrea Stumpp und Martin Schloos verbindet ein besonderes Schicksal. Bei der Tübingerin Stumpp wurde die todbringende Leukämie erkannt. Schloos aus dem entfernten Siegerland war Spender der Stammzellen, denen Andrea Stumpp ihr Leben verdankt. Vermittelt hatte die Deutsche Knochenmarkspenderdatei (DKMS), so wie weltweit bereits über 10.000 Mal. Die Arbeit der 1991 gegründeten Organisation basiert auf der freiwilligen Mithilfe vieler Deutscher. Über 1,4 Millionen haben sich in der weltweit größten Stammzellenspenderdatei registrieren lassen. An nahezu 365 Tagen im Jahr finden Aktionen statt, um neue Stammzellspender zu werben. Von Flensburg bis Rosenheim registriert die DKMS jährlich mit dem Engagement vieler Helfer und Betroffener in über 150 Firmen und an über 250 Orten Spender, sodass pro Jahr rund 150.000 neue potenzielle Lebensretter gewonnen werden. Andrea Stumpp und Martin Schloos sind heute befreundet. Ende Oktober 2006 waren sie als wohl bisher ungewöhnlichstes Paar in Jörg Pilawas ARD-Show „Das Quiz".

www.dkms.de

217 | V. BODELSCHWINGHSCHE ANSTALTEN BETHEL

NORDRHEIN-WESTFALEN

Königsweg 1
33617 Bielefeld
Telefon 0521/14400

Veranstaltung: 02.06.2007
Sportveranstaltung

BETHEL BLEIBT IN BEWEGUNG

Europas größte diakonische Einrichtung lädt behinderte Menschen zum sportlichen Kräftemessen.

Sport kennt keine Grenzen, auch nicht zwischen behinderten und nicht behinderten Menschen. In den v. Bodelschwinghschen Anstalten Bethel ist man der Meinung: Jeder Mensch hat ein Recht auf Sport. Hier wird Integration nach dem Grundsatz „Gemeinschaft verwirklichen" nicht nur großgeschrieben, sondern auch gelebt. Das selbstverständliche Zusammenleben, das gemeinsame Lernen und Arbeiten aller Menschen in ihrer Verschiedenheit stehen im Zentrum der Arbeit. In Einrichtungen in sechs Bundesländern werden jedes Jahr rund 85.000 Menschen behandelt, beraten und betreut. Rund 14.000 Mitarbeitende engagieren sich für kranke, behinderte, pflegebedürftige oder sozial benachteiligte Menschen. Und dann gibt es noch den sportlichen Höhepunkt in Bethel: die Bethel Athletics. Rund 1.000 Sportlerinnen und Sportler aus ganz Nordrhein-Westfalen mit geistiger oder körperlicher Behinderung treffen sich Jahr für Jahr zu diesem Großereignis. Und eine Medaille ist jedem Teilnehmer sicher: Denn wer Sport treibt, hat immer gewonnen!

www.bethel.de

218 | ALEVITISCHE GEMEINDE DEUTSCHLAND

NORDRHEIN-WESTFALEN

Stolberger Straße 317
50933 Köln
Telefon 0221/9498560

Veranstaltung: 08.06.2007
Tag der offenen Tür

DIALOG DER KULTUREN

MUREST baut konfessionelle Brücken zwischen Christen und Muslimen.

Wir glauben zu wissen, was andere glauben. Aber was wissen wir schon vom Glauben der Aleviten und Sunniten in Deutschland? Wie legen die Sunniten den Koran aus? Welche Glaubenselemente haben die Aleviten? Und was hat das mit uns Christen zu tun? Sehr viel, wenn man einen Blick in das 258 Seiten umfassende „Handbuch Interreligiöser Dialog" wirft. Die multireligiöse Studiengruppe MUREST schneidet in ihrem Nachschlagewerk der Toleranz fundamentale Fragen an, die innerhalb und zwischen den Religionsgemeinschaften immer wieder für Zündstoff sorgen. Sunnitische, alevitische, katholische und evangelische Experten wie Expertinnen erklären, wie es ihre Glaubensgenossen mit dem Gebet, der Gewalt oder den Geschlechtern halten. Vom Brauchtum über die Konversion bis zum Tod reicht das Spektrum gesellschaftsrelevanter Themen. Vier Positionen zu zehn Themen in einem Buch. Das ist einmalig. Es fördert das Verständnis für andere Religionen, für andere Kulturen schneller als viele andere Aktionen. Der vorurteilsfreie Dialog ist eröffnet.

www.alevi.com

219 | SCHÜLER HELFEN LEBEN

SCHLESWIG-HOLSTEIN

Kaiserstraße 12
24534 Neumünster
Telefon 04321/489060

Veranstaltung: 19.06.2007
Bundesweiter „Sozialer Tag"

JUGEND IM EINSATZ

Bei „Schüler Helfen Leben" engagieren sich deutsche Jugendliche für Gleichaltrige.

An vielen Schulen ist soziale Verantwortung out. Die Schüler interessieren sich mehr für die neuesten Klingeltöne, MP3-Player oder angesagte Klamotten. Doch es geht auch anders: Bei „Schüler Helfen Leben" (SHL) engagieren sich Jugendliche aus ganz Deutschland für ihre Altersgenossen in Südosteuropa. Das Erfolgsrezept: Die Schüler bestimmen selbst, was sie mit den Spendengeldern aufbauen – sie wissen am besten, was die Jugendlichen wirklich brauchen. Freiwillige aus Deutschland helfen vor Ort, die Projekte zu realisieren. Die Bilanz bis heute: Jugendzentren in Serbien, Albanien und dem Kosovo, ein Ausbildungszentrum und eine Schule in Bosnien-Herzegowina und ein Ausbildungsbauernhof in Rumänien. Finanziert werden die Projekte unter anderem durch die Spendenaktion „Sozialer Tag". Hier tauschen Jugendliche für einen Tag die Schulbank gegen einen Arbeitsplatz. Das Gehalt geht als Spende an „Schüler Helfen Leben". Über 300.000 Schüler erarbeiteten so im Jahr 2006 rund drei Millionen Euro.

www.schueler-helfen-leben.de

220 | DIE KOMPLIZEN BAYERN

Theatinerstraße 8
80333 München
Telefon 089/20802291

Veranstaltung: 30.06.2007
Erste Deutsche Jugend-Mentoring-Messe
im Haus der Kunst, München

HANDLANGER BEIM ERWACHSENWERDEN

In München können sich Jugendliche einen Komplizen suchen, der ihnen zur Seite steht.

Keiner versteht einen. Eltern sind doof, Lehrer texten einen ohnehin nur zu und die Kumpels können auch nicht wirklich helfen. Ganz normale Probleme im Alter zwischen 13 und 18. Doch es gibt „Komplizen", die genau wissen, wie es den Jugendlichen geht: junge Menschen, nicht älter als 35, die im Berufsleben stehen und sich noch gut erinnern, wie man mit den Sorgen und Nöten des Heranwachsens klarkommt. „Die Komplizen" sind ein Mentoring-Netzwerk für Schüler, die sich einen Vertrauten zur Seite wünschen. Vorbereitet werden die Mentoren in vier Trainingseinheiten: „Selbstbild/Fremdbild", „Kommunikation", „Sozialkompetenz" und „Führung". Mentor und Schüler treffen sich – ein bis zwei Mal im Monat – auf Augenhöhe: keine Belehrungen, sondern wirksame Ratschläge. Die Patenschaftsidee kommt an. Die Schüler lernen besser, sind weniger anfällig für Drogen und neigen seltener zu Gewalt. Die Mentoren verstehen sich als „Mittäter" beim Erwachsenwerden – Komplizen eben.

www.die-komplizen.org

221 | WOHNUNGSGENOSSENSCHAFT AM BEUTELWEG RHEINLAND-PFALZ

Röntgenstraße 4
54292 Trier
Telefon 0651/145470

Veranstaltung: 01.07.2007
Stadtteilfest im Nells Park

VIERTEL VOR – RETTUNG

Die „Wohnungsgenossenschaft Am Beutelweg" rettet in Trier ein Stadtviertel.

Soziale Brennpunkte gibt es in jeder Stadt. Die Kennzeichen: schlechte Bausubstanz, niedriges Bildungsniveau und ein hoher Anteil an Arbeitslosen unter den Bewohnern. Solche Viertel sind nach herrschender Meinung schwierig zu retten, eine nachhaltige Umwandlung sehr teuer. Ein Irrtum, wie die „Wohnungsgenossenschaft Am Beutelweg" in Trier beweist. Die drei Säulen des Sanierungskonzepts: Wohnraum, Arbeit und Teilhabe für die Bewohner. Die Umsetzung: Die Wohnungsgenossenschaft kaufte nach und nach Häuser im Viertel. Die Bewohner arbeiteten in Betrieben der Genossenschaft und deren Tochtergesellschaften an der Sanierung und Verwaltung der Gebäude und sicherten sich so den eigenen günstigen Wohnraum im Norden Triers. Das Ergebnis lässt sich sehen: Das soziale Umfeld verbesserte sich, der Ausbildungsstand auch, und vor allem Kinder und Jugendliche haben wieder eine Perspektive. Nicht nur die Aufwertung des sozialen Milieus kommt ihnen zugute, allein die Wohnungsgenossenschaft bietet über 70 Praktikantenplätze.

222 | MENSCHEN FÜR MENSCHEN SACHSEN

Am Holzboden 2
09405 Gornau
Telefon 03725/83484

Veranstaltung: 14.07.2007
Kindertag für Afrika

ZSCHOPAU MEETS AFRIKA

Der „Menschen-für-Menschen"-Arbeitskreis leistet Hilfe für Äthiopien.

Mitte der Achtziger Jahre war die Hungerkatastrophe in Äthiopien ein globales Schockerlebnis. Die Bilder von sterbenden Kindern gingen um die Welt, Rockstars organisierten Benefizkonzerte, die Menschen spendeten Geld und Lebensmittel, um das Leid zu lindern. Mittlerweile ist die Not in dem afrikanischen Land weitestgehend aus dem öffentlichen Bewusstsein verschwunden. Dabei ist Äthiopien noch immer eines der ärmsten Länder der Erde. Für Karlheinz Böhm und seine Organisation „Menschen für Menschen" Grund genug, die Hilfe nicht abreißen zu lassen. Dabei hilft der Arbeitskreis Zschopau: Seit fünf Jahren engagieren sich hier fünf Erwachsene und 30 Jugendliche ehrenamtlich für Böhms Äthiopienhilfe. Sie informieren in Schulen über das Land, organisieren Ausstellungen auf Schloss Wildeck und sammeln Spendengelder auf Veranstaltungen. Für die 13- bis 20-jährigen Helfer eine wichtige Erfahrung: Sie erlangen organisatorische, soziale und kulturelle Kompetenzen und üben, Verantwortung für andere zu übernehmen.

www.mfm-online.org

223 | O_2 VILLAGE BAYERN

Grasmeierstraße 7
80805 München
Telefon 089/12391731

Veranstaltung: 15.07.2007
Tag der offenen Tür

AM ANFANG WAR DAS KLAPPBETT

Flexible Wohnmodule zur temporären Nutzung für Studierende.

Zimmer für Studierende sind knapp und teuer, besonders in München. Für mehr als 80.300 Studierende stehen beim Studentenwerk München derzeit 8.065 Zimmer zur Verfügung. In dieser Situation sind flexible, kreative Lösungen gefragt – Lösungen, wie sie das Architekturbüro Haack + Höpfner zusammen mit Londoner Kollegen von HordenCherryLee gefunden hat und mithilfe von O_2 Germany im Auftrag des Vereins Studentenstadt München realisiert: das O_2 Village. Mittels vorfabrizierter Module entsteht schnell kostengünstiger, multifunktionaler und doch hochwertiger Wohnraum. Die micro compact homes werden in Österreich hergestellt, das unkonventionelle Raumkonzept ist von der japanischen Teehausarchitektur inspiriert: Der Innenraum kann nach Bedarf verändert und dadurch optimal genutzt werden. So entsteht auf 6,5 Quadratmetern mal Wohn-, Lern- oder Schlafraum. Zudem lassen sich die Module leicht zu Siedlungen kombinieren und durch schnelle Montage nach Belieben ergänzen.

www.wegweiser-muenchen.de/inhalt/960.0.html

224 | KOMMUNALE KRIMINALPRÄVENTION IN SÜSSEN BADEN-WÜRTTEMBERG

Heidenheimer Straße 30
73079 Süßen
Telefon 07162/96160

Veranstaltung: 17.07.2007
Mitternachtsfußballturnier

TULA, TIM UND TISCHTENNIS

Beim Süßener Präventionsprojekt sind alle gefordert, die mit Kindern zu tun haben.

Der Kindergarten: Hier wächst das Kind zur Persönlichkeit, entwickelt sprachliche und kognitive Fähigkeiten, erlernt soziale und emotionale Kompetenz. In der baden-württembergischen Kleinstadt Süßen helfen Tula und Tim, zwei Handpuppen, die Kindergartenkinder spielerisch für die Sinnlosigkeit aller Formen von Gewalt zu sensibilisieren: Ein Schlag, ein böses Wort, ein kaltes Auslachen können bei Kindern und Jugendlichen Angst, Verunsicherung und ein herabgesetztes Selbstbewusstsein auslösen, Gefühle, die sich über Jahre festsetzen können. Tula und Tim sind Teil des Projekts „Kommunale Kriminalprävention", das ein gewaltfreies und angstfreies Klima an Süßener Schulen und letztendlich im Alltag schaffen will. Dabei sollen alle mitmachen, die mit Kindern zu tun haben. Ob Musikförderung, Konfliktlösungstraining, Tischtennisturnier oder gemeinsames Lesen von Kinderbüchern: Eltern, Erzieher, Schulen, Vereine, Polizei und öffentliche Einrichtungen sind gleichermaßen eingebunden in die Aufgabe, Kinder moralisch für die Zukunft zu rüsten.

www.suessen.de

225 | NACHSORGE-KLINIK TANNHEIM

BADEN-WÜRTTEMBERG

Gemeindewaldstraße 75
78052 Villingen-Schwenningen/Tannheim
Telefon 07705/9200

Veranstaltung: 29.07.2007
Jubiläumsfeier

AUSZEIT FÜR DIE GANZE FAMILIE

In der Nachsorgeklinik Tannheim finden schwer kranke Kinder und ihre Angehörigen neue Kraft.

„Vor 28 Tagen kannten wir uns noch nicht, doch heute sind wir eine eingeschworene Gemeinschaft", schreiben Jenny und Nesa über ihre Jugend-Reha in der Nachsorgeklinik Tannheim. Wenn ein Kind chronisch krank ist, leidet die ganze Familie. Angst, Ungewissheit über den Krankheitsverlauf und die Folgen der Akuttherapie belasten Eltern und Geschwister enorm. Deshalb wird in Tannheim die ganze Familie medizinisch und psychosozial betreut, um neue Kraft für den Alltag zu schöpfen. Die Klinik im Schwarzwald kümmert sich seit 1997 um krebs-, herz- und mukoviszidosekranke Kinder und deren Familien, Jugendliche und junge Erwachsene. Stark gemacht für das Konzept hat sich unter anderem „Dr. Brinkmann" Klausjürgen Wussow mit seiner Stiftung Deutsche Kinderkrebsnachsorge. Zehntausende von Spenden machten 1995 den ersten Spatenstich möglich. Heute steht die Nachsorgeklinik Tannheim bundesweit als Zeichen dafür, was man erreichen kann, wenn sich viele Menschen für eine Idee begeistern. „28 Tage, die geilste Zeit", steht oben über Jennys und Nesas Tagebucheintrag.

www.tannheim.de

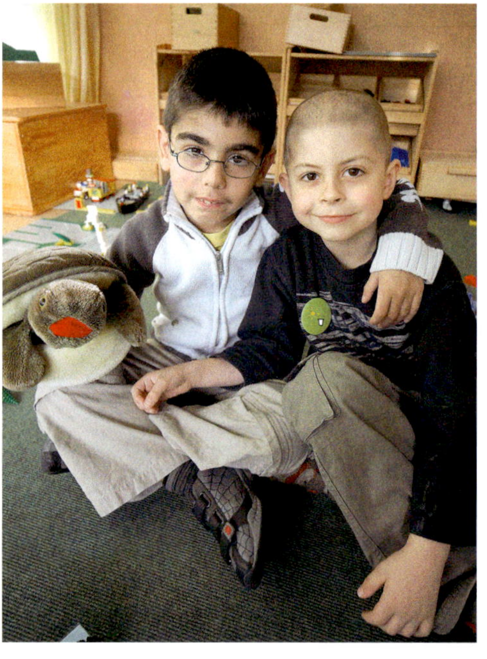

226 | VIVA CON AGUA DE SANKT PAULI HAMBURG

Wohlwillstraße 50
20359 Hamburg
Telefon 040/42102617

Veranstaltung: 01.08.2007
Veranstaltungswoche rund um das Thema Trinkwasser mit Benefiz-Open-Air-Konzert

1:0 GEGEN HUNGER UND DURST

Ein ehemaliger Fußballprofi mobilisiert das soziale Gewissen von Fans und Prominenten.

„Kämpfen, Pauli, kämpfen!", röhrt es während der Saison Woche für Woche aus den Kehlen der Hamburger Fußballfans. Ein Schlachtruf, der dem ehemaligen Profi des FC St. Pauli Benjamin Adrion noch im Ohr gelegen hat, als er seine Stollen an den Nagel hängte, um den Kampf gegen Durst und Dürre aufzunehmen. Mit Unterstützung seines früheren Arbeitgebers rief er die Initiative „Viva con Agua de St. Pauli" (VcA) ins Leben. Statt von Stadion zu Stadion reist er jetzt nach Kuba, wo sauberes Trinkwasser genauso schwer zu haben ist wie ein anständiger Job. Dank seines Engagements und mit dem Know-how der Deutschen Welthungerhilfe genießen über 10.000 Kinder in Havanna wieder hygienisch einwandfreies Wasser – über 130 Trinkwasserspender wurden dort in Kindergärten installiert. Nun plant VcA zehn Brunnen in Äthiopien. Dafür setzt Adrion seine Prominenz ein. Mit Rockkonzerten und Fußballturnieren lockt er St. Pauli-Fans und andere Vereine aus der Reserve. Dann fließen die Spenden fast so rasch, wie Tore in der Bundesliga fallen.

www.vivaconagua.org

227 | KIDSWING TURNIER BERLIN

Deutsche Kinderhilfe Direkt e. V.
Wilmersdorfer Straße 94
10629 Berlin
Telefon 030/24342940

Veranstaltung: 04.08.2007
Integratives Golf-Turnier

ENTDECKE DEN TIGER WOODS IN DIR

Die Deutsche Kinderhilfe Direkt bringt behinderte und kranke Kinder zum Golfen.

Die Zeiten, in denen nur greise Halbgötter auf den Abschlagbahnen der Golfplätze verkehrten, sind längst vorbei. Heute tummeln sich hier auch junge Menschen. Der Sport mit dem kleinen weißen Ball ist beliebter denn je. Dennoch weiß kaum jemand, dass Golf auch der optimale Sport für die Rehabilitation Kranker ist und eine erfolgreiche Therapiemaßnahme für körperlich behinderte Menschen. Das KidSwing-Turnier der Deutschen Kinderhilfe Direkt macht sich das zunutze. Behinderte, kranke und gesunde Kinder kommen zusammen, golfen und lernen sich kennen. Und: Die Kinder bekommen neuen Mut, weil sie sehen, was sie leisten können. In Kooperation mit Golfplätzen in ganz Deutschland werden KidSwing-Basen errichtet, die kranken und behinderten Kindern den Golfsport ermöglichen. Die Deutsche Kinderhilfe Direkt finanziert die Schulung von Trainern, der Kinder und bezahlt spezielle Stehrollstühle, aus denen behinderte Kids den Schläger optimal schwingen können. Das weckt den Tiger Woods in ihnen.

www.kinderhilfe.de

228 | GENERATIONENGARTEN HESSEN

Heddersdorfer Straße 6
36275 Kirchheim
Telefon 06628/7624

Veranstaltung: 09.08.2007
Sommerfest

BUDDELN MIT OMA UND OPA

So bringt der Heimat- und Kulturverein Kirchheim Jung und Alt wieder näher zusammen.

Die Zeiten, in denen mehrere Generationen gemeinsam unter einem Dach zusammenlebten, sind vorbei. Früher versammelte man sich um den Großvater oder die Großmutter, die am Kamin praktische Lebensweisheiten für ihre Nachkommen bereithielten. Heute findet man selbst auf dem Dorf nur noch sehr wenige Großfamilien. Ein Manko, findet der Kultur- und Heimatverein Kirchheim. Um Jung und Alt im ländlichen Raum wieder näher zusammenzubringen, gründete er einen Generationengarten. Unter Anleitung von engagierten Senioren bauen 200 Kinder und Jugendliche dort vom Frühjahr bis zum Herbst Kartoffeln, Rüben, Getreide, Blumen und Gemüse an. So profitiert die Jugend vom reichhaltigen Erfahrungsschatz der Alten und begreift durch konkrete Arbeit den Kreislauf des Lebens in der Natur. Ein beispielhaftes Projekt, das erfolgreich das Zusammenleben der Generationen fördert. Von der Idee ist daher auch Hessens Sozialministerin Silke Lautenschläger begeistert, die das Projekt als Schirmherrin unterstützt.

www.diewuehlmaeuse.eu

229 | ROLLISEGLER MECKLENBURG-VORPOMMERN

Ueckermünder Straße 51
17375 Liepgarten
Telefon 039771/22725

Veranstaltung: 17.08.2007
Taufe des Rolliseglers

AUF DEN WOGEN DER OSTSEE ROLLEN

Das erste rollstuhlgerechte Großsegelschiff Deutschlands geht auf Jungfernfahrt.

Anker lichten, Leinen los, die Segel gesetzt. An der Ostseeküste Mecklenburg-Vorpommerns sind diese Kommandos bekannt. Dennoch wird der Mai 2007 ein Seemeilenstein in der Seglergeschichte des Landes sein: Dann soll der erste Rollisegler Deutschlands getauft werden und mit zwölf Menschen mit Beeinträchtigungen, darunter bis zu sechs Rollstuhlfahrern, und zwei Schiffsführern im Stettiner Haff auf Jungfernfahrt gehen. Möglich macht das der „Verein zur Förderung des ersten behinderten- und rollstuhlfahrergerechten Großsegelschiffes in Deutschland". Auf Jollen segeln Rollifahrer schon lange. Doch auf einem Großsegler gab es bisher zu viele Barrieren und zu wenig Sicherheit. Also wurde ein 21,50 Meter langer Kielkreuzer gekauft und behindertengerecht umgebaut: Bordeigene Rollis passen sich den Bedingungen auf See an, Kräne führen aufs Schiff, Lifte unter Deck. Die Hälfte der Kosten von 500.000 Euro wurde von der EU-Gemeinschaftsinitiative LEADER+ und aus öffentlicher Hand finanziert, der Rest von Förderverein, Betrieben und Spendern.

www.rollisegler.de

230 | BIBELDORF RIETBERG NORDRHEIN-WESTFALEN

Müntestraße 15
33397 Rietberg
Telefon 05244/981953

Veranstaltung: 19.08.2007
Führungen durch das Bibeldorf

BIBLISCHES ERKLÄRWERK

Auf dem Areal eines ehemaligen Klärwerks werden biblische Geschichten erzählt.

Vom Klärwerk zum Erklärwerk. Wo bis vor wenigen Jahren Abwässer gereinigt wurde, ist am Rand des Ortes Rietberg ein Bibeldorf entstanden. Dort stößt man auf ein Nomadenlager und eine römische Wohnanlage, man findet die Modelle eines Tempels und einer Synagoge. Die Evangelische Kirchengemeinde Rietberg verband mit dem Bau des Dorfes die Idee, Besucher für die Welt und Umwelt der Bibel zu begeistern. Biblische Geschichten und historische Hintergründe über Herkunft und Wesen der verschiedenen Religionen werden in Rietberg anschaulich nacherzählt. Nomadenzelte vermitteln, wie Abraham und Moses lebten. In einer Synagoge werden jüdische Bräuche und Feste erklärt. Im dörflichen Bereich erfahren die Besucher vom biblischen Alltagsleben und dem Handwerk in Galiläa. Die kulissenreiche Bibelstunde lockt jährlich etwa 10.000 Besucher auf das Areal. Und auch das ist geklärt: Die angebotenen Projekte für Schulklassen sind mit dem Lehrplan für den Religionsunterricht in Nordrhein-Westfalen abgestimmt.

www.bibeldorf.de

231 | RONALD MCDONALD HAUS

NORDRHEIN-WESTFALEN

Unterm Sternenzelt 1
45147 Essen
Telefon 0201/439990

Veranstaltung: 26.08.2007
Tag der offenen Tür mit Sommerfest

NÄHE HILFT HEILEN

In Essen finden die Eltern kranker Kinder neben der Klinik ein Zuhause auf Zeit.

Die fünfjährige Lena braucht eine neue Leber, sie wartet alleine im Universitätsklinikum Essen auf ihre Operation. Die vielen Untersuchungen machen Lena große Angst. Zum Glück können ihre Mama und ihr Papa ganz in der Nähe sein. Das Ronald McDonald Haus Essen bietet seit Juli 2005 Eltern, deren schwer kranke Kinder im Krankenhaus behandelt werden, ein Zuhause auf Zeit. Bis zu 350 Familien erholen sich pro Jahr im von Friedensreich Hundertwasser gestalteten Familienzentrum vom belastenden Klinikalltag. Hier können sie neue Kraft tanken, um ihrem Nachwuchs zu geben, was die Medizin nicht geben kann: Liebe, Kraft und Zuversicht. Eine Studie der niederländischen Universität Groningen belegt, dass die Begleitung durch Familienangehörige den stationären Aufenthalt des Kindes um ein Drittel verkürzen kann. Das erste Ronald McDonald Haus öffnete 1974 in den USA seine Pforten, inzwischen gibt es 260 Häuser in 28 Ländern. In Essen hat das Ronald McDonald Haus mit Ex-Boxstar Henry Maske einen prominenten Fürsprecher.

www.mcdonalds-kinderhilfe.org

232 | FRÜHCHENPROJEKT BERLIN

Wilmersdorfer Straße 94
10629 Berlin
Telefon 030/24342940

Veranstaltung: 30.08.2007
Fortbildungs- und Informationsveranstaltung, Kinderfest

VON ANFANG AN IN GUTEN HÄNDEN

Frühgeborene sind Sorgenkinder – doch auch die Eltern brauchen Hilfe.

Weniger als ein halbes Kilo schwer, durchscheinende Haut und schwache Atmung: So möchte sich keine Mutter ihr Neugeborenes vorstellen. Und doch kommen in Deutschland jedes Jahr 40.000 bis 60.000 Frühgeborene auf die Welt. Monatelang müssen diese Kinder manchmal in der Intensivstation behandelt werden, liegen allein und verkabelt in ihren Glasbetten. Ein schwerer Start ins Leben – auch für die Eltern. Sie leiden unter der Ungewissheit, ob ihr Kind überleben und ob es eine Behinderung davontragen wird. Auch fällt es vielen schwer, Kontakt zu ihren zerbrechlichen Kindern aufzunehmen, sie überhaupt zu berühren. Doch ist die Eltern-Kind-Bindung entscheidend für die weitere Entwicklung des Neugeborenen. Professionelle Hilfe bietet die „Psychosoziale Beratung von Eltern mit extrem unreifen frühgeborenen und kranken neugeborenen Kindern im stationären Bereich". Ein sperriger Name für ein wichtiges Projekt. Die Fachkräfte unterstützen, helfen und beraten – damit die Eltern nicht allein sind im Kampf um das Leben ihrer Kinder.

www.dkhd.de

233 | FÖRDERVEREIN ZUKUNFTSFÄHIGES MELSUNGEN HESSEN

Am Markt 1
34212 Melsungen
Telefon 05661/9261931

Veranstaltung: 20.09.2007
Interkulturelles Fest der Generationen

MEHR KOHLE FÜR MEHR KIDS

Eine Stiftung macht Melsungen attraktiv für Kinder – und potenzielle Eltern.

Es gibt viele Gründe, warum sich junge Paare gegen Nachwuchs entscheiden – unter anderem deshalb, weil die Städte kinderfeindlich geworden sind. Engagierte Bürger im nordhessischen Fachwerkstädtchen Melsungen wollten das ändern. Die „Stiftung für ein kinder- und familienfreundliches Melsungen" und der „Förderverein für ein zukunftsfähiges Melsungen" und starteten die Initiative „Melsungen fördert". Der einende Gedanke: Soziale Projekte, die die Stadt für Familien attraktiver machen, müssen finanziell unterstützt werden. Im Vordergrund stehen Einrichtungen, die Erziehung, Bildung und Betreuung von Kindern verbessern. Angeboten werden eine Familienhebamme, Ferienprogramme, Hausaufgabenhilfe und der „Jugendbus" – für viele Familien eine große Erleichterung. Um ausländische Kinder und Eltern besser zu integrieren, bieten Kindergärten Sprachkurse an. Die Initiative stützt sich auf Spenden aus der Wirtschaft und von Privatleuten. Und junge Paare trauen sich endlich wieder, zu jungen Familien zu werden.

www.melsungen-foerdert.de

234 | JUGENDHOF SEEHAUS BADEN-WÜRTTEMBERG

Seehaus 1
71229 Leonberg
Telefon 07152/33123300

Veranstaltung: 22.09.2007
Tag der offenen Tür mit Einweihung der 3. Wohngemeinschaft

DIE STRUKTUR DER FREIHEIT

Der Verein Prisma praktiziert im Jugendhof Seehaus Jugendstrafvollzug in freien Formen.

„Künftig einen rechtschaffenen und verantwortungsbewussten Lebenswandel zu führen", das ist laut Jugendgerichtsgesetz die Aufgabe des Jugendstrafvollzuges (§ 91, Abs. 1). Einfach ist das nicht, wenn 14- bis 19-Jährige im Gefängnis in schlechter Gesellschaft sitzen. Der Verein Prisma und der Jugendhof Seehaus im baden-württembergischen Leonberg praktizieren Jugendstrafvollzug in freien Formen, aber nicht in Freiheit. Die Idee: Ein strukturierter, harter Arbeitstag soll Jugendliche befähigen, sich nach der Haft positiv in die Gesellschaft einzubringen. Um 5.45 Uhr endet die Nacht, der Frühsport beginnt. Bis 22 Uhr folgen Hausputz, Schule, Arbeit, Täter-Opfer-Ausgleich, soziales Training sowie die Vermittlung christlicher Werte und Normen. Fünf bis sieben Jugendliche leben in Wohngemeinschaften mit Hauseltern familienähnlich zusammen. Ziel ist ein späteres Leben in Freiheit – ohne Straftaten. Denn bisher liegt die Rückfallquote von Jugendlichen nach dem herkömmlichen Strafvollzug oft über 90 Prozent.

www.prisma-jugendhilfe.de

235 | HAUS 44 BADEN-WÜRTTEMBERG

Fritz-Elsas-Straße 44
70174 Stuttgart
Telefon 0711/187710

Veranstaltung: 27.09.2007
Tag der offenen Tür

WEG VON DER STRASSE

Das Haus 44 bietet Jugendlichen eine Alternative zum Rumhängen in der Fußgängerzone.

Wer in Stuttgart jung ist und Langeweile hat, der geht in die City. Rumhängen nennen die Jugendlichen, was Erwachsene für wenig produktiv halten. Damit die Stuttgarter Jugend auch auf andere Gedanken kommt, bietet sich das Team des Hauses 44 an. Die Idee: Viele Angebote dort machen, wo die Kinder sind. Denn die Kids, die kommen, wohnen zumeist nicht in der Innenstadt. Das Evangelische Jugendwerk Stuttgart organisiert im Haus 44 zum Beispiel ein Theater, das „teatro piccolo". Kreativ werden die Jugendlichen auch in den Musikübungsräumen U44. Ein Jugendcafé, die ehrenamtlich betriebene „SichtBar", bietet eine Anlaufstelle mit fairen Preisen. Und zum Kraxeln ist die Indoor-Kletteranlage „cityrock" gedacht. Seine besondere Stärke entwickelt das Haus 44 dann, wenn die Einrichtungen sich zu gemeinsamen Projekten zusammenschließen. Dann findet etwa das Theaterprojekt mit einer Förderschule in der Kletteranlage statt, die Premierengäste werden vom Jugendcafé bedient und die Hintergrundmusik wurde in den Musikräumen einstudiert.

www.ejs-online.de

236 | **SANTA FU** HAMBURG

Drehbahn 36
20354 Hamburg
Telefon 040/428433143

Veranstaltung: 28.09.2007
Festakt im Hochsicherungsbereich
der JVA Fuhlsbüttel

HEISSE WARE AUS DEM KNAST

Produkte unter dem Label „Santa Fu" helfen sowohl Gefangenen als auch Opfern.

Die Justizvollzugsanstalt Hamburg-Fuhlsbüttel gehört zu den berühmt-berüchtigten Gefängnissen des Landes. Doch „Santa Fu" macht inzwischen auch ganz andere Schlagzeilen. Unter diesem Markennamen stellen die Gefängnisinsassen nämlich neuerdings in „kreativen Zellen" Zippo-Feuerzeuge her, Knastunterhemden und T-Shirts mit Aufdrucken wie „noch unschuldig" oder „auf Bewährung". Das Projekt nutzt die Kreativität der Gefangenen und vermittelt ihnen Arbeitserfahrung, Selbstvertrauen und Motivation und trägt so zu ihrer Resozialisierung bei. Um das Label „Santa Fu" bekannt zu machen, arbeitet die Hamburger Justizbehörde mit privaten Marketing-, Werbe- und Vertriebsexperten zusammen. Der Clou: Ein Teil ihres Erlöses fließt der Opferorganisation „Weißer Ring" zu. Somit erleben die Gefangenen ihre Arbeit auch als ein Stück persönliche Wiedergutmachung. Die Kunden draußen wiederum können die Wiedereingliederung der Gefangenen aktiv begleiten, zum Beispiel durch den Kauf eines schicken „Freigänger"-T-Shirts.

www.santa-fu.de

237 | BELUGA SCHOOL FOR LIFE BREMEN

Schlachte 22
28195 Bremen
Telefon 0421/16060194

Veranstaltung: 30.09.2007
Kinderfest zum Weltkindertag am Airport Bremen

HOFFNUNG NACH DEM TSUNAMI

Die „Beluga School for Life" gibt Waisen der Tsunami-Katastrophe eine Perspektive.

Wenn über 120 Tsunami-Waisen und Halbwaisen aus Thailand wieder lachen können, dann stecken womöglich die Helfer der „Beluga School for Life" dahinter. Zwei Jahre nach dem Seebeben hat der Bremer Reeder Niels Stolberg in der Nähe des schwer zerstörten Khao Lak ein komplettes Dorf aus dem Boden gestampft. In den Unterkünften, Werkstätten, Kindergärten und Schulen können künftig bis zu 240 Menschen leben und lernen. Nach dem pädagogischen Rezept des Berliner Professors Jürgen Zimmer werden die Kinder für die Zukunft fit gemacht. Auf spielerische Art lernen sie, Feldfrüchte anzubauen, auf Fischfang zu gehen oder mit touristischen Angeboten später ihr Geld zu verdienen. Gut vierzig Erwachsene, darunter Pädagogen und psychologisch geschulte Mitarbeiter, weisen ihnen den Weg in ein gesichertes Berufsleben. Niels Stolberg hat die 1,5 Millionen Euro Startkapital in einem Projekt angelegt, das die Kinder aus dem Teufelskreis der Armut herauslotst. Wer helfen will, kann spenden oder eine Patenschaft übernehmen.

www.beluga-schoolforlife.de

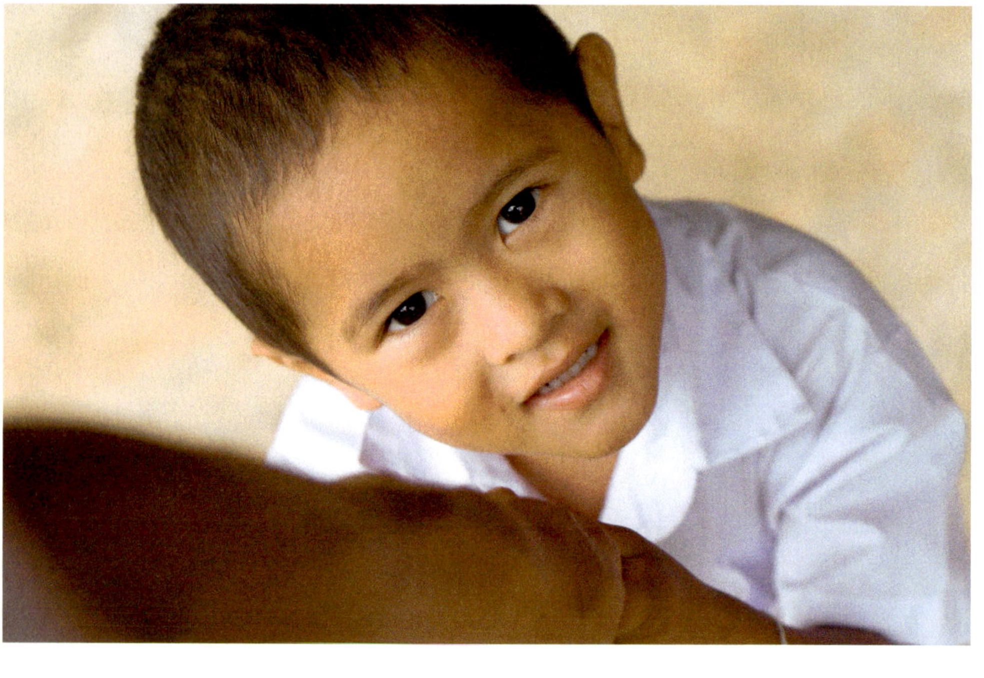

238 | THEATER RAMBAZAMBA BERLIN

Schönhauser Allee 36-39
10435 Berlin
Telefon 030/44049044

Veranstaltung: 08.10.2007
Sondervorstellung „Mongopolis"

BEHINDERUNG ALS STÄRKE

Im Theater RambaZamba sind Menschen mit Behinderung die Stars.

Der Königsohn sucht eine Ehefrau. Leider sieht er nicht nur aus wie ein Monster, sondern verhält sich auch so: Er verschlingt zwei Schwestern, die es auf Macht und Geld abgesehen haben, nur die dritte Schwester meint es ehrlich und schafft es, das Ungeheuer zu zähmen. Wer nun erwartet, das sich das Monster in einen Menschen verwandelt, irrt. Das Theater RambaZamba lädt in eine erstaunliche Welt ein. In der Kulturbrauerei in Berlin-Prenzlauer Berg spielen geistig behinderte Menschen, die genau wissen, was es bedeutet, nicht in gesellschaftliche Schemata zu passen. Auf der Bühne erleben die Darsteller ihre Behinderung als Stärke. Vor 17 Jahren haben die Theaterleute Gisela Höhne und Klaus Erforth den RambaZamba-Trägerverein Sonnenuhr e.V. gegründet. Der hat sich inzwischen zu einer Künstlergemeinschaft von 150 Teilnehmern gemausert, die Schauspiel, Artistik, Malerei und bildende Kunst praktizieren. Das Theater verfügt über drei Ensembles, die professionell arbeiten und bereits zahlreiche Auszeichnungen und Preise erhalten haben.

www.theater-rambazamba.org

239 | KOMPETENZZENTRUM DEMENZ NÜRNBERG BAYERN

Heilsbronner Straße 1
91564 Neuendettelsau
Telefon 0180/2823456

Veranstaltung: 14.10.2007
Führungen durch das Haus

KOMPETENZ GEGEN DEMENZ

In der Diakonie Neuendettelsau finden Betroffene und Angehörige Hilfe.

„Die Diaconissenanstalt zu Neuendettelsau ist ihrem Zwecke nach eine Bildungsanstalt des weiblichen Geschlechtes zum Dienste der Unmündigen und Leidenden", gab Pfarrer Wilhelm Löhe als Leitbild aus, als er 1854 das Haus gründete. Diesem Grundsatz und einem christlichen Menschenbild verpflichtet unterhält die Diakonie gut 150 Jahre später mit dem Kompetenzzentrum Demenz ein innovatives Projekt, das die Situation von an Demenz erkrankten Menschen und ihren Angehörigen in Nürnberg erheblich verbessert. Das Kompetenzzentrum bietet eine nahezu lückenlose Versorgungskette, behandelt Betroffene vorbeugend, leistet medizinische und therapeutische Pflege und steht den Angehörigen jederzeit mit Rat zur Seite. Das Projekt wird von wissenschaftlicher Forschungsarbeit begleitet, deren Erkenntnisse an die Mitarbeiter weitergegeben werden und so in die praktische Arbeit einfließen. Anfang September 2006 sind die ersten Bewohnerinnen und Bewohner in das Kompetenzzentrum Demenz eingezogen – in Wohngemeinschaften.

www.diakonieneuendettelsau.de

240 | ÖKOLOGIEHOF WENNERSTORF

NIEDERSACHSEN

Am Kiekeberg 1
21224 Rosengarten
Telefon 04165/221654

Veranstaltung: 18.10.2007
Aktionstag auf dem Ökologiehof Wennerstorf

KÜHE AUS DER NÄHE

Ein Ökohof zeigt, wie zukunftsfähig Traditionen sind.

Die „Bamberger Hörnchen" sind nicht etwa süddeutsche Blasinstrumente in Miniaturformat, sondern eine historische Kartoffelsorte. Genauso ausgefallen: Weiße oder Gelbe Beete. Angebaut werden sie auf dem Ökologiehof Wennerstorf. Traditionen werden hier mit sozialer und ökologischer Verantwortung verbunden. Soziales Engagement leistet „Smeds Hoff" durch die Beschäftigung von zwölf behinderten Mitarbeitern, für deren noch bessere Integration in unmittelbarer Nähe eine Wohnstätte entsteht. Durch den Anbau alter Obst- und Gemüsesorten nach strengen Bioland-Richtlinien unterstreichen die Bauern die ökologische Selbstverpflichtung. Das aus dem 16. Jahrhundert stammende Gehöft ist eine Außenstelle des Freilichtmuseums am Kiekeberg zwischen Hamburg und Lüneburger Heide. 30 historische Gebäude erzählen von der Kultur und der Lebensweise der Heidebauern. Großstädter können hier lernen, dass Kühe nicht lila sind, Kartoffeln aus der Erde und nicht aus der Tüte kommen und Eier erst gelegt und dann gestapelt werden.

www.oekologiehof-wennerstorf.de

241 | OFFICIUM ET HUMANITAS HESSEN

Schwanthaler Straße 54
60596 Frankfurt am Main
Telefon 069/66372640

Veranstaltung: 03.11.2007
Benefiz-Gala und Diskussionsplattform in der „Villa Bonn"

GEZIELTE HILFE ZUR SELBSTHILFE

Besser fördern: Wie man mit vielen kleinen Projekten Großes erreicht.

„Officium et Humanitas" heißt auf Deutsch „Verpflichtung und Menschlichkeit". Das ist der Name eines Vereins, den 1999 ein paar junge Leute in Rastatt gegründet haben. Der Verein hilft bei der Finanzierung und Umsetzung kleiner Projekte auf vier Kontinenten, die aber eine große Wirkung haben. So besorgte der Verein eine dringend benötigte Druckmaschine für eine Jugend-Ausbildungsstätte in Kolumbien, half beim Aufbau einer Hühnerfarm zur Grundversorgung einer Schule in Tansania und organisierte für ein Kinderkrankenhaus in Rumänien eine Anästhesiemaschine. Die Projekte werden sorgfältig ausgewählt, Ansprechpartner vor Ort sind möglichst persönlich bekannt. Bei jedem Projekt entscheiden die Mitglieder neu, wie am besten geholfen werden kann: Soll benötigtes Geld durch einen Wohltätigkeitsball oder eine andere Form von Fundraising aufgebracht werden? Kann eine Sachspende über das Netzwerk von Förderern und Freunden beschafft werden? Die Hilfe kommt an: Weniger als fünf Prozent des Budgets fließen in den Verwaltungsaufwand.

www.oeh-online.de

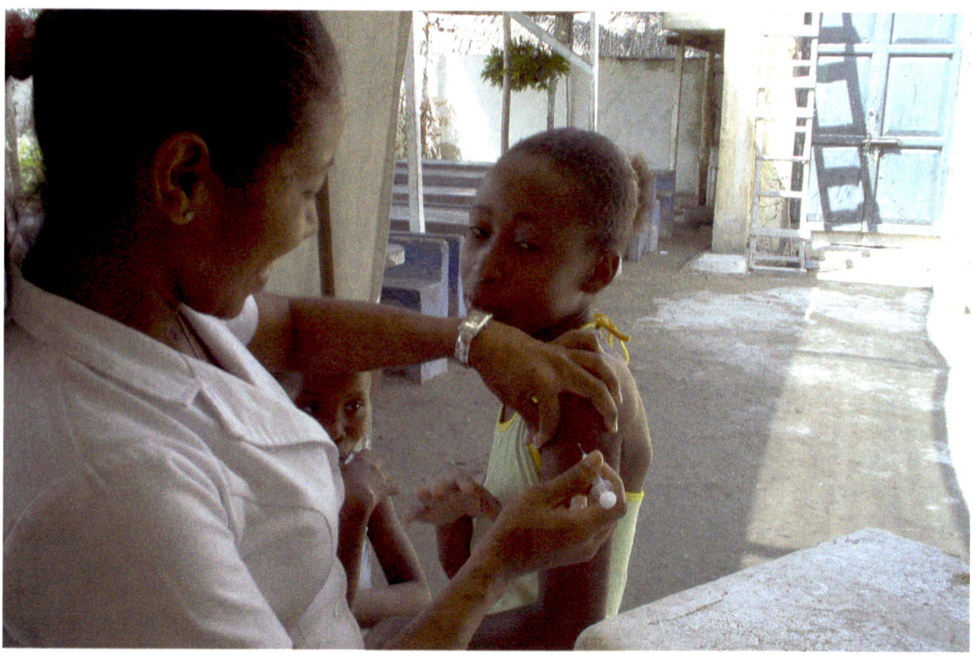

242 | STIFTUNG ZEIT FÜR MENSCHEN

BADEN-WÜRTTEMBERG

Schlossweg 1
72622 Nürtingen
Telefon 07022/505299

Veranstaltung: 11.11.2007
Martinstagsmatinee mit Zeitschenk-Aktion der Stifter

MEHR ZEIT FÜR ZUWENDUNG

„Zeit für Menschen" motiviert, freie Stunden zu spenden.

Manchmal ist Glück ganz unspektakulär. Wenn eine 86-Jährige unter geduldiger Anleitung ihre erste E-Mail an die Enkelin verschickt, einem Behinderten sein Lieblingslied vorgesungen, der verwirrte ältere Herr in den Arm genommen wird. Momente der Zuwendung kommen in der Pflege oft zu kurz. Es fehlt an Geld, Personal und vor allem an Zeit. Ein Ausweg aus der Misere heißt: ehrenamtliches Engagement. Unter dem Motto „Zeit für Menschen" steht deshalb eine Stiftung, an der sich neben Bürgern auch Unternehmen und Politiker beteiligen. Ziel ist es, möglichst viele Menschen für das Ehrenamt zu gewinnen und zu zeigen, dass es sich lohnt, sich Zeit füreinander zu nehmen. Die Stiftung engagiert und schult Einzelbürger und bildet Patenschaften mit Firmen, Banken und Schulen. Da legen Sparkassenangestellte schon mal den Schlips ab und füttern Demenzkranke, betreuen Schüler Senioren. Es bringt großen Gewinn an Lebensqualität – für die Helfenden wie für die Betreuten. Das ist mit Geld nicht aufzuwiegen – und doch eine Rechnung, die aufgeht.

www.zeit-fuer-menschen.de

243 | B.FREE BADEN-WÜRTTEMBERG

Seeweg 1a
78467 Allensbach
Telefon 07531/800782

Veranstaltung: 16.11.2007
Dankeschön-Abend für alle Beteiligten

FREI SEIN OHNE HIGH ZU SEIN

Eine Aufklärungskampagne wirbt bei jungen Leuten für Alkoholgenuss in Maßen.

Jugendliche trinken zu viel. Und sie fangen damit immer früher an. Der hundertste Geburtstag von „Rotary International" vor zwei Jahren war für die zwei Rotary-Ortsgruppen Singen und Radolfzell/Hegau Anlass, um ein zunächst privates Projekt ins Leben zu rufen. In Zusammenarbeit mit dem Suchtbeauftragten und den Jugendpflegern des Landkreises Konstanz, den Fachkräften von Suchtberatungsstellen und einer Agentur entwickelten die Initiatoren ein Konzept zur Alkoholprävention bei Jugendlichen. Mittlerweile unterstützen eine Vielzahl öffentlicher, kommunaler und verbandlicher Träger „b.free". Kinospots, Saftläden an Schulen und Vereine zum Ausschank alkoholfreier Cocktails bis hin zur Einrichtung von Runden Tischen in den Gemeinden sind Bestandteil der Kampagne. Bei Discoveranstaltungen fordern die Organisatoren Jugendliche zu maßvollem Alkoholkonsum auf. Ausstellungen und Onlineforen klären über Risiken auf. Engagiert und kreativ arbeiten verschiedene Akteure zusammen, um eine neue Form der Präventionsarbeit anzustoßen.

www.b-free-rotary.de

244 | SOS-KUNSTSTÜCK BAYERN

Menzinger Straße 23
80638 München
Telefon 089/17914140

Veranstaltung: 29.11.2007
Finissage mit Live-Versteigerung von zeitgenössischen Kunstwerken

KUNST FÜR KINDER

Die Kinderdörfer machen Versteigerungen spannender – für den guten Zweck.

Kunst kaufen und nicht wissen, wer sie gemacht hat: Das ist die Idee der SOS-Kinderdörfer, mit deren Erlös sie auch dieses Jahr wieder eines ihrer Projekte finanzieren wollen. Seit 2003 sammeln sie mit der Aktion „SOS-Kunststück" jedes Jahr bis zu 100 zeitgenössische Kunstwerke und versteigern diese im Internet. Das Besondere: Die Käufer erfahren erst hinterher, wer ihre Kunstwerke geschaffen hat. Enttäuscht werden sie dabei nicht, denn unter den Künstlern finden sich bekannte Namen wie Jonathan Meese, André Butzer oder Thomas Zipp, die ihre Werke kostenlos zur Verfügung stellen. Höhe- und Schlusspunkt ist eine Finissage, bei der prominente Gäste live gegen Bieter aus dem Internet steigern. Der Gesamterlös kommt einem der weltweit existierenden SOS-Kinderdörfer zugute. 2006 spielte die Aktion 115.000 Euro ein. Geld, mit dem nun das Kinderdorf Khartum im Sudan renoviert wird. Weltweit leben mehr als 60.000 Kinder in 470 SOS-Kinderdörfern. Die Organisation finanziert sich zum großen Teil über Spenden und Patenschaften.

www.sos-kinderdoerfer.de

245 | GEMEINSCHAFTSINITIATIVE EQUAL BERLIN

Villemombler Straße 76
53123 Bonn
Telefon 0228/995270

Veranstaltung: 01.12.2007
Uraufführung eines Animationsfilms
im Berliner Kino „International"

ARBEITEN MIT AIDS

Das Projekt „LINK-UP" integriert HIV-Positive ins Erwerbsleben.

Menschen mit HIV, die sich dank einer erfolgreichen Therapie wieder fit fühlen, möchten einer Arbeit ebenso nachgehen wie alle anderen Menschen. Dabei geht es auch um ein durch Arbeit erfülltes Leben sowie um persönliche Erfolgsgefühle und Wertschätzung durch Kolleginnen, Kollegen und Vorgesetzte. In Zeiten hoher Arbeitslosigkeit erschweren Vorurteile gegenüber HIV-Positiven deren Teilnahme am Berufsleben. „LINK-UP", das vom Bundesministerium für Arbeit und Soziales im Rahmen des EQUAL-Programms geförderte Projekt der Deutschen AIDS-Hilfe e.V., entwickelt Modelle, um Betroffenen Unterstützung zu bieten und die Arbeitswelt zu verändern. Mit einem kurzen Animationsfilm, der die Situation von Menschen mit nicht sichtbaren Erkrankungen am Beispiel AIDS am Arbeitsplatz thematisiert, will „LINK-UP" die Öffentlichkeit sensibilisieren und dazu beitragen, Vorurteile abzubauen. Die Krankheit ist grausam, soziale Ausgrenzung aber auch.

www.equal.de

246 | KINDERHOSPIZ BALTHASAR

NORDRHEIN-WESTFALEN

Maria-Theresia-Straße 30a
57462 Olpe
Telefon 02761/926540

Veranstaltung: 08.12.2007
Tag der offenen Tür

LEBEN, LACHEN, STERBEN, TRAUERN

Das Kinderhospiz Balthasar bereitet todkranken Kindern einen würdevollen Abschied.

Es ist ein Schock: Etwa 500 Mal im Jahr stellen Ärzte in Deutschland die Diagnose, dass ein Kind bald sterben wird. Mehr als 20.000 Kinder sind hierzulande so krank, dass sie nie erwachsen werden. In Olpe gibt es seit 1998 das Kinderhospiz Balthasar, das kranken Kindern und ihren Familien beim Abschied hilft. Es war das erste Haus dieser Art in Deutschland. „Leben, Lachen, Sterben, Trauern" lautet das Leitmotiv der Einrichtung in Trägerschaft der Gemeinnützigen Gesellschaft der Franziskanerinnen zu Olpe. Hier finden 180 Kinder und ihre Familien Rat und Beistand. Acht Jungen und Mädchen können mit Angehörigen im Kinderhospiz Balthasar untergebracht werden. Sie bleiben im Schnitt zwei Wochen und kommen über Jahre wieder. 30 Mitarbeiter helfen bei der würdevollen Begleitung in den Tod. Die jährlichen Kosten müssen zu zwei Dritteln durch Spenden finanziert werden. Viele Prominente unterstützen das Haus. Der Kinderliedermacher Rolf Zuckowski schrieb ins Gästebuch: „Ich gehöre zu Euch!"

www.kinderhospiz-balthasar.de

247 | OBDACHLOSENARBEIT DER BENEDIKTINER-ABTEI SANKT BONIFAZ BAYERN

Bergstraße 2
82346 Andechs
Telefon 089/551710

Veranstaltung: 24.12.2007
Gottesdienst

MENSCHLICHKEIT STATT KÄLTE

Die Benediktinerabtei Sankt Bonifaz unterstützt Obdachlose im Zentrum von München.

In Großstädten sind viele Menschen obdachlos. Vor allem Bahnhöfe werden dann oft zu Treffpunkten der Männer und Frauen ohne festen Wohnsitz. Von dort werden sie dann meist von der Polizei vertrieben. In München gibt es für die Obdachlosen eine bahnhofsnahe Hilfe – die Obdachlosenarbeit der Benediktinerabtei Sankt Bonifaz. Die Mitarbeiter des Projektes um Frater Emmanuel Rotter verteilen in der Abtei im Zentrum Münchens jeden Tag warme Mahlzeiten. In der Kleiderkammer finden die Hilfsbedürftigen etwas Passendes zum Anziehen und in Dusch- und Baderäumen alles Nötige zur Körperpflege. Zudem gibt es für sie eine eigene Arztpraxis und einen Sozialarbeiter. Dieser berät und knüpft Kontakte zu anderen sozialen Einrichtungen, denn die Obdachlosenhilfe Sankt Bonifaz bietet den Heimatlosen Unterstützung, die eigene Notlage selbstständig zu überwinden. Ein Hilfsangebot, dass jährlich von Tausenden obdachlosen Männern und Frauen angenommen wird.

www.sankt-bonifaz.de

248 | DEUTSCHES ROTES KREUZ

NORDRHEIN-WESTFALEN

Voedestraße 53
44866 Bochum
Telefon 02327/87017

Veranstaltung: 25.12.2007
Weihnachtsbetreuung

WEIHNACHT IN WATTEN-SCHEID

Das Deutsche Rote Kreuz ist Zuflucht für Einsame und Obdachlose.

DRK – drei Buchstaben, die für Hilfe, Barmherzigkeit und Mitgefühl stehen. Das Deutsche Rote Kreuz engagiert sich weltweit in Katastrophengebieten, aber auch in Deutschland: Unzählige Rettungswachen unterhält die Organisation, es gibt den mobilen sozialen Hilfsdienst für schwache und pflegebedürftige Menschen, aber auch „Essen auf Rädern". Der DRK-Kreisverband Wattenscheid bietet das alles und noch mehr. Zwei hauptamtliche Kräfte, 20 Zivildienstleistende und etwa 150 ehrenamtliche Helferinnen und Helfern stürzen sich hier nahezu täglich ins „Abenteuer Menschlichkeit". 3000 passive Mitglieder unterstützen die Arbeit. Die beste Idee verfolgt jedoch eine Gruppe ehemaliger Zivis. Obwohl der Dienst längst beendet ist, feiern sie jedes Jahr am 25. Dezember in den Räumen des Wattenscheider DRK mit Obdachlosen und einsamen Menschen Weihnachten. Die jungen Leute organisieren Fahr- und Küchendienste, schmücken den Raum und stellen ein festliches Programm auf die Beine. Näher kann man dem Sinn von Weihnachten kaum kommen: ein Fest praktizierter Nächstenliebe.

www.drk-wattenscheid.drk.de

249 | TEENEX BERLIN

Thulestraße 4
13189 Berlin
Telefon 030/47033352

Veranstaltung: 26.12.2007
Fachtagung zum Jahr der Suchtprävention 2007 im Rathaus Pankow

CLEAN-SHOW

Die „teenex-Camps" sind ein Suchtvorbeugungsprogramm von und für Jugendliche.

„It´s cool to be clean" lernen die Jugendlichen bereits vor ihrer Abschlussshow im „teenex-Camp". Teenager geraten oft in Drogenabhängigkeit – trotz Aufklärung durch Eltern und Schule. Manchen verstaubten Aufklärungsansatz lassen die erlebnispädagogischen „teenex-Camps" hinter sich. In einwöchigen Erfahrungs- und Trainingskursen lernen Jugendliche von Jugendlichen, was zu Suchtverhalten führt und entwickeln die Kraft, „Nein" zu sagen. Es werden Musicals einstudiert, in denen sie ihre Probleme und Lösungen inszenieren und gleichzeitig ihr Selbstvertrauen stärken. Ziel ist es, Jugendliche zu befähigen und zu ermutigen, in ihrem Umfeld dem Drogenmissbrauch wirksam entgegenzutreten. Die Form dafür wählen die Campteilnehmer selbst, sei es durch die Gestaltung einer Unterrichtsstunde oder direkte Einflussnahme auf das Freizeitverhalten ihrer Freunde. teenex vermittelt ohne den erhobenen Zeigefinger die eindeutige Botschaft, dass ein Leben ohne Drogen möglich ist.

www.teenex.de

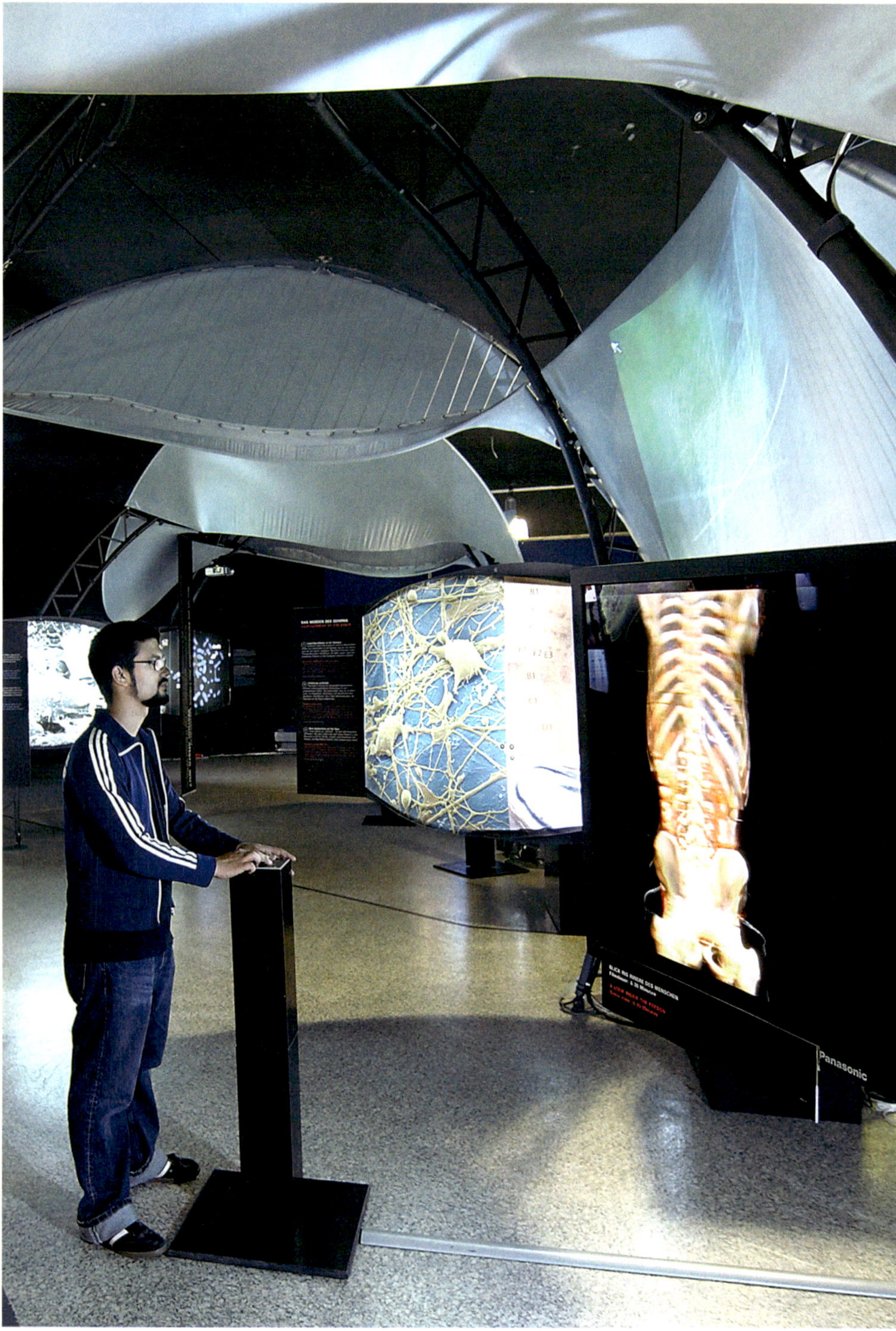
Panasonic

Wissenschaft und Technik

Im Land der Ideen wachsen Bananen nur in Gewächshäusern, die Erdölvorkommen sind überschaubar, das Erz kommt aus Schweden und das Erdgas aus Russland. Deutschlands zentrale Lage in der Mitte Europas hat viele Vorteile, der Reichtum an Rohstoffen gehört nicht gerade dazu. Nahezu alles, was dieses Land reich macht, hat seinen Ursprung in den Köpfen der Menschen, die hier leben, arbeiten und forschen. Die Wissenschaft sichert diesen Reichtum für die Zukunft. Was heute in Laboren und Denkerstübchen entwickelt wird, ist vielleicht in zehn, vielleicht in 20 Jahren ein erfolgreiches Produkt. Deutsche Tüftler haben das Auto auf die Räder gestellt und Musik so klein gerechnet, dass eine ganze Plattensammlung als MP3 in ein Gerät so groß wie eine Zigarettenschachtel passt. Während Sie diese Zeilen lesen, wird vielleicht irgendwo in Deutschland etwas erfunden, das Ihr Leben so verändert, wie einst das Auto das Leben unserer Großväter verändert hat. Alt-Bundesprädident Richard von Weizsäcker hat diesen Zusammenhang von Forschung und Wirtschaft auf den Punkt gebracht: „Die Technik von heute ist das Brot von morgen – die Wissenschaft von heute ist die Technik von morgen." Auf den folgenden Seiten möchten wir Sie für die Wissenschaft begeistern. Genau genommen nicht nur für die Wissenschaft, sondern vor allem für die Orte, an denen neue Ideen entstehen. Denn die Art und Weise, wie an einem Ort geforscht wird, hat viel damit zu tun, wie sich Ideen entfalten können. Ob Sie in Kiel einen Blick in den Ozean der Zukunft werfen, in Bielefeld mit Maschinen sprechen, als wären es Menschen oder in Göttingen das Chaos der Strömung erleben: Für Sie öffnen diese Orte im Land der Ideen 2007 die Labortüren und lassen Sie Forschung hautnah erleben. Lassen Sie sich schon heute gewinnen für die Ideen von morgen.

Eine beeindruckende Ausstellung der Max-Planck-Gesellschaft entführt in die Welt der Wissenschaft: der Science Tunnel in Dresden.

250 | ARGELANDER-INSTITUT FÜR ASTRONOMIE

NORDRHEIN-WESTFALEN

Auf dem Hügel 71
53121 Bonn
Telefon 0228/733658

Veranstaltung: 03.01.2007
Das Universum hautnah:
Der Master of Astrophysics an der Universität Bonn

UNENDLICHE WEITEN

Nur in Bonn wird der Master-Studiengang zum Astrophysiker angeboten.

Alle Rechenmodelle führten Astronomen zu demselben Schluss: Das Universum musste vier Mal mehr Masse enthalten, als sie beobachten konnten. Die Idee von der „dunklen Masse" im Weltraum wurde lange als Spinnerei abgetan. Doch vor kurzem gelang Wissenschaftlern der erste direkte Nachweis für die Existenz der dunklen Materie. Beteiligt an der bahnbrechenden Erkenntnis waren Forscher des Argelander-Instituts für Astronomie (AIfA). Die Bonner Einrichtung ist mit verantwortlich dafür, dass sich unser Bild vom Universum in jüngster Zeit stark gewandelt hat. Die Wissenschaftler decken das gesamte Spektrum der Astronomie ab, vom Sonnensystem bis zur Entstehung und Entwicklung des Universums. Dazu kommt eine erstklassige Nachwuchsförderung: Als bundesweit einziges Institut bietet das AIfA den Master-Studiengang zum Astrophysiker an und steht nicht nur für Innovation, sondern auch für eine lange Tradition: Namenspatron ist der Bonner Astronom Friedrich Argelander, der Mitte des 19. Jahrhunderts den ersten großen Sternkatalog erstellte.

www.astro.uni-bonn.de

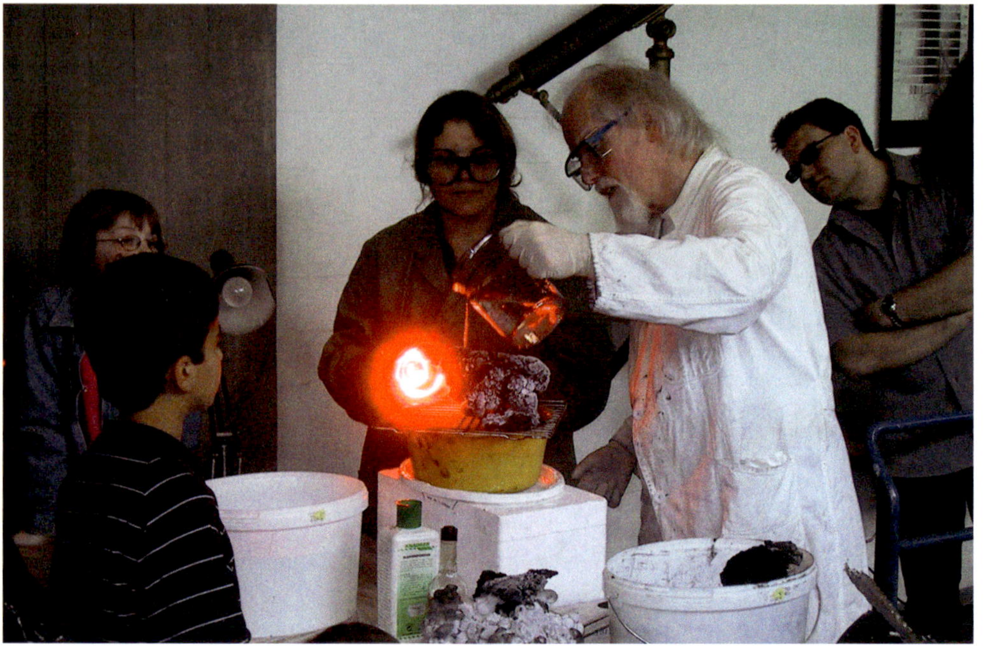

251 | TECHNISCHE UNIVERSITÄT BRAUNSCHWEIG NIEDERSACHSEN

Pockelsstraße 14
38106 Braunschweig
Telefon 0531/3914122

Veranstaltung: 09.01.2007
IHK-Neujahrsempfang

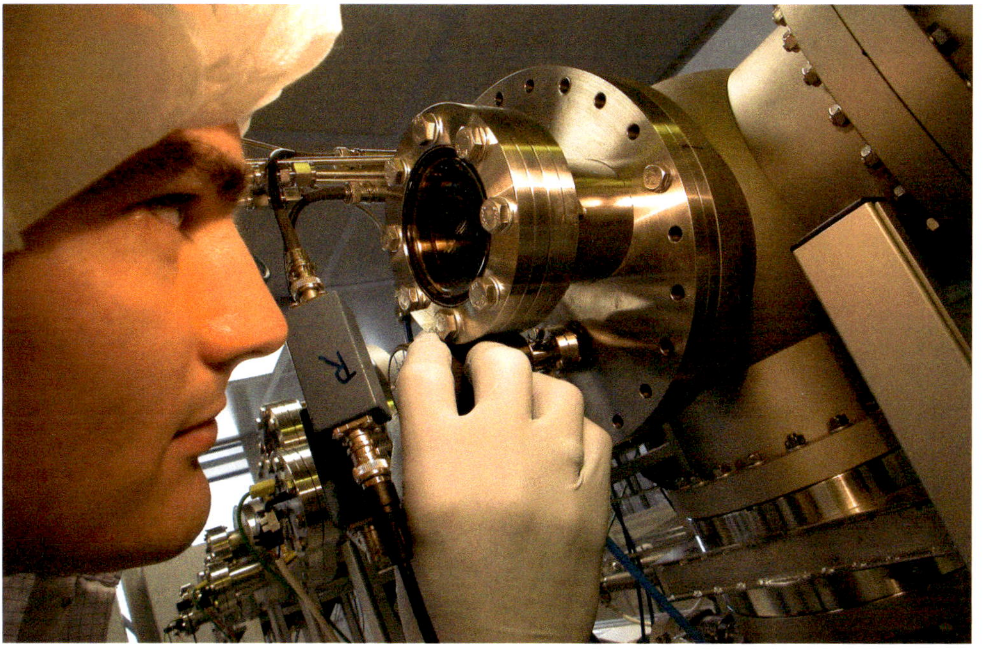

VAMPIRE ÜBER NIEDERSACHSEN

Die TU steht im Zentrum der Ideenschmiede „ForschungsRegion Braunschweig".

Falls Sie sich vor Fledermausbissen fürchten: Was da am Forschungsflughafen durch die Luft schwirrt, erinnert nur flüchtig an die kleinen „Vampire". In Wahrheit surren Mikroflugzeuge mit einer Spannweite von nur 40 Zentimetern durch die Lüfte und werden in Zukunft z.B. zur Verkehrsbeobachtung oder zur Überwachung von Industrieanlagen eingesetzt. Eine der vielen Ideen der Braunschweiger Wissenschaftler. Die Technische Universität Carolo-Wilhelmina ist eine der größten Ideenschmieden Niedersachsens. Sie bildet das Zentrum eines Netzwerks von 27 wissenschaftlichen Einrichtungen in der „ForschungsRegion Braunschweig". Auch in Sachen Fernsehtechnik ist die TU Braunschweig vorne mit dabei: Am Institut für Nachrichtentechnik erfand man das digitale Fernsehen. Dass hier Ideen mit Zukunftspotenzial entstehen, weiß auch die Wirtschaft, die eng mit der TU Braunschweig kooperiert. Anlass genug für die Industrie- und Handelskammer Braunschweig, ihren traditionellen Neujahrsempfang 2007 im Audimax der Uni auszurichten.

www.tu-braunschweig.de

252 | INTERNATIONALES HOCHSCHULINSTITUT ZITTAU SACHSEN

Markt 23
02763 Zittau
Telefon 03583/77150

Veranstaltung: 11.01.2007
Hochschulinformationstag

GO EAST

An der kleinsten Uni Sachsens studieren Deutsche, Polen und Tschechen für Europa.

Studenten müssen sich heutzutage international orientieren. Zum Praktikum in New York oder dem Auslandssemester in Barcelona gibt es allerdings Alternativen. Das Internationale Hochschulinstitut (IHI) Zittau liegt im Dreiländereck der Neiße-Region und arbeitet in Forschung und Lehre grenzübergreifend. Dies fängt schon bei der Herkunft der fast 300 eingeschriebenen Studierenden an: Über die Hälfte kommt aus Polen, viele andere aus Deutschland und Tschechien. Auch junge Menschen aus der Slowakei, Ukraine, Rumänien, Bulgarien, Weißrussland und Vietnam kommen, um ihr Diplom oder ihren Master zu machen, andere Sprachen zu lernen und unter familiären Bedingungen zu lernen, von denen ihre Kommilitonen an den Massenuniversitäten nur träumen können. Wer hier BWL studiert, sitzt nicht in überfüllten Seminaren, wer Umwelttechnik studiert, muss sich nicht um einen Platz im Labor rangeln. Die Professoren sind jederzeit ansprechbar, ein Auslandspraktikum ist für alle Studiengänge obligatorisch. Gute Gründe für den Osten.

www.ihi-zittau.de

253 | HERZ- UND DIABETESZENTRUM NRW

NORDRHEIN-WESTFALEN

Georgstraße 11
32545 Bad Oeynhausen

Veranstaltung: 16.01.2007
Ein Ort für alle Herzen: Multimedia-Präsentation

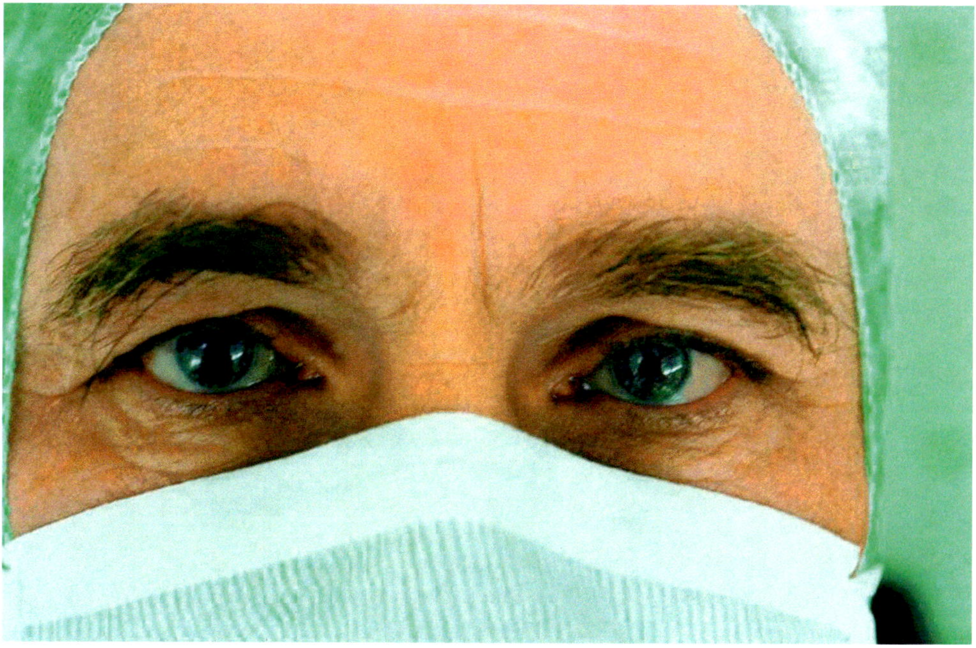

EIN ORT FÜR ALLE HERZEN

Die Chirurgen aus Bad Oeynhausen lassen künstliche und echte Herzen höher schlagen.

Was ist durchschnittlich 300 Gramm schwer, schlägt in 70 Jahren etwa drei Milliarden Mal und wälzt dabei 180 Millionen Liter Blut um? Richtig: das menschliche Herz. Bei herzkranken Menschen sehen die Werte allerdings anders aus. Sofortige Hilfe ist oft geboten. Setzt der Motor des Lebens aus oder beginnt zu stottern, dann müssen Spezialisten ran und für eine reibungslose Reparatur sorgen. Solche Fachleute findet man am Herz- und Diabeteszentrum NRW in Bad Oeynhausen. Die Idee: alle Herzensangelegenheiten aus einer Hand. Neben der breiten Palette herzchirurgischer Eingriffe nehmen die Fachleute einen Spitzenplatz für ganz Deutschland bei den Herztransplantationen ein. In den modernst ausgerüsteten OPs implantierten die renommierten Herzchirurgen erstmals ein vollständig künstliches Herz. Das ist weltweit ebenso einmalig wie das ebenfalls hier vollbrachte Kunststück, ein schlagendes Herz zu verpflanzen. In Bad Oeynhausen steht die Klinik der Herzen.

www.hdz-nrw.de

254 | IDEEN- UND PATENT-MINING

NORDRHEIN-WESTFALEN

Robert-Koch-Straße 40
48149 Münster
Telefon 0251/8332221

Veranstaltung: 18.01.2007
Ausstellung und Führungen

GEISTESBLITZE WIE IM COMIC

An der Uni Münster lassen Unternehmen die Produkte der Zukunft entwerfen.

Kennen Sie die mehrarmige Torwartmütze? Das ist ein Hut mit vier montierten Händen, der noch den schärfsten Schuss aus der Torecke kratzt. So etwas gibt es nicht nur in Entenhausen. Die Ausstellung „Dem Ingenieur ist nichts zu schwör" in der Universitätsbibliothek Münster beweist in einer Hommage an Daniel Düsentrieb, wie Torwartmütze, Fahrrad-Rasenmäher oder automatische Boxpistole aussehen, wenn man sie tatsächlich konstruiert. Schüler der Schöppinger Hauptschule haben die schrulligen Apparate gebaut. Die leibhaftigen Düsentriebs, die Studenten, erproben in Münster ihre kreativen Kräfte in moderierten „Ideen- und Patent-Minings". Das sind Kreativworkshops, die Unternehmen oder Organisationen in Auftrag geben, damit interdisziplinäre Teams Ideen für bestehende Probleme und Fragestellungen des Unternehmens entwickeln. Das Konzept macht mittlerweile an den Unis im In- und Ausland Schule.

www.uni-muenster.de/afo

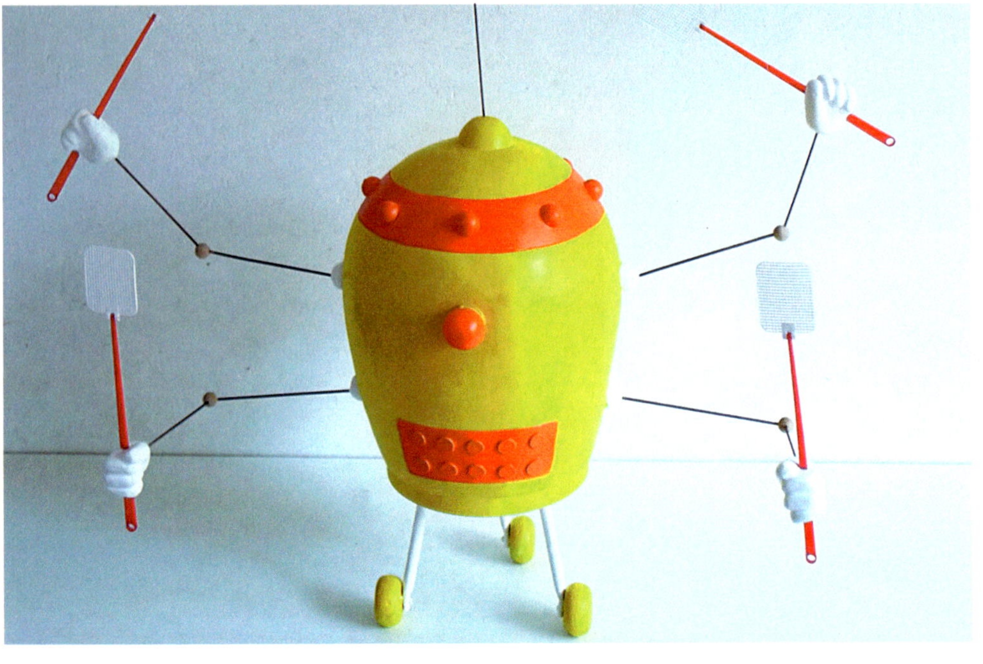

255 | SECURITY MANAGEMENT BRANDENBURG

FH Brandenburg
Magdeburger Straße 50
14770 Brandenburg
Telefon 03381/3550

Veranstaltung: 20.01.2007
Security-Forum zum Thema IT-Sicherheit

HACKERS ALPTRAUM

Die FH-Brandenburg bildet die Retter der modernen Wirtschaft aus.

Ohne Büro-Netzwerke und Internetanbindung funktionieren Unternehmen heutzutage kaum noch. Das Thema Sicherheit kommt dabei zu kurz. Sensible Firmendaten liegen für Konkurrenten und Diebe einfach so bereit. Für die Sicherheit betrieblicher Daten reichen Firewall und Virenscanner nicht aus – Fachkräfte sind nötig. Regional und international agierende Unternehmen wie SAP oder T-Systems und die FH Brandenburg bilden für das Gebiet der „Sicherheit in der Informationstechnologie" im Aufbaustudiengang „Security Management" Experten aus. Praktische Probleme internationaler IT-Unternehmen bilden dabei die Basis. Die Studierenden entwickeln theoretische Grundlagen und wenden diese zur Lösung praktisch an. Verschlüsselungstechniken, Netzwerksicherheit und die Abwehr von Internetkriminalität sind nur Teilgebiete des Studiums, auch generelles Krisen- und Katastrophenmanagement gehört dazu. „Security Management" in Brandenburg – umfassende Ausbildung zur Lösung von Sicherheitsproblemen der modernen Wirtschaft.

securityforum.fh-brandenburg.de

256 | DLR INSTITUT FÜR PLANETENFORSCHUNG

BERLIN

Rutherfordstraße 2
12489 Berlin
Telefon 030/67055320

Veranstaltung: 23.01.2007
Abendveranstaltung mit Vorträgen

MARS MACHT MOBIL

Das Institut für Planetenforschung zeigt Verfahren für Erkenntnisse aus dem All.

Was existiert außer Mars und Jupiter noch in unserem Sonnensystem? Was außerhalb? Antworten gibt das Institut für Planetenforschung in Berlin, in dem Geowissenschaftler, Physiker, Ingenieure und Mathematiker Ursprung und Entwicklung des Weltalls erkunden. Und weil diese Fragen nicht nur einen Kreis von Wissenschaftlern beschäftigen, sondern die ganze Menschheit, müht sich das Institut, seine Erkenntnisse und sein Wissen für eine breite Öffentlichkeit bereit zu stellen. So setzen die Weltraumforscher neueste Technologie in einem automatisierten Früherkennungssystem für Waldbrände ein oder zeigen Aufnahmen von der Marsoberfläche im Internet, die auf den Seiten des Instituts als Film zum Download bereitstehen. Aufgenommen wurden die Bilder mit der High Resolution Stereo Camera (HRSC), die das Institut gemeinsam mit der deutschen Industrie entwickelt hat und die die europäische Raumfahrtagentur ESA seit drei Jahren zur Kartierung der Marsoberfläche einsetzt.

www.dlr.de/PF

257 | WEINBERG CAMPUS SACHSEN-ANHALT

Von Seckendorff-Platz 3
06120 Halle (Saale)
Telefon 0345/5526134

Veranstaltung: 29.01.2007
Tag der offenen Tür

DAS LÄSST TIEF BLICKEN

Die Uni Halle macht Geologie zu einer spektakulären Reise durch den Untergrund.

Halle ist sehr alt. Urkundlich erwähnt ist die Stadt an der Saale erstmals im Jahre 806. Könnten sie, die Gesteinsschichten unterhalb der Stadt würden nur müde darüber lächeln. Denn der Boden unter der alten Ansiedlung ist viele Millionen Jahre alt. Das Fachgebiet Hydro- und Umweltgeologie der Martin-Luther-Universität Halle-Wittenberg macht die gewaltigen Zeitspannen für die Bürger der Stadt anschaulich. Dazu haben die Wissenschaftler gemeinsam mit dem städtischen Umweltamt ein digitales, dreidimensionales Modell entwickelt. Die Idee: Geologie für die Bevölkerung verständlich und interessant zu machen. Am Computerbildschirm wird so ein 145 Quadratmeter großer Ausschnitt des Stadtgebietes durch einen Klick sichtbar. Dazu haben die Entwickler das Erdreich in der Horizontalen in 40 mal 40 Meter große Tranchen unterteilt. In die Tiefe gehend, ist die 3-D-Karte bis auf den Zentimeter genau. Außer Schulklassen und Geologieinteressierten zu informieren, hilft sie auch bei technischen Fragen von Behörden.

www.geologie.uni-halle.de

258 | INNOVATIONS- UND GRÜNDERZENTRUM BIOTECHNOLOGIE BAYERN

Lise-Meitner-Straße 30
85354 Freising
Telefon 089/70065670

Veranstaltung: 31.01.2007
After-Work-Party mit Cocktails und Livemusik

BIER UND BIO

Am Brauereistandort Weihenstephan werden Biotechnologie und Life Sciences gefördert.

Aus Weihenstephan kommt Bier und die gleichnamige Buttermilch. Die soll gut für Nerven und Geistesleistung sein. Eine Verbindung zur Qualität bayerischer Forschung ist zu vermuten. In Martinsried existiert seit 1995 das Innovations- und Gründerzentrum Biotechnologie (IZB), unterstützt unter anderem aus Mitteln der High-Tech-Offensive Bayern. Seit 2002 finden auch am Standort Freising-Weihenstephan auf mittlerweile 2.200 Quadratmetern Unternehmen der Biotechnologie Gebäude, Infrastruktur und eine angemessene Arbeitsumgebung, um im Bereich der Life Sciences zu forschen und zu entwickeln. Geboten werden ausgestattete Labor-, Büro- und Lagerräume, Konferenzsäle und Gewächshäuser. Von der Technischen Universität München, die jüngst zur Eliteuniversität gekürt wurde, kommt hochqualifiziertes Personal. Damit bildet das IZB die Nahtstelle zwischen Grundlagenforschung und Marktreife und unterstützt so aktiv Unternehmensgründungen im Bereich Bio-, Agrar- und Ernährungswissenschaften.

www.izb-online.de

259 | INSTITUT FÜR MATERIALIEN UND KATALYSE BADEN-WÜRTTEMBERG

Albert Einstein Allee 11
89081 Ulm
Telefon 0731/5022575

Veranstaltung: 02.02.2007
Vortragssymposium

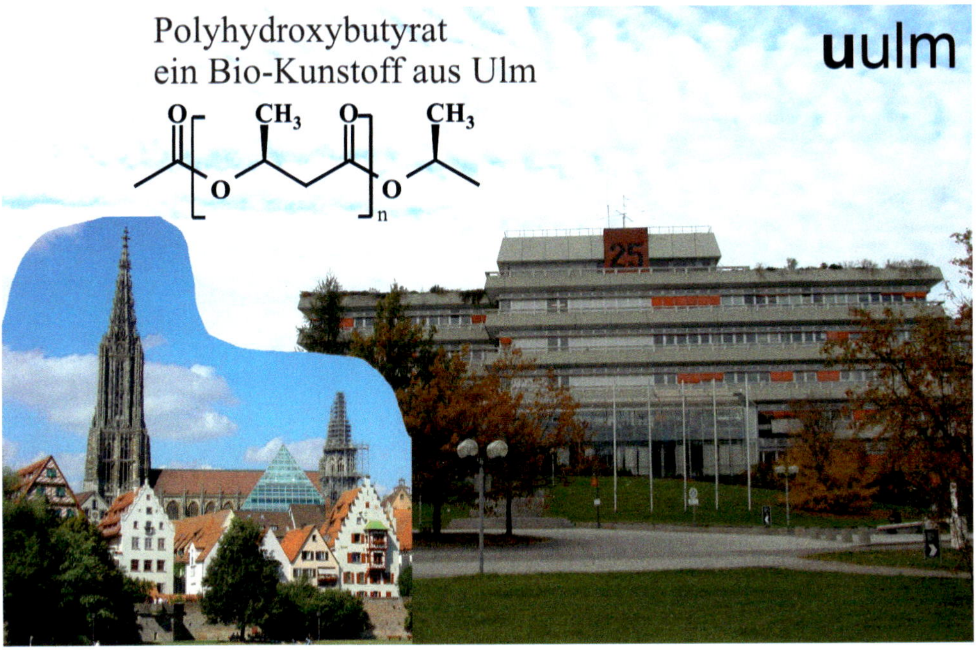

GAMMELNDE PLASTIKTÜTEN

Wissenschaftler haben einen Kunststoff entwickelt, der biologisch abbaubar ist.

Die meisten Leute würden Plastiktüten nur mit schlechtem Gewissen einfach in die Gegend schmeißen. Schließlich sind Kunststoffverpackungen nicht biologisch abbaubar. In Zukunft aber könnte es sein, dass diese Tüte einfach verschwindet, rückstandslos, ökologisch und schadstoffrei: Wissenschaftler der Universität Ulm haben in Kooperation mit BASF einen Kunststoff entwickelt, der sich im Kompost innerhalb weniger Wochen biologisch abbaut. Das Material aus sogenannten Polyhydroxybutyraten ist nach dem Vorbild der Natur gebaut, jedoch komplett synthetisch hergestellt. Und vielseitig einsetzbar ist es auch: Je nach Bedarf lassen sich harte oder weiche Varianten herstellen, die man beispielsweise zu Tüten, Bechern, Autoteilen oder Windeln weiter verarbeiten kann. Damit ist der neue Stoff eine Ergänzung zu dem derzeit in der Industrie oft gebrauchten Polypropylen. Im Vergleich dazu verbraucht der Bio-Kunststoff aber rund 50 Prozent weniger Erdöl in der Herstellung. Und das ist nicht nur umweltfreundlich, sondern spart auch Kosten.

www.uni-ulm.de/anorgchem2

260 | INSTITUT FÜR TEXTIL- UND VERFAHRENSTECHNIK BADEN-WÜRTTEMBERG

Körschtalstraße 26
73770 Denkendorf
Telefon 0711/93400

Veranstaltung: 10.02.2007
Tag der offenen Tür mit Versuchsständen in den verschiedenen Laboratorien

CLEVERLE HABEN SMARTE IDEEN

Aus Denkendorf kommen Klamotten, die mitdenken.

Dem Schwaben sagt man ja einiges nach: Er sei geizig, ein wenig verbohrt und spießig allemal. Nichts als Vorurteile. Ein weiteres geläufiges Klischee trifft allerdings zu: „Cleverle" nennen sich die Südwestdeutschen gerne und spielen damit auf ihren Erfindungsreichtum an. So wie die Wissenschaftler des Instituts für Textil- und Verfahrenstechnik (ITV) aus dem im Ländle gelegenen Denkendorf. Hier werden so genannte „smart clothes" entwickelt, ganz neuartige Kleidung vor allem für den Arbeitsmarkt. Neben der textilen Schutzschicht übernimmt bei „smart clothes" auch die Elektronik wichtige Funktionen. Die neuen Kleider bieten damit ungeahnte Fähigkeiten: Sie können Gesundheit und Umgebung überwachen, gesteuert Wärme regulieren, Kommunikation und Datenübertragung ermöglichen – echte Fortschrittsfasern also, die das moderne Leben unterstützen werden. Und das ist nur ein Beispiel dessen, was die Denkendorfer in den 80 Jahren ihres Bestehens alles erfunden haben. Allein seit 1960 hat es das ITV auf stolze 450 Patente gebracht.

www.itv-denkendorf.de

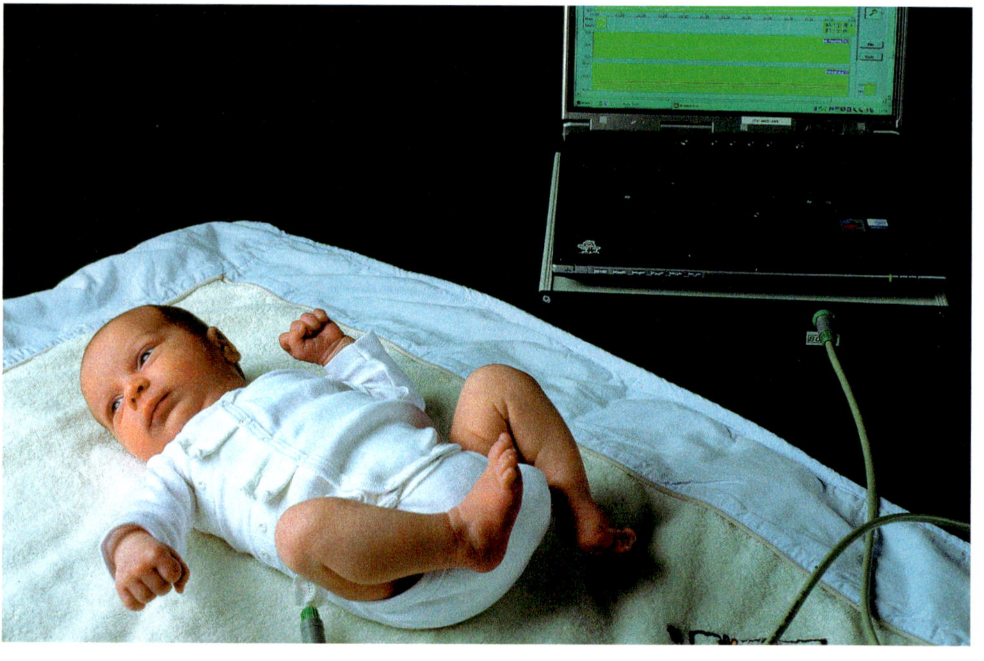

261 | SCIENCE TUNNEL SACHSEN

Georg-Treu Platz
01067 Dresden
Telefon 089/21081276

Veranstaltung: 11.02.2007
Finissage

UNTERWEGS ZUM URKNALL

Eine Reise an die Grenzen des Wissens

Was die Welt im Innersten zusammenhält – diese Frage verfolgen nach Goethes „Faust" auch die Wissenschaftler der Max-Planck-Gesellschaft. Deutschlands bedeutendste Forschungsgemeinschaft lädt mit ihrem „Science Tunnel" ein auf eine Reise zu den Mysterien dieser Welt. Warum ist das Universum so, wie es ist? Wie kommen wir zu unserem Bewusstsein? Um kleinste Teilchen und höchste Energien geht es bei der weltweit einmaligen Wissenschaftsausstellung. Erstmals auf der EXPO 2000 in Hannover präsentiert, bereiste der „Science Tunnel" vier Jahre lang Asien und Europa und zog rund zwei Millionen Menschen in seinen Bann. Dank des großen Erfolgs ist nun seit 2005 die zweite, vollständig aktualisierte Ausstellung unterwegs und kommt – nach Tokio, Singapur und Shanghai – auch nach Dresden. Mit zahlreichen interaktiven Exponaten und Multimedia-Technik zeigt der „Science Tunnel", wo Spitzenforschung heute weltweit steht. Der Blick in einen original Meteoritenstaub-Detektor hätte auch schon „Faust" zu einem Geistesblitz verholfen.

www.sciencetunnel.com

262 | LINDE HYDROGEN CENTER BAYERN

Carl-von-Linde-Straße 25
85716 Unterschleißheim
Telefon 089/357571322

Veranstaltung: 21.02.2007
Tag der offenen Tür

WASSERSTOFF IM TANK

In Zeiten knapper Ölvorkommen erforscht Linde Wasserstoff als Kraftstoff.

Erdöl ist knapp, Benzin teuer. Höchste Zeit, alternative Kraftstoffe zu entwickeln. Seit Oktober 2006 gibt es deshalb das „Linde Hydrogen Center" in Lohhof bei München, ein mit hochmoderner Technik ausgerüstetes Wasserstoff-Zentrum, das die Alltagstauglichkeit von emissionsarmem Wasserstoff als Kraftstoff unter Beweis stellt. Die Linde Group widmet sich seit Jahren der Weiterentwicklung der Wasserstofftechnologien. Das Unternehmen verfügt über die gesamte Technologiepalette, die für eine funktionierende Wasserstoff-Wertschöpfungskette nötig ist – vom Erzeugen bis zum Betanken. Herzstück des „Linde Hydrogen Centers" ist eine Tankstelle, die eine Testflotte von wasserstoffgetriebenen Pkw und Bussen sowohl mit flüssigem Wasserstoff (LH_2) als auch mit komprimiertem, gasförmigem Wasserstoff (CGH_2) versorgt. Die neue Einrichtung wird mit durchschnittlich zehn erwarteten Betankungen pro Tag bald eine der meist frequentierten Wasserstofftankstellen der Welt sein.

www.linde.com

263 | UNIVERSUM® SCIENCE CENTER BREMEN

BREMEN

Wiener Straße 2
28359 Bremen
Telefon 0421/33460

Veranstaltung: 23.02.2007
Blick hinter die Kulissen

EINMAL EINSTEIN SEIN

Im Universum® Science Center Bremen können die Menschen ihre Welt neu entdecken.

Möchten Sie im Innern eines silbernen Wals spazieren gehen? Und dabei die Geheimnisse des Menschen, der Erde und des Kosmos lüften? In Deutschland gibt es nur einen Ort, wo das möglich ist: Im Universum® Science Center Bremen, dessen äußere Hülle dem größten Säugetier auf unserem Planeten gleicht und in dessen Innern es stürmt, knallt und blitzt. Aber keine Angst. Die im Jahr 2000 eröffnete Mitmachausstellung erklärt seine Gäste vielmehr zu Entdeckern und Forschern: Mit allen Sinnen sollen sie erfahren, wie das menschliche Gehirn tickt, ein Tornado wütet und wie schwer die Schwerkraft wirklich ist. Das erlebt man nur hier in einem Gebäude, weitläufig wie fünf Handballfelder. An 250 Stationen der Ausstellung spielen sich große Phänomene in kleinen Experimenten ab. Durch Anschauen, Anfassen und Anklicken öffnen sich verschlossene Welten. Ein Universum des Wissens, das bislang fast drei Millionen Besucher angezogen hat. Mit Sicherheit haben es fast alle klüger verlassen, als sie es betreten haben.

www.universum-bremen.de

264 | ABWASSERENTSORGUNG DER GEMEINDE LAHSTEDT NIEDERSACHSEN

Am Breiten Tor 1
31246 Lahstedt
Telefon 05172/98900

Veranstaltung: 12.03.2007
„Kick-Off-Veranstaltung" im Rathaus Lahstedt

EIN SCHILF WIRD KOMMEN

In der Gemeinde Lahstedt wird Abwasser auf naturnahe Weise gereinigt.

Die Expo 2000 ist längst Geschichte. Ihr Motto „Mensch, Natur und Technik – eine neue Welt entsteht" ist jedoch weiter Programm für den kommunalen Eigenbetrieb „Abwasserentsorgung der Gemeinde Lahstedt". Als eines der zukunftsweisenden Projekte förderte die Expo 2000 in Gadenstedt den Bau einer Schilfkläranlage. Nach dem Vorbild der Natur wird nun auch in den Ortschaften Adenstedt und Münstedt die vorhandene Tropfkörperkläranlage erweitert. Der ökologische Gedanke dabei: wenig Beton und Technik, mehr Teiche und Schilfröhricht. In einem System verschiedener Kleinbiotope wird schmutziges Wasser wieder klar; ein Brut- und Lebensraum für Vögel, Fische, Amphibien und Insekten und Sauerstoff wird produziert. Auf diese Weise entstehen ganze Bio-Komplexe, die durch die angelegten Wanderwege sogar einen Freizeitwert erhalten. In drei Jahren will die Gemeinde Lahstedt ihr Abwasser vollständig ökologisch klären und „Kompetenzzentrum für alternative naturnahe Abwasserreinigungstechnik" sein.

www.lahstedt.de/abwasser/home/htm

265 | KOMPETENZZENTRUM INFORMATIK

SAARLAND

Stuhlsatzenhausweg E 1.3
66123 Saarbrücken
Telefon 0681/3025809

Veranstaltung: 19.03.2007
Tag der offenen Tür

LASST AUTOS SPRECHEN

In Saarbrücken forschen Wissenschaftler, Praktiker und Unternehmer gemeinsam.

Wenn der Airbag sich beim Crash öffnet, zählt jede Millisekunde. Auch die Bremsen werden von Mini-Computern gesteuert, die schnell und fehlerfrei reagieren sollten. Die Rückrufaktionen der Industrie zeigen jedoch, dass in der Autoelektronik häufig der Wurm drin ist. Informatiker entwickeln jetzt Systeme, die per mathematischen Nachweis fehlerfrei sind. Solche Ideen gedeihen nur in einem fruchtbaren Umfeld wie dem Kompetenzzentrum Informatik in Saarbrücken. Etwa 30 Lehrstühle der Landesuniversität und sechs außeruniversitäre Einrichtungen des Landes programmieren gemeinsam die digitale Zukunft Deutschlands. Der bundesweit führende Informatik-Standort glänzt sowohl mit preisgekrönten IT-Theoretikern als auch mit ideenreichen Praktikern. Auf dem Campus haben bereits die ersten Software-Spezialisten des Forschungsverbundes ihre Firmenzelte aufgeschlagen. Im einst rückständigen Saarland hat sich die Innovationskette geschlossen. Denn die Autos der Zukunft sollen sicher sein – und sprechen können, auch daran wird in Saarbrücken geforscht.

www.informatik-saarland.de

266 | HOCHSCHULE DER SPARKASSEN-FINANZ-GRUPPE NORDRHEIN-WESTFALEN

Simrockstraße 4
53113 Bonn
Telefon 0228/204901

Veranstaltung: 23.03.2007
Absolventenfeier Wintersemester 2006/07

HOCHSCHULE FÜR FINANZEN

Die Sparkassen-Gruppe bietet ein Hochschulstudium neben Ausbildung und Beruf an.

Die Ausbildung abschließen und dann ein Leben lang im selben Unternehmen bleiben? Heutzutage kaum noch vorstellbar. Weil viele Arbeitnehmer im Laufe ihres Berufslebens mehrmals den Arbeitgeber wechseln, sind Zusatzqualifikationen sehr wichtig. Aber Studium und Beruf lassen sich oft nur schwer vereinbaren. Die Sparkassen-Finanzgruppe hat deshalb eine eigene staatlich anerkannte Hochschule gegründet: Die Hochschule der Sparkassen-Finanzgruppe – University of Applied Sciences Bonn. Seit 2003 können aufstrebende Nachwuchskräfte der Finanzwirtschaft dort parallel zur Berufstätigkeit einen international anerkannten Hochschulgrad erwerben. Drei Bachelor-Studiengänge bietet die Hochschule an, im Sommer 2007 kommt ein Masterstudiengang dazu. Lehrveranstaltungen finden in Bonn und an acht weiteren Standorten statt. Die Kombination mit der hochschuleigenen Lernplattform gewährleistet die Vereinbarkeit von Studium und Berufsalltag. Zurzeit studieren mehr als 600 Fortbildungshungrige an der Hochschule.

www.s-hochschule.de

267 | TECHNISCHE FACHHOCHSCHULE WILDAU

BRANDENBURG

Bahnhofstraße
15745 Wildau
Telefon 03375/508101

Veranstaltung: 26.03.2007
Campusfest

MIT DER KRAFT DER LOKOMOTIVE

In Wildau treffen sich Zukunftsbranchen unter einem Dach.

Forschungsergebnisse der Technischen Fachhochschule Wildau helfen bei der Identifizierung von Landminen oder dem Verladen von Fluggepäck. Seit 15 Jahren entwickelt sich südöstlich von Berlin ein „Europäischer Spitzencampus für Wissenschaft, Wirtschaft und Lebensqualität". Motor des Prozesses ist die Hochschule, an der rund 3.500 Nachwuchskräfte in Zukunftsbranchen wie Luftfahrttechnik, Telematik oder Biosystemtechnik studieren. Die Hochschule ist in nationalen und internationalen Netzwerken integriert und als Kompetenzzentrum für europäische Projekte etabliert. Auch die Kooperation mit der Gemeinde Wildau, dem Technologie- und Gründerzentrum und dem Zentrum für Luft- und Raumfahrt ist eng. Die Innovationskraft des Ortes spiegelt sich in seiner städtebaulichen Entwicklung wider: Das denkmalgeschützte Werksensemble der ehemaligen Schwartzkopff'schen Lokomotivfabrik ist weitgehend saniert. Hier entsteht bis 2007 ein Informations-, Kommunikations- und Medienzentrum. Der Geist der Lokomotivbauer soll hier noch viele gute Ideen reifen lassen. **www.tfh-wildau.de**

268 | SOILTEC

NIEDERSACHSEN

Neue Finien 7a
28832 Achim
Telefon 04202/76700

Veranstaltung: 02.04.2007
Tag der offenen Tür

GEOZELLEN PFLASTERN IHREN WEG

Die Geozellen befestigen Böschungen und erhöhen die Belastbarkeit von Straßen, Zufahrtswegen und Stellplätzen.

Tatort Hafen. Der Frachter hat angelegt, die Sattelschlepper stehen pünktlich in Stellung. Doch der Abtransport der tonnenschweren Container wird durch unebene Wege erschwert. Mit den Geozellen der Firma Soiltec aus Achim gehören solche Probleme der Vergangenheit an. Die dreidimensionalen Zellen aus Kunststoff lassen sich mit in den Untergrund einarbeiten. Ihr großer Vorteil: Der Zellverbund schränkt die Verformung des Bodens unter Krafteinwirkung ein. Die Belastbarkeit und Tragfähigkeit der Fläche verdoppelt sich. Der Einsatz der Geozellen bietet sich bei vielen Projekten an: In erosionsgefährdeten Gebieten befestigen sie Wege und verhindern das Abrutschen. Bei wenig tragfähigem Boden stabilisieren sie den Untergrund für den Straßenbau und auch Straßenränder werden durch die Zellen sicherer, denn das Verlassen der Straße bleibt für Auto und Lastwagen problemlos. Zusätzlich eignen sich die Geozellen ebenso für Böschungen und Wälle. Auch hier rutscht nichts mehr ab und die Konstruktion bleibt sicher. Und aufzuregen braucht sich im Hafen in Zukunft auch niemand mehr.

www.geozellen.de

269 | RESPECTRESEARCHGROUP HAMBURG

Von Melle Park 5
20146 Hamburg
Telefon 040/428384725

Veranstaltung: 12.04.2007
Workshop zum Thema „Respekt"

RESPEKT – FIND OUT WHAT IT MEANS TO ME

Hamburger Wissenschaftler erforschen mit modernen Mitteln eine alte Tugend.

„Respekt – ist unsere Aufgabe und nicht 'ne falsche Maske, die ich aufhabe", reimten „Jazzkantine" Anfang der Neunzigerjahre. Damit stehen sie in einer Reihe mit der Bundesfamilienministerin, den Kirchen, Eltern und Lehrern. Ein althergebrachter Wert ist plötzlich wieder in aller Munde. An der Universität Hamburg beschäftigt sich gleich eine ganze Gruppe aus Nachwuchswissenschaftlern mit dem Thema. Das Forscherteam RespectResearchGroup untersucht das Phänomen „Respekt", seine Ursachen und seine Konsequenzen. Sie verstehen Respekt als eine Art soziales Schmiermittel, das Zusammenleben erst ermöglicht, strukturiert und produktiv macht. Den akademischen Elfenbeinturm zu verlassen und sich der Praxis zuzuwenden ist das Ziel der Wissenschaftler. Die Ergebnisse: Vorträge, Diskussionsrunden und konkrete Praxisratgeber für den Umgang mit gesellschaftlichen Konflikten. Aus Forschen wird Handeln. Denn schließlich geht es um ein großes Ziel: Respekt verstehen und leben.

www.respectresearchgroup.org

270 | MAGDEBURGER CAMPUS SACHSEN-ANHALT

Breitscheidstaße 2
39114 Magdeburg
Telefon 0391/8864242

Veranstaltung: 14.04.2007
Fest und Workshop Bionik

FEUERMELDER MIT SECHS BEINEN

Die FH Magdeburg-Stendal entwickelt nach dem Vorbild der Natur technische Produkte.

Er hat sechs Beine und ein Super-Gespür. In einem Umkreis von zwei Quadratkilometern bemerkt er, wenn es brenzlig wird. Der Laufroboter OLE – eine Offroad-Lösch-Einheit – wird zur Früherkennung von Waldbränden eingesetzt, sein natürliches Vorbild ist u.a. der Kiefernprachtkäfer. Die Funktionsweise seiner feinen Sensoren, die auf Hitze reagieren, haben Wissenschaftler des Institut für Industrial Design der Hochschule Magdeburg-Stendal (FH) auf OLE übertragen. Der hochsensible Roboter-Käfer ist eine Designstudie in Zusammenarbeit mit dem Bionik-Kompetenz-Netz Deutschland, zu dem die Magdeburger Designer gehören. Biologen, Ingenieure, Techniker und Designer entschlüsseln Patente der Natur und leiten daraus technische Anwendungen ab. 2007 steht die Stadt Magdeburg unter dem Motto „Umbrüche – Aufbrüche". Eine Idee dabei: ein Designprozess, der verschiedene Wissenschaften vereint und der Lösungen der Natur in technische Produkte transferiert.

www.gestaltung.hs-magdeburg.de

271 | ZENTRUM MODERNER ORIENT BERLIN

Kirchweg 33
14129 Berlin
Telefon 030/803070

Veranstaltung: 19.04.2007
ZMO-Posterausstellung und Buchpräsentation

ORIENT IM EXPRESS

Das Zentrum Moderner Orient kämpft mit Forschung und Fakten gegen Vorurteile.

Der wilde Westen fängt bekanntlich gleich hinter Hamburg an. Aber wo genau beginnt der Orient? Durchleben wir derzeit wirklich einen „Kampf der Kulturen" oder sind andere Interessen im Spiel? Fragen wie diese erforschen Mitarbeiter des Zentrums Moderner Orient in Berlin. Ein Auftrag, der in Zeiten zunehmender Auseinandersetzungen in einer globalisierten Welt immer wichtiger wird. Denn ohne Verständnis der gemeinsamen Wurzeln und Geschichte ist ein friedliches Zusammenleben unmöglich. Das Zentrum Moderner Orient bezieht alle muslimisch geprägten Gesellschaften von Mauretanien bis nach Indonesien in seine Forschungen mit ein und reduziert den Orient nicht auf den Nahen Osten. Es liefert einen Überblick über die kulturelle Vielfalt dieses Raums und baut Vorurteile und Missverständnisse ab. Somit kommt der Arbeit des Zentrums eine zentrale gesellschaftspolitische Funktion zu: Nur Aufklärung und Wissen schaffen jenen Dialog, der Konflikte einvernehmlich beizulegen hilft.

www.zmo.de

272 | EUROPÄISCHE EDV-AKADEMIE DES RECHTS SAARLAND

Torstraße 43a
66663 Merzig
Telefon 06861/793711

Veranstaltung: 22.04.2007
Tag der offenen Tür

RECHT UND RECHNER

Die EEAR hilft Juristen und IT-Experten, zueinander zu finden.

Wie viele andere Berufsgruppen benötigen auch die Juristen individuell abgestimmte EDV-Lösungen, um den Anforderungen ihres Berufsstandes gerecht zu werden. Dank der Europäischen EDV-Akademie des Rechts (EEAR) ist dieses Problem für Juristen nun gelöst. Ziel der Akademie ist es, praktische EDV-Lösungen für die Justiz und die rechtsberatenden Berufe zu entwickeln und entsprechende Aus-, Fort- und Weiterbildungen für die Mitarbeiter anzubieten. Außerdem sollen die Bundesländer beim Aufbau von leistungsfähigen und aufeinander abgestimmten IT-Lösungen für Justiz und Rechtsanwälte beraten werden. Der Austausch zwischen Software-Entwicklern und Anwendern aus juristischen Berufen steht ebenfalls im Mittelpunkt. So finden die Beteiligten gemeinsam innovative Lösungen zur optimalen Gestaltung der Prozesse auf dem Rechtssektor, auch über Ländergrenzen hinweg.

www.eear.de

273 | DEUTSCHES FORSCHUNGSZENTRUM FÜR KÜNSTLICHE INTELLIGENZ RHEINLAND-PFALZ

Trippstadter Straße 122
67663 Kaiserslautern
Telefon 0631/2053211

Veranstaltung: 24.04.2007
Festveranstaltung und Einweihung des neuen DFKI-Gebäudes

MASCHINEN MIT ÜBERBLICK

Der Computer von morgen kennt den Menschen besser als dieser sich selbst.

Im Büro werden wir tagtäglich mit einer Vielzahl von Informationen konfrontiert. Es fällt schwer, in diesem Dschungel den Überblick zu behalten. Das Deutsche Forschungszentrum für Künstliche Intelligenz (DFKI) in Kaiserslautern bringt mit intelligenter Software Licht ins Dunkel. Die führende Forschungseinrichtung auf dem Gebiet innovativer Softwaretechnologien entwickelt das „Virtuelle Büro der Zukunft". Der Assistent von morgen heißt Semantic Desktop. Er verändert den Computerarbeitsplatz radikal, denn er verwaltet nicht mehr Dateien, sondern Projekte und Personen. Der Computer wird darauf ausgerichtet sein, mentale Modelle des Anwenders zu kennen. Die Software organisiert E-Mails, Dokumente, Fotos und Termine in einem Wissensnetz. Sie merkt sich die Arbeitsgewohnheiten des Benutzers und ist ihm immer einen Schritt voraus. Was unheimlich anmutet, soll bald Realität werden. 240 Forscher aus 42 Nationen tüfteln am DFKI an Zukunftstechnologien. Sie arbeiten eng mit Wirtschaftsunternehmen zusammen und setzen Ideen in die Praxis um.

www.dfki.de

274 | NANOBIONET SAARLAND

Science Park Saar
66123 Saarbrücken
Telefon 0681/6857364

Veranstaltung: 25.04.2007
Tag der offenen Tür

GROSSER AUFTRITT FÜR KLEINE TEILCHEN

NanoBioNet ist ein riesiges Netzwerk für winzige Innovationen.

Sie sind so klein, dass man sie mit bloßem Auge nicht sehen kann. Und so groß in ihrer Wirkung, dass sämtliche Industriezweige nicht mehr ohne sie sein wollen: Nanopartikel. Sie können den Lack auf Autos kratzfest machen, Brillengläser vor dem Beschlagen schützen oder Fingerabdrücke auf Metall unsichtbar werden lassen. In Kombination mit der Biotechnologie geht noch mehr, etwa Medikamente gezielt an ihren Wirkort zu transportieren oder Implantate noch verträglicher zu machen. In der Region Saarland/Rheinland-Pfalz leisten viele Forscher Pionierarbeit in Sachen Nano- und Biotechnologie. Ihre Errungenschaften bilden den Kern von NanoBioNet, einem Netzwerk aus Hochschulen, Instituten, Kliniken und Unternehmen. NanoBioNet hilft seinen rund 90 Mitgliedern zum Beispiel dabei, Fördermittel zu erhalten oder ihr Knowhow auf unterschiedlichen Plattformen zu präsentieren. Das gemeinsame Anliegen von Wissenschaft und Wirtschaft: marktreife Produkte auf Basis der Nano- und Biotechnologie und neue Arbeitsplätze für die Region.

www.nanobionet.de

275 | ZAHNKLINIK MARBURG/LAHN HESSEN

Georg-Voigt-Str. 3
35033 Marburg/Lahn
Telefon 06421/2863200

Veranstaltung: 02.05.2007
Vortrag mit Patientendemonstration

KRÖNUNGSZEREMONIE

Das Prepometer der Uniklinik Marburg macht das Überkronen sicherer.

Der Arzt, der den Menschen auf den Zahn fühlt, muss vorsichtig sein. Bei bis zu 15 Prozent der überkronten Zähnen stirbt nach der Behandlung das Zahnmark ab. Um eine Krone zu setzen, wird der Zahn zu einem Stumpf geschliffen. Dabei kann es zu Schäden kommen, wenn der Arzt bei der Behandlung zuviel Substanz von Zahnschmelz und dem darunter liegenden Zahnbein abschleift. Um das zu verhindern, entwickelten Mediziner der Zahnklinik Marburg das Prepometer, mit dem erstmals die richtige Schlifftiefe bei der Behandlung kontrolliert werden kann. Seit 2001 kommt das Gerät sowohl bei der Arbeit von Zahnärzten als auch bei der Ausbildung der Studierenden zum Einsatz. Es sieht aus wie ein digitales Fieberthermometer und funktioniert mit einer patentierten elektrischen Widerstands-Messtechnik. Auch die Deutsche Gesellschaft für Zahn-, Mund- und Kieferheilkunde empfiehlt die Widerstandsmessung, bei der über farbige LED-Dioden angezeigt wird, ob der Zahnarzt buchstäblich noch im grünen Bereich arbeitet.

www.prepometer.info

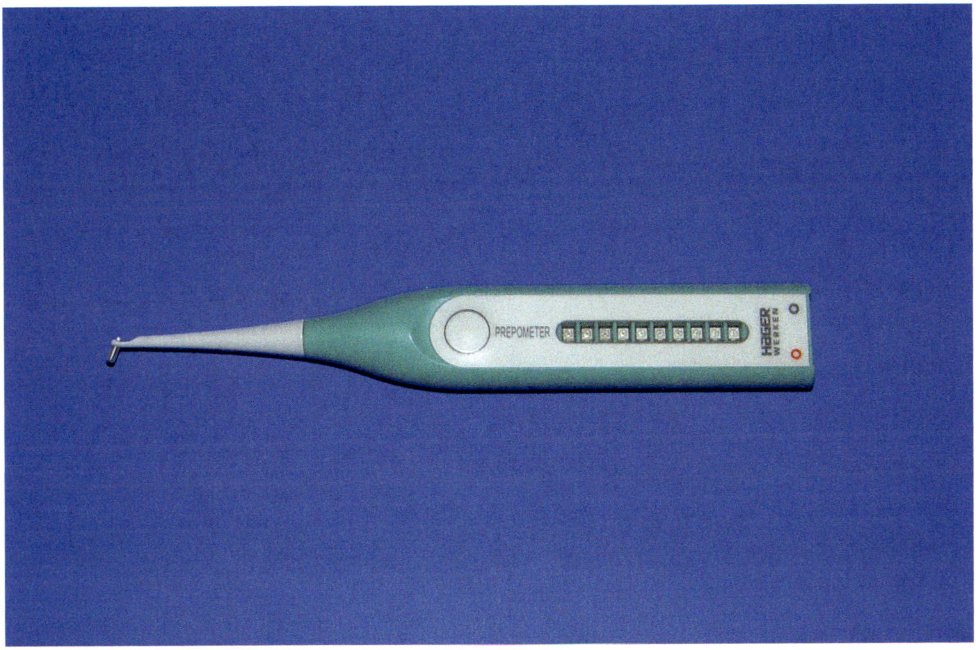

276 | INTERNATIONALER STUDIENGANG BIONIK BREMEN

Neustadtswall 30
28199 Bremen
Telefon 0421/59050

Veranstaltung: 09.05.2007
Bionik für Besucher von 8 bis 80

HIGHTECH-FORSCHUNG AN TIEREN UND PFLANZEN

An der Hochschule Bremen gibt es den weltweit einzigen Studiengang Bionik.

Fliegen – ein alter Menschheitstraum. Leonardo da Vinci nahm sich den Schwingenschlag der Vögel zum Vorbild, als er seine Flugmaschinen für den Menschen entwarf und war damit gleichsam ein Pionier der Bionik. Kernfrage dieser Wissenschaft ist nämlich, wie man die Errungenschaften der biologischen Evolution für technische Anwendungen nutzbar machen kann. An der Hochschule Bremen wird seit dem Wintersemester 2003/04 weltweit einmalig der Internationale Studiengang Bionik (ISB) angeboten. Er ist auf sieben Semester inklusive integriertem Auslandsaufenthalt angelegt und wird mit dem Bachelor abgeschlossen. Die Studenten bewegen sich an der Grenze zwischen Naturwissenschaft und Technik und richten den Blick stets darauf, ihre Ergebnisse in neue Technologien umzusetzen. So trägt die Hochschule Bremen dazu bei, den Wirtschafts- und Bildungsstandort Deutschland zu sichern. Interdisziplinäre Forschung mit hohem Praxisbezug: Bionik ist längst ein Elite-Studiengang, wie Bildungsminister ihn sich wünschen.

www.bionik.hs-bremen.de

277 | MOSES MENDELSSOHN ZENTRUM

BRANDENBURG

Am Neuen Markt 8
14467 Potsdam
Telefon 0331/280940

Veranstaltung: 10.05.2007
Tag der offenen Tür

BIBLIOTHEK VERBRANNTER BÜCHER

Das Moses Mendelssohn Zentrum gibt von den Nazis verbrannte Bücher neu heraus.

Die Brandwunden sind nicht verheilt. 73 Jahre nach den Bücherverbrennungen durch die Nationalsozialisten klafft in Deutschlands Bibliotheken noch immer ein schwarzes Loch. Dieses zu füllen, ist die Idee des Moses Mendelssohn Zentrums in Potsdam. Bis zum Jahr 2008 will das Institut für europäisch-jüdische Studien die „Bibliothek verbrannter Bücher" einrichten. Neben bekannten Autoren wie Lion Feuchtwanger, Anna Seghers oder Upton Sinclair werden hier auch Dichter, Romanciers, Wissenschaftler und Publizisten zu finden sein, die heute zu Unrecht vergessen sind. 300 Titel werden in die Bibliothek aufgenommen und als Unterrichtslektüre an 3000 Schulen weitergegeben. Unterrichtsvorschläge, ein Dokumentations- und Biografienband, eine multimediale DVD und eine Webseite sollen Schüler und Lehrer zum Lesen der „verbrannten Texte" motivieren. Als erster Band erschien 2006 ein Neudruck des Werkes des deutsch-jüdischen Staatsrechtlers Hugo Preuß: „Staat, Recht und Freiheit" (1926). Das Buch war am 10. Mai 1933 öffentlich verbrannt worden.

www.mmz-potsdam.de

278 | NEUROCHIRURGIE KLINIKUM KARLSRUHE

BADEN-WÜRTTEMBERG

Kussmaulstraße 90
76131 Karlsruhe
Telefon 0721/9740

Veranstaltung: 11.05.2007
Symposium und Tag der offenen Tür

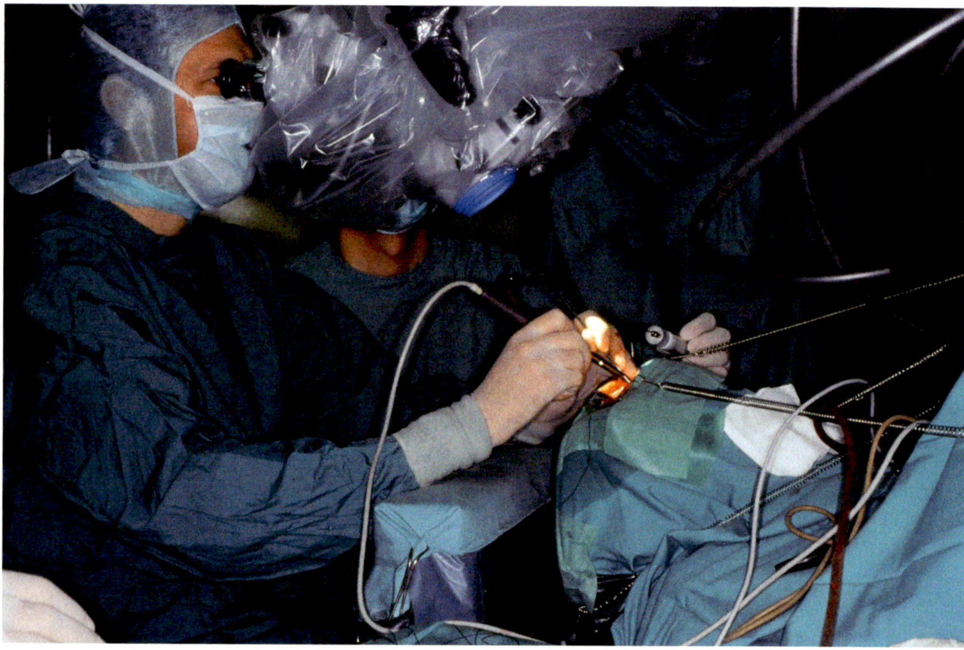

GEHIRN-OP ALS PUBLIC VIEWING

Das Städtische Klinikum Karlsruhe präsentiert eine Weltneuheit bei Gehirnoperationen.

Als das Städtische Klinikum Karlsruhe im Jahr 1907 gegründet wurde, waren Begriffe wie Neurochirurgie, Kernspin oder „online" noch weitgehend unbekannt. Doch zum 100-jährigen Jubiläum des Krankenhauses verbindet die Klinik all diese Wörter unter dem Begriff „Fortschritt": Die Neurochirurgische Klinik in Karlsruhe wird in Zusammenarbeit mit der Firma Innomedic GmbH im Jahr 2007 ein weltweit einzigartiges Operations-Assistenzsystem vorstellen, das Punktionen des Gehirns im Kernspintomografen ermöglicht und diese in Echtzeit online sichtbar macht. Damit wird das Leistungsspektrum der Neurochirurgischen Klinik, das Operation und Therapie von Erkrankungen des Gehirns, des Rückenmarkes und des peripheren Nervensystems umfasst, weiter verbessert. Etwa 1.500 stationäre und mehr als die doppelte Anzahl ambulanter Patienten werden davon im Jahr profitieren. Und für Besucher des Tages der offenen Tür gibt es zum Jubiläum einen wahrhaft tiefen Einblick in die neurochirurgische Arbeit: die Liveübertragung einer Gehirnoperation.

www.klinikum-karlsruhe.com

279 | PRODUKTIONSTECHNISCHES ZENTRUM HANNOVER NIEDERSACHSEN

An der Universität 2
30823 Garbsen
Telefon 0511/7629434

Veranstaltung: 14.05.2007
Tag der offenen Tür

FORSCHUNG UND INDUSTRIE UNTER EINEM DACH

Wissenschaft und Wirtschaft entwickeln gemeinsam die Fabriken der Zukunft.

Mehrere Institute der Universität Hannover haben sich zum offenen Produktionstechnischen Zentrum (PZH) zusammengeschlossen und bieten gemeinsam mit Partnern aus der Industrie projektorientiertes Studieren und Arbeiten an. Das bedeutet: Wissenschaftler der Universität entwickeln gemeinsam mit Ingenieuren aus Unternehmen neue Technologien, Verfahren, Geräte, Maschinen und Methoden. Dabei steht nicht die Produktion im Vordergrund, sondern die Ideenfindung, der Werkstoff und das Zusammenwirken der Prozesse, die schließlich das Produkt bestimmen. Das in „Public-Private-Partnership" betriebene PZH erfüllt mit dieser Kooperation eine wesentliche Forderung der Industrie an die Forschung und Lehre. Auch die Studenten profitieren von dem engen Kontakt zur Wirtschaft. Ebenso Existenzgründer, denen das PZH ein logistisches Umfeld bietet, in dem sie ihr Potenzial oft erst entfalten: Sie haben hier die Möglichkeit, Räume, Geräte, Maschinen zu nutzen und mit dem Personal des PZH zusammenzuarbeiten.

www.pzh-hannover.de

280 | MURMANN SCHOOL SCHLESWIG-HOLSTEIN

Bismarckallee 24
24105 Kiel
Telefon 0431/7097612

Veranstaltung: 24.05.2007
Murmann Forum zum Thema
Führungsstrategien

THINK GLOBAL

In Kiel lernen Führungskräfte, auf der ganzen Welt zu Hause zu sein.

Im Spätsommer 2007 wird die private „Murmann School of Global Management and Economics" in Kiel Lehre und Forschung aufnehmen, um wichtige Qualifikationen für Führungskräfte in multinationalen Unternehmen und Organisationen zu vermitteln. Wer Karriere in internationalen Konzernen und Organisationen machen will, muss mehr können als Englisch plus Fachgebiet: andere Länder, anderer Führungsstil, andere wirtschaftliche Umstände. Der Fokus der Hochschule liegt auf der weltweit einzigartigen Verknüpfung von globalem Management und weltwirtschaftlicher Ökonomie – und sie strebt eine Spitzenposition unter den internationalen Business Schools an. Angeboten wird ein einjähriger Vollzeit-Studiengang, der zum akkreditierten Master-Abschluss führt, sowie kürzere Zertifikats-Programme. Die private Hochschule ist eine gemeinsame Initiative des Stifters und ehemaligen Arbeitgeberpräsidenten Klaus Murmann, des Instituts für Weltwirtschaft Kiel, der Christian-Albrechts-Universität Kiel und des Landes Schleswig-Holstein.

www.murmann-school.com

281 | FORSTWISSENSCHAFTEN DER TU DRESDEN SACHSEN

Pienner Straße 8
01737 Tharandt
Telefon 035203/3831210

Veranstaltung: 27.05.2007
Tag der offenen Tür
und Vortragsveranstaltung

RAUM ZUM ATMEN

Seit 200 Jahren nachhaltige Forstwirtschaft: Die Idee ist heute von globaler Bedeutung.

Steht in der sächsischen Kleinstadt Tharandt die Wiege der Nachhaltigkeit? Das wäre vermessen, schließlich gibt es die Zweifelderwirtschaft schon seit der Antike als nachhaltiges Prinzip. Am Wald indes trieben unsere Vorfahren lange Raubbau. Da bedurfte es erst des Sachsen Heinrich Cotta, der in seiner 1811 gegründeten forstlichen Lehranstalt eine nachhaltige Waldnutzung predigte und wohl erstmals appellierte: „Rettet den Wald!" Cotta begründete in Tharandt die nachhaltige Forstwirtschaft. Er propagierte die Idee, Holz nicht zu züchten, sondern Wald zu bauen. Zeit, Stabilität und Raum zum Atmen verordnete er als Wachstumspräparate. Forstwissenschaftler der Fakultät Tharandt loben stolz, dass die Ideen ihres Kollegen heute weltweit Anwendung finden und die von Cotta beschriebene Öko-Funktion des Waldes ein wichtiger Aspekt in der globalen Klima-Debatte ist. Wer sich mit Cottas Idee praktisch beschäftigen will, erlebt im Forstbotanischen Garten von Tharandt auf einem Entdeckungspfad Nachhaltigkeit direkt und pädagogisch aufbereitet.

www.tu-dresden.de/forst

282 | EUROPÄISCHES FORUM FÜR MIGRATIONSSTUDIEN BAYERN

Katharinenstraße 1
96052 Bamberg
Telefon 0951/9320200

Veranstaltung: 12.06.2007
Festakt

FEST FÜR DEUTSCHLAND

Die Migrationsforscher vom efms machen den Einbürgerungsakt zu einem Fest für alle.

Die erfolgreiche Integration von Migranten liegt nicht nur im Interesse der aufnehmenden Gesellschaft, sondern auch der zugewanderten Menschen selbst. Die Eingebürgerten bereichern die kulturelle Vielfalt des Landes. Gleichzeitig sichert eine Einbürgerung den Zugewanderten die Teilhabe am gesellschaftlichen Leben mit allen sich bietenden Chancen und Verpflichtungen. Ein wenig Emotion darf da ruhig im Spiel sein, findet das efms, das 1993 gegründete „europäische forum für migrationsstudien". Die Idee: Die Einbürgerung wird zu einem Festakt gemacht – sowohl für die Neu-Deutschen als auch für Deutschland. Durch den Einbezug von Personen des öffentlichen Lebens, einen festlichen Rahmen mit Musik sowie der Aufmerksamkeit der Medien haben beide Seiten das Gefühl, dass die Einbürgerung ein bedeutsames Ereignis ist – für alle. Das efms setzt seine Idee gleich in die Tat um: Im Jahr 2007 wird es gemeinsam mit der Stadt Bamberg die im Vorjahr Eingebürgerten in einer feierlichen Zeremonie willkommen heißen.

www.uni-bamberg.de/efms

283 | OFFIS INSTITUT FÜR INFORMATIK

NIEDERSACHSEN

Escherweg 2
26121 Oldenburg
Telefon 0441/97220

Veranstaltung: 13.06.2007
Tag der offenen Tür

ANSCHNALLEN REICHT NICHT

Was sich Forscher alles ausdenken, um die Sicherheit im Verkehr zu erhöhen.

Ob zu Lande oder in der Luft – der Verkehr in Deutschland nimmt zu. Und damit auch das Unfallrisiko. Das erfordert, die bestehenden hohen Sicherheitsstandards bei Bahnen, Autos und Flugzeugen weiter zu gewährleisten oder gar zu erhöhen. Airbagsteuerung und Abstandskontrolle im Auto, Kollisionsvermeidung im Flugverkehr, Streckenkontrolle des Schienennetzes – die Anzahl und Komplexität der elektronischen Systeme in Fortbewegungsmitteln, die sicherheitskritische Funktionen haben, ist enorm. Um einen Einblick in die aktuelle Forschungs- und Entwicklungsarbeit für sicherheitskritische Systeme zu bieten, veranstaltet OFFIS, das „Oldenburger Forschungs- und Entwicklungsinstitut für Informatik-Werkzeuge und -Systeme", seinen jährlichen Informationstag unter dem Motto „Sicherheit im Verkehr". Referenten aus Industrie und Forschung zeigen der Öffentlichkeit durch anschauliche Vorträge und Vorführungen, wie man auf die Herausforderungen reagiert, die Komplexität der Systeme zu beherrschen und die Sicherheit im Verkehr zu garantieren.

www.offis.de

284 | LEIBNIZ-INSTITUT FÜR MEERESWISSENSCHAFTEN SCHLESWIG-HOLSTEIN

Wischhofstraße 1-3
24148 Kiel
Telefon 0431/6000

Veranstaltung: 24.06.2007
Ausstellung

ABGETAUCHTE SPITZENFORSCHER

Der „Ozean der Zukunft" macht modernste Meeresforschung zum Erlebnis.

Mehr als zwei Drittel unseres Planeten sind von Ozeanen bedeckt. Doch über die Tiefen der Weltmeere wissen wir wenig. Dabei entscheidet das unbekannte Universum Ozean über Leben oder Tod auf der Erde, wie die Tsunami-Katastrophen beweisen. Forscher des Leibniz-Instituts für Meereswissenschaften und der Universität Kiel lüften nach und nach die Geheimnisse der Unterwasserwelt: Welche Rolle spielt das mikroskopisch kleine Plankton für das Gleichgewicht der Meere? Welchen Einfluss haben ferne Meeresströme auf das Wetter vor unserer Haustür? Die Multimedia-Ausstellung des Forschernetzwerks und der Muthesius Kunsthochschule liefert anschauliche Antworten auf diese und viele weitere Fragen. Sie entführt den Besucher mit einer interaktiven Computersimulation zu den Meeresböden dieser Welt und beschreibt, wie man Seebeben ortet und misst. Und wer wissen möchte, was wirklich hinter Frank Schätzings Ozean-Bestsellern steckt, findet hier wissenschaftlichen Rat und stößt auf eine Menge maritimer Überraschungen.

www.ifm-geomar.de

285 | TÜV NORD AVIATION NORDRHEIN-WESTFALEN

Langemarckstraße 28
45141 Essen
Telefon 0511/9861421

Veranstaltung: 26.06.2007
Präsentation: Sicherheit im Luftverkehr

LUFTVERKEHR – ABER SICHER!

TÜV NORD Aviation schafft Netzwerke der Sicherheit.

Der Luftverkehr wird weltweit von umfassenden Standards geprägt und ist heute eines der komplexesten technischen Systeme. Für die Luftfahrtindustrie ergeben sich große Herausforderungen aus der Liberalisierung und Standardisierung des Luftverkehrsmarktes – hinzu kommen verschiedene Bedrohungsszenarien. Der TÜV NORD ist lange in der Luftfahrtindustrie tätig und positioniert sich durch das neue Geschäftsfeld Aviation. Hier wird Sicherheit im Luftverkehr international und thematisch umfassend in einer vernetzten Struktur kompetent bearbeitet. TÜV NORD Aviation stellt die neutrale Mitte eines Netzes zwischen Luftverkehrswirtschaft, Universitäten sowie europäischen und nationalen Luftfahrtbehörden dar. So durch die Ausbildung von über 3.400 Personen für Luftsicherheitsaufgaben und der europaweit ersten Akkreditierung für die Überprüfung von Flugsicherungsorganisationen. Die beauftragte Auditierung der Deutschen Flugsicherung GmbH verdeutlicht das Vertrauen in die neutrale Kompetenz der TÜV NORD Aviation.

www.tuev-nord.de

286 | IT IM GESUNDHEITSWESEN

BADEN-WÜRTTEMBERG

c/o Calcucare, Kaiser-Joseph-Straße 274
79098 Freiburg
Telefon 0700/69712640

Veranstaltung: 03.07.2007
Vortrag, Podiumsdiskussion

GESUNDER GEIZ

Ein neues Institut bietet Studiengänge für mehr Effizienz im Gesundheitswesen an.

Das deutsche Gesundheitswesen ist eines der besten, aber auch ein sehr teures. Um Lösungen zur Kostensenkung zu finden, gründeten Wissenschaftler des Gesundheitskonzerns „Fresenius Medical Care" und der Donau-Universität Krems das „Calculare Institute". Daraus ist inzwischen das private „Institut für Informationstechnologien im Gesundheitswesen" geworden. Es spannt eine Brücke zwischen akademischer Forschung, neuen technologischen Errungenschaften und direkter Umsetzung in der Praxis. Im Rahmen des neuen, postgradualen Masterstudiengangs „IT im Gesundheitswesen" entwickeln Studierende und Lehrende Konzepte, die Mehrfachuntersuchungen überflüssig machen, Medikamentenwechselwirkungen vermeiden und Zusammenhänge zwischen Behandlungsverfahren, medizinischem und ökonomischem Ergebnis erkennen lassen. Am Institut werden maßgeschneiderte IT-Lösungen erarbeitet, welche die Effizienz von Prävention, Diagnostik, Therapie und Nachsorge steigern. Damit sich die Deutschen auch zukünftig Gesundheit leisten können.

www.johner-institut.de

287 | FERNUNIVERSITÄT IN HAGEN

NORDRHEIN-WESTFALEN

Feithstraße 152
58097 Hagen
Telefon 02331/9872444

Veranstaltung: 05.07.2007
Festliche Begrüßung der Doppelabschluss-Praktikanten des Jahres 2007

DOPPELTE CHANCEN MIT DOPPELDIPLOM

Die FernUni Hagen bietet Studenten aus dem Ausland mehr als ein Diplom.

Grenzenloses Lernen. Dafür steht die FernUniversität in Hagen. Bachelor, Master, Diplom – alles von zu Hause aus zu schaffen. Doch die Uni kann mehr. Seit 1999 bietet die Fakultät für Wirtschaftswissenschaft Studierenden aus Russland und Ungarn ein Doppelabschlussprogramm an. Die Akademiker erwerben neben dem Abschluss ihrer Heimat-Universität auch das Diplom der FernUniversität in Hagen in Wirtschaftswissenschaft. Sie qualifizieren sich damit für einen internationalen Arbeitsmarkt. Wer im Doppeldiplom-Programm hervorragende Noten erzielt, bekommt zudem ein Stipendium für ein Praktikum in Deutschland. Die Gesellschaft der Freunde der FernUniversität e.V. unterstützt das Programm, denn von den Praktika profitieren die Doppel-Absolventen ebenso wie die beteiligten Unternehmen. Die Praktikanten sammeln Arbeitserfahrung, verbessern ihre Deutschkenntnisse und loten ihre Karriereperspektiven aus. Die Firmen wiederum erhalten aus erster Hand Einblicke in ausländische Märkte und sogar Kontakte mit Perspektiven.

www.fernuni-hagen.de

288 | FORSCHUNGSZENTRUM TERRAMARE

NIEDERSACHSEN

Schleusenstraße 1
26382 Wilhelmshaven
Telefon 04421/944113

Veranstaltung: 08.07.2007
Tag der offenen Tür

MEHR MANAGEMENT FÜR MEERESFORSCHUNG

Das Forschungszentrum Terramare bündelt Disziplinen für mehr Wissen über das Meer.

Um das Meer zu erforschen, muss man nicht weit hinausfahren. Ziel von Terramare ist es, die Flachmeer-, Küsten- und Meeresumweltforschung zu fördern. Terramare ist ein eingetragener Verein mit eigenem Forschungszentrum in Wilhelmshaven, zu dem sich neun meereskundliche Einrichtungen aus Niedersachsen zusammengeschlossen haben, darunter Hochschulen und Institute, das Landesamt für Bergbau, Energie und Geologie in Hannover, die Nationalparkverwaltung Wilhelmshaven und die NLWKN-Forschungsstelle Küste auf Norderney. Entsprechend vielfältig sind auch die Forschungsthemen und nicht ausschließlich auf das Wattenmeer vor der Haustür beschränkt: die nachhaltige Miesmuschelanzucht in Niedersachsen, die Wasser- und Sedimentqualität in brasilianischen Häfen oder die Frage, wie Kohlenstoffverbindungen in den indonesischen Fluss Siak gelangen. Auch umfassende Öffentlichkeitsarbeit gehört zu den Aufgaben des Forschungszentrums – und weckt damit mehr Verständnis fürs Meer.

www.terramare.de

289 | GÄRTNERPLATZBRÜCKE HESSEN

Mönchebergstraße 7
34125 Kassel
Telefon 0561/8042601

Veranstaltung: 11.07.2007
Öffentliches Brückenfest

ULTRA-HOCHLEISTUNGSBETON BAUT ZUKUNFT

Die Uni Kassel entwickelt für eine Brücke über die Fulda einen einzigartigen Baustoff.

Brücken überwinden Hindernisse, Gräben oder Flüsse. So auch die etwa 140 Meter lange Gärtnerplatzbrücke, die sich in Kassel über die Fulda spannt. Und die ist einzigartig: An der Universität Kassel wurde dafür ein Ultra-Hochleistungsbeton (UHPC) entwickelt, der eine Druckfestigkeit wie Stahl hat. Erstmals wird er in Europa in einer Brücke dieser Größe eingesetzt. Und weltweit zum ersten Mal werden die hochdichten, sehr korrosionsbeständigen und somit wartungsarmen Bauteile ausschließlich tragend miteinander verklebt, eine Technologie aus dem Flugzeug- und Kraftfahrzeugbau. Der Clou: UHPC ermöglicht filigrane und doch tragfähige und dauerhafte Bauwerke. Das Deck der Gärtnerplatzbrücke ist zum Beispiel bei gleicher Tragfähigkeit statt der üblichen 30 Zentimeter nur acht bis zwölf Zentimeter dick. Dabei ist UHPC beständig, spart wegen der höheren Festigkeit und des niedrigeren Materialaufwandes bis zu 35 Prozent Rohstoffe und Energie und vermeidet noch bis zu 30 Prozent der CO_2- und NO_x-Emissionen. UHPC baut Brücken in die Zukunft.

www.uni-kassel.de

290 | HOCHSCHULE 21 NIEDERSACHSEN

Harburger Straße 6
21614 Buxtehude
Telefon 04161/6480

Veranstaltung: 12.07.2007
Seminar „Sommerbrücken"

IDEE MIT EINFALL

Die Hochschule 21 lädt im Sommersemester zum Bau einer einstürzenden Brücke ein.

Eine Brücke bauen, um sie wieder einstürzen zu lassen – was ist denn das für eine Idee? Es soll Spaß machen, wenn im Sommersemester 2007 die Hochschule 21 in Buxtehude zum Seminar „Sommerbrücken" einlädt. Studenten, Schüler und bei entsprechender Vorbereitung auch Besucher haben die Aufgabe, eine Brücke zu entwerfen, zu bauen und unter persönlichem Einsatz zu testen. Das Bauwerk soll möglichst leicht sein, eine Spannweite von acht bis zehn Meter haben und in der Mitte zwei Personen tragen können. Nach erfolgreichem Belastungstest soll sie unter dem Beifall ihrer Erbauer und der Zuschauer einstürzen. So einzigartig die Idee ist, so modellhaft ist auch die Hochschule, an der Architekten (Bauen im Bestand), Bauingenieure und Immobilienmanager in vierteljährlich wechselnden Theorie- und Praxisphasen ausgebildet werden. 2004 zwang der vom Rotstift diktierte Landeshaushalt das Traditionshaus zur Schließung. So war es Zeit für neue Wege und Strukturen. Heute ist die private Hochschule 21 staatlich anerkannt und gefördert.

www.hs21.de

291 | HÖCHSTLEISTUNGSRECHENZENTRUM STUTTGART BADEN-WÜRTTEMBERG

Nobelstraße 19
70569 Stuttgart
Telefon 0711/68587200

Veranstaltung: 21.07.2007
Tag der offenen Tür

DER HOCHLEISTUNGS-SIMULANT

Ein Supercomputer berechnet Modelle für die Probleme des 21. Jahrhunderts.

Computersimulationen sind ein Segen für Wissenschaft und Industrie: Sie testen alles gefahrlos und rein virtuell, was in der Realität zu teuer, aufwendig oder einfach überhaupt nicht möglich wäre. Je schwieriger das Problem und umso mehr Variablen berücksichtigt werden, desto höher ist die benötigte Rechenleistung. Im Höchstleistungsrechenzentrum Stuttgart steht der schnellste Vektorrechner Europas. Dieser Supercomputer entwickelt nicht nur Modelle, sondern erzeugt auch sichtbare, virtuelle Realitäten im dreidimensionalen Raum: Luftströmungen unter verschiedensten Bedingungen oder die Änderungen der Blutzirkulation bei Arterienerkrankungen können ganz plastisch in 3D dargestellt werden. Das ist nicht nur erhellend, sondern geradezu atemberaubend. Wissenschaftler aus aller Welt und Experten aus der Industrie arbeiten interdisziplinär zusammen, um mithilfe der Simulationen Lösungen für komplexe Probleme verschiedenster Bereiche zu finden: Energiefragen, medizinische Probleme, umweltverträgliche Mobilität.

www.hlrs.de

292 | REVITEC® BREMEN

Leobenerstraße
28359 Bremen
Telefon 0421/2184179

Veranstaltung: 25.07.2007
Führung an der Demonstrationsfläche

LAND GEWINNEN

Gegen die fortschreitende Wüstenbildung: ReciTec® will Boden wieder gut machen.

Jährlich geht weltweit fruchtbarer Boden von der Größenordnung der Schweiz verloren. Seine lebenserhaltenden Eigenschaften als Nährstoffspeicher, Wasserfilter und -reservoir sind gefährdet, Bodendegradation und fortschreitende Wüstenbildung bedrohen die Lebensgrundlage von über einer Milliarde Menschen. ReviTec®, eine Entwicklung Bremer Biologen, ist ein Beitrag zur Bewältigung dieses globalen Problems. Die Idee ist innovativ: Superabsorber – das sind spezielle Kunststoffe, die große Mengen an Flüssigkeit aufsaugen – sowie am Einsatzort verfügbare Materialien und Organismen verhindern Erosion und stabilisieren den Nährstoff- und Wasserhaushalt der Böden. ReviTec® bezieht die lokale Bevölkerung mit ein, vermittelt Wissen über globale Veränderungen und die Umweltkonventionen der UN – und schafft ganz praktisch Einkommensmöglichkeiten für ländliche Regionen. Auf dem Gelände der Universität Bremen entwickelt das ReviTec®-Team seine Technologie gemeinsam mit Bremer Firmen stetig weiter und informiert interessierte Bürger über seine Arbeit. **www.revitec.de**

293 | TECHNOLOGIEPARK WEINBERG CAMPUS

SACHSEN-ANHALT

Weinbergweg 22
06120 Halle (Saale)
Telefon 0345/55835

Veranstaltung: 26.07.2007
Sommerfest

VOM WEIN ZUM WISSEN

Im nördlichsten Weinanbaugebiet der Welt schafft Spitzenforschung Jobs.

Die Klagen, der Osten hätte den Anschluss in Sachen Technologie und Wirtschaft nicht geschafft – sie sind so alt wie die deutsche Einheit. Doch der Osten holt auf. Vor den Toren der Stadt Halle an der Saale, wo im 14. Jahrhundert noch Wein angebaut wurde, liegt der „weinberg campus". Die Martin-Luther-Universität hat hier ihre naturwissenschaftlichen Institute angesiedelt, in denen etwa 7.000 Studenten lernen; außeruniversitäre Forschungseinrichtungen und Unternehmen haben hier ihr Zuhause gefunden. Das 2004 gegründete Netzwerk weinberg campus bündelt Wissen und sorgt dafür, das Ideen ausgetauscht werden. Und auch der Nachwuchs zeigt, was in ihm steckt: In einem Schülerlabor können sich die Forscher von morgen ihr Rüstzeug holen. Im Jahr 2006 gelang es einem Schüler, die Silbermedaille bei der internationalen Umwelt-Olympiade in Istanbul zu gewinnen. Heute ist der weinberg campus neben einer Forschungs- und Lernstätte auch ein Job-Motor für Halle geworden: Um die 3.000 Menschen haben hier eine Arbeit gefunden.

www.weinbergcampus.de

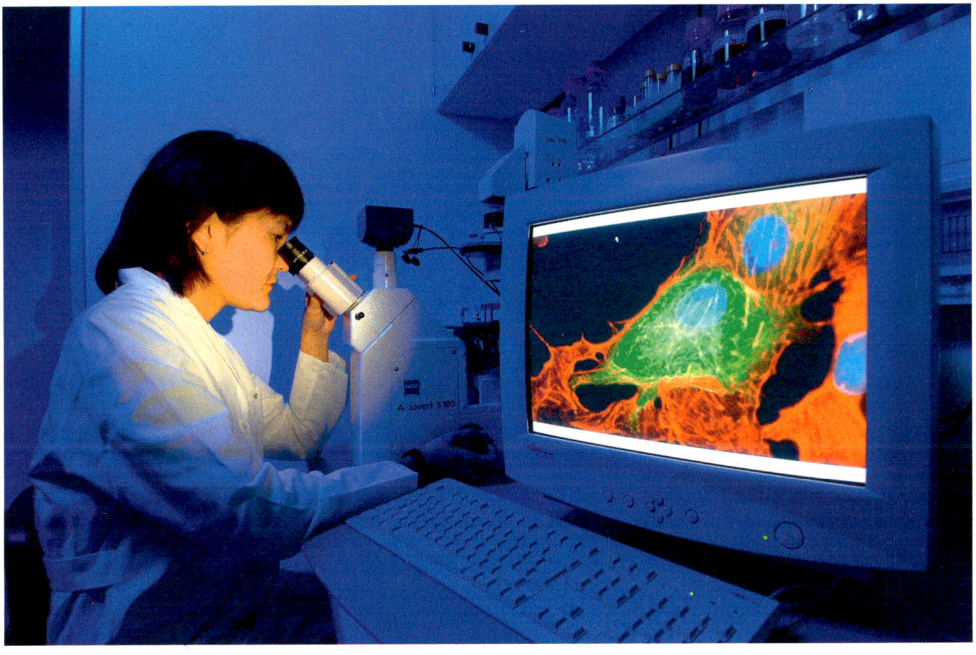

294 | DARMSTÄDTER ZENTRUM FÜR IT-SICHERHEIT HESSEN

Hochschulstraße 10
64289 Darmstadt
Telefon 06151/166165

Veranstaltung: 31.07.2007
Demo-Park IT-Sicherheit

ALLES AUF EINER KARTE

Aus dem Darmstädter Zentrum für IT-Sicherheit kommen die Reisepässe der Zukunft.

„Als einen „wichtigen Schritt für mehr Sicherheit"" lobte Bundesjustizministerin Brigitte Zypries die Arbeit fleißiger Darmstädter. Gemeint waren die Informatiker des Darmstädter Zentrums für IT-Sicherheit (DZI), die die Grundlage dafür geschaffen haben, dass Deutschland seit dem 1. November 2005 seine Reisepässe mit biometrischen Merkmalen ausstattet. Die Zertifizierungstechnologie des Reisepasses der Zukunft, der ePass, stammt aus dem Open-Source-Projekt Flexiprovider sowie dem Spin Off Flexsecure. Mit der TUDCard haben die Darmstädter IT-Tüftler zudem eine innovative Studierendenkarte entwickelt: Seit WS 05/06 können sich die Studenten mit der Karte zu Seminaren und Vorlesungen anmelden, Prüfungsnoten abrufen oder Lernmodule und eBooks herunterladen – egal wo sie sich gerade befinden. Weitere Beispiele, wie die Technologie des DZI das Studieren an der TU Darmstadt vereinfacht: der Gebäudezugang rund um die Uhr, kostenlose Schließfächer, Zahlungen in der Mensa und an Automaten – „alles auf einer Karte."

www.dzi.tu-darmstadt.de

295 | FLÜSTERASPHALT BAYERN

Bürgermeister-Ulrich-Straße 160
86179 Augsburg
Telefon 0821/90710

Veranstaltung: 05.09.2007
Jubiläum mit Lärmmessung an der westlichen Ringstraße in Ingolstadt

FLÜSTERN DER STRASSE

Ein neuartiger Asphalt bekämpft Verkehrslärm und lässt Anwohner ruhig schlafen.

Jeder, der schon mal neben einer viel befahrenen Straße gewohnt hat, weiß es: Verkehrslärm zerrt ungemein an den Nerven und ist eine ganz besonders perfide Form von Umweltverschmutzung. Dabei kann man den Lärm sogar schon an der Quelle bekämpfen, wie ein Beispiel aus Bayern zeigt: Ein neuartiger Hightech-Straßenbelag, der so genannte zweischichtige offenporige Asphalt, dämpft die Fahrgeräusche stark ab. Dies liegt im wesentlichen an der unteren grobkörnigen Asphaltschicht mit großen Hohlräumen, die den Schall schlucken. An drei Straßenabschnitten in Bayern ist der „Flüsterasphalt" bereits eingebaut, unter anderem an der stark frequentierten Ingolstädter Ringstraße. Messungen ergaben, dass sich der Lärmpegel hier um bis zu acht Dezibel verringert hat, der Verkehrslärm nahm um etwa vier Fünftel ab: Man sieht zehn Autos, hört aber nur zwei. Das Bayerische Landesamt für Umwelt (LfU) war Ideengeber und Motor der Pilotprojekte, das Bayerische Umweltministerium hat sie finanziell gefördert.

www.lfu.bayern.de

296 | FRAUNHOFER-INSTITUT FÜR GRAPHISCHE DATENVERARBEITUNG MECKLENBURG-VORPOMMERN

Joachim-Jungius-Straße 11
18059 Rostock
Telefon 0381/4024110

Veranstaltung: 13.09.2007
Tag der offenen Tür

ENTSPANNTER RECHNEN

In Rostock entstehen neue Methoden, mit Computern umzugehen.

Computer treiben einen manchmal in den Wahnsinn. Die Technik streikt und wer kennt nicht Bill Gates' Office-Büroklammer mit ihren neunmalklugen Ratschlägen zum grundsätzlich falschen Zeitpunkt. Die Mitarbeiter des Fraunhofer-Instituts für Graphische Datenverarbeitung in Rostock zeigen mit ihren Entwicklungen seit Jahren, dass Computer viel mehr als nur Arbeit sind – sie entspannen sogar. Die Idee: Computer, die das Leben wirklich erleichtern. Mit dem Step-Man joggt man zu seiner Lieblingsmusik. Beim Virtual Showcase betrachtet man wertvolle Museumsexponate aus allen Blickwinkeln, ohne sie anzufassen und sie gar zu beschädigen. Der Clou: Der EmoHandschuh erkennt über Sensoren die Gefühlslage des Nutzers und passt die Informationsdarstellung entsprechend an. Die nervige Klammer bleibt bei Anspannung in der Zukunft lieber gleich in Deckung.

www.igd-r.fraunhofer.de

297 | T-LABORATORIES BERLIN

Ernst-Reuter-Platz 7
10587 Berlin
Telefon 030/835358555 und 0228/18111111

Veranstaltung: 15.09.2007
Tag der offenen Tür in den T-Laboratories in Berlin und der T-Gallery in Bonn

WENN DER FERNSEHER ANRUFT

Die T-Labs sorgen für modernste Technik – ohne Bedienungsanleitung.

Die Revolution beginnt mit kleinen Dingen im Alltag. Zuhause klingelt das Telefon im Fernseher. Das Handy löst das Ticket für die Bahn und fungiert im Büro als Türöffner. Der neueste Blockbuster für den Kinobesuch am Abend kommt nachmittags per Datenleitung direkt aus Hollywood und die Filmmusik lädt das Auto auf dem Heimweg aus dem Internet. Kommunikation, Informationstechnologie und Medien wachsen zusammen und schaffen bisher ungeahnte Möglichkeiten. Neue Technologien, die die Zukunft gestalten, erforschen Wissenschaftler und Konzernspezialisten in den Deutsche Telekom Laboratories, die als Institut an die TU Berlin angegliedert sind. Die Experten entwickeln Bedienoberflächen, die ohne Anleitung nutzbar sind: neue Lösungen für die Kommunikation zwischen Geräten und für intelligente Zugangswege; ebenso wird die Sicherheit vor unberechtigtem Zugriff erweitert. In den Telekom Laboratories in Berlin und der T-Gallery, dem Zukunftsforum des Konzerns in Bonn, wird die Welt von morgen erlebbar und stetig weiterentwickelt.

www.telekom.de/laboratories

298 | EXPERIMENTIERHALLE GÖTTINGEN

NIEDERSACHSEN

c/o Max-Planck-Institut für Dynamik und Selbstorganisation, Bunsenstraße 10
37073 Göttingen
Telefon 0551/383030

Veranstaltung: 24.09.2007
Tag der offenen Tür

TURBULENZEN IM MILCHKAFFEE

In Göttingen flitzen bald kleinste Teilchen durch einen weltweit einmaligen Strömungskanal.

Nanostrukturen, Quantenchaos, thermisches Rauschen – die Forscher des Göttinger Max-Planck-Instituts für Dynamik und Selbstorganisation sind den Geheimnissen hoch komplexer Systeme auf der Spur, der Turbulenz zum Beispiel. Die gibt es im Flieger über dem Atlantik, in einem Verbrennungsmotor, aber auch im morgendlichen Milchkaffee. Um künftig noch besser beobachten zu können, wie beispielsweise Teilchen von der Turbulenz auseinander getrieben werden, haben die Göttinger Forscher eine neue Experimentierhalle bekommen. Das Großraum-Forschungslabor mit dem gewölbten Metalldach ist das erste fertige Gebäude des Instituts-Neubaus und bietet reichlich Platz für Versuchsaufbauten und einen weltweit einzigartigen Strömungskanal. Einmalig ist auch wie die Gelegenheit für interessierte Laien, beim Tag der offenen Tür einen ersten Eindruck von der Forschungsstätte zu bekommen – und vielleicht einen Einblick, nach welchem Gesetz die Milch beim Umrühren durch den Kaffee strudelt.

www.architekt-schwieger.de

299 | MONDIALOGO ENGINEERING AWARD

BADEN-WÜRTTEMBERG

HPC 1026
70546 Stuttgart
Telefon 0711/1793424

Veranstaltung: 01.10.2007
Symposium und
Preisverleihung

IDEEN FÜR EINE BESSERE WELT

Internationale Studenten helfen, die Lebensbedingungen in Entwicklungsländern zu verbessern.

In Mali gibt es seit kurzem Krankenstationen, die, versorgt mit Solarenergie, auch noch in den ländlichsten Gegenden Erkrankte betreuen – Dank eines gemeinsamen Projekts von Studenten aus Mali und Deutschland. Der Lohn für die Studenten, neben dem Gefühl, ein Stück Welt verbessert zu haben: die Auszeichnung mit dem Mondialogo Engineering Award, einer Initiative von DaimlerChrysler und UNESCO. Die Idee ist, angehende Ingenieure aus aller Welt einzuladen, in internationalen Projektteams Vorschläge auszuarbeiten, die die Millenniums-Entwicklungsziele der Vereinten Nationen verwirklichen helfen. Aufgabe ist, in internationaler Zusammenarbeit und interkulturellem Dialog anspruchsvolle technische Projekte vorzuschlagen, die für die Bevölkerung vor Ort einen praktischen Nutzen haben – Ideen etwa für eine verbesserte medizinische Versorgung, Ernährung, Hygiene oder Bildung. 2004/2005 nahmen 1.700 Studenten aus 79 Ländern teil. Groß ist das Potenzial der Ingenieure, den weltweiten Lebensstandard zu verbessern.

www.mondialogo.org

300 | HASSO-PLATTNER-INSTITUT BRANDENBURG

Prof.-Dr.-Helmert-Straße 2-3
14482 Potsdam
Telefon 0331/5509150

Veranstaltung: 02.10.2007
Öffentliche Festveranstaltung und Symposium

CHINA CALLING

Eine Elite-Ausbildungsstätte für IT-Ingenieure schlägt die Brücke zum Reich der Mitte.

Wer sagt, in Deutschland gäbe es keine Wissenschaft von Weltformat? Das Hasso-Plattner-Institut (HPI) für Softwaresystemtechnik in Potsdam begeistert mit seinen optimalen Studien- und Arbeitsbedingungen Studenten und Wissenschaftler aus aller Welt. Selbstverständlich unterhält Deutschlands einziges völlig privat finanziertes Uni-Institut ausgezeichnete Wirtschaftskooperationen und pflegt weltweite Kontakte. Zum Beispiel tauschen sich die 400 Studierenden und die Mitarbeiter regelmäßig mit ihren Kollegen von der Stanford University und dem Massachusetts Institute of Technology (MIT) aus. Für das Jahr 2007 kündigt HPI-Direktor Christoph Meinel eine noch stärkere Zusammenarbeit mit China an. Die Wahl fiel nicht zufällig auf das Reich der Mitte, schließlich gibt es 2007 gleich zwei Jubiläen zu feiern: Vor fünf Jahren nahmen erstmals in China Informatikstudenten an Internet-Vorlesungen aus Deutschland teil. Und vor 20 Jahren startete Chinas allererste E-Mail mit Hilfe eines heutigen HPI-Professors ihre Reise durch das noch junge Internet.

www.hpi-web.de

301 | INSTITUT FÜR KULTUR- UND MEDIENMANAGEMENT DER FU BERLIN BERLIN

Freie Universität Berlin
Habelschwerdter Allee 45
14195 Berlin
Telefon 030/83852570

Veranstaltung: 04.10.2007
Eröffnung der Veranstaltungsreihe

EXPEDITION ZUM GEIST

Im „Jahr der Geisteswissenschaften" will die Freie Universität Berlin ein Wort mitreden.

Wir haben gelernt wie Technik funktioniert, wissen alles über Einstein und sind geniale Informatiker. Nach sieben naturwissenschaftlichen Jahren ist 2007 das „Jahr der Geisteswissenschaften". Das Themenjahr wird sich der Sprache widmen. Dabei will das Institut für Kultur- und Medienmanagement der Freien Universität Berlin ein kluges Wort mitreden. Unter dem Titel „Die Lesbarkeit der Welt. Botschaften der Kulturen" sind Vorträge, Diskussionsforen, Lesungen, Ausstellungen und Präsentationen von Forschungsarbeiten geplant. Verstanden werden soll die Idee als Expeditionsreise auf die Kontinente des Geistes. Die Welt zu lesen und zu deuten, geschieht auf unterschiedliche Art und Weise: lyrisch, musikalisch, im Theater, in den Medien. Wissenschaft und Kunst liegen eng beieinander – an dieser Schnittstelle wird es in den Veranstaltungen um Horizonte und Erwartungen, um Ausdrucksformen und Wünsche einer intensiven Welterfahrung im Medium Sprache gehen. Eine Leseprobe aus dem „Buch der Welt" an Kulturschauplätzen Berlins.

www.ikm.fu-berlin.de

302 | MOBILE SOLUTION CENTER BREMEN

Am Fallturm 1
28359 Bremen
Telefon 0421/2182882

Veranstaltung: 09.10.2007
Erlebnistag „Mobile Zukunftstechnologie zum Anfassen"

BREMER EINKAUFTIPPS

Im Mobile Solution Center wird erklärt, wie mobile Technik uns den Alltag erleichtert.

Wer kennt das nicht? Da steht man im Elektronikmarkt und der Verkäufer wirft mit Begriffen um sich, die beim besten Willen nicht zu verstehen sind. Es schwirrt im Kopf: RFID, Bluetooth, OTA... ? In Bremen gibt es einen Ort, wo man modernste Technik erklärt bekommt und diese auch noch anfassen und ausprobieren darf. Im Mobile Solution Center werden Anwendungen, neue Produkte und Prototypen mobiler Technologien anschaulich und verständlich demonstriert. Wer schon immer einmal wissen wollte, wie Bilder über ein „Head Mounted Display" wirken, kann sich hier Brille, Kopfhörer und Datenhandschuh überstülpen und virtuelle Welten besuchen. So wird Technik greifbar. Zahlreiche Innovationen, die in dem DemoCenter gezeigt werden, sind Produkte aus dem Mobile Research Center sowie der mobile solution group GmbH. Im Mobile Solution Center arbeiten Experten aus Wirtschaft und Wissenschaft vereint, um mobile Technologien zu entwickeln. Es ist Schaufenster und zugleich öffentliche Trainingsstätte.

www.mobile-solution-group.de

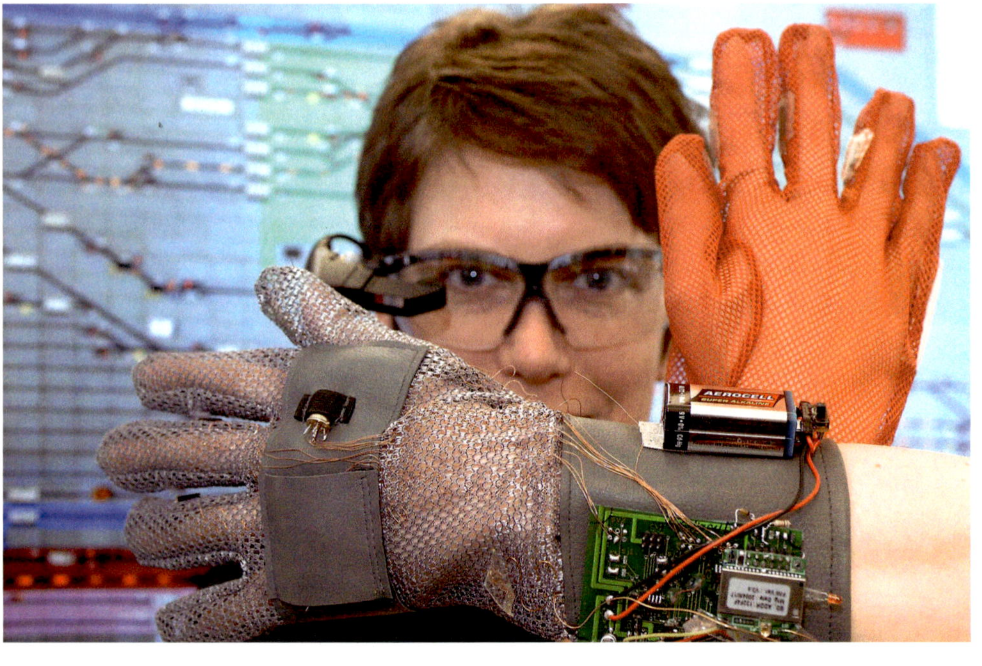

303 | THEOPRAX ZENTRUM BADEN-WÜRTTEMBERG

Joseph-von-Fraunhofer-Straße 7
76327 Pfinztal
Telefon 0721/4640305

Veranstaltung: 11.10.2007
Motivationstraining

THEORIE, GANZ PRAKTISCH

Firmen vergeben Projekte aus Forschung und Entwicklung an Schüler.

„Nicht für die Schule lernen wir" – so heißt es. Doch was für ein Erfolgserlebnis ist es, wenn man im Chemie-, Physik- oder Wirtschaftsunterricht tatsächlich etwas Praktisches entwickelt? „TheoPrax" nennen sich Projektarbeiten, die Industrie, Forschung und Schule zusammenbringen und den Lehrplan um einiges aufregender machen. Die Idee: Schüler- und Studentengruppen erarbeiten im Unterricht praktische Lösungen für ganz konkrete Fragen, die Firmen gestellt haben: Was kann man mit den Resten machen, die bei der Steppdeckenproduktion anfallen? Wie optimiert man die Werbekampagne für einen mittelständischen Automobilzulieferer? Die Schüler lernen in den mehrmonatigen Projektarbeiten oft mehr als im normalen Unterricht, die Firmen kommen kostengünstig an neue Ideen. Und auch Arbeitslose unter 25 Jahren haben die Chance, über das Berufsbildungswerk (bfw) an Projektarbeiten teilzunehmen. Über 340 Projekte hat das TheoPrax-Zentrum am Fraunhofer-Institut für Chemische Technologie bislang vermittelt.

www.theo-prax.de

304 | BUCERIUS LAW SCHOOL HAMBURG

Jungiusstraße 6
20355 Hamburg
Telefon 040/307060

Veranstaltung: 17.10.2007
Schnuppertag und
Tag der offenen Tür

ERSTE ADRESSE FÜR ANGEHENDE JURISTEN

Deutschlands erste private Hochschule für Rechtswissenschaft bildet die Top-Juristen von Morgen aus.

Die Bucerius Law School in Hamburg will Vorbild und Anregerin für die staatlichen Hochschulen in Deutschland sein. Während Letztere gerade erste Elite-Unis gebildet haben, studiert die juristische Exzellenz bereits seit dem Jahr 2000 an der Elbe. Die von der ZEIT-Stiftung Ebelin und Gerd Bucerius gegründete Juristenschmiede ist Deutschlands erste und einzige private Hochschule für Rechtswissenschaft. Ihr erklärtes Ziel: durch innovative Studienprogramme und optimale Forschungs- und Lehrbedingungen die deutsche Hochschullandschaft reformieren und deren internationale Wettbewerbsfähigkeit erhöhen. Neben dem Bachelor of Laws und der Vorbereitung auf die Erste Prüfung (das Juristische Staatsexamen) können Juristen und Wirtschaftswissenschaftler auch den Master of Law and Business erwerben – ein Abschluss für internationale Führungskräfte im Schnittstellenbereich von Recht und Wirtschaft. Und über das Austauschprogramm in internationalem und vergleichendem Wirtschaftsrecht vernetzt die Hochschule Jurastudenten aus der ganzen Welt.

www.law-school.de

305 | MAX-PLANCK-INSTITUT FÜR HERZ- UND LUNGENFORSCHUNG HESSEN

Parkstraße 1
61231 Bad Nauheim
Telefon 06032/705260

Veranstaltung: 22.10.2007
Tag der offenen Tür

DAS HERZ DER MOLCHE

Forscher suchen Wege zur Heilung von Herz- und Lungenkrankheiten.

Der Grünliche Wassermolch ist eines der Lieblingstiere der Forscher am Bad Nauheimer „Max-Planck-Institut für Herz- und Lungenforschung". Für die Wissenschaftler ist die kleine Amphibie äußerst interessant: Während sich beim Menschen ein geschädigter Herzmuskel nicht ausreichend regenerieren kann und das zerstörte Muskelgewebe stattdessen vernarbt, wird das Molchherz nach einer Schädigung vollständig repariert, die Funktion des Organs komplett wiederhergestellt. Nun entschlüsseln die Wissenschaftler die Mechanismen dieser amphibischen Generalüberholung. Ziel dabei sind neue Zelltherapien für Menschen mit geschädigten Organen, etwa Herzinfarktpatienten. Das „Max-Planck-Institut für Herz- und Lungenforschung" ist Deutschlands einzige Einrichtung, in der das gesamte Herz-Kreislaufsystem inklusive der Lunge erforscht wird. Doch öffnen die Wissenschaftler ihre Labors auch für Laien. Speziell für Schüler bieten sie Laborführungen und Praktika an – und wecken so die Lust an der Forschung.

www.mpi-bn.mpg.de

306 | DEKRA AUTOMOBIL TEST CENTER

BRANDENBURG

Senftenberger Straße 30
01998 Klettwitz
Telefon 035754/7344500

Veranstaltung: 26.10.2007
Technologietag

DEKRA MACHT MOBIL

Im Technology Center von DEKRA testet man, was die Fahrzeuge von morgen antreibt.

46 Jahre noch. Solange sprudeln nach Schätzungen der Internationalen Energie-Agentur in Paris die Ölquellen. Aber was dann? Für die Zeit danach rüstet sich das Technology Center der DEKRA im brandenburgischen Klettwitz. Hier denkt man intensiv über alternative Treibstoffe und Antriebssysteme nach: Gas, Wasserstoff oder Ethanol. All diese Energiequellen bringen Autos, Trucks oder Busse in Fahrt und schonen die Umwelt. Dafür werden die neuen Motoren von den Prüfern schonungslos getestet. Im Abgaslabor, auf dem DEKRA Test Oval und der nahe gelegenen Rennstrecke ihres Partners „EuroSpeedway Lausitz" muss die neue Technik zeigen, was in ihr steckt. Denn Sicherheit und Effizienz steht für die DEKRA-Tester an erster Stelle. Wenn technisch alles rund läuft, sollen die zukunftsträchtigen Maschinen die Straßen erobern. Im hoch modernen Testzentrum ist man fest entschlossen, den Nachfolgern des Otto-Motors zum Sieg zu verhelfen und den Autofahrern zu beweisen, dass mehr Fahrspaß auch mit weniger Abgasen zu haben ist.

www.datc.de

307 | KOMPETENZZENTRUM OBSTBAU BODENSEE BADEN-WÜRTTEMBERG

Schuhmacherhof 6
88213 Ravensburg-Bavendorf
Telefon 0751/79030

Veranstaltung: 28.10.2007
Ausstellung alter Kernobstsorten

SÜSSE FRÜCHTE

Eine Stiftung in der Obstregion Bodensee sorgt für Wissensaustausch und Sortenerhaltung.

Meschenmoser und Presenta blühen Ende April, Sweetheart und Hedelfinger schon drei Wochen früher. Ob Zwetschgen oder Kirschen – wer wissen will, wann die Baumblüte einsetzt, sollte im Kompetenzzentrum Obstbau Bodensee (KOB) fragen, einer Stiftung an der Nahtstelle von Wissenschaft und Praxis, deren Ziel die Förderung und der Erhalt der Kulturlandschaft in der Obstregion Bodensee ist. Die Mitarbeiter forschen in Sortenprüfung, Ertragsphysiologie, Pflanzenschutz, Ökonomie und ökologischem Obstbau. Projekte mit ausländischen Forschungsanstalten und Aufenthalte von Gastwissenschaftlern aus der ganzen Welt ermöglichen es, neueste Erkenntnisse direkt in die Region zu importieren und praktisch umzusetzen. Seit 2006 ist die Sortenerhaltungszentrale Baden-Württemberg am KOB angesiedelt. Sie soll alte Kernobstsorten vor dem Aussterben sichern, um das kulturelle Erbe und die genetische Vielfalt der Obstgehölze zu erhalten. Obstblüte und Erntezeit können alle Interessierten ab April in einem angegliederten Schaugarten erleben.

www.kob-bavendorf.de

308 | ALIGNMENT IN COMMUNICATION

NORDRHEIN-WESTFALEN

Universität Bielefeld
Universitätsstraße 25
33615 Bielefeld
Telefon 0521/10600

Veranstaltung: 02.11.2007
Öffentlicher Vortrag und Vorführung der Roboter

MENSCH MÜSSTE MAN SEIN

Linguisten, Informatiker und Neurowissenschaftler bringen in Bielefeld Maschinen menschliche Kommunikation bei.

Der Turing-Test ist wohl der schwierigste Test der Welt: Ein Mensch muss dabei nach kurzem Chat per Tastatur entscheiden, ob er soeben mit einem Menschen oder einem intelligent programmierten Computer geplaudert hat. Ist er sich nicht sicher, hätte der Computer den Test bestanden – aber das ist noch nicht vorgekommen. Mensch und Maschine verstehen sich eben nicht, dabei wäre das häufig durchaus sehr praktisch. Daher arbeiten Forscher der Uni Bielefeld interdisziplinär daran, Roboter kommunikativer zu machen. Linguisten, Informatiker und Neurowissenschaftler untersuchen gemeinsam Sprache, Gestik und Handeln der Menschen und versuchen, die Erkenntnisse daraus für eine bessere Brücke zwischen Mensch und Maschine nutzbar zu machen. So arbeiten die Wissenschaftler beispielsweise an technischen Systemen, welche die menschliche Mimik nachahmen oder die nach menschlichem Vorbild gefühlvoll zugreifen können. Die Grundidee: Die Technik wird an den Menschen angepasst und nicht umgekehrt. Ein Roboter muss schließlich nicht charmant plaudern, sondern nur jeden Wunsch von den Augen ablesen können.

www.uni-bielefeld.de

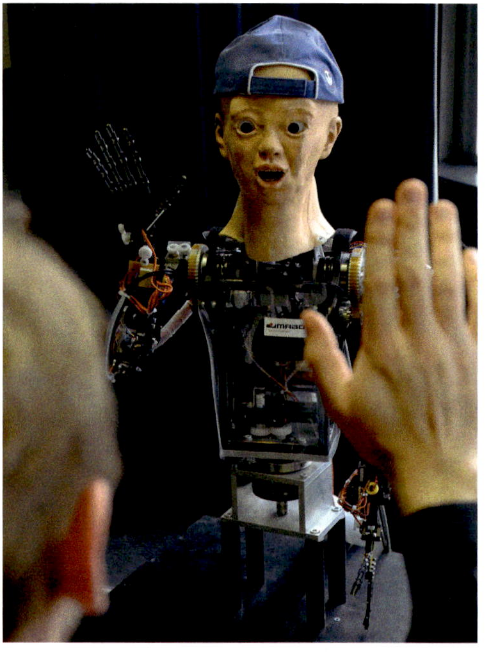

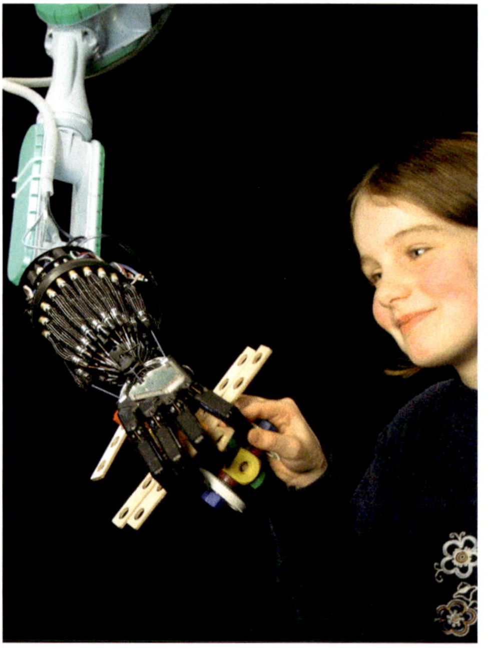

309 | NIEKLITZER ÖKOLOGIE- UND ÖKOTECHNOLOGIE-STIFTUNG MECKLENBURG-VORPOMMERN

Moorweg 4
19258 Nieklitz
Telefon 038843/8200

Veranstaltung: 12.11.2007
Tag der Überraschungen

ENERGIESPAREN NACH ART DER TERMITEN

Im Nieklitzer Zukunftszentrum entschlüsseln Forscher die Natur.

Warum können die extrem elastischen Gelenke eines Weberknechtes ein Vorbild für orthopädische Prothesen sein? Wieso sind Termiten Vorreiter in Sachen Niedrigenergiehausbau? Weshalb eignet sich die Struktur der Haifischhaut perfekt sowohl für „schnelle" Badeanzüge als auch für sparsame Flugzeuge? Das Zauberwort heißt „Bionik". Nichts ist perfekter als die Natur, und von der Natur können Menschen viel über perfekte Konstruktionen lernen – zum Beispiel im Zukunftszentrum Mensch-Natur-Technik-Wissenschaft (ZMTW) im Kreis Ludwigslust in Mecklenburg-Vorpommern. Auf dem weitläufigen Gelände gibt es neben vier Ausstellungshäusern über 400 verschiedene 3-D-Modelle aus dem Bereich der Ökotechnologie/Bionik und der Gesundheitsvorsorge zu entdecken. Gezeigt werden Großmodelle von Tieren und Pflanzen in riesiger Vergrößerung, anhand derer erläutert wird, wie sich die Technik der Natur ideenreich auf Gegenstände, die vom Menschen gebaut werden, übertragen lässt.

www.zmtw.de

310 | INSTITUT FÜR FRIEDENSPÄDAGOGIK

BADEN-WÜRTTEMBERG

Correnssstraße 12
72076 Tübingen
Telefon 07071/920510

Veranstaltung: 18.11.2007
Abend der Begegnung

FRIEDEN WILL GELERNT SEIN

Das Tübinger Institut für Friedenspädagogik bietet der Gewalt die Stirn.

„Der Mensch ist des Menschen schlimmster Feind", unkte der englische Staatstheoretiker Thomas Hobbes vor etwa 350 Jahren. Und die Kriege unserer Tage scheinen dem Schwarzseher bis heute recht zu geben. Das Institut für Friedenspädagogik in Tübingen tritt seit nunmehr 30 Jahren den Gegenbeweis an. Eintracht zwischen den Menschen ist möglich. Doch „Frieden schaffen ohne Waffen" will gelernt sein. Wie das funktioniert, lässt sich in Büchern und Broschüren des Vereins nachlesen und in Ausstellungen anschauen. Die engagierten Friedenspädagogen aus Baden-Württemberg demonstrieren mit ihren Medien, Appellen und Vorträgen eindrücklich, wie man Konflikte gewaltlos löst. Da ist es egal, ob es sich „nur" um einen Streit zwischen Freunden oder schon den „Kampf der Kulturen" dreht. Eskaliert die Gewalt, weiß das Team aus Pädagogen und Politologen vielleicht einen Ausweg. Auf die Forscher hören nicht nur Schüler und Lehrer, sondern auch immer mehr Politiker. Und in welchen Köpfen wäre die Friedenskunde besser aufgehoben? **www.friedenspaedagogik.de**

311 | HESSISCHE STIFTUNG FRIEDENS- UND KONFLIKTFORSCHUNG HESSEN

Leimenrode 29
60322 Frankfurt am Main
Telefon 069/9591040

Veranstaltung: 21.11.2007
Tag der offenen Tür mit Schulwettbewerb

FORSCHEN FÜR DEN FRIEDEN

45 Wissenschaftler untersuchen die Ursachen von Kriegen.

Das Ende des Ost-West-Konfliktes hat keinen Frieden gebracht. Stattdessen brodelt es überall auf der Welt: auf dem Balkan, im Nahen Osten, in Asien und Afrika. Die Gründe für Krieg und Terror sind meist undurchsichtig, die Schäden gravierend und lang anhaltend. Am Institut der Hessischen Stiftung Friedens- und Konfliktforschung (HSFK) stellen sich rund 45 Forscher der Frage, wie man das Entstehen gewaltsamer Konflikte früh erkennen und Frieden schaffen kann. Dabei ändert sich ihr Forschungsobjekt ständig: Neben Kriegen drohen Nationalismus, die Verbreitung von Massenvernichtungswaffen, Umweltkonflikte, die Verelendung großer Teile der Welt und Terrorismus. Vernetztes Forschen ist auch beim Thema Frieden heute so stark gefordert wie nie zuvor. Die Forschungsergebnisse werden von der Politik ebenso genutzt wie von der Wissenschaft, den Medien, Kirchen und Gewerkschaften. Die „HSFK" ist Mitglied der Leibniz-Gemeinschaft, der bundesweit 90 herausragende außeruniversitäre Forschungsinstitute angehören.

www.hsfk.de

312 | ECULTURE FACTORY BREMEN

Hermann-Koehl-Straße 7
28199 Bremen
Telefon 0421/9601420

Veranstaltung: 24.11.2007
eCulture Trends 07 Symposium und Ausstellung

DIE ZUKUNFT LIEGT IN BREMEN

Besucher können hoch entwickelte Spiel-, Lern- und Denkwerkzeuge ausprobieren.

Bremen 2007 – das sind nordische Kühle und kaufmännische Tradition. Der Showroom der eCulture-Factory aber versetzt die Besucher in einen Science-Fiction-Film. Worte wabern durch den Raum, überall durchsichtige Monitore, die durch bloße Gesten in Wallung geraten. Die Visionen eines Hollywood-Streifens werden in den technischen Spielereien Realität. Unter eCulture wird der Einsatz von Informations- und Kommunikationstechnologien für Arbeit, Kultur, Bildung und Freizeit verstanden. Kultur, Wirtschaft und Wissenschaft werden hier neue Instrumente angeboten, um Wissen aufzubereiten und zu kommunizieren. Die Bremer eCulture Factory fasst gestalterische und technische Ideen zusammen und bildet eine Plattform, die Politik, Wirtschaft, Kultur und Bürgern interaktive Produkte und Prozesse verständlich macht. Durch konkrete Beispiele wie Point Screen – ein berührungsloses Interface im Stil von Minority Report – macht die eCulture Factory Innovationen greifbar. Das Projekt wird vom Fraunhofer IAIS, vom Bremer Senator für Wirtschaft und Häfen und mit Mitteln der EU gefördert. Bremen 2007 – Zeit, sich von Klischees zu verabschieden.

www.eculturefactory.de

313 | ZENTRUM FÜR LITERATUR- UND KULTURFORSCHUNG BERLIN BERLIN

Schützenstraße 18
10117 Berlin
Telefon 030/20192173

Veranstaltung: 25.11.2007
Veranstaltung zum Thema „Märtyrer"

IM ANFANG WAR DAS WORT…

Grundlagenforschung über die Geschichte des Wissens

Und der Schriftsteller Heinrich Heine fährt fort: „Das Wort wird Fleisch, und das Fleisch blutet." Wieviel Wissen steckt in der Kultur? Dieser Frage geht das Zentrum für Literatur- und Kulturforschung Berlin (ZfL) nach. Die Forschung widmet sich der Theorie und Geschichte von Literatur- und Wissenskulturen in Europa. Warum spielen die Religionen heute wieder eine so wichtige Rolle? Warum ist die Entwicklung von Modernisierung ungleich vorangeschritten? Wie gehen wir mit den neuen Medien wie digitaler Kommunikation um? Seit zehn Jahren forscht die ZfL und ist dabei laut Wissenschaftsrat „zu einem profilierten, national und international sichtbaren Forschungszentrum geworden". Literatur und Symbolik werden als Medium und Gedächtnis verstanden: Was wurde wie wann von wem überliefert, wo gab es kulturelle Symbiosen, wie geht die Forschung damit um? Eine in ihrer Komplexität kaum zu fassende Aufgabe. Der Schwerpunkt der Arbeit des ZfL heißt für 2007 vielsagend: Märtyrer.

www.zfl.gwz-berlin.de

314 | MATHEON BERLIN

Straße des 17. Juni 136
10623 Berlin
Telefon 030/31428478

Veranstaltung: 30.11.2007
Öffentlicher Start des digitalen Adventskalenders

MATHE MACHT SPASS

Das DFG-Forschungszentrum MATHEON in Berlin wendet die Rechenkunst praktisch an.

Mathematik liegt nur wenigen Schülern, für viele Jugendliche ist sie eher das Horrorfach schlechthin. Vor allem der Nutzen von Differenzialfunktionen oder Nominalskalen bleibt vielen verborgen. Aber auch bei den meisten Erwachsenen gilt: Mathe nützt im Alltag nichts. Ein großer Irrtum, beweist das Forschungsinstitut MATHEON in Berlin. Dort entwickeln Mathematiker mit vermeintlich nutzlosen Zahlen und Funktionen praktische Anwendungen für die Industrie und die Gesellschaft. So optimieren sie unter anderem den öffentlichen Nahverkehr oder berechnen den Bewegungsablauf des Menschen zur Verbesserung von orthopädischen Prothesen. Sogar in der Stahlproduktion verbesserte die Mathematik schon die Produktionsabläufe. Nebenher begeistern die Forscher von MATHEON aber auch Jugendliche für das ungeliebte Schulfach. Passend zu Weihnachten öffnet sich ab dem ersten Dezember jeden Tag ein Türchen des digitalen MATHEON-Adventskalenders im Internet. Hier versteckt sich bis Heiligabend hinter jeder Tür eine Matheaufgabe zum Knobeln.

www.matheon.de

315 | SOCIETY & TECHNOLOGY RESEARCH GROUP BERLIN

Alt-Moabit 96A
10559 Berlin
Telefon 030/39982301

Veranstaltung: 10.12.2007
Interaktive Vorträge zum Thema Zukunftsforschung

WENN INNOVATION ALLTAG WIRD

Think Tank: Daimler Chrysler löst Fragen der Zukunft.

1903 veröffentlichte der Russe Konstantin Ziolkowski ein Buch mit dem Titel „Eine Rakete in den Weltraum". Die meisten seiner Zeitgenossen lachten ihn aus. Er meinte es ernst. Gut 100 Jahre später fliegen Menschen ins All. Im Dienst des Pioniergeists arbeitet auch die „Society & Technology Research Group" der Daimler Chrysler AG. Diese Experten für Zukunftsforschung in Gesellschaft, Wirtschaft und Technik arbeiten seit 1979 zusammen. Derzeit beschäftigen sich rund 25 Wirtschaftswissenschaftler, Soziologen, Psychologen und Ingenieure in Palo Alto (USA), Kyoto (Japan) und Berlin gemäß des Grundsatzes „Innovatives Denken als Voraussetzung für innovatives Handeln" mit Nachhaltigkeit und Zukunft: Welche Energien nutzen wir künftig? Wie bewegen wir uns fort? Wie kommunizieren wir? Welche Werte prägen die Gesellschaft von morgen? Denkweise, Methoden und Ergebnisse werden Auftraggebern innerhalb des DaimlerChrysler-Konzerns zur Verfügung gestellt. Und im Herbst 2007 wird diese Zukunftsmusik in Berlin auch einem breiten Publikum präsentiert.

316 | GESELLSCHAFT FÜR BIOCHEMIE UND MOLEKULARBIOLOGIE HESSEN

Mörfelder Landstraße 125
60598 Frankfurt am Main
Telefon 069/6605670

Veranstaltung: 11.12.2007
Schülerkongress an der Universität Kassel, Abt. Genetik

INS LABOR GEN

In echten Forschungslaboren lernen Schüler mehr über DNA und Co.

Spätestens seit dem Erfolg der Serie „CSI" weiß jeder, dass ein Tropfen Spucke ausreichen kann, um einen Mörder zu überführen. Aber wie funktioniert das genau? In der Schule lernen Jugendliche zwar Vererbungslehre, aber nicht, wie ein Forscher im Labor die DNA aus dem Speichel gewinnt und untersucht. Dafür sind bundesweit gut 40 biowissenschaftlich orientierte Schülerlabore da: In echten Forschungsstätten führen Mittel- und Oberschüler gentechnische und zellbiologische Experimente unter der Anleitung von Wissenschaftlern durch. Die Labore sind autark, sie gehören zu Universitäten, Firmen oder Forschungszentren; vernetzt sind sie miteinander in der Initiative „Genlabor & Schule", die die Gesellschaft für Biochemie und Molekularbiologie (GBM) 2002 gegründet hat. Im Netzwerk werden Materialien und Erfahrungen ausgetauscht, Workshops und Kongresse organisiert. Damit Schüler und Lehrer zukünftig besser Bescheid wissen, worum es wirklich bei Begriffen wie „genetischer Fingerabdruck" oder „Stammzellforschung" geht."

www.gbm-online.de

317 | HEIDELBERGER AKADEMIE DER WISSENSCHAFTEN BADEN-WÜRTTEMBERG

Karlstraße 4
69117 Heidelberg
Telefon 06221/543265

Veranstaltung: 13.12.2007
Ausstellung, Filmvorführung, Computeranimationen

VIRTUELLE SEIDENSTRASSE

Computeranimationen machen archäologische Schätze erlebbar.

Heidelberg, das ist die Stadt der Dichter, Denker und Philosophen. Da verwundert es nicht, dass auch heute noch in dem verträumten Studentenstädtchen am Neckar die Geisteswissenschaften groß geschrieben werden. Seit dem Beginn des vergangenen Jahrhunderts gibt es die Heidelberger Akademie der Wissenschaften (HAW) im Herzen der Stadt. Die Fördereinrichtung unterstützt geisteswissenschaftliche Grundlagenforschung – für so etwas geben Unternehmen in der Regel kein Geld aus. Dass es sich aber doch lohnen kann, ein wenig Geld in die geistigen Künste zu stecken, beweist ein Projekt der HAW: Ingenieure und Computerspezialisten arbeiteten mit Geisteswissenschaftlern zusammen. Heraus kamen packende Filme und Computeranimationen. Die Betrachter können hautnah miterleben, wie 6.000 Jahre alte Inschriften an der Seidenstraße rekonstruiert werden. Dass so etwas sinnvoll und nicht nur technische Spielerei ist, steht fest: Die Inschriften werden in diesem Jahr durch den Bau eines Staudamms für immer in den Fluten versinken.

www.haw.baden-wuerttemberg.de

318 | HOCHSCHULE FÜR MUSIK UND DARSTELLENDE KUNST

BADEN-WÜRTTEMBERG

N 7, 18
68161 Mannheim
Telefon 0621/2923511

Veranstaltung: 29.12.2007
Abschlusskonzert des Deutschen Mozartfestes 2007

MOZART, DER EUROPÄER

Die Staatliche Hochschule für Musik und Darstellende Kunst in Mannheim zeigt und spielt „Mozart, der Europäer".

Weltbürger im Leben und nach dem Tod überall zu Hause. Ein Kosmopolit, gesegnet mit der Sprache der Musik. Ein Genie: Wolfgang Amadeus Mozart. Er war zu seinen Lebzeiten vielleicht der Europäer schlechthin. Italien, Großbritannien, Frankreich, Belgien, Niederlande, Tschechien, Slowakei, Schweiz, Deutschland und natürlich Österreich – kaum ein Komponist hat die kulturellen Einflüsse zahlreicher europäischer Länder so aufgenommen und war in der Lage, in so verschiedenen Stilen zu schreiben. Grund genug für die Staatliche Hochschule für Musik und Darstellende Kunst in Mannheim, das Projekt „Mozart, der Europäer" zu initiieren. Professoren aus den führenden Mozart-Städten Europas (Wien, Salzburg, Paris, Prag, Mailand, München und Mannheim) arbeiten auf künstlerischer, pädagogischer und wissenschaftlicher Basis zusammen. Studierende werden gemeinsam Werke der Kammermusik proben und in unterschiedlichen Städten aufführen. Auch in Mannheim, denn hier weilte und wirkte Mozart 1777/78; da war die Musikhochschule schon ein Jahr alt.

www.muho-mannheim.de

Gesellschaft und Sport

Haben Sie schon einmal auf einem Hochhausdach Fußball gespielt? Oder einfach einen Supermarkt eröffnet, weil es in der Nähe keine Einkaufsgelegenheit gab? Die Gesellschaft, das Miteinander der Menschen, lebt von guten Ideen. Überall, wo Menschen zusammen kommen, entstehen Ideen und tragen Früchte. Den besten dieser Ideen ist gemeinsam, dass sie die Menschen einbeziehen und an der Idee teilhaben lassen. Es gibt viele Beispiele für solche Ideen: Eine typisch deutsche ist der Sportverein. Bis heute gibt es, bezogen auf die Bevölkerungszahl, in keinem Land der Welt mehr Sportvereine als hier. Anlässlich der Fußball-Weltmeisterschaft 2006 hat die ganze Welt gesehen, wie stark Sport verbinden kann. Doch es sind nicht nur Sport- und Fußballfeste, bei denen durch Ideen ein ganz besonderes Gemeinschaftsgefühl entsteht. Da werden in Weimar vom Verfall bedrohte Baudenkmäler zu offenen Häusern umgestaltet, ein verlassener Braunkohletagebau wird zum Kanuparadies, eine Initiative hilft Menschen, ihre guten Vorsätze umzusetzen und eine Gemeinde rettet ihr Hallenbad. Die Projekte zeigen, dass man mit einer guten Idee auch dann viel erreichen kann, wenn man nicht viel Geld hat. Es sind ganz verschiedene Initiativen und Projekte, die eines eint: Sie zeigen, dass man mehr erreichen kann, wenn man zusammen hält und den Mut hat, neue Wege zu gehen. Stöbern Sie durch die Ideen, besuchen Sie einen Ort in Ihrer Nähe und lassen Sie sich vielleicht sogar inspirieren, etwas Ähnliches – oder ganz Anderes – auf die Beine zu stellen.

Ungewöhnliches Klangerlebnis: Bei den KARLSRUHER KLANGSTRAHLEN ertönen Mozart, Bach und Beethoven von Türmen und Dächern der Innenstadt.

319 | KIRCHLEIN AM WELSETAL BRANDENBURG

Wolletzer Weg 1
16247 Friedrichswalde
Telefon 0160/92982072

Veranstaltung: 01.01.2007
Neujahrskonzert

DRIVE-IN SCHORFHEIDE

Radler und Wanderer finden im Kirchlein am Welsetal einen Ort der Begegnung.

Eine Fahrradtour erfrischt Geist und Körper. In einem stillen Winkel Brandenburgs, am Rande der Schorfheide, findet so mancher Radler das blühende Leben am Wegesrand. Inmitten ursprünglicher Natur liegt dort das Kirchlein am Welsetal, eine der kleinsten und einfachsten Dorfkirchen Brandenburgs, die mit ungewöhnlichem Programm überzeugt. Es ist eine offene Kirche, Konzert- und Ausstellungsraum und seit 2005 eine von neun Fahrradkirchen Deutschlands. Das Kirchlein ist für Radler und Wanderer, für Konzert- und Ausstellungsbesucher ein Ort des Erlebens, der Stille und des Gebets. 1998 rettete der Förderverein Denkmale Glambeck e.V. die kleine Fachwerkkirche. Zuvor war sie ab 1979 gesperrt und nach der Wende von der Kirchenverwaltung aufgegeben worden. Es gab sie nicht mehr, die „Arme-Leute-Kirche" im ehemaligen Sonderjagdgebiet der Staatssicherheit der DDR. Mit über 100 Klassik-Konzerten und 50 Ausstellungen ist sie jetzt Gedächtnis und Gewissen einer Kulturlandschaft und wärmt die Herzen der Besucher.

www.glambeck-schorfheide.de

320 | HAUS DER WISSENSCHAFT BREMEN

Sandstraße 4/5
28195 Bremen
Telefon 0421/21869500

Veranstaltung: 13.01.2007
Aktionstag

DAS HAUS, DAS SCHLAU MACHT

Wissenschaftler präsentieren ihre Forschungsgebiete – unterhaltsam und verständlich.

Physik oder Chemie sind für viele Schüler keine Lieblingsfächer. Gleichzeitig haben Wissen-Shows im Fernsehen konstant gute Einschaltquoten: Wissenschaft macht Spaß, wenn sie einfach und verständlich präsentiert wird. Aber warum Fernsehen gucken, wenn man auch Forscher direkt befragen kann, die spannend, unterhaltsam und auch für Laien nachvollziehbar erklären können? Im Bremer „Haus der Wissenschaft" ist das seit über einem Jahr möglich. Hier geben Bremer Wissenschaftlerinnen und Wissenschaftler mit Vorträgen und Gesprächen Einblick in ihr jeweiliges Fachgebiet, von Robotik über „Karneval als Lebenskunst" zu „Die Welt der Fans im Stadion – Zuschauer auf dem Marktplatz". Das Haus ist so einerseits ein Schaufenster der Forschung, andererseits eine unterhaltsame Weiterbildungsstätte für alle. Es gibt Ausstellungen, speziell für Lehrer das Forum „Wissenschaft und Schule" und für Vertreter der Wirtschaft das Forum „Wissenschaft und Wirtschaft". Und Hörgenuss: In der Reihe „Musik um 6" geben Studenten der Hochschule für Künste Konzerte.

www.hausderwissenschaft.de

321 | STREITKULTUR TÜBINGEN BADEN-WÜRTTEMBERG

Stauffenbergstraße 31/1
72074 Tübingen
Telefon 07071/255511

Veranstaltung: 15.01.2007
Rekordversuch im Dauerdebattieren

DEBATTIEREN IN TÜBINGEN

Spaß an der Sache und Kompetenzentwicklung: Rhetorik schult das Denken.

Rekordversuche im Dauerdebattieren werden nur im Bundestag unternommen. Aufregend wird es da nur selten. Dauerdebattieren als spannendes Event? Gibt es nicht. Doch, gibt es, antwortet der älteste Debattierclub in Deutschland, der Verein Streitkultur e.V. aus Tübingen. Jeden Mittwoch lädt der Club seine Mitglieder ein, über vorgegebene Themen zu streiten, sich Argumente um die Ohren zu schlagen und sich nach allen Regeln der Kunst Wortgefechte zu liefern. Die Studenten debattieren nach strengen Sitten: Entweder zwischen zwei vom Club festgelegten Fraktionen in der „Offenen Parlamentarischen Debatte" oder in der „Tübinger Debatte". Bei dieser klassischen Publikumsdebatte nehmen auch die Zuhörer an der lebhaften Diskussion teil. Jeder Redner lernt hier richtiges Debattieren und Argumentieren. Ganz nebenbei eignet er sich Kompetenzen an, die im Berufsleben unerlässlich sind: sicheres Auftreten, Überzeugungskraft und Geschick im anschaulichen Argumentieren und Präsentieren.

www.streitkultur.net

322 | FREUNDE DES RICHARD-HAIZMANN-MUSEUMS SCHLESWIG-HOLSTEIN

Claudiusstraße 8
25899 Niebüll
Telefon 04661/1010

Veranstaltung: 21.01.2007
Museumsnacht

HANDELN STATT JAMMERN

Die Freunde des Kunstmuseums sorgen mit Kulturveranstaltungen für die Finanzierung.

In vielen regionalen und kommunalen Museen in Deutschland sind die Ausstellungen altmodisch konzipiert. Erfolgreiche Sonderveranstaltungen können die Besucher nur selten geniessen. Ursache dafür seien leere Kassen, beklagen die Leitungen der Museen und machen dafür die öffentlichen Träger verantwortlich. Im hohen Norden von Schleswig-Holstein, in Niebüll, nahmen die Freunde des Richard-Haizmann-Museums für Moderne Kunst einen Teil der Finanzierung in die eigenen Hände. Die ehrenamtlich aktiven Vereinsmitglieder denken sich immer wieder neue Veranstaltungen aus, damit Geld in die Kasse kommt. Konzerte, Lesungen, eine Museumsnacht und ein großes Museumsfest stehen jährlich in dem denkmalgeschützten ehemaligen Rathaus auf dem Programm. Zudem unterhält der Verein eine Malschule für Kinder und Erwachsene. Rund 40 Partner gewannen die Mitglieder des Vereins bisher für ihre Idee. Ein Sponsoring-Modell des gemeinschaftlichen Wirkens von bürgerlichem Engagement und öffentlicher Hand.

www.haizmann-museum.de

323 | KONRAD-ADENAUER-STIFTUNG BERLIN

Tiergartenstraße 35
10907 Berlin
Telefon 030/269960

Veranstaltung: 26.01.2007
Preisverleihung, Konrad-Adenauer-Akademie, Berlin

FÜR ERINNERUNG UND TOLERANZ

Jugendliche setzen sich mit der NS-Zeit, rechter Gewalt und Intoleranz auseinander.

„Aus welchen Gründen bist du rechtsradikal geworden?" – „Sauer auf alle möglichen Sachen wie Schule oder Ausländer." Mit diesen Sätzen beginnt das Interview eines Schülers mit einem 16-jährigen Rechtsradikalen. Animiert, mit dem Glatzkopf ins Gespräch zu kommen, wurde der Schüler durch den DenkT@g-Wettbewerb der Konrad-Adenauer-Stiftung. Alle zwei Jahre sind Jugendliche aufgerufen, sich in Aufsätzen, Interviews oder Dokumentationen mit dem Nationalsozialismus und aktuellen Fragen zu rechter Gewalt und Intoleranz auseinanderzusetzen. Als innovativer Ansatz verbindet der bundesweite Wettbewerb Erinnerungsarbeit mit moderner Technik – die Beiträge sollen als Internetpräsentationen erstellt und gestaltet werden. Als 2004 der dritte DenkT@g-Wettbewerb lief, klickten sich vier Millionen Besucher aus aller Welt auf www.denktag.de. Das Interesse hat nicht nachgelassen, weltweit informiert sich ein Millionen-Publikum, wie deutsche Jugendliche das Wettbewerbsmotto umsetzen: „Hinsehen, einmischen, mitmachen".

www.denktag.de

324 | RUNDER TISCH FÜR ZEITGESCHICHTE DACHAU BAYERN

Konrad-Adenauer-Straße 1
85221 Dachau
Telefon 08131/75286

Veranstaltung: 27.01.2007
Zeitzeugengespräch mit Henny Brenner im Ludwig-Thoma-Haus

EIN TISCH IM SCHATTEN DER VERGANGENHEIT

Der Dachauer „Runde Tisch für Zeitgeschichte" engagiert sich wider das Vergessen.

Das KZ Dachau nördlich von München war das erste Konzentrationslager in Bayern. Es diente als Modell, als Schule der Gewalt für alle späteren Lager des nationalsozialistischen Systems. Obwohl Dachau kein Vernichtungs-, sondern ein Internierungslager war, fielen mindestens 40.000 Häftlinge dem Terror der SS und den menschenunwürdigen Bedingungen zum Opfer. Der „Runde Tisch für Zeitgeschichte" der Stadt Dachau engagiert sich für eine offene Auseinandersetzung mit der dunklen Vergangenheit des Ortes. Vertreter aus Vereinen, Institutionen und der Stadt koordinieren gemeinsam Gedenkfeiern und Veranstaltungen von verschiedenen Initiativen und Einrichtungen, die über die KZ-Gedenkstätte Dachau hinaus das Erinnern an die Opfer des Nationalsozialismus wach halten. Für zehntausende Menschen endete mit ihrer Befreiung durch die US-Armee am 29. April 1945 eine jahrelange Gefangenschaft und ein unvorstellbares Martyrium. Auch dank des Runden Tisches für Zeitgeschichte endet die Erinnerung an die Gräuel von Dachau nicht.

325 | NARRENFEST 2007 BADEN-WÜRTTEMBERG

Hauptstraße 72
79346 Endingen am Kaiserstuhl
Telefon 07642/689990

Veranstaltung: 28.01.2007
Internationales Historisches NarrenFest

FESTE FEIERN

In Endingen wird mit dem „NarrenFest" Fastnacht auf europäisch zelebriert.

Ob Karneval, Fastnacht oder Fasching – alle meinen das gleiche: Die fünfte Jahreszeit ist die schönste. Und das nicht nur in Endingen am Kaiserstuhl, denkt die Endinger Narrenzunft 1782 e.V. und lädt zum „NarrenFest" mit europäischer Note. Mit dem „NarrenFest" zum 225. Jubiläum der Endinger Narrenfigur wird mit einem internationalen Kreis von rund 20 traditionellen Narrengruppen die Verbindung zwischen unterschiedlichen europäischen Bürgerfastnächten erlebbar gemacht. Denn Fastnacht ist bereits seit Jahrhunderten ein gemeinsames europäisches Kulturgut. So werden Fastnachtsfiguren aus Belgien, Italien, der Inner- und Ostschweiz, Tirol und dem oberbayerischen Werdenfelser Land aufeinander treffen. Special guest aus Venezuela: die „Jokili" aus der Kaiserstühler Auswanderer-Kolonie von 1842. Mit dem Zusammentreffen dieser vielfältigen Narrenfiguren in Endingen wächst dieses Ereignis zu einem kulturellen Höhepunkt der europäischen Fastnacht 2007. Denn die Narren sollen sich treffen, sollen sich begegnen – „mitnander Fasnet mache".

www.narrenfest2007.de

326 | POLITISCHER SALON NORDRHEIN-WESTFALEN

Grillo-Theater Essen, Theaterplatz 11
45127 Essen
Telefon 0201/8303838

Veranstaltung: 07.02.2007
2. Abend des Politischen Salons Essen 2007

AN DER RUHR DAHEIM, IN DER WELT ZUHAUSE

Bürger diskutieren über das Leben und Arbeiten im globalen Dorf.

Die Globalisierung macht vor niemandem halt. Auch im Ruhrgebiet ist sie längst angekommen. Und zwar im Essener Grillo-Theater. Hier an der Heldenbar diskutieren seit Herbst 2006 ebenso mündige wie kundige Bürger über die Herausforderungen und Probleme des globalen Wettbewerbs. Fünfmal im Jahr wird die Veranstaltungsreihe „Politischer Salon Essen" hier tagen. Wechselnde Experten aus Wirtschaft, Politik, Kultur, Bildung und Kirche beleuchten dabei immer neue Aspekte der Globalisierung. Das erste Treffen im Oktober stand unter dem Motto „Ein Thema für lokale Unternehmen – die Millenniumentwicklungsziele der UN". So trocken das Thema zunächst klang, die Teilnehmer des Politischen Salons erweckten es durch ihre anschaulichen Beiträge zum Leben. Die Vertreter der lokalen Wirtschaftsverbände und einer Bäckerei überraschten das Publikum mit ihrem wirtschaftlichen Engagement in Afrika, Asien und Lateinamerika, was die Zuhörer zu Fragen, Statements und Kritik anregte. Das Konzept des Politischen Salons ging voll auf: Im Schmelztiegel Ruhrgebiet ist die Globalisierung in aller Munde.

327 | STÄDTE-NETZWERK NRW NORDRHEIN-WESTFALEN

Nicolaistraße 3
59423 Unna
Telefon 02303/969311

Veranstaltung: 13.02.2007
Ideenwerkstatt in einem Bürgerbad

VERNETZTE POWER

Das Städte-Netzwerk NRW zeigt, wie man gemeinsam erfolgreich ist.

Ein Team ist mehr als die Summe guter Köpfe, sagt die Netzwerktheorie. Stärken potenzieren sich, Schwächen können kompensiert werden. 118 Städte und Kommunen in Nordrhein-Westfalen machen sich diesen Effekt bundesweit einmalig zunutze. Sie bündeln ihr Engagement im Städte-Netzwerk NRW. Der seit zehn Jahren bestehende Zusammenschluss entwickelt Projekte und sorgt dafür, dass Kindereinrichtungen, Bibliotheken, Musikschulen und Sportanlagen erhalten bleiben. Musikschulen arbeiten mit Ganztagsschulen zusammen, sodass Kinder einen Zugang zu Musik erhalten, die aufgrund ihrer Herkunft ansonsten keine Möglichkeit dazu hätten. Bereits 50 Bürgerbäder gehen auf das Konto der Netzwerkler. Sie haben dafür gesorgt, dass die Schwimmbäder angesichts knapper Kassen nicht geschlossen werden. Vereine kümmern sich in Eigenregie um den Unterhalt. Die Kommunen bieten den Betreibern des Bürgerbades einen verlässlichen finanziellen Rahmen, der den kommunalen Haushalt zugleich deutlich entlastet.

www.netzwerk.nrw.de

328 | FRISCHEMARKT BAD SCHLEMA SACHSEN

Marktpassage 23
08301 Bad Schlema
Telefon 03772/395316

Veranstaltung: 17.02.2007
Schlenderpark und Vereinsfest

SELBSTBEDIENUNG

Bad Schlema brauchte einen Supermarkt. Die Bürger eröffneten ihn selbst.

Die Bürger Bad Schlemas waren aufgeschmissen. Als die Filiale einer großen Supermarktkette im Ortsteil Oberschlema dicht machte, wussten viele nicht mehr, wie sie an ihren täglichen Bedarf an Lebensmitteln kommen sollten. Der Bürgermeister des sächsischen Städtchens, Jens Müller, hatte die zündende Idee: Wenn keine Supermarktfiliale nach Bad Schlema kommt, dann machen wir eben einfach unseren eigenen Laden auf. Im Mai vergangenen Jahres gründeten engagierte Bürger eine Bürgerinitiative. Mithilfe der BBE Handelsberatung entstand daraus die Genossenschaft Frischemarkt Bad Schlema. Schon fünf Monate später eröffnete der Markt. Das Geschäft brummt, vor allem, weil alle mit anpacken: Ein Großhändler aus Norddeutschland räumt den Schlemaern günstige Konditionen ein und ein Unternehmensberater vermittelte eine noch gute, gebrauchte Einrichtung. Bürger und Kurgäste sind begeistert: Endlich wieder ohne Hürden einkaufen gehen. Außer den Kunden gibt es noch andere Gewinner: Durch das beherzte Handeln der Schlemaer sind fünf Arbeitsplätze entstanden.

329 | DEMOKRATISCHER FRAUENBUND

MECKLENBURG-VORPOMMERN

Einsteinstraße 8
17036 Neubrandenburg
Telefon 0395/7077013

Veranstaltung: 08.03.2007
Gedenkveranstaltung auf dem Gelände des ehemaligen KZ Ravensbrück

FRAUEN INTERNATIONAL

Der „Demokratische Frauenbund e. V." erinnert an die ermordeten Frauen des Konzentrationslagers Ravensbrück.

Der deutsche Nationalsozialismus ist für die Leiden und den Tod unzähliger Menschen verantwortlich. Der bundesweit tätige „Demokratische Frauenbund e.V." beschäftigt sich seit Jahren mit der Aufarbeitung der Geschehnisse in den „Mechanischen Werkstätten Neubrandenburg GmbH". Unter deren Arbeitern befanden sich 1943 auch 200 Frauen, die meisten von ihnen politische Häftlinge aus dem nahe liegenden Konzentrationslager Ravensbrück. Die Zahl dieser Zwangsarbeiterinnen wuchs bis 1945 auf fast 6000. Unter unmenschlichen Bedingungen mussten die Frauen an der Produktion von Bombenabwurfgeräten mitwirken. Sie waren dabei unvorstellbaren körperlichen und seelischen Grausamkeiten ausgesetzt. Damit die Geschichte dieser Frauen nicht in Vergessenheit gerät, organisiert der „Demokratische Frauenbund e.V." am Internationalen Frauentag eine Veranstaltung, um jener Frauen zu gedenken, die sich im KZ Ravensbrück für Frieden und Freiheit einsetzten und dafür ihr Leben lassen mussten. Ändern kann dies nichts. Aber die Erinnerung wach zu halten hilft, Wiederholungen zu verhindern.

www.dfbevnb.city-map.de

330 | WÄCHTERHÄUSER SACHSEN

Demmeringstraße 21
04177 Leipzig
Telefon 0341/2419879

Veranstaltung: 30.03.2007
Eröffnung eines Wächterhauses

WIEDERBELEBEN MIT DEM PINSEL

Statt Häuser verfallen zu lassen, macht HausHalten e.V. sie zur Heimstatt mutiger Ideen.

Verfallende Gründerzeithäuser, leer stehende Altbauwohnungen, verwaiste Straßen, graue Häuserblocks: Es ist ein Bild des Jammers, das viele denkmalgeschützte Gebäude Leipzigs abgeben. Bei dem großen Wohnungsangebot der Stadt haben viele Häuser kaum Aussicht darauf, jemals saniert zu werden. Dagegen wendet sich der im Herbst 2004 gegründete Verein HausHalten e. V.: Sein Ziel ist es, ratlose Eigentümer mit engagierten, unkonventionellen Nutzern zusammenzuführen. Der Verein wirbt sogenannte Hauswächter an, Menschen, die bereit sind, in ein unsaniertes Haus einzuziehen, die Betriebskosten zu übernehmen und ihre Arbeitskraft einzubringen. Die Hauswächter stellen dem Verein ihre sozialen, kulturellen oder gewerblichen Ideen vor und legen dann selbst Hand an. Das Ergebnis: Dank des Engagements der Hauswächter konnte Leipzig u.a. schon eine Galerie und ein Kulturzentrum hinzugewinnen; eine Buch- und Schreibwerkstatt für Kinder konnte neue und größere Arbeitsräume beziehen. Es ist wieder Gründerzeit in Leipzig!

www.haushalten.org

331 | ZOO LEIPZIG SACHSEN

Pfaffendorfer Straße 29
04105 Leipzig
Telefon 0341/5933385

Veranstaltung: 03.04.2007
Sonderführung

DER ZOO DER ZUKUNFT

Der Leipziger Tierpark ist nicht nur ein Zoo, sondern Naturerlebnisrevier von morgen.

Zoos sind normalerweise Orte, die Eltern am Wochenende mit ihren Kindern aufsuchen, um sich niedliche Tigerbabys anzugucken. Dass ein Zoo noch viel mehr ist, ist vielen Besuchern gar nicht bewusst. Der Zoo Leipzig wird derzeit zum „Zoo der Zukunft" umgestaltet und möchte ein Vorbild sein in artgemäßer und naturnaher Haltung der Tiere, Artenschutz und umweltfreundlichem Betrieb. Rund 1,7 Millionen Besucher im Jahr kommen hierher, um die Löwensavanne und ab 2009 auch die Riesentropenhalle „Gondwanaland" anzuschauen, in der die Urzeit wieder lebendig werden soll. In Zusammenarbeit mit dem Max-Planck-Institut für Evolutionäre Anthropologie entstand die weltgrößte Menschenaffenanlage „Pongoland". Dazu bietet der Zoo tolle Möglichkeiten wie das Entdeckerhaus „Arche", ein interaktives Umweltbildungszentrum. Zahlreiche Artenschutzprojekte in freier Natur werden von hier aus unterstützt. Außerdem werden neue Anlagen so gebaut, dass sie schön anzuschauen und dabei auch noch umweltgerecht sind.

www.zoo-leipzig.de

332 | GESUNDHEITSINITIATIVE „DEUTSCHLAND BEWEGT SICH!" NORDRHEIN-WESTFALEN

Lichtscheider Str. 89
42285 Wuppertal
Telefon 0185/00991851

Veranstaltung: 07.04.2007
Eine ganze Stadt bewegt sich rund um die Uhr

AUF DIE PLÄTZE, FERTIG, LOS!

Die Initiative „Deutschland bewegt sich!" hilft, gute Vorsätze umzusetzen.

Endlich wurde die Zauberformel gefunden: Fünf bis zehn Jahre könnten die Deutschen länger leben, so ein aktueller Bericht der Weltgesundheitsorganisation. Das funktioniert ganz einfach und ohne Zaubertrank oder teure Hilfsmittel. Das Patentrezept heißt: mehr Bewegung. Am besten vier Mal 30 Minuten in der Woche. Viele haben diesen Plan bereits gefasst, an der Umsetzung mangelt es noch. Die Initiative „Deutschland bewegt sich!" motiviert die Menschen mit Informationen und vielfältigen Bewegungsangeboten. Die Idee: Die Deutschen sollen sich regelmäßig sportlich betätigen und gesünder ernähren. Die Barmer Ersatzkasse, die Bild am Sonntag und das ZDF haben über 120.000 Partner eingespannt. Von Apotheken über Hausärzte, Sportverbände und Volkshochschulen bringt die Initiative Junge und Alte wieder in Schwung. Seit Beginn der Aktion im April 2003 haben schon über 20 Millionen Deutsche mitgemacht: Ernährungskurse, Schnuppertage in Sportvereinen, Lauftreffs. Aus Bewegungsmuffeln werden gesunde Freizeitsportler.

www.barmer.de

333 | RAVENSBURGER SPIELELAND BADEN-WÜRTTEMBERG

Am Hangenwald 1
88074 Meckenbeuren/Liebenau
Telefon 07542/4000

Veranstaltung: 09.04.2007
Geburtstagsparty zum 10-jährigen Jubiläum

DISNEYLANDS HÄRTESTE KONKURRENZ

Ein Land ohne Grenzen und Passkontrolle, aber mit ganz eigenen Gesetzen

Ravensburger Spiele sind wie Nivea oder Tempo – traditionelle Evergreens unter den Markenartikeln und gefühlte Marktführer. Keiner, der nicht ein Spiel mit der blauen Ecke im Schrank liegen hätte. Auf diesem guten Ruf ruht sich der Spiele-Hersteller nicht aus. Seit 1998 lädt der Verlag ins „Ravensburger Spieleland". Hier toben sich alle Spielsüchtigen mal so richtig aus: Ganze Familien löschen beim Feuerwehrspiel ein Haus, melken Kühe um die Wette und bekommen weiche Knie im „Fix&Foxi Raketenblitz". Vertraute Brettspiele wie das „Verrückte Labyrinth" oder „Memory" gibt es hier in der knallbunten XXL-Version – neben über 50 weiteren Attraktionen. Zudem sind einige Naturwunder zu bestaunen: Seltene Libellen und über 30 Vogelarten leben hier, und spätestens bei einer Traktorfahrt querfeldein fühlt man sich wie auf dem Bauernhof. Wem das nicht reicht, kann in der MINI Kinder-Verkehrsschule oder in der Zirkus- und Zauberschule noch richtig was lernen. Denn bei allem Spaß – pädagogisch wertvoll soll es ja auch noch sein.

www.spieleland.de

334 | KANUPARK MARKKLEEBERG SACHSEN

Wildwasserkehre 1
04416 Markkleeberg
Telefon 0341/35330

Veranstaltung: 13.04.2007
Eröffnungsveranstaltung

AUFBAU OST DURCH WILDE GEWÄSSER

Ein Braunkohle-Tagebau wird Kanupark.

Erst wurde hier Kohle abgebaut, dann investiert: 11,5 Millionen Euro hat die Stadt Markkleeberg mit Hilfe von Bund und Land Sachsen in den Kanupark Markkleeberg gesteckt. Nach siebenjähriger Flutung ist der 250 ha große Markkleeberger See entstanden, an dessen Ufer im April 2007 der Kanupark öffnet: Das Training des Nationalkaders und Wettkämpfe wie die Deutsche Meisterschaft 2007 oder die Junioren-Europameisterschaft 2010 sind bereits gebucht. Aber der Kanupark bietet mehr: Vor allem Freizeitsportler sollen zu Fun-Sportarten wie Rafting in die strukturschwache Region kommen und den Tourismus ankurbeln. Die Anlage mit 270 Meter Wettkampf- und 130 Meter Trainingsstrecke war Teil der Bewerbung Leipzigs für Olympia 2012. Mit Hilfe von Firmen, die bereits die Anlagen der Spiele in Sydney und Athen gebaut haben und dies auch für Peking 2008 tun, kommt es mit dem Kanupark nun doch nach Sachsen: Olympia-Feeling. Bis 1994 wurde im Tagebau Espenhain südlich von Leipzig Braunkohle gefördert – ab 2007 Sportler.

www.kanupark-markkleeberg.com

335 | DEUTSCHES AUSWANDERERHAUS BREMEN

Columbusstraße 65
27568 Bremerhaven
Telefon 0471/902200

Veranstaltung: 21.04.2007
Thematische Sonderführung

SEEKRANK MIT SAUERKRAUT

Das Deutsche Auswandererhaus in Bremerhaven schickt seine Besucher auf eine Zeitreise.

Als Martha die Koffer packt, legt ihr der Vater ein Familienerbstück hinein: eine Pferdebürste, die Martha von nun an immer begleitet, vom kleinen Geestemünde hinaus in die große weite Welt. So wie Martha Hüner traten mehr als sieben Millionen Auswanderer zwischen 1830 und 1974 von Bremerhaven die weite Schiffsreise nach Nord- und Südamerika an. 20 Jahre lang haben sich Bremerhavener aus Politik, Wirtschaft und Kultur dafür eingesetzt, dass im größten deutschen Auswandererhafen das Deutsche Auswandererhaus errichtet wird. Seit Sommer 2005 begeben sich die Besucher in Europas größtem Erlebnismuseum zum Thema Auswanderung auf eine Zeitreise – und schmecken sich dabei sogar in das Schicksal ihrer Vorfahren hinein: Im rekonstruierten Speisesaal der „Columbus" werden im Rahmen einer Führung zum Thema „Verpflegung auf den Auswandererschiffen" Kostproben des historischen Proviants aufgetischt. Raue Mengen Pökelfleisch, vitaminreiches Sauerkraut und Dörrobst bestimmten die Speisezettel auf den Segelschiffen.

www.dah-bremerhaven.de

336 | FRIEDENS RÄUME BAYERN

Lindenhofweg 25
88131 Lindau
Telefon 08382/24594

Veranstaltung: 23.04.2007
Vortrag

DEM FRIEDEN RAUM GEBEN

In einem Museum in Lindau kann man auf verschiedenen Wegen seinen Frieden finden.

Seinen inneren Frieden finden, das möchte jeder. Aber wo? Auf dem Jakobsweg? Zu weit. Beim Yoga? Zu anstrengend. Warum nicht da, wo Frieden einen Raum hat? Zum Beispiel in den „friedens räumen", einer interkulturellen und interreligiösen Stätte für Austausch und Begegnung in Lindau. Ein Museum, in dem sich Besucher bewegen müssen, um friedliche Impulse zu entdecken und zu erfahren. Sie finden im Leseraum Liebeserklärungen, die Mut machen, im Hörraum Musikbeispiele zu Frieden und Gewalt. Im Werkraum gibt es Diskussionen und Rollenspiele zur Konfliktbewältigung. Im Zwischenraum wird die Sprache der Medien und der Politik kritisch betrachtet. Der Entscheidungsraum ist ein Labyrinth, das zur Orientierung auffordert. Die sensible Idee hinter dem Raum-Konzept: Das Gesehene und Gehörte soll Mut machen zur persönlichen Auseinandersetzung mit Konflikten auch außerhalb des Museums. Die „friedens räume" vermitteln den Wert von Frieden im Großen und Kleinen und den Umgang mit Gewalt und Aggressionen.

www.friedens-raeume.de

337 | SPORTHILFE ELITE-FORUM HESSEN

Burnitzstraße 42
60596 Frankfurt am Main
Telefon 069/678030

Veranstaltung: 26.04.2007
Tag der offenen Tür

TRAINING FÜR DEN KOPF

Begegnungsstätte für Spitzenathleten und führende Vertreter der Gesellschaft

Humanistische Ideale, private Einblicke in Werde- und Bildungsgang von Eliten aus Politik, Wirtschaft und Wissenschaften oder die Begegnung mit prominenten Köpfen aus der Literatur, der Bildenden Kunst und der Unterhaltung – sie hinterlassen bei den Teilnehmern des Sporthilfe Elite-Forums bleibende Eindrücke. Die Idee: Das Forum bietet eine Plattform zum Austausch zwischen Leistungsträgern aus Sport und Gesellschaft. Pro Jahr finden vier Foren statt. Bisher trafen über 150 Top-Athleten, darunter 23 Olympia-Sieger, auf mehr als 100 Persönlichkeiten des öffentlichen Lebens. Unter dem Humboldt-Imperativ „Bilde Dich selbst, und dann wirke auf andere durch das, was Du bist" bieten Seminare vielfältige Gelegenheiten zum Dialog zwischen Top-Athleten und Top-Referenten. Gespräche mit Schriftstellern wie Martin Walser, Moderatoren wie Günther Jauch oder Schauspielern wie Otto Sander eröffnen den Athleten Perspektiven über den Sport hinaus. Oft erfahren sie aber auch, wie sehr andere Größen ihre Leistungen und ihr Auftreten bewundern.

www.sporthilfe.de

338 | NEUE LANDSCHAFT RONNEBURG

THÜRINGEN

Gagarinstraße 81
07545 Gera
Telefon 0365/552007

Veranstaltung: 27.04.2007
Eröffnungsveranstaltung der BUGA 2007

VON DER MONDLANDSCHAFT ZUM BLÜTENPARADIES

Die „Neue Landschaft Ronneburg" ist Teil der Bundesgartenschau 2007.

Für die „Neue Landschaft Ronneburg" versetzt man Berge: Am Rande eines mehr als 800 Hektar großen Gebiets, das zu DDR-Zeiten im Tagebau Uranerz für das russische Atomprogramm lieferte, verwandelt sich eine Mondlandschaft in einen neuen, spannungsreichen Lebensraum. Auf 60 Hektar steht 2007 alles im Zeichen der Bundesgartenschau, die Ronneburg im Tandem mit Gera ausrichtet. Die Schau in Thüringen verbindet Natur mit Kunst, Kultur, Architektur und Geschichte. Die Besucher kommen in den Genuss einer faszinierenden Blütenpracht von 30.000 Rosen und 55.000 Wild-, Prärie- und anderen Stauden. Darüber hinaus erwartet sie in Ronneburg ein 20 Meter hoher Entdeckerturm, der auch als Kletterwand dient. Eine 240 Meter lange Spannbandbrücke – eine der längsten Holzbrücken Europas – führt zu einem Baumgarten, der rund 56 Baumarten mit 410 Bäumen der nördlichen Erdhalbkugel beherbergt – vom Urwaldmammutbaum über die Kaukasus-Tanne bis zur Japanischen Kirsche.

www.buga2007.de

339 | DEUTSCH-TSCHECHISCHE FUSSBALL-SCHULE BAYERN

Gerberstraße 11a
95111 Rehau
Telefon 09283/898284

Veranstaltung: 04.05.2007
Kinderfußballturnier in Franzensbad (CZ) und in Rehau (D)

PERFEKTES DRIBBLING, EXZELLENTER ABSCHLUSS

Kinder lernen den Umgang mit dem Ball – und nebenbei eine Fremdsprache.

Deutsche Länderspiele gegen Tschechien waren immer fußballerische Höhepunkte. Beide Teams schenkten sich nichts. Wenn die Deutsch-Tschechische Fußballschule zur MINI-Europameisterschaft 250 Kinder und 50 Erwachsene aus 13 Ländern ins oberfränkische Rehau und ins tschechische Franzensbad einlädt, geht es etwas freundlicher zu: Alles dreht sich um Völkerverständigung, kulturellen Austausch und Spaß am Sport. An der Deutsch-Tschechischen Fußballschule denkt man über pures Leistungsbolzen und über Landesgrenzen hinweg: Die Idee, dass deutsche Kinder ihre Nachbarn in Tschechien kennenlernen und umgekehrt, steht im Mittelpunkt dieser Bildungsinitiative. Die Schule bezieht Kinder aller Bevölkerungsschichten ein: In Rehau und Franzensbad lernen deutsche und tschechische, türkische, bosnische und Roma-Kinder mehrmals in der Woche im gemeinsamen Training, wie man dribbelt, passt und Tore schießt – und im Sprachunterricht, wie man sich auf dem Platz auf Tschechisch oder Deutsch verständigt. Oder hinterher dem Sieger gratuliert.

www.dtfs.de

340 | MY LIFE – ERZÄHLTE ZEIT-GESCHICHTE BRANDENBURG

Gubener Straße 1
15230 Frankfurt (Oder)
Telefon 0335/553416389

Veranstaltung: 18.05.2007
Lange Nacht der Biografien

SAG, WIE WAR DAS DAMALS?

Im „Archiv für menschliche Schicksale" werden Biografien aus dem deutsch-polnischen Grenzgebiet gesammelt.

Augenzeugenberichte sind eine wichtige Quelle der Geschichtswissenschaft, um vergangene Zeiten in Erinnerung zu bewahren. Doch immer weniger Menschen bemühen sich, ihr Leben für die Nachwelt zu konservieren: Wer außer Politikern schreibt heute noch seine Memoiren? Der Verein „My Life - Erzählte Zeitgeschichte" bietet dem Erinnern eine Bühne. Der in Frankfurt an der Oder ansässige Verein hat sich der Sammlung von Biografien aus dem Grenzgebiet verschrieben. Die Mitglieder befragen Polen und Deutsche. Wer seine Geschichte selbst aufschreiben will, lernt hier in Kursen biografisches Schreiben. Die Ergebnisse stehen im „Archiv für menschliche Schicksale" zukünftigen Generationen zur Verfügung. Das Ziel ist es, das Erzählen und Erinnern bei Deutschen und Polen zu aktivieren und dabei eine völkerverbindende Dokumentationsstelle aufzubauen. Ein besonderes Anliegen ist es dem Verein, Alte und Junge zueinander zu bringen. Schüler interviewen Rentner und schreiben deren Leben nieder. Damit wir nicht vergessen.

www.archiv-my-life.de

341 | OBSTWIESENSCHUTZ VON BÜRGERN FÜR BÜRGER NORDRHEIN-WESTFALEN

Zumsandestraße 15
48145 Münster
Telefon 0251/136007

Veranstaltung: 30.05.2007
Apfelblütenfest auf einer Streuobstwiese

LASS' DÜLMENER ROSEN REGNEN

Freiwillige kümmern sich mit Spaß um den Erhalt der Streuobstwiesen in Münster.

Eine Dülmener Rose ist keine Blume, aber sie duftet trotzdem: Es handelt sich um eine alte Apfelsorte aus dem Raum Münster, einer Gegend, die seit jeher für Spitzengewächse bekannt ist. Im Supermarkt bekommt man so etwas nicht. Die Dülmener Rose wächst nur noch auf einigen Bäumen der Streuobstwiesen im Münsterland – und die AG Obstwiesenschutz des NABU-Stadtverbandes Münster sorgt dafür, dass es auch so bleibt. Der Naturschutzbund setzt sich seit über 20 Jahren für den Erhalt von mehr als 100 Obstwiesen im Raum ein: Die Wiesen mit ihren alten Bäumen stehen für eine umweltverträgliche Landbewirtschaftung und bieten Lebensraum für viele Tiere und Pflanzen. Das Projekt liegt in der Hand freiwilliger Helfer: Im Frühjahr schneiden sie die Bäume an, im Herbst treffen sie sich zur Apfelernte, danach verkaufen Hauptamtliche das Obst, Säfte und Marmeladen auf dem NABU-Wochenmarktstand. Bürgerschaftsengagement, Naturschutz und Austausch zwischen den Generationen, all das kann ein Apfel bewirken.

www.nabu-muenster.de

342 | STUDIENFONDS OWL NORDRHEIN-WESTFALEN

Warburger Straße 100
33098 Paderborn
Telefon 05251/605234

Veranstaltung: 06.06.2007
Festakt im Audimax

BILDUNGSOFFENSIVE FÜR DIE REGION

Die Region soll brummen: Förderung und Finanzierung kluger Köpfe.

Auch ein Kämmerchen im Elfenbeinturm kostet Miete, Strom und Heizung. Um all dies mit Nebenjobs zu finanzieren, bleibt in Zeiten von Studiengebühren und Auslandssemestern so manchem Willigen und Fähigen ein ebenso zügiges wie intensives Studium verwehrt. Fünf staatliche Hochschulen in Ostwestfalen-Lippe machen aus dieser Not eine Tugend. Ihr gemeinsam gegründeter Studienfonds wird die schlauesten Köpfe mit der Aussicht auf schnelles Studieren nach Bielefeld, Paderborn, Detmold, Lippe oder Höxter locken. Mit Spenden investieren engagierte Firmen und Privatpersonen nun direkt in die Zukunft ihrer Region. Das Kapital an Kontakten und Geldern schütten die fünf Hochschulrektoren als Stipendien, PraxisSchecks (Praktika) oder Uni-Jobs an die leistungswilligsten Studenten aus. So beleben die akademischen Finanzspritzen langfristig das geistige und wirtschaftliche Klima im Nordwesten der Republik. Die entstehenden Netzwerke zwischen Stipendiaten, Hochschulen und Unternehmen sollen innovative Projekte und Kooperationen hervorbringen. **www.studienfonds-owl.de**

343 | STAMPS FOR LEIPZIG SACHSEN

Nordplatz 9
04105 Leipzig
Telefon 0341/5503673

Veranstaltung: 07.06.2007
Aktionstag

MARKIGE SCHÜLER

Briefmarken für die neue Bibliothek der „Leipzig International School"

Geleckt, geklebt, gestempelt – und nach Erhalt samt Umschlag weggeworfen. So sieht der Lebenslauf einer normalen Briefmarke aus. Das Schicksal eines Postwertzeichen ändert sich schlagartig, wenn die Schüler der „Leipzig International School" sie vor dem Papierkorb retten. Auf eine ganze Million gebrauchter Marken hat es der internationale Nachwuchs abgesehen. Leipziger Bürger, Firmen, Vereine und andere Partnerschulen suchen bereits in ihren Postkörbchen nach verwertbarem Material, um die Schüler zu unterstützen. Denn hinter der organisierten Sammelwut stecken respektable Projekte. Die innerhalb eines Jahres gesammelten Briefmarken werden an die Meistbietenden verkauft, um den Neubau der Schulbibliothek zu finanzieren. Während die allermeisten Wertpapierchen einen neuen Besitzer finden, werden etwa 100.000 wieder verklebt: zu einem weltrekordverdächtigen Mosaik, das die Schüler mit einem Künstler basteln werden. Was kann entwerteten Marken Schöneres passieren, als in den Briefkästen pfiffiger Verwerter zu landen?

www.stamps-for-leipzig.de

344 | PROJEKT GRENZENLOS NIEDERSACHSEN

Markt 1
38350 Helmstedt
Telefon 05351/171170

Veranstaltung: 17.06.2007
Feier zum zehnjährigen Jubiläum

WEG MIT BARRIEREN

Deutsch-deutsche Geschichte an der einstigen Grenze erleben

Seit dem Fall der Mauer 1989 wird über das Zusammenwachsen Deutschlands debattiert. Gelungen? Gescheitert? Oder mittendrin? Wo lässt sich besser darüber nachdenken als dort, wo die einstige Spaltung zu spüren war? Das Projekt „Grenzenlos – Wege zum Nachbarn" verbindet die Erinnerung an die Grenze mit dem Appell, auch die Barrieren in den Köpfen abzubauen. An der größten deutsch-deutschen Grenzübergangstelle Helmstedt-Marienborn bleibt die Trennungsgeschichte präsent – auf 7,5 Hektar Fläche ist ein Stück der dichtesten Grenze der Welt erhalten. Mit dem Projekt „Grenzenlos" können Besucher die Trennungsgeschichte vor Ort nacherleben, auch Ausflüge zum Grenzdenkmal in Hötensleben und zur Gedenkstätte Deutsche Teilung Marienborn gehören zum Programm. „Grenzenlos" heißt aber auch: Gedankenaustausch über das Zusammenwachsen von Ost und West. Bei den Universitätstagen diskutieren Historiker und Publizisten über Grenzen in der Vergangenheit, der Gegenwart und der Zukunft.

www.grenzdenkmaeler.de

345 | ZWECKVERBAND „LINKES WESERUFER"

NIEDERSACHSEN

Rathausstraße 14
31608 Marklohe
Telefon 05021/60250

Veranstaltung: 21.06.2007
Mittsommernachtslauf

GEMEINSAM SIND SIE STARK

Drei niedersächsische Gemeinden zeigen: Bürgernahe Verwaltung schafft Erfolg.

Die meisten kleinen ländlichen Gemeinden können sich keinen Wirtschaftsförderer leisten, der sich um die Betriebe kümmert oder neue Unternehmen ansiedelt. Gleiches gilt für die Tourismusförderung. Um Abhilfe zu schaffen, haben drei niedersächsische Kommunen den „Zweckverband Linkes Weserufer" gegründet. Die Samtgemeinden Marklohe und Liebenau und der Flecken Steyerberg haben eine Kooperation vereinbart und fünf kommunale Bereiche zusammengelegt: die Personalverwaltung, die Immobilienverwaltung, die Touristikförderung, die Kommunalen Bauhöfe und die Wirtschaftsförderung. Die anderen Bereiche wurden bei den Rathäusern belassen. Die Strukturen sind immer noch bürgernah, und es werden Kosten gespart. So viel positive Resonanz gab es auf die Reform, dass die Sportvereine der Gemeinden beschlossen, einen Mittsommernachtslauf zu Gunsten des Zweckverbands durchzuführen. Der soll nun jedes Jahr die drei Rathäuser symbolisch miteinander verbinden.

346 | GÄRTEN DER WELT BERLIN

Sangerhauser Weg 1
12349 Berlin
Telefon 030/7009060

Veranstaltung: 22.06.2007
Musik und Tanz aus den Gärten der Welt, Chinesisches Mondkuchenfest

21 HEKTAR VOM PARADIES

Im Berliner Stadtteil Marzahn-Hellersdorf wachsen die „Gärten der Welt".

„Er übersprang den Zaun und sah, dass die ganze Welt ein Garten ist." Die Worte stammen von Horace Walpole, der im England des 18. Jahrhunderts vor allem zwei Berufe ausübte: Schriftsteller und Landschaftsgärtner. Gärten sind lehrreiche Orte der Erholung, die Grenzen überwinden. Die „Grün Berlin Park und Garten GmbH" betreibt und plant Gärten in der Hauptstadt. Einen davon ausgerechnet im Stadtteil Marzahn-Hellersdorf, der im Ruf steht, vornehmlich grau zu sein. Hier entstand bereits 1987 zu DDR-Zeiten auf 21 Hektar die Berliner Gartenschau, die seit 1991 Erholungspark Marzahn heißt. Seit 2000 wachsen hier „Gärten der Welt". Fünf gibt es schon: den chinesischen „Garten des wiedergewonnenen Mondes", den japanischen „Garten des zusammenfließenden Wassers", den balinesischen „Garten der drei Harmonien", den orientalischen „Garten der vier Ströme" und den koreanischen „Seouler Garten". Mit jeder Pflanze bauen die Gärtner ein Stück Verständnis für eine fremde Kultur an. Schließlich war schon das Paradies ein Garten.

www.gaerten-der-welt.de

347 | **24-STUNDEN-TRAUSERVICE** BADEN-WÜRTTEMBERG

Amtsgasse 4
73098 Rechberghausen
Telefon 07161/5010

Veranstaltung: 07.07.2007
Trauungen rund um die Uhr

TRAU DICH RUND UM DIE UHR

Heiraten mal anders: Das Standesamt Rechberghausen bietet einen 24-Stunden-Service.

Deutschland, eine Servicewüste, in der nach Feierabend nichts mehr geht? Nicht so im kleinen Ort Rechberghausen! Die flexiblen Standesbeamten trauen Heiratswillige an sieben Tagen der Woche, und das rund um die Uhr. So können Nachteulen und Frühaufsteher den wichtigsten Tag zelebrieren, ohne sich an übliche Bürozeiten halten zu müssen. Klar, dass auch die Zeremonie individuell und selbstbestimmt abläuft. Ob bei der Musik oder den Inhalten der Traurede, den Paaren wird fast jeder Wunsch erfüllt – und für den Sektempfang stehen im Amt sogar Gläser bereit. Getraut wird im historischen Ambiente, etwa in einem Raum mit dem klingenden Namen „Graf-von-Degenfeld-Schonburg-Sitzungszimmer" oder auf der historischen Schlossbühne. So versucht die Gemeindeverwaltung Rechberghausen, jedem Paar eine perfekte Hochzeit anzubieten – und Dienstleistung neu und offen zu definieren. Sie tut dies mit Erfolg: Während die Kleinstadt nur rund 5.500 Einwohner zählt, geben sich hier im Jahr immerhin bis zu 360 Paare das Ja-Wort.

www.rechberghausen.de

348 | MAKING MEMORIES MATTER HESSEN

Agathofstraße 48
34123 Kassel
Telefon 0561/572482

Veranstaltung: 16.07.2007
Ausstellung im Foyer des Amtsgerichtes Kassel

MUNITIONSKISTEN ALS ZEITZEUGEN

Die Wanderausstellung „Making Memories Matter" hält die Erinnerungen an den Zweiten Weltkrieg lebendig.

Für die jüngere Generation sind die Leiden des Zweiten Weltkrieges nur noch ein Kapitel im Geschichtsbuch. Für Zeitzeugen bleiben sie unvergesslich. Über 60 Jahre nach Kriegsende nimmt die Zahl derer, die persönlich unter Hitlers Diktatur litten, naturgemäß immer weiter ab. Damit die Erinnerungen an die schreckliche Zeit nicht mit ihnen gehen, sind die Erinnerungskisten der Wanderausstellung „Making Memories Matter – Erinnerungen Raum geben" auf der Reise durch Europa. Über 200 ausrangierte Munitionskisten wurden von Kriegsüberlebenden aus sieben europäischen Ländern mit persönlichen Erinnerungsstücken in mahnende Kunstwerke der Zeitgeschichte verwandelt. Sie erzählen von den Schicksalen und Erinnerungen dieser Menschen: Von Flucht und Vertreibung wie auch von der Liebe zur Heimat und den Stolz auf den Beruf und die Familie. 55 der einst in Kassel gestarteten Kisten kehren nun wieder in das Foyer des Kasseler Amtsgerichtes zurück. Hinter ihnen liegen rund 20.000 Kilometer. Reisen gegen das Vergessen.

www.agathof.de

349 | EUROPA-ROSARIUM SACHSEN-ANHALT

Steinberger Weg 3
06526 Sangerhausen
Telefon 03464/572522

Veranstaltung: 05.08.2007
Rosen-Potpourri

DER ROSE EIN DENKMAL GESETZT

Blumenliebhaber haben die größte Rosensammlung der Welt zusammengetragen.

Sag's durch die Blume: Die Rose ist in der westlichen Welt ein Symbol der Liebe und Herzlichkeit. Edelmänner schenken sie der Geliebten am Valentinstag, Trauernde legen sie auf die Gräber verstorbener Freunde, Mütter nehmen sie mit feuchten Augen am Muttertag entgegen. Wissenschaft und Züchter entwickelten die Rose im Lauf der Jahrhunderte stets weiter. Das beweist die Artenvielfalt, die das Europa-Rosarium in Sangerhausen auf dem 12,5 Hektar großen Areal zur Schau stellt. Hier können Rosenfreunde über 8.300 Arten bestaunen. Die Besucher nur durch die Anlage schlendern lassen, ist den sachsen-anhaltinischen Botanik-Freunden aber nicht genug: In der Rosenakademie und dem im April 2006 eröffneten Informationszentrum wird Wissenswertes rund um die Rose vermittelt. Neben der Ausstellung sieht sich das Rosarium auch dem Erhalt der Vielfalt verpflichtet. Tausende Arten haben hier im Garten eine Bleibe und sind für weitere Jahrzehnte konserviert. So bildet das Rosarium zugleich die weltgrößte Genbank für Rosengewächse.

www.europa-rosarium.de

350 | MEHRGENERATIONENWOHNHAUS IN WIPPERFÜRTH NORDRHEIN-WESTFALEN

Alte-Kölner Straße 36
51688 Wipperfürth
Telefon 0221/792444353

Veranstaltung: 16.08.2007
Gartenfest

IM NETZWERK NACHBARSCHAFT

In Wipperfürth leben junge und alte Menschen gemeinsam unter einem Dach.

Gemeinschaft entsteht durch gemeinsames Handeln und gegenseitige Wertschätzung. Das Mehrgenerationenwohnhaus „Miteinander leben und wohnen" der CBT Caritas-Betriebsführungs- und Trägergesellschaft mbH basiert auf diesen Grundprinzipien. Im CBT Mehrgenerationenwohnhaus in Wipperfürth wohnen ältere Menschen Tür an Tür mit Familien, Menschen mit Behinderungen, Alleinerziehenden und Singles. Es ist ein Ort, an dem sich eine engagierte Nachbarschaft gegenseitig zur Seite steht. In zwei modernen, komplett barrierefreien Gebäuden leben 60 Menschen selbstständig in ihren eigenen Wohnungen. Bei Bedarf können sie aufeinander zählen: in persönlichen Krisensituationen auf nachbarschaftlichen Beistand, gegenseitige Unterstützung in der Haushaltsführung, Fahrdienste und Kinderbetreuung. Bereits in der Bauphase konnten die späteren Mieter an den Planungen mitwirken. Und an der Gemeinschaft bauen sie beständig weiter.

www.cbt-gmbh.de

351 | NATIONALPARK-ZENTRUM KÖNIGSSTUHL

MECKLENBURG-VORPOMMERN

Stubbenkammer 2
18546 Sassnitz
Telefon 038392/66170

Veranstaltung: 21.08.2007
Tag der Romantik

HÖHENFLUG ÜBER RÜGEN

Ein interaktiver Streifzug durch Landschaft und Geschichte.

Frei wie ein Adler fühlt man sich im Nationalpark-Zentrum Königsstuhl. Hier kann man die Insel Rügen aus der Vogelperspektive betrachten oder die Welt mit den Augen eines Grashüpfers sehen. In einer spannenden Ausstellung und Multivisions-Show im Herzen des Nationalparks Jasmund können die Besucher Natur und Landschaft erleben. Der Streifzug durch die 2000 Quadratmeter große Ausstellung ist eine Zeitreise über die Insel. Man begegnet Eisbergen, erlebt die Entstehung der Kreidefelsen und taucht in die Ostsee. Auf vier Leinwänden vermittelt eine 180-Grad-Projektion Eindrücke von verborgenen Schönheiten des Parks. Die Idee, als Beobachter das Geschehen an der Küste zu verfolgen, ist nicht ganz neu: Schwedens König Karl XII. soll von einem 118 Meter hohen Kreidefelsen im Jahre 1715 ein Seegefecht seiner Flotte gegen die Dänen beobachtet haben. Dazu ließ er sich auf den Felsvorsprung einen Sessel stellen – den legendären Königsstuhl.

www.koenigsstuhl.com

352 | HALLENBAD NÖRTEN-HARDENBERG

NIEDERSACHSEN

An der Bünte 4
37176 Nörten-Hardenberg
Telefon 05503/804884

Veranstaltung: 04.09.2007
2. Geburtstag der Hallenbad Nörten-Hardenberg EG

DIE RETTUNGSSCHWIMMER

Bürger retten ihr bedrohtes Hallenbad in Eigeninitiative – Vorbild für die ganze Republik.

Was macht man mit einem kommunalen Hallenbad, wenn leere Kassen den Betrieb gefährden? Entweder schließt der Bademeister eines Tages zum letzten Mal die Halle ab. Oder man gründet eine Hallenbad-Genossenschaft – wie in Nörten-Hardenberg. Engagierten Bürgern sei Dank, gibt es in dem niedersächsischen Städtchen seit 2004 das erste genossenschaftlich organisierte Hallenbad in Deutschland. 107 Nörten-Hardenberger taten sich damals zu einer „Schwimmbad-Genossenschaft" zusammen, mindestens 100 Euro zahlte jeder ein – Rettungsschwimmen mal anders. Mittlerweile haben gut 300 Bürger 50.000 Euro zusammen getragen. Jetzt kraulen und planschen die Nörten-Hardenberger wieder eifrig, die Besucherzahlen des Bads haben sich verdoppelt. Nachfragen aus dem ganzen Bundesgebiet gehen im Rathaus ein: Frank Priebe, Bürgermeister und Vorsitzender der Genossenschaft, packt regelmäßig die Reisetasche, um anderen Gemeinden mit bedrohten Bädern das Genossenschaftsmodell zu erklären.

www.hallenbad-noerten-hardenberg.de

353 | BÜRGERKOMITEE ZUR RETTUNG DES HEIDELBERGER THEATERS BADEN-WÜRTTEMBERG

Neugasse 2
69117 Heidelberg
Telefon 06221/5190

Veranstaltung: 14.09.2007
Theater im Druckzentrum

HEIDELBERG KÄMPFT UM SEIN THEATER

Mit Kreativität und Fantasie rettet ein Bürgerkomitee sein Theater.

Freud- und leidenschaftslos, das Leben in der Provinz. So wie Fontanes Effi Briest soll es den Heidelberger Theatergängern aber nicht gehen. Die Städtische Bühne ist zwar aus baupolizeilichen Gründen vorerst geschlossen und 2008 droht endgültig der Garaus, aber die Heidelberger kämpfen um ihr Theater. Die örtliche Rhein-Neckar-Zeitung hat ein Bürgerkomitee initiiert, das die wacklige Finanz- und Sanierungskonstruktion konsolidieren und das Heidelberger Theater retten will: Zehn Prozent der veranschlagten Umbausumme von 40 Millionen Euro sollen durch Kleinspenden und Sponsoring aufgebracht werden. Unter dem eingeführten Logo „Wir retten unser Theater" informiert die Zeitung außerdem über Aktivitäten von Schulen, Künstlern, Vereinen und Firmen, die sich in den Dienst der Aktion stellen und führt die kommunalpolitische Auseinandersetzung um das Projekt. Erster Erfolg: Nach einer vorübergehenden Schließung wurde das Theater unter Auflagen wieder geöffnet. Kreativ, spontan, mit viel Idealismus – so soll Theater sein.

www.rnz.de

354 | KARLSRUHER KLANGSTRAHLEN

BADEN-WÜRTTEMBERG

Hermann-Veit-Straße 7
76135 Karlsruhe
Telefon 0721/1335255

Veranstaltung: 16.09.2007
Marathon mit Kulturprogramm

ENDSPURT MIT PAUKEN UND TROMPETEN

Die „Karlsruher Klangstrahlen" spielen die Begleitmusik bei der 25. Auflage des Baden-Marathons.

Weil mit Musik alles besser geht, nähen Sporttextilhersteller inzwischen passgenau iPod-Taschen aufs Funktionsshirt. So wird man beim Joggen gut verkabelt und beschallt auf Trab gehalten. Wer Laufen ohne Hightech-Schnickschnack genießen und dennoch mit Musik im Rhythmus bleiben will, ist 2007 beim 25. Baden-Marathon am Start. Auf den letzten Kilometern begegnen die Läufer den „Karlsruher Klangstrahlen" – einer Sinfonie, die von Türmen, Dächern und Balkonen erklingt. Vom Schloss tönen Posaunen, auf dem Marktplatz brilliert das Saxophon, am Ettlinger Tor wird geflötet. Harmonisch fügt sich die Musik in die besondere Symmetrie und den strahlenförmigen Fächeraufbau der Karlsruher Innenstadt ein. Vater der Idee: Komponist Roman Rothen, der 2004 erstmals an der Marathonstrecke stand, einsam am Kontrabass zupfte und von einem Stadtkonzert träumte. Als Generalprobe ertönte das Stück bereits im letzten Jahr. 2007 sind die „Karlsruher Klangstrahlen" kulturelles Highlight der Jubiläumsauflage des drittältesten deutschen Stadtmarathons. Vom Piano beflügelt zur neuen Bestzeit.

www.klangstrahlen.de

355 | TAG DER DEUTSCHEN EINHEIT

MECKLENBURG-VORPOMMERN

Am Packhof 2-6
19053 Schwerin
Telefon 0385/5451000

Veranstaltung: 03.10.2007
Bundesfeierlichkeiten zum Tag der Deutschen Einheit Schwerin 2007

WIR FEIERN DIE DEUTSCHE EINHEIT

Eine bessere Idee hat es in der deutsch-deutschen Geschichte nicht gegeben.

Die Teilung dauerte über 40 Jahre an. Deutsche konnten Deutsche nicht oder nur unter Schikanen besuchen, Familien waren zerrissen. Die Teilung formal zu überwinden, das dauerte nicht einmal ein Jahr. Dass Ost und West zusammen gehören, fand nach dem symbolischen Fall der Berliner Mauer im Herbst 1989 im Einigungsvertrag vom 3. Oktober 1990 endlich auch offizielle Anerkennung. Längst fühlen sich die Menschen nicht mehr fremd. Die Einheit zu feiern ist eine der besten Ideen, die es in Deutschland gegeben hat. In diesem Jahr wird turnusgemäß die mecklenburg-vorpommerische Hauptstadt Schwerin die Einheits-Feier ausrichten: Der offizielle Festakt wird am Schweriner Schloss begangen, einem der bedeutendsten europäischen Bauten des Historismus im Herzen der Stadt. Hier tagt auch der Landtag Mecklenburg-Vorpommerns. Daneben gibt es ein großes Bürgerfest, Tausende Gäste aus dem In- und Ausland werden erwartet, darunter Bürgerdelegationen aus allen Bundesländern.

www.schwerin.de

356 | EXPERIMENTCITY BERLIN

ufaFabrik, Viktoriastrasse 10–18
12105 Berlin
Telefon 030/75503189

Veranstaltung: 06.10.2007
Projektbörse

BLÜHENDE ORTSCHAFTEN

Kreative Köpfe für mehr Lebensqualität in der Hauptstadt.

Öde Brachflächen, triste Bauruinen und schmutzige Hinterhöfe finden sich in Berlin zuhauf. Aber auch ebenso viele kreative Köpfe, die diese Leerstellen im Stadtbild mit Ideen und Leben füllen wollen. Die Berliner Netzwerker von „experimentcity" sorgen dafür, dass die Einzelkämpfer ihre Häupter zusammenstecken und alternative Wohnideen erdenken. „experimentcity" ermuntert Künstler und Bürger, ihre Pläne auf einem Runden Tisch auszubreiten, wo bereits Abgesandte der Wirtschaft und Stadtverwaltung mit Neugier auf sie warten. Denn nur vernetzte Initiativen verändern das Gesicht der Stadt nachhaltig. Was das vierköpfige Operationsteam für das Facelifting der Hauptstadt seit einigen Jahren leistet, zeigen zukunftsweisende Projekte zum Generationswohnen in Niederschöneweide oder raffinierte Nutzungskonzepte für eine ehemalige Filmfabrik. In ihren Diskussionsrunden und auf Projektbörsen nimmt die blühende Ortschaft bereits Konturen an. Es gilt das Motto: „Unsere Stadt kann noch schöner werden."

www.experimentcity.net

357 | UNSICHT-BAR® NORDRHEIN-WESTFALEN

Im Stavenhof 5-7
50668 Köln (Eigelsteinvierel)
Telefon 0221/2005910

Veranstaltung: 16.10.2007
Tag des weißen Stocks

REINE GESCHMACKSSACHE

Erlebnisgastronomie: In den „Unsicht-Bars" werden Speisen im Dunkeln serviert.

Das Auge isst mit? Von wegen! Drei gastronomische Betriebe in Köln, Berlin und Hamburg tragen den Namen „Unsicht-Bar". Der Clou: Die Speisen werden dort in völliger Dunkelheit serviert. Bestellt wird im Hellen, dann führt das durchweg blinde oder sehbehinderte Personal die Gäste an ihren lichtlosen Platz. Dort sollte mindestens zwei Stunden getafelt werden, damit sich das Eintauchen ins absolute Schwarz lohnt. Rauchen ist verboten, denn die Pupillen sind bei 100 Prozent Nachtschwärze so geweitet, dass Zigarettenglut den Raum „beleuchten" würde. Das Servicepersonal hilft bei Problemen. Was sich auf dem Tisch wo befindet gibt der Kellner mit dem Zifferblatt der Uhr an: 12 Uhr ist z. B. die Mitte des oberen Tellerrandes, sechs Uhr die des unteren. Die Toiletten sind übrigens beleuchtet. Ach ja: Zum Essen stehen fünf Geschmacksfeld- und ein Überraschungsmenü zur Auswahl. Ist der Sehsinn ausgeschaltet, treten Schmecken, Riechen, Hören und Fühlen in den Vordergrund. Es wird anders wahrgenommen. Und anderes als wahr genommen.

www.unsicht-bar-koeln.de

358 | ZEISS-PLANETARIUM JENA THÜRINGEN

Am Planetarium 5
07743 Jena
Telefon 03641/885488

Veranstaltung: 23.10.2007
Lange Nacht der Sterne

SONNE, MOND UND STERNE

Das Zeiss-Planetarium Jena gewährt ungewöhnlich scharfe Einblicke in Raum und Zeit.

Ein endloser Sternenhimmel, bunte Planeten und leuchtende Kugelsternhaufen lassen die Fantasie in weit entfernte Galaxien reisen, die wahrscheinlich nie ein Mensch erreichen wird. Das Zeiss-Planetarium Jena ist das älteste Projektionsplanetarium der Welt. Vor über 80 Jahren wurde der imposante Kuppelbau mit einer Innovation der Firma Carl Zeiss Jena ausgerüstet – dem Projektor Modell II, der den gesamten Tag- und Nachthimmel erstmals in all seinen Bewegungen abbildete. Seit Oktober 2006 vollendet ADLIP, die All-Dome Laser Image Projection, die Darstellungsmöglichkeiten in bislang ungekannter Qualität. Der jetzige Sternenprojektor Universarium projiziert kristallscharfe Lichtpunkte an die Innenkuppel mit 23 Meter Durchmesser und erzeugt so den künstlichen Sternhimmel. Durch die weltweit einmalige Kombination mit der Ganzkuppelprojektion ADLIP erleben Besucher Reisen durch die Tiefen von Raum und Zeit in einzigartiger Qualität und können so die Bewegung der Gestirne unabhängig von Tageszeit und Witterung genießen.

www.planetarium-jena.de

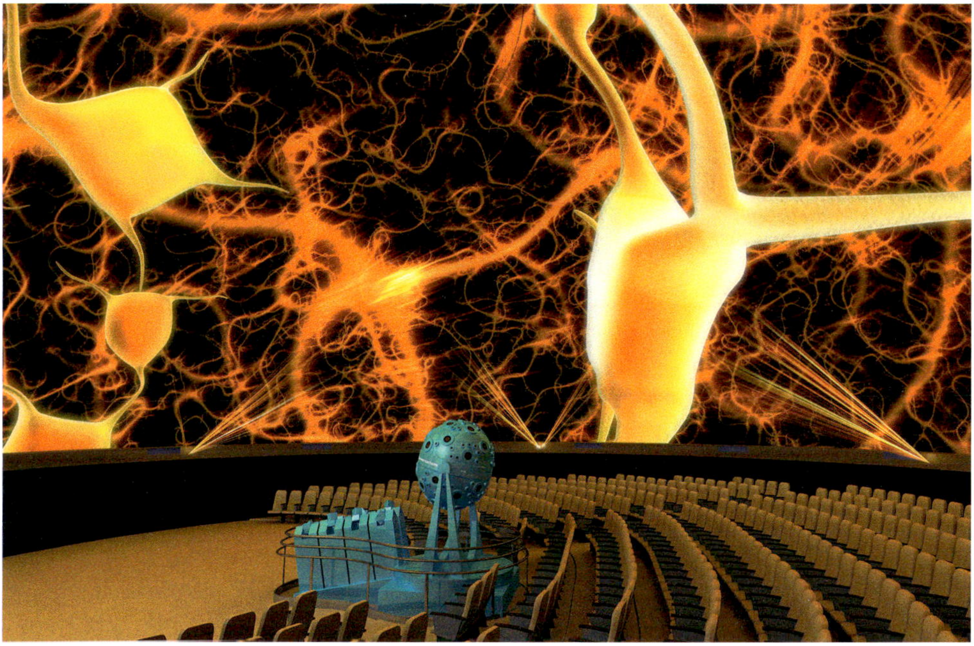

359 | SCIENCE HOUSE BADEN-WÜRTTEMBERG

Europa-Park Straße 2
77977 Rust
Telefon 07822/770

Veranstaltung: 25.10.2007
Science Days im Science House und im Europa-Park

DEUTSCHLANDS GRÖSSTES KLASSENZIMMER

Jeder wird zum Forscher – Naturwissenschaften mal locker statt lästig.

Nach den erfolgreichen „Science Days" und „Science Days für Kinder" in Deutschlands größtem Freizeitpark heißt es im Frühjahr 2007: Tore auf für ein faszinierendes Erlebnis- und Bildungskonzept – das „Science House". Über 70 Exponate bieten dann auf tausend Quadratmetern im Europa-Park interaktiven Lernspaß für Groß und Klein. Die Besucher werden zum Fragen und Forschen aufgefordert, Naturwissenschaften und Technik können sie auf unterhaltsame Weise erleben. Kinder ab fünf Jahren können mit der ganzen Familie oder als Schulklasse einfache Experimente durchführen und so grundlegende naturwissenschaftliche Phänomene entdecken. Wissenschaftler zeigen, wie man ein Thermometer baut oder ein Glühlämpchen mit dem Streichholz anzündet. Fragen wie „Kann man mit einem Nähfaden ein tonnenschweres Auto ziehen?", „Wie werde ich mit 25 aussehen?" werden ebenfalls geklärt. Wer mit Roter Beete selbst einmal Strom erzeugt hat, für den ist Elektrizität kein Fremdwort mehr. Mit Fantasie und Fun lernt sich's eben besser.

www.science-house.de

360 | METRO FUSSBALLHIMMEL NORDRHEIN-WESTFALEN

Schlüterstraße 1
40235 Düsseldorf
Telefon 0211/68861393

Veranstaltung: 27.10.2007
Geburtstagsfeier mit Fußballturnier, Berlin

BOLZEN IN GANZ NEUEN SPHÄREN

Sportplatz auf dem Dach: Bananenflanken und Steilpässe in luftiger Höhe

In der Hauptstadt wird nicht nur im Olympia-Stadion gekickt, sondern seit kurzem auch in luftiger Höhe. Der „METRO Fußballhimmel" macht's möglich. Dieser 8.750 Quadratmeter große Kunstrasenplatz auf dem Dach des METRO-Großmarkts in Friedrichshain-Kreuzberg ist in Deutschland einzigartig. Mit mobilen Sitzplatztribünen, Flutlichtanlage und modernem Clubhaus inklusive Gaststätte, Umkleiden, Sanitäranlagen und Schiedsrichterraum schafft er echte Stadionatmosphäre. Die Anlage fasst bis zu 600 Zuschauer und entspricht den FIFA-Normen. Zur Eröffnung kamen die ehemaligen Nationalspieler Pierre Littbarski und Toni Schumacher sowie 24 Teams von streetfootballworld, einem internationalen Netzwerk für den Straßenfußball, das METRO unterstützt. Der Großmarkt verbindet das extravagante Sporterlebnis mit sozialem Engagement. Auch die Schulen und Vereine des Kiezes haben die Möglichkeit, auf dem Fußballdach zu trainieren.

www.metro-cc.de

361 | OFFENE HÄUSER

THÜRINGEN

Goetheplatz 9b
99423 Weimar
Telefon 03643/502390

Veranstaltung: 29.10.2007
Festveranstaltung mit Stiftungsgründung und Eröffnung des Theaterspeichers, Burg Lohra

DAMIT LEBENDIG WIRD, WAS LANGE WÜST GELEGEN

Das Netzwerk „Offene Häuser" bewahrt Baudenkmale vor dem Verfall.

„Offene Häuser" ist ein Netzwerk, das seit fast 20 Jahren Menschen mit unterschiedlichen sozialen und beruflichen Hintergründen zusammenführt, um gefährdete historische Ensembles instand zu setzen und sie Schritt für Schritt wieder zu beleben. Einbringen können sich alle Interessierten – unabhängig von ihren Fähigkeiten. Bei dem ehrenamtlichen Engagement werden oft neue, unkonventionelle Ansätze verfolgt. Ein besonderes Augenmerk liegt auf der Zusammenarbeit der Generationen: Erfahrene Handwerker geben historische Techniken an die Jüngeren weiter. Die Mitarbeit ausländischer Freiwilliger schlägt die Brücke vom Lokalen zum Globalen. Das ehrgeizige Ziel: Durch behutsame Instandsetzung und nachhaltige Bewirtschaftung versucht das Netzwerk eine Balance zwischen erhaltener Natur, geerbter Kultur und der heutigen Lebenswelt zu schaffen. So entstehen Orte, die Raum geben auch für andere, die dort zeitweise oder dauerhaft eigene Projekte umsetzen wollen. Burg Lohra steht dabei für eine Reihe von Baudenkmalen in den ländlichen Regionen Ostdeutschlands.

www.openhouses.de

362 | DEUTSCHE SPORTHOCHSCHULE KÖLN

NORDRHEIN-WESTFALEN

Carl-Diem-Weg 6
50933 Köln
Telefon 0221/49826161

Veranstaltung: 01.11.2007
Ausstellung über vier erfolgreiche Jahre „Fit am Ball"

SIND DIE FIT, MANN

Fit am Ball – Sport macht Spaß beim Schul-Cup von funny-frisch.

Im Frühjahr 2003 schlug die Weltgesundheitsorganisation Alarm: Übergewicht und Fettsucht, die Adipositas, gehören zu den größten Gesundheitsrisiken unserer Zeit. Besonders Kinder und Jugendliche erkranken weltweit häufiger und schwerer daran. Deshalb veranstaltet der Kölner Kartoffelchips-Hersteller Intersnack das größte privat finanzierte Projekt zur Förderung des Schulsports. „Fit am Ball – der Schul-Cup von funny-frisch" will Gewichtsproblemen entgegenwirken und Spätfolgen wie Herz- und Kreislauferkrankungen, Krebs oder Diabetes vorbeugen. „Fit am Ball", von der Deutschen Sporthochschule Köln entwickelt und durchgeführt, soll vor allem auf kommunaler Ebene Risikogruppen erreichen. Bei Sport-AGs lernen besonders Kinder aus sozial schwachen Milieus oder mit Migrationshintergrund, dass Bewegung das beste Mittel gegen Übergewicht ist. Die Centrale Marketing-Gesellschaft der deutschen Agrarwirtschaft ist Partner bei der Ernährungsaufklärung. Höhepunkt des Projekts ist das Cup-Finale.

www.fitamball.de

363 | TEAM PEKING 2008 BADEN-WÜRTTEMBERG

Im Neuenheimer Feld 710
69120 Heidelberg
Telefon 06221/47660

Veranstaltung: 28.11.2007
Begegnung mit den Athleten des Team Peking 2008

DU BIST RHEIN-NECKAR

Das „Team Peking 2008 der Metropolregion Rhein-Neckar" wirbt für seine Heimat.

Sahnejogurts, Joggingschuhe oder Autos: Fast alles lässt sich mit Spitzensportlern vermarkten - aber gleich ein ganzer Landstrich? Warum nicht, dachten sich einige Sport- und Heimatfans und gründeten flugs den Verein „Sportregion Rhein-Neckar e.V." Dieser begleitet und unterstützt nun ein Team junger Spitzensportler bis zu den Olympischen Sommerspielen 2008 in Peking. Dabei sollen es nicht nur die Athleten zu Ruhm und Lorbeeren bringen, sondern auch die "Metropolregion Rhein-Neckar". Boxend, schwimmend und sprintend fungieren die Sportler als ehrgeizige „Leuchttürme" der Region, als Botschafter und Identifikationsfiguren. Sie unterstützen sportliche Schulprojekte, trainieren mit krebskranken Kindern und präsentieren sich bei Sportveranstaltungen ihren Nachbarn in der Region. Doch Leuchtturm spielen darf nicht jeder. Die Athleten, die für das Top-Team nominiert sind, müssen einem Verein der Region angehören, dort wohnen und trainieren. Damit in Rhein-Neckar wirklich drin ist, was drauf steht.

www.team-peking-2008.de

364 | KIRCHGEMEINDE ZEULENRODA THÜRINGEN

Kirchstraße 17
07937 Zeulenroda-Triebes
Telefon 036628/82262

Veranstaltung: 16.12.2007
Tag der offenen Tür

DIE KIRCHE IM DORF LASSEN

Ein kleiner Ort in Thüringen zeigt, wie man mit vereinten Kräften eine vom Verfall bedrohte Kirche rettet.

Kirchen in Deutschland sind auch nicht mehr das, was sie einmal waren. Gemeinden bröckeln ab, viele Gotteshäuser werden stillgelegt oder zu Konzerträumen umfunktioniert. Nicht so im kleinen Zeulenroda in Thüringen. Die evangelisch-lutherische Kirchengemeinde scheute weder Mühen noch Kosten, um ihre „Dreieinigkeitskirche" komplett zu sanieren. Noch vor wenigen Jahren war dieser Bau äußerlich und innerlich vom Verfall bedroht. Die Rettung lag der Gemeinde so am Herzen, dass die Sanierung der Gemäuer, Innenräume und Orgel durch Spenden finanziert werden konnte. Das Kern- und Glanzstück der generalüberholten Kirche bildet das neue Fresko. Die 13 Einzelbilder des Malers und Grafikers Tilman Kuhrt zeigen Szenen aus dem Anfang der Apostelgeschichte des Neuen Testaments sowie die zwölf Apostel. Das Besondere daran ist der moderne Stil – und dass auch Menschen aus der Gegenwart in den Bildern zu finden sind. So trägt eine der dargestellten Figuren die Gesichtszüge des Hauptsponsors Hans Bauerfeind. Vor vielen Jahren wurde er in dieser Kirche getauft – jetzt ist er hier verewigt.

365 | KIRCHE ST. PETRI SACHSEN-ANHALT

Am Kamp 3
39393 Ausleben
Telefon 039404/474

Veranstaltung: 23.12.2007
Fotoausstellung und Eröffnung der Heimatstuben

DIE ORGEL KLINGT WIEDER

St.Petri-Kirche in Ausleben: Heinz Morgenthal organisierte ihre Restaurierung.

Wie es um manche alte Kirche im Osten der Republik bestellt ist, ist ein Jammer. 40 Jahre lang vernachlässigt, waren sie nach der Wende häufig nur noch Ruinen. Wo eine Restaurierung gelang, war meist privates Engagement im Spiel. Wie im sachsen-anhaltinischen Ausleben: Die Kirche St. Petri steht dort seit 1781. Nach dem Krieg wurde sie noch bis 1974 sporadisch genutzt, von da an verfiel sie mehr und mehr. Der rührige Bürger Heinz Morgenthal wollte das nicht hinnehmen. Ab 1993, Deutschland war wieder eins, setzte er sich für den Erhalt des Gotteshauses ein. Er stellte Anträge für Fördermittel, organisierte die Sanierung auf eigene Faust. Nach und nach erstrahlte die Kirche St. Petri in neuem Glanz: erst das Dach, dann die Fenster und Türen, die Decke und zuletzt die Orgel. Heute ist die Kirche kultureller Mittelpunkt Auslebens. Regelmäßig finden hier Fotoausstellungen und Konzerte statt. Doch noch gibt Morgenthal keine Ruhe: Er plant jetzt den Ausbau der Emporen zu heimatgeschichtlichen Stuben, um die Kirche zu einem Ort der Erinnerung und Begegnung zu machen.

WANN	WAS	WO

Januar

WANN	WAS	Kategorie	WO	Nr.
01. Januar	Neujahrskonzert	Sport und Gesellschaft	Kirchlein am Welsetal Wolletzer Weg 1 16247 Friedrichswalde	319
02. Januar	Jubiläumsfeier	Bildung und Jugend	Briloner Bücherbabys Gartenstr. 13 59929 Brilon	117
03. Januar	Das Universum hautnah: Der Master of Astrophysics an der Universität Bonn	Wissenschaft und Technik	Argelander-Institut für Astronomie Auf dem Hügel 71 53121 Bonn	250
04. Januar	Projekttag	Bildung und Jugend	Kindertagesstätte „Am Flughafen Gatow" Kladower Damm 182 14089 Berlin	118
05. Januar	Workshop mit Präsentation	Bildung und Jugend	Mobile Research Center Am Fallturm 1 28359 Bremen	119
06. Januar	Tag der offenen Tür	Soziales und Religion	Bunter Kreis Stenglinstraße 2 86156 Augsburg	201
07. Januar	Fußballturnier für Jugendliche mit unterschiedlichen Nationalitäten	Bildung und Jugend	Interkultureller Bildungs- und Förderverein Luisenstraße 40 44575 Castrop-Rauxel	120
08. Januar	Ewald - SinnRaum	Wirtschaft	Zukunftsstandort Ewald Rellinghauser Straße 3 45128 Essen	034
09. Januar	IHK-Neujahrsempfang 2007	Wissenschaft und Technik	Technische Universität Braunschweig Pockelsstraße 14 38106 Braunschweig	251

WANN	WAS		WO	
10. Januar	Regionaltreffen	Wirtschaft	**Institut für Existenzgründung und Mittelstandsförderung** Magdeburger Straße 50 14770 Brandenburg	035
11. Januar	Hochschulinformationstag	Wissenschaft und Technik	**Internationales Hochschulinstitut Zittau** Markt 23 02763 Zittau	252
12. Januar	Feierliche Eröffnung der neugestalteten Cnopf'schen Kinderklinik, Nürnberg	Soziales und Religion	**KidsKlinik** Wilmersdorfer Straße 94 10629 Berlin	202
13. Januar	Aktionstag	Sport und Gesellschaft	**Haus der Wissenschaft** Sandstraße 4/5 28195 Bremen	320
14. Januar	Entdecker-Sonntag mit Sonderführungen und Minuten-Erleuchtungen	Kunst und Kultur	**24-Stunden-Kunstmuseum** Schlossplatz 7 29221 Celle	001
15. Januar	Rekordversuch im Dauerdebattieren	Sport und Gesellschaft	**Streitkultur Tübingen** Stauffenbergstraße 31/1 72074 Tübingen	321
16. Januar	Ein Ort für alle Herzen: Multimedia-Präsentation	Wissenschaft und Technik	**Herz- und Diabeteszentrum NRW** Georgstraße 11 32545 Bad Oeynhausen	253
17. Januar	Alumni-Treffen und Abschlussfeier	Bildung und Jugend	**Common Purpose Deutschland** Hedderichstraße 108-110 60596 Frankfurt am Main	121
18. Januar	Ausstellung und Führungen	Wissenschaft und Technik	**Ideen- und Patent-Mining** Robert-Koch-Straße 40 48149 Münster	254
19. Januar	SMOG-Benefizturnier	Bildung und Jugend	**SMOG** Schlossbergweg 4 36286 Neuenstein	122

WANN	WAS	WO
20. Januar	Security-Forum zum Thema IT-Sicherheit Wissenschaft und Technik	**Security Management** FH Brandenburg Magdeburger Straße 50 14770 Brandenburg 255
21. Januar	Museumsnacht Sport und Gesellschaft	**Freunde des Richard-Haizmann-Museums** Claudiusstraße 8 25899 Niebüll 322
22. Januar	Tag der offenen Tür Wirtschaft	**Geohumus International** Vilbeler Landstraße 17-19 60386 Frankfurt am Main 036
23. Januar	Abendveranstaltung mit Vorträgen Wissenschaft und Technik	**DLR Institut für Planetenforschung** Rutherfordstraße 2 12489 Berlin 256
24. Januar	DASA Jugendkongress Kunst und Kultur	**Deutsche Arbeitsschutzausstellung** Friedrich-Henkel-Weg 1-25 44149 Dortmund 002
25. Januar	Tag der offenen Tür mit Wirtschaftsforum Bildung und Jugend	**Private Montessori-Volksschule Wertingen** Zusmarshauser Straße 19 86637 Wertingen 123
26. Januar	Preisverleihung, Konrad-Adenauer-Akademie, Berlin Sport und Gesellschaft	**Konrad-Adenauer-Stiftung** Tiergartenstraße 35 10907 Berlin 323
27. Januar	Zeitzeugengespräch mit Henny Brenner im Ludwig-Thoma-Haus Sport und Gesellschaft	**Runder Tisch für Zeitgeschichte Dachau** Konrad-Adenauer-Straße 1 85221 Dachau 324
28. Januar	Internationales Historisches NarrenFest Sport und Gesellschaft	**NarrenFest 2007** Hauptstraße 72 79346 Endingen am Kaiserstuhl 325
29. Januar	Tag der offenen Tür Wissenschaft und Technik	**Weinberg Campus** Von-Seckendorff-Platz 3 06120 Halle (Saale) 257

WANN	WAS	WO
30. Januar	Wettbewerb mit Camp und Preisverleihung Bildung und Jugend	**Jugend hilft** Nikolaistraße 7 80802 München 124
31. Januar	After-Work-Party mit Cocktails und Live Musik Wissenschaft und Technik	**Innovations- und Gründerzentrum Biotechnologie** Lise-Meitner-Straße 30 85354 Freising 258

Februar

WANN	WAS	WO
01. Februar	Jubiläumsfeier „1 Jahr Produktionsschule Naherholungsgebiet Eixer See" Bildung und Jugend	**Berufsbildungs- und Beschäftigungsgesellschaft** Glockenstraße 1 31224 Peine 125
02. Februar	Vortragssymposium Wissenschaft und Technik	**Institut für Materialien und Katalyse** Albert Einstein Allee 11 89081 Ulm 259
03. Februar	Präsentation im modernsten Planetarium der Welt Wirtschaft	**Charisma Technologies** Ammerländer Heerstraße 231 26129 Oldenburg 037
04. Februar	„Schnuppersonntage" Bildung und Jugend	**Akademie Regensburg** Andreasstraße 28 93059 Regensburg 126
05. Februar	Eröffnungsveranstaltung der Deutsch-Türkischen Kulturwochen 2007 im Bayerischen Landtag Kunst und Kultur	**Deutsch-türkische Kulturwochen** Prielmayerstraße 3 80335 München 003
06. Februar	Life-Science-Tag Wirtschaft	**Frankfurter Innovationszentrum Biotechnologie** Altenhöferallee 3 60438 Frankfurt a.M. 038
07. Februar	2. Abend des Politischen Salons Essen 2007 Sport und Gesellschaft	**Politischer Salon Essen** Grillo-Theater Essen, Theaterplatz 11 45127 Essen 326

WANN	WAS		WO	
08. Februar	Job-Messe	Wirtschaft	job-tower-munich Jutastraße 7 80636 München	039
09. Februar	Theateraufführung	Kunst und Kultur	Meininger Theater Bernhardstraße 5 98617 Meiningen	004
10. Februar	Tag der offenen Tür mit Versuchsständen in den verschiedenen Laboratorien	Wissenschaft und Technik	Institut für Textil- und Verfahrenstechnik Körschtalstraße 26 73770 Denkendorf	260
11. Februar	Finissage	Wissenschaft und Technik	Science Tunnel Georg-Treu-Platz 01067 Dresden	261
12. Februar	Projekttag: „Von Finnland lernen heißt Lernen lernen"	Bildung und Jugend	Witthauschule Oberstadtstraße 74 72401 Haigerloch	127
13. Februar	Ideenwerkstatt in einem Bürgerbad	Sport und Gesellschaft	Städte-Netzwerk NRW Nicolaistraße 3 59423 Unna	327
14. Februar	Ausbildung zum SICHEREN KIND	Bildung und Jugend	Feuerwehr-Informations-Zentrum Bei der Hauptfeuerwache 2 20099 Hamburg	128
15. Februar	Messeeröffnung	Wirtschaft	AUFSCHWUNG-Messe Alt Eschersheim 44 60433 Frankfurt am Main	040
16. Februar	Robotershow	Bildung und Jugend	Zukunft durch Innovation.NRW Bismarckstraße 28 45470 Mülheim	129
17. Februar	Schlenderpark und Vereinsfest	Sport und Gesellschaft	FRISCHEMARKT BAD SCHLEMA Marktpassage 23 08301 Bad Schlema	328

WANN	WAS	WO
18. Februar	Firmenkultur szenarisch dargestellt mit Diskussion und Bürobesichtigung Wirtschaft	**Klärle Kind und Karriere** Würzburger Straße 9 97990 Weikersheim-Schäftersheim 041
19. Februar	Informationsveranstaltungen für Eltern Bildung und Jugend	**Leibniz Privatschule** Langelohe 65c 25337 Elmshorn 130
20. Februar	Kunstauktion und Tanz-Performance Wirtschaft	**Kulturelles Gründerzentrum** Austraße 9 52156 Monschau 042
21. Februar	Tag der offenen Tür Wissenschaft und Technik	**Linde Hydrogen Center** Carl-von-Linde-Straße 25 85716 Unterschleißheim 262
22. Februar	Tag der offenen Tür mit Infoveranstaltungen Wirtschaft	**wilhelm.tel** Heidbergstraße 101-111 22846 Norderstedt 043
23. Februar	Blick hinter die Kulissen Wissenschaft und Technik	**Universum® Science Center Bremen** Wiener Straße 2 28359 Bremen 263
24. Februar	Benefizveranstaltung in Waldbronn - Neuroth Soziales und Religion	**Helfende Hände e.V.** Neusatzstr. 2 75335 Dobel 203
25. Februar	Ideenmarkt Bildung und Jugend	**Zukunft Leben** Idafehn-Süd 5 26842 Ostrhauderfehn 131
26. Februar	Tag der offenen Tür Kunst und Kultur	**Kulturwerkstatt Bottrop** Blumenstr. 12-14 46236 Bottrop 005
27. Februar	Interkultureller Elternabend Soziales und Religion	**Südstadtkids** Wölckernstraße 10 90459 Nürnberg 204

WANN	WAS	WO
28. Februar	Hausmesse in der Handelskammer Hamburg Wirtschaft	**DERMALOG Identification Systems** Mittelweg 120 20148 Hamburg 044

März

01. März	Prämierungsveranstaltung zum regionalen Ideen-Wettbewerb Wirtschaft	**Projekt REGION BRAUNSCHWEIG** Mittelweg 7 38106 Braunschweig 045
02. März	Kongress, Workshops und Arbeitskreise Bildung und Jugend	**Kinder bewegen - Energien nutzen** Engler-Bunte-Ring 15 76131 Karlsruhe 132
03. März	Tag der offenen Tür Bildung und Jugend	**Bilinguale Kindertagesstätte** Klausdorfer Straße 78c 24161 Altenholz 133
04. März	Gespräch der drei Polke-Sammler Frieder Burda, Josef Froehlich und Rainer Speck Kunst und Kultur	**Museum Frieder Burda** Friedrichstraße 2 76530 Baden-Baden 006
05. März	Tag der offenen Tür - Medizin-Produkte und Informationen für Laien Bildung und Jugend	**Aesculap Akademie** Am Aesculap Platz 78532 Tuttlingen 134
06. März	Vortrag Soziales und Religion	**Abraham Geiger Kolleg** Kantstraße 152 10623 Berlin 205
07. März	Gedenkfeier zum Welt-Aids-Tag Soziales und Religion	**Restaurant Estragon** Jakobstraße 19 90402 Nürnberg 206
08. März	Gedenkveranstaltung auf dem Gelände des ehemaligen KZ Ravensbrück Sport und Gesellschaft	**Demokratischer Frauenbund** Einsteinstraße 8 17036 Neubrandenburg 329

WANN	WAS		WO	
09. März	Aufführung	Kunst und Kultur	**Junges Theater Bonn** Hermannstraße 50–52 53225 Bonn	007
10. März	Ideentag des Wohnens	Wirtschaft	**hülsta-werke** Karl-Hüls-Straße 1 48703 Stadtlohn	046
11. März	Tag der offenen Tür	Kunst und Kultur	**Ensemble Modern** Schwedlerstraße 2–4 60314 Frankfurt am Main	008
12. März	„Kick-Off-Veranstaltung" im Rathaus Lahstedt	Wissenschaft und Technik	**Abwasserentsorgung der Gemeinde Lahstedt** Am Breiten Tor 1 31246 Lahstedt	264
13. März	Tag des Miteinanders	Soziales und Religion	**Hotel-Restaurant Anne-Sophie** Schlossplatz 9 74653 Künzelsau	207
14. März	Interkultureller Museumstag	Soziales und Religion	**Akademie der Nationen** Landwehrstraße 26 80336 München	208
15. März	Vernissage	Wirtschaft	**IT-Speicher** Bruderwöhrdstraße 15b 93055 Regensburg	047
16. März	Betroffene treffen Experten	Soziales und Religion	**Kindern mit Diabetes eine Zukunft** Siemensstraße 8 88048 Friedrichshafen	209
17. März	Künstlerischer Workshop	Bildung und Jugend	**Kunst macht Schule** Hohenzollernstraße 60 66117 Saarbrücken	135
18. März	Eventveranstaltung mit 3D-Filmvorführungen in der Kissinger Paartalhalle	Wirtschaft	**3D Image Processing** Pestalozzistraße 5 86438 Kissing	048

WANN	WAS		WO	
19. März	Tag der offenen Tür	Wissenschaft und Technik	**Kompetenzzentrum Informatik** Stuhlsatzenhausweg E 1.3 66123 Saarbrücken	265
20. März	Polizeibeamte lesen vor	Soziales und Religion	**Lesewelt München** Pfeuferstraße 43 81373 München	210
21. März	Tag der offenen Tür	Bildung und Jugend	**Unternehmergymnasium Bayern** Arnstorferstraße 9 84347 Pfarrkirchen	136
22. März	Tag der offenen Tür	Wirtschaft	**ICIDO** Jurastraße 8 70565 Stuttgart	049
23. März	Absolventenfeier Wintersemester 2006/07	Wissenschaft und Technik	**Hochschule der Sparkassen-Finanzgruppe** Simrockstraße 4 53113 Bonn	266
24. März	Tag der offenen Tür	Soziales und Religion	**Blindeninstitut Rückersdorf** Dachsbergweg 1 90607 Rückersdorf	211
25. März	Präsentation: „Finde die Nadel im Heuhaufen - Die Handyortung im Notfall"	Wirtschaft	**Björn Steiger Stiftung Service GmbH** Leuschnerstraße 12 70174 Stuttgart	050
26. März	Campusfest	Wissenschaft und Technik	**Technische Fachhochschule Wildau** Bahnhofstraße 15745 Wildau	267
27. März	Kongress zum Thema „Marktzugang in China"	Wirtschaft	**Erlangen AG** Henkestraße 91 91052 Erlangen	051
28. März	Kinoabend	Bildung und Jugend	**Azubi-Check** Bahnhofplatz 2-4 56410 Montabaur	137

WANN	WAS	WO
29. März	Präsentation der bellybutton-Kinderkollektion Wirtschaft	bellybutton International Donnerstraße 20 22763 Hamburg 052
30. März	Eröffnung eines Wächterhauses Sport und Gesellschaft	Verein Haushalten e. V. Demmeringstraße 21 04177 Leipzig 330
31. März	Erlebnis- und Begegnungstag Alt & Jung Soziales und Religion	Pflegestift Mediana Martin-Luther-Platz/Rangstraße 33 36043 Fulda 212

April

WANN	WAS	WO
01. April	Wissenschaftliche Mitmach-Welt für Kinder Bildung und Jugend	Exploratorium Potsdam Wetzlarer Straße 46 14482 Potsdam 138
02. April	Tag der offenen Tür Wissenschaft und Technik	SOILTEC Neue Finien 7a 28832 Achim 268
03. April	Sonderführung Sport und Gesellschaft	Zoo Leipzig Pfaffendorfer Straße 29 04105 Leipzig 331
04. April	Internationale Konferenz Bildung und Jugend	Model United Nations Robert-Koch-Straße 40 48149 Münster 139
05. April	Ausstellungseröffnung im Haus der Ideen Wirtschaft	Columbus Holding Eywiesenstraße 6 88212 Ravensburg 053
06. April	Tag der offenen Tür Wirtschaft	Aqua Orbis AG Thaddenstraße 14a 69469 Weinheim 054

WANN	WAS		WO	
07. April	Eine ganze Stadt bewegt sich rund um die Uhr	Sport und Gesellschaft	**Gesundheitsinitiative „Deutschland bewegt sich!"** Lichtscheider Str. 89 42285 Wuppertal	332
08. April	Nacht der offenen Pforte – Kloster im Kerzenschein	Soziales und Religion	**ZisterzienserMuseum Kloster Walkenried** Steinweg 4a 37445 Walkenried	213
09. April	Geburtstagsparty zum 10-jährigen Jubiläum	Sport und Gesellschaft	**Ravensburger Spieleland** Am Hangenwald 1 88074 Meckenbeuren/Liebenau	333
10. April	Tag der offenen Tür	Umwelt und Energie	**Komplexlabor Alternative Energien** Zur Schwedenschanze 15 18435 Stralsund	180
11. April	Veranstaltung mit Länderschwerpunkt	Wirtschaft	**Technologie-Centrum Hannover** Vahrenwalder Straße 7 30165 Hannover	055
12. April	Workshop zum Thema „Respekt"	Wissenschaft und Technik	**RespectResearchGroup** Von Melle Park 5 20146 Hamburg	269
13. April	Eröffnungsveranstaltung	Sport und Gesellschaft	**Kanupark Markkleeberg** Wildwasserkehre 1 04416 Markkleeberg	334
14. April	Fest und Workshop Bionik	Wissenschaft und Technik	**Magdeburger Campus** Breitscheidstaße 2 39114 Magdeburg	270
15. April	Einweihungsfeier und Tag der offenen Tür	Umwelt und Energie	**Lu-teco** Donnersbergweg 2 67059 Ludwigshafen	181
16. April	Networking-Event	Wirtschaft	**HANNOVER MESSE** Messegelände 30521 Hannover	056

WANN	WAS		WO	
17. April	Preisverleihung „Fort-Schritte wagen!"	Bildung und Jugend	**Neue Wege für Jungs** Wilhelm-Bertelsmann-Straße 10 33602 Bielefeld	140
18. April	Preisverleihung der QUELLE InnovationsInitiative, Berlin	Wirtschaft	**QUELLE InnovationsInitiative** Kirchplatz 1 82049 Pullach im Isartal	057
19. April	ZMO-Posterausstellung und Buchpräsentation	Wissenschaft und Technik	**Zentrum Moderner Orient** Kirchweg 33 14129 Berlin	271
20. April	Lesung mit Prominenten	Bildung und Jugend	**Börsenverein des Deutschen Buchhandels** Großer Hirschgraben 17–21 60311 Frankfurt a.M.	141
21. April	Thematische Sonderführung	Sport und Gesellschaft	**Deutsches Auswandererhaus** Columbusstraße 65 27568 Bremerhaven	335
22. April	Tag der offenen Tür	Wissenschaft und Technik	**Europäische EDV-Akademie des Rechts** Torstraße 43a 66663 Merzig	272
23. April	Vortrag	Sport und Gesellschaft	**friedens räume** Lindenhofweg 25 88131 Lindau	336
24. April	Festveranstaltung und Einweihung des neuen DFKI-Gebäudes	Wissenschaft und Technik	**Deutsches Forschungszentrum für Künstliche Intelligenz** Trippstadter Straße 122 67663 Kaiserslautern	273
25. April	Tag der offenen Tür	Wissenschaft und Technik	**NanoBioNet** Science Park Saar 66123 Saarbrücken	274
26. April	Tag der offenen Tür	Sport und Gesellschaft	**Sporthilfe Elite-Forum** Burnitzstraße 42 60596 Frankfurt am Main	337

WANN	WAS	WO
27. April	Eröffnungsveranstaltung der BUGA 2007 Sport und Gesellschaft	**Neue Landschaft Ronneburg** Gagarinstraße 81 07545 Gera 338
28. April	Interkulturelle Schulhofgestaltung mit Schulfest, Köln Bildung und Jugend	**Interkultureller Schulhof Köln-Kalk** Giselbertstraße 10 51429 Bergisch Gladbach 142
29. April	Theaterveranstaltung Kunst und Kultur	**Deutsches Nationaltheater Weimar** Theaterplatz 2 99423 Weimar 009
30. April	Tag der offenen Tür Umwelt und Energie	**Schul-LAB** Mühlenberger Markt 1 30457 Hannover 182

Mai

WANN	WAS	WO
01. Mai	Open-Air-Veranstaltung mit Livemusik Soziales und Religion	**Werkstatt für behinderte Menschen** Im Heidkamp 20 33330 Gütersloh 214
02. Mai	Vortrag mit Patientendemonstration Wissenschaft und Technik	**Zahnklinik Marburg/Lahn** Georg-Voigt-Str. 3 35033 Marburg/Lahn 275
03. Mai	Kurzfilmfestival Kunst und Kultur	**Internationale Kurzfilmtage Oberhausen** Grillostraße 34 46045 Oberhausen 010
04. Mai	Kinderfußballturnier in Franzensbad (CZ) und in Rehau (D) Sport und Gesellschaft	**Deutsch-Tschechische Fußballschule** Gerberstraße 11a 95111 Rehau 339
05. Mai	Aufführung „Carmina Burana" Kunst und Kultur	**Scratch-Projekt 2007** Theater Hagen Elberfelder Straße 65 58095 Hagen 011

WANN	WAS	WO
06. Mai	Tag der offenen Tür Soziales und Religion	**Institut für Kunst- und Designtherapie** Föhrenbühlweg 5 88633 Heiligenberg 215
07. Mai	Nordische Kulturveranstaltung Kunst und Kultur	**Nordisches Institut der Universität Greifswald** Hans-Fallada-Straße 20 17487 Greifswald 012
08. Mai	„Open School" – Tag der offenen Tür Bildung und Jugend	**Schuldorf Bergstraße** Sandstraße 64342 Seeheim-Jugenheim 143
09. Mai	Bionik für Besucher von 8 bis 80 Wissenschaft und Technik	**Internationaler Studiengang Bionik** Hochschule Bremen Neustadtswall 30 28199 Bremen 276
10. Mai	Tag der offenen Tür Wissenschaft und Technik	**Moses Mendelssohn Zentrum** Am Neuen Markt 8 14467 Potsdam 277
11. Mai	Symposium und Tag der offenen Tür Wissenschaft und Technik	**Neurochirurgie Klinikum Karlsruhe** Kussmaulstraße 90 76131 Karlsruhe 278
12. Mai	Landesweiter Tag der offenen Tür in Wirtschaftsunternehmen Wirtschaft	**Tag des offenen Unternehmens** Heinrich-Mann-Allee 107 14473 Potsdam 058
13. Mai	Stadtteilfest, Tag der offenen Tür Bildung und Jugend	**Jugendhotel Halle** Kardinal-Albrecht-Straße 6 06108 Halle (Saale) 144
14. Mai	Tag der offenen Tür Wissenschaft und Technik	**Produktionstechnisches Zentrum Hannover** An der Universität 2 30823 Garbsen 279
15. Mai	Preisverleihung der Caritas und des Wirtschaftsministeriums Baden-Württemberg Wirtschaft	**Institut für Social Marketing** Hohenzollernstraße 11 70178 Stuttgart 059

WANN	WAS		WO	
16. Mai	Tag der offenen Tür	Wirtschaft	Hochschulstadtteil Lübeck Alexander-Fleming-Straße 6–12 23562 Lübeck	060
17. Mai	Jazzfestival im Staatswald	Umwelt und Energie	Bayerische Staatsforsten Tillystraße 2 93053 Regensburg	183
18. Mai	Lange Nacht der Biografien	Sport und Gesellschaft	MY LIFE – erzählte Zeitgeschichte Gubener Straße 1 15230 Frankfurt (Oder)	340
19. Mai	Schlossführung und Produktionspräsentationen zur Porzellanmalerei und Krawattenfertigung	Wirtschaft	sieger design Schloss Harkotten 48336 Sassenberg	061
20. Mai	Tag des offenen Daches	Umwelt und Energie	badenova-Stadion des SC Freiburg Schwarzwaldstraße 193 79117 Freiburg	184
21. Mai	Tag der offenen Tür	Wirtschaft	SmartFactory-KL Sauerwiesen 6c 67661 Kaiserslautern-Siegelbach	062
22. Mai	Museumsführung	Kunst und Kultur	Schokoladenmuseum Köln Am Schokoladenmuseum 1a 50678 Köln	013
23. Mai	Tag der offenen Tür	Bildung und Jugend	SaarLernNetz Stuhlsatzenhausweg 3 66123 Saarbrücken	145
24. Mai	Murmann Forum zum Thema Führungsstrategien	Wissenschaft und Technik	Murmann School Bismarckallee 24 24105 Kiel	280
25. Mai	Aktionstag „Null-Emissions-Route"	Umwelt und Energie	Clean Energy Partnership Berlin Reinhardtstraße 15–17 10117 Berlin	185

WANN	WAS	WO
26. Mai	Jugendprojektmesse im Rathaus Magdeburg Bildung und Jugend	**Youth Bank** Tempelhofer Ufer 11 10963 Berlin 146
27. Mai	Tag der offenen Tür und Vortragsveranstaltung Wissenschaft und Technik	**Forstwissenschaften der TU Dresden** Pienner Straße 8 01737 Tharandt 281
28. Mai	Aktionstag Soziales und Religion	**Deutsche Knochenmarkspenderdatei** Scheidtweilerstaße 63-65 50933 Köln 216
29. Mai	Kinderfest der Kulturen Bildung und Jugend	**Kulturstrolche in Münster** Klemensstraße 10 48127 Münster 147
30. Mai	Apfelblütenfest auf einer Streuobstwiese Sport und Gesellschaft	**Obstwiesenschutz von Bürgern für Bürger** Zumsandestraße 15 48145 Münster 341
31. Mai	Mitgliedertreffen Umwelt und Energie	**Bellagio Forum** An der Bornau 2 49090 Osnabrück 186

Juni

WANN	WAS	WO
01. Juni	Erlebnisworkshop Bildung und Jugend	**Erlebnis Maschinenbau** Mörsenbroicher Weg 200 40470 Düsseldorf 148
02. Juni	Sportveranstaltung Soziales und Religion	**v. Bodelschwinghsche Anstalten Bethel** Königsweg 1 33617 Bielefeld 217
03. Juni	Themenwanderung „Natur erleben am Grünen Band Eichsfeld" Bildung und Jugend	**Heinz Sielmann Natur-Erlebniszentrum** Gut Herbigshagen 37115 Duderstadt 149

WANN	WAS		WO	
04. Juni	Tag der offenen Tür	Wirtschaft	steco-system-technik Kollaustraße 6 22529 Hamburg	063
05. Juni	Eröffnungsfeierlichkeiten im Mannheimer Wasserturm	Kunst und Kultur	Der Klang der Quadrate E4, 6 68159 Mannheim	014
06. Juni	Festakt im Audimax	Sport und Gesellschaft	Studienfonds OWL Warburger Straße 100 33098 Paderborn	342
07. Juni	Aktionstag	Sport und Gesellschaft	Stamps for Leipzig Nordplatz 9 04105 Leipzig	343
08. Juni	Tag der offenen Tür	Soziales und Religion	Alevitische Gemeinde Deutschland Stolberger Straße 317 50933 Köln	218
09. Juni	Wochenende der offenen Tür	Wirtschaft	PLAYMOBIL-Produktion Neustädter Straße 26 90599 Dietenhofen	064
10. Juni	Schäfereifest	Wirtschaft	Schäfereigesellschaft Südharz Klusbreite 13 37520 Osterode	065
11. Juni	Expertengespräch zu Themen der EU-Ratspräsidentschaft	Bildung und Jugend	eurotopics Adenauerallee 86 53113 Bonn	150
12. Juni	Festakt	Wissenschaft und Technik	europäisches forum für migrationsstudien Katharinenstraße 1 96052 Bamberg	282
13. Juni	Tag der offenen Tür	Wissenschaft und Technik	OFFIS Institut für Informatik Escherweg 2 26121 Oldenburg	283

WANN	WAS		WO	
14. Juni	Service- und Qualitätstag in der Altstadt	Wirtschaft	Entwicklungsagentur Bernkastel-Kues Gestade 6 54470 Bernkastel-Kues	066
15. Juni	Lesenacht	Kunst und Kultur	Internationales Künstlerhaus Concordiastraße 28 96049 Bamberg	015
16. Juni	Tag der offenen Tür in der Zeche Waltrop/ Manufactum	Bildung und Jugend	Archiscool Hiberniastraße 6 45731 Waltrop	151
17. Juni	Feier zum zehnjährigen Jubiläum	Sport und Gesellschaft	Projekt Grenzenlos Markt 1 38350 Helmstedt	344
18. Juni	Ausstellung und Vortragsveranstaltung	Wirtschaft	Schreiner Group Bruckmannring 22 85764 Oberschleißheim	067
19. Juni	Bundesweiter „Sozialer Tag"	Soziales und Religion	Schüler Helfen Leben Kaiserstraße 12 24534 Neumünster	219
20. Juni	Ideenmarkt und Tag der offenen Tür	Wirtschaft	Voith Turbo Gottfried-Linke-Straße 205 38239 Salzgitter	068
21. Juni	Mittsommernachtslauf	Sport und Gesellschaft	Zweckverband „Linkes Weserufer" Rathausstraße 14 31608 Marklohe	345
22. Juni	Musik und Tanz aus den Gärten der Welt, Chinesisches Mondkuchenfest	Sport und Gesellschaft	Gärten der Welt Sangerhauser Weg 1 12349 Berlin	346
23. Juni	Tag der offenen Tür der BioTech-Region München im Biotechnologie Cluster München-Martinsried	Wirtschaft	Bio-M Am Klopferspitz 19 82152 Martinsried	069

WANN	WAS		WO	
24. Juni	Ausstellung	Wissenschaft und Technik	Leibniz-Institut für Meereswissenschaften Wischhofstraße 1–3 24148 Kiel	284
25. Juni	Hirschtage Brohmer Berge mit Wildtiererlebnis zur Rothirschbrunft	Umwelt und Energie	Wildtierland Klepelshagen Klepelshagen 2 17335 Strasburg in der Uckermark	187
26. Juni	Präsentation: Sicherheit im Luftverkehr	Wissenschaft und Technik	TÜV NORD Aviation Langemarckstraße 28 45141 Essen	285
27. Juni	Tag der offenen Tür und Besichtigung des zukünftigen Zunftviertels Zeche Zollverein	Wirtschaft	Die Zunft AG Weinstraße 1 67157 Wachenheim	070
28. Juni	Netzwerk- und Transferveranstaltung	Bildung und Jugend	Profis in Kitas Heidehofstraße 31 70184 Stuttgart	152
29. Juni	Blick hinter die Kulissen	Wirtschaft	B. Braun Melsungen AG Nürnberger Straße 55 34212 Melsungen	071
30. Juni	Erste Deutsche Jugend-Mentoring-Messe im Haus der Kunst, München	Soziales und Religion	Die Komplizen Theatinerstraße 8 80333 München	220

Juli

01. Juli	Stadtteilfest im Nells Park	Soziales und Religion	Wohnungsgenossenschaft Am Beutelweg Röntgenstraße 4 54292 Trier	221
02. Juli	Präsentation: Kreativität im Jugendtheater	Kunst und Kultur	Schnürschuh Theater Buntentorsteinweg 145 28201 Bremen	016

WANN	WAS	WO
03. Juli	Vortrag, Podiumsdiskussion Wissenschaft und Technik	**IT im Gesundheitswesen** c/o Calcucare Kaiser-Joseph-Straße 274 79098 Freiburg 286
04. Juli	Gründer- und Innovationstag der Bauhaus-Universität Weimar Wirtschaft	**Existenzgründerwerkstatt neudeli** Helmholtzstraße 15 99425 Weimar 072
05. Juli	Festliche Begrüßung der Doppelabschluss-Praktikanten des Jahres 2007 Wissenschaft und Technik	**FernUniversität in Hagen** Feithstraße 152 58097 Hagen 287
06. Juli	Sommerfest der Bildungsinstitutionen Bildung und Jugend	**Haus des Lebenslangen Lernens** Am Hirschsprung 63303 Dreieich 153
07. Juli	Trauungen rund um die Uhr Sport und Gesellschaft	**24-Stunden-Trauservice** Amtsgasse 4 73098 Rechberghausen 347
08. Juli	Tag der offenen Tür Wissenschaft und Technik	**Forschungszentrum TERRAMARE** Schleusenstraße 1 26382 Wilhelmshaven 288
09. Juli	Tag der offenen Tür Umwelt und Energie	**CUTEC** Leibnizstraße 21+23 38678 Clausthal-Zellerfeld 188
10. Juli	Ausstellung über türkisch-stämmige Unternehmer Wirtschaft	**AG türkischer Unternehmer und Existenzgründer** Alter Wall 38 20457 Hamburg 073
11. Juli	Öffentliches Brückenfest Wissenschaft und Technik	**Gärtnerplatzbrücke** Mönchebergstraße 7 34125 Kassel 289
12. Juli	Seminar „Sommerbrücken" Wissenschaft und Technik	**Hochschule 21** Harburger Straße 6 21614 Buxtehude 290

WANN	WAS		WO	
13. Juli	Zukunftstag - Innovationen aus Südniedersachsen	Wirtschaft	**Otto Bock HealthCare GmbH** Max-Näder-Straße 15 37115 Duderstadt	074
14. Juli	Kindertag für Afrika	Soziales und Religion	**Menschen für Menschen** Am Holzboden 2 09405 Gornau	222
15. Juli	Tag der offenen Tür	Soziales und Religion	**O_2 village** Grasmeierstraße 7 80805 München	223
16. Juli	Ausstellung im Foyer des Amtsgerichtes Kassel	Sport und Gesellschaft	**Making Memories Matter** Agathofstraße 48 34123 Kassel	348
17. Juli	Mitternachtsfußballturnier	Soziales und Religion	**Kommunale Kriminalprävention in Süßen** Heidenheimer Straße 30 73079 Süßen	224
18. Juli	Tag der offenen Tür: Das Leben einer Unterhose	Wirtschaft	**bruno banani underwear** Mauersbergerstraße 5 09117 Chemnitz	075
19. Juli	Theateraufführung	Kunst und Kultur	**Pasinger Fabrik** August-Exter-Straße 1 81245 München	017
20. Juli	Open Air Musik- und Tanz-Performance	Kunst und Kultur	**Internationale Musikschulakademie** Schloss Kapfenburg 73466 Lauchheim	018
21. Juli	Tag der offenen Tür	Wissenschaft und Technik	**Höchstleistungsrechenzentrum Stuttgart** Nobelstraße 19 70569 Stuttgart	291
22. Juli	Festspiele Europäische Wochen Passau	Kunst und Kultur	**Festspiele Europäische Wochen Passau** Dr. Hans-Kapfinger-Straße 20 94032 Passau	019

WANN	WAS		WO	
23. Juli	Tag der offenen Tür	Wirtschaft	**E-LAB Live** c/o VDE Prüf- und Zertifizierungs-institut, Merianstraße 28 63069 Offenbach	076
24. Juli	Tag der offenen Tür	Umwelt und Energie	**Solar Decathlon Team Deutschland** El-Lissitzky-Straße 1 64287 Darmstadt	189
25. Juli	Führung an der Demonstrationsfläche	Wissenschaft und Technik	**ReviTec®** Leobenerstraße 28359 Bremen	292
26. Juli	Sommerfest	Wissenschaft und Technik	**Technologiepark weinberg campus** Weinbergweg 22 06120 Halle (Saale)	293
27. Juli	Kunst-Jugendcamp für Deutsche und Tschechen	Bildung und Jugend	**Naturschutzzentrum Annaberg** Am Sauwald 1 09487 Schlettau	154
28. Juli	Tag der offenen Tür mit Testduschen	Wirtschaft	**Hansgrohe Aquademie** Auestraße 5-9 77761 Schiltach	077
29. Juli	Jubiläumsfeier	Soziales und Religion	**Nachsorgeklinik Tannheim** Gemeindewaldstraße 75 78052 Villingen/Schwenningen/Tannheim	225
30. Juli	Lesung und Präsentation	Wirtschaft	**Euregio Rhein-Waal** Boschstraße 16 47533 Kleve	078
31. Juli	Demo-Park IT-Sicherheit	Wissenschaft und Technik	**Darmstädter Zentrum für IT-Sicherheit** Hochschulstraße 10 64289 Darmstadt	294

WANN	WAS	WO

August

WANN	WAS	WO
01. August	Veranstaltungswoche rund um das Thema Trinkwasser mit Benefiz-Open-Air-Konzert Soziales und Religion	**Viva con Agua de Sankt Pauli** Wohlwillstraße 50 20359 Hamburg 226
02. August	Unternehmens- und Technologiepräsentation Wirtschaft	**SPOT AG** Rowentastraße 9 63071 Offenbach 079
03. August	Bildungskick Bildung und Jugend	**LitCam Frankfurt** Berliner Platz 8-10 48143 Münster 155
04. August	Integratives Golf-Turnier Soziales und Religion	**KidSwing Turnier** Wilmersdorfer Straße 94 10629 Berlin 227
05. August	Rosen-Potpourri Sport und Gesellschaft	**Europa-Rosarium** Steinberger Weg 3 06526 Sangerhausen 349
06. August	Sonderführungen mit dem documenta-12-Beirat Kunst und Kultur	**documenta 12** Friedrichsplatz 18 34117 Kassel 020
07. August	Konzert und Ausstellungseröffnung Kunst und Kultur	**Schönberger Musiksommer** Markt 1 23923 Schönberg 021
08. August	Tag des offenen Lernens Bildung und Jugend	**School of Management and Design** Gelsenkirchener Straße 209 45309 Essen 156
09. August	Sommerfest Soziales und Religion	**Generationengarten** Heddersdorfer Straße 6 36275 Kirchheim 228

WANN	WAS		WO	
10. August	Kamelfest	Bildung und Jugend	**Kamelhof Rotfelden** Kamelweg 1 72224 Ebhausen-Rotfelden	157
11. August	Tag der offenen Tür	Umwelt und Energie	**SynEnergie** Heinrichstraße 17/19 36037 Fulda	190
12. August	Konzert	Kunst und Kultur	**young.euro.classic** Meierottostraße 6 10719 Berlin	022
13. August	Tag der offenen Tür	Wirtschaft	**ic! berlin brillen** Saarbrücker Straße 37 10405 Berlin	080
14. August	Führung durch die Forschungslaboratorien	Wirtschaft	**4SC AG** Am Klopferspitz 19a 82152 Planegg-Martinsried	081
15. August	Ferienaktion für Jugendliche	Bildung und Jugend	**Augsburger Sommer Krimi** Schaezlerstraße 17 86150 Augsburg	158
16. August	Gartenfest	Sport und Gesellschaft	**Mehrgenerationenwohnhaus in Wipperfürth** Alte-Kölner-Straße 36 51688 Wipperfürth	350
17. August	Taufe des Rolliseglers	Soziales und Religion	**Rollisegler** Ueckermünder Straße 51 17375 Liepgarten	229
18. August	Tag der offenen Tür	Wirtschaft	**logport** Alte Ruhrorter Straße 42-52 47119 Duisburg	082
19. August	Führungen durch das Bibeldorf	Soziales und Religion	**Bibeldorf Rietberg** Müntestraße 15 33397 Rietberg	230

WANN	WAS		WO	
20. August	Tag der offenen Tür, Nationalpark Berchtesgaden	Wirtschaft	BLIS Alpenranger Joseph-von-Fraunhofer-Straße 9 83209 Prien am Chiemsee	083
21. August	Tag der Romantik	Sport und Gesellschaft	Nationalpark-Zentrum KÖNIGSSTUHL Stubbenkammer 2 18546 Sassnitz	351
22. August	Open House, Musikfestival und Musikbranchen-treffen	Wirtschaft	Karostar Musikhaus St. Pauli Schulterblatt 26–36 20357 Hamburg	084
23. August	Zeugnisverleihung	Bildung und Jugend	Academy for Junior Managers Knechtsteden 41540 Dormagen	159
24. August	Tag der offenen Tür	Bildung und Jugend	Senioren-Uni Parkstraße 17 32805 Horn-Bad Meinberg	160
25. August	Wunderbare Wipfelnacht	Umwelt und Energie	Biosphärenhaus Pfälzerwald/Nordvogesen Am Königsbruch 1 66996 Fischbach bei Dahn	191
26. August	Tag der offenen Tür - Sommerfest	Soziales und Religion	Ronald McDonald Haus Unterm Sternenzelt 1 45147 Essen	231
27. August	Lange Nacht der Wiederentdeckung der RNA	Wirtschaft	CureVac Paul-Ehrlich-Straße 15 72076 Tübingen	085
28. August	Führung	Wirtschaft	HANNING & KAHL Rudolf-Diesel-Straße 6 33813 Oerlinghausen	086
29. August	Sommerparty in der Schule Kattenberge, Buchholz	Bildung und Jugend	Junge Dichter und Denker Holmer Weg 14 21244 Buchholz	161

WANN	WAS	WO
30. August	Fortbildungs- und Informationsveranstaltung, Kinderfest Soziales und Religion	**Frühchenprojekt** Wilmersdorfer Straße 94 10629 Berlin 232
31. August	Systempräsentation an Bord des MS Beaufort Wirtschaft	**SkySails GmbH & Co. KG** Veritaskai 3 21079 Hamburg 087

September

WANN	WAS	WO
01. September	Vernissage zum Projekt „Vater Rhein – seine Tierwelt" im Großklärwerk Köln-Stammheim Umwelt und Energie	**Villa Öki** Ostmerheimer Straße 555 51109 Köln 192
02. September	Tag der offenen Tür Kunst und Kultur	**Deutsche Nationalbibliothek Leipzig** Deutscher Platz 1 04103 Leipzig 023
03. September	Präsentation der Arbeitsergebnisse Kunst und Kultur	**Kunststiftung des Landes Sachsen-Anhalt** Friedemann-Bach-Platz 5 06108 Halle (Saale) 024
04. September	2. Geburtstag der Hallenbad Nörten-Hardenberg EG Sport und Gesellschaft	**Hallenbad Nörten-Hardenberg** An der Bünte 4 37176 Nörten-Hardenberg 352
05. September	Jubiläum mit Lärmmessung an der westlichen Ringstraße in Ingolstadt Wissenschaft und Technik	**Flüsterasphalt** Bürgermeister-Ulrich-Straße 160 86179 Augsburg 295
06. September	Künstlersymposium Kunst und Kultur	**Südwestkirchhof Stahnsdorf** Bahnhofstraße 14532 Stahnsdorf 025
07. September	Tag der offenen Tür Umwelt und Energie	**Technologiezentrum für Zukunfts-energie** Leihbühl 21 33165 Lichtenau 193

WANN	WAS		WO	
08. September	Tag der offenen Tür in den Handwerksbetrieben	Wirtschaft	**Initiative Handwerk Berlin-Brandenburg** Naumannstraße 81 - Gebäude 38 10829 Berlin	088
09. September	Tag der offenen Tür	Wirtschaft	**Alte Messe Leipzig** Zwickauer Straße 55 04103 Leipzig	089
10. September	Tag der offenen Tür auf dem Freigelände Königsborn	Wirtschaft	**Deutsche Gleis- und Tiefbau** Ladestraße 8 39175 Magdeburg-Königsborn	090
11. September	Ausstellung	Bildung und Jugend	**Musikkindergarten Berlin** Leipziger Straße 41 10117 Berlin	162
12. September	Deutschlands größtes Bewerbungstraining im Hockeypark	Bildung und Jugend	**MGconnect** Lüpertzender Straße 6 41061 Mönchengladbach	163
13. September	Tag der offenen Tür	Wissenschaft und Technik	**Fraunhofer-Institut für Graphische Datenverarbeitung** Joachim-Jungius-Straße 11 18059 Rostock	296
14. September	Theater im Druckzentrum	Sport und Gesellschaft	**Bürgerkomitee zur Rettung des Heidelberger Theaters** Neugasse 2 69117 Heidelberg	353
15. September	Tag der offenen Tür in den T-Laboratories in Berlin und der T-Gallery in Bonn	Wissenschaft und Technik	**T-Laboratories** Ernst-Reuter-Platz 7 10587 Berlin	297
16. September	Marathon mit Kulturprogramm	Sport und Gesellschaft	**Karlsruher Klangstrahlen** Hermann-Veit-Straße 7 76135 Karlsruhe	354
17. September	Tag der offenen Tür bei REpower in Husum	Umwelt und Energie	**REpower Systems AG** Alsterkrugchaussee 378 22335 Hamburg	194

WANN	WAS	WO
18. September	Führungen und Zwischenbilanz Umwelt und Energie	Stellwerk 60 Aachener Straße 524-528 50933 Köln 195
19. September	Tag der offenen Tür Wirtschaft	Technologie- und Innovationspark Jena Wildenbruchstraße 15 07745 Jena 091
20. September	Interkulturelles Fest der Generationen Soziales und Religion	Förderverein zukunftsfähiges Melsungen Am Markt 1 34212 Melsungen 233
21. September	Tag der offenen Tür im Rahmen des 50-jährigen Jubiläums Wirtschaft	Testo AG Testostraße 1 79853 Lenzkirch 092
22. September	Tag der offenen Tür mit Einweihung der 3. Wohngemeinschaft Soziales und Religion	Jugendhof Seehaus Seehaus 1 71229 Leonberg 234
23. September	Tag der offenen Tür Wirtschaft	Biotechnologiepark Luckenwalde Im Biotechnologiepark, TGZ I 14943 Luckenwalde 093
24. September	Tag der offenen Tür Wissenschaft und Technik	Experimentierhalle Göttingen c/o Max-Planck-Institut Bunsenstraße 10 37073 Göttingen 298
25. September	Preisverleihung Bildung und Jugend	FOCUS Schülerwettbewerb Arabellastraße 23 81925 München 164
26. September	Experten-Netzwerk-Treffen bei einer Mitgliedsfirma Wirtschaft	Wissensmanagement in der Praxis Josef-Sterr-Straße 4 81377 München 094
27. September	Tag der offenen Tür Soziales und Religion	Haus 44 Fritz-Elsas-Straße 44 70174 Stuttgart 235

WANN	WAS	WO
28. September	Festakt im Hochsicherungsbereich der JVA Fuhlsbüttel **Soziales und Religion**	**Santa Fu** Drehbahn 36 20354 Hamburg 236
29. September	Tag der offenen Tür **Umwelt und Energie**	**SOLVIS** Grotrian-Steinweg-Straße 12 38112 Braunschweig 196
30. September	Kinderfest zum Weltkindertag am Airport Bremen **Soziales und Religion**	**Beluga School for Life** Schlachte 22 28195 Bremen 237

Oktober

WANN	WAS	WO
01. Oktober	Symposium und Preisverleihung **Wissenschaft und Technik**	**Mondialogo Engineering Award** HPC 1026 70546 Stuttgart 299
02. Oktober	Öffentliche Festveranstaltung und Symposium **Wissenschaft und Technik**	**Hasso-Plattner-Institut** Prof.-Dr.-Helmert-Straße 2–3 14482 Potsdam 300
03. Oktober	Bundesfeierlichkeiten zum Tag der Deutschen Einheit Schwerin 2007 **Sport und Gesellschaft**	**Tag der Deutschen Einheit** Am Packhof 2–6 19053 Schwerin 355
04. Oktober	Eröffnung der Veranstaltungsreihe **Wissenschaft und Technik**	**Institut für Kultur- und Medienmanagement der FU Berlin** Habelschwerdter Allee 45 14195 Berlin 301
05. Oktober	Werksführung **Wirtschaft**	**SGL Carbon AG** Rheingaustraße 190–196 65203 Wiesbaden 095
06. Oktober	Projektbörse **Sport und Gesellschaft**	**experimentcity** ufaFabrik, Viktoriastraße 10–18 12105 Berlin 356

WANN	WAS	WO
07. Oktober	Tag der offenen Tür mit Ausstellung in der Kinderkunstwerkstatt **Bildung und Jugend**	**Kinderkunstwerkstatt** Lichtentaler Straße 64 76530 Baden-Baden 165
08. Oktober	Sondervorstellung „Mongopolis“ **Soziales und Religion**	**Theater RambaZamba** Schönhauser Allee 36–39 10435 Berlin 238
09. Oktober	Erlebnistag „Mobile Zukunftstechnologie zum Anfassen“ **Wissenschaft und Technik**	**Mobile Solution Center** Am Fallturm 1 28359 Bremen 302
10. Oktober	Messe **Kunst und Kultur**	**Forum Tiberius** Lehnertstraße 8 01324 Dresden 026
11. Oktober	Motivationstraining **Wissenschaft und Technik**	**TheoPrax Zentrum** Joseph-von-Fraunhofer-Straße 7 76327 Pfinztal 303
12. Oktober	Tag der offenen Tür **Bildung und Jugend**	**Schüler-Institut SITI** Pestalozzi-Straße 5 39539 Havelberg 166
13. Oktober	Stadtteilevent 2007 **Bildung und Jugend**	**Kinderhort DIESELSTRASSE** Oberingstraße 76 32019 Herford 167
14. Oktober	Informationsführungen durch das Haus **Soziales und Religion**	**Kompetenzzentrum Demenz** Heilsbronner Straße 1 91564 Neuendettelsau 239
15. Oktober	40-Jahrfeier und Grundsteinlegung **Bildung und Jugend**	**Hochschule für Fernsehen und Film München** Frankenthaler Straße 23 81539 München 168
16. Oktober	Tag des weißen Stocks **Sport und Gesellschaft**	**unsicht-Bar®** Geschwister-Scholl-Straße 44 52499 Baesweiler 357

WANN	WAS	WO
17. Oktober	Schnuppertag und Tag der offenen Tür Wissenschaft und Technik	**Bucerius Law School** Jungiusstraße 6 20355 Hamburg 304
18. Oktober	Aktionstag auf dem Ökologiehof Wennerstorf Soziales und Religion	**Ökologiehof Wennerstorf** Am Kiekeberg 1 21224 Rosengarten 240
19. Oktober	Tagung und Festveranstaltung zum 30-jährigen Jubiläum Umwelt und Energie	**Öko-Institut** Merzhauser Straße 173 79100 Freiburg 197
20. Oktober	Werksjubiläum Wirtschaft	**Katjes Bonbon** Wetzlarer Straße 96-106 14482 Potsdam 096
21. Oktober	„Jugend der Welt"-Festival auf dem Gelände des FFC Frankfurt Bildung und Jugend	**Jugend der Welt bei uns** Kaiser-Friedrich-Promenade 30 61348 Bad Homburg 169
22. Oktober	Tag der offenen Tür Wissenschaft und Technik	**Max-Planck-Institut für Herz- und Lungenforschung** Parkstraße 1 61231 Bad Nauheim 305
23. Oktober	Lange Nacht der Sterne Sport und Gesellschaft	**Zeiss-Planetarium Jena** Am Planetarium 5 07743 Jena 358
24. Oktober	Ausbildungsmesse Wirtschaft	**Autobahndreieck Wittstock/Dosse** An der Promenade 5 16928 Pritzwalk 097
25. Oktober	Science Days im Science House und dem Europa-Park Sport und Gesellschaft	**Sience House** Europa-Park-Straße 2 77977 Rust 359
26. Oktober	Technologietag Wissenschaft und Technik	**DEKRA Automobil Test Center** Senftenberger Straße 30 01998 Klettwitz 306

WANN	WAS	WO
27. Oktober	Geburtstagsfeier mit Fußballturnier Sport und Gesellschaft	**METRO Fußballhimmel** Schlüterstraße 1 40235 Düsseldorf 360
28. Oktober	Ausstellung alter Kernobstsorten Wissenschaft und Technik	**Kompetenzzentrum Obstbau Bodensee** Schuhmacherhof 6 88213 Ravensburg 307
29. Oktober	Festveranstaltung mit Stiftungsgründung und Eröffnung des Theaterspeichers, Burg Lohra Sport und Gesellschaft	**Offene Häuser** Goetheplatz 9b 99423 Weimar 361
30. Oktober	Kunst- und Kulturfestival 2007 Rumänien Kunst und Kultur	**donumenta** Am Wiedfang 5 93047 Regensburg 027
31. Oktober	Hochleistung in Aluminium Wirtschaft	**PEAK Werkstoff** Siebeneicker Straße 235 42553 Velbert 098

November

WANN	WAS	WO
01. November	Ausstellung über vier erfolgreiche Jahre „Fit am Ball" Sport und Gesellschaft	**Deutsche Sporthochschule Köln** Carl-Diem-Weg 6 50933 Köln 362
02. November	Öffentlicher Vortrag und Vorführung der Roboter Wissenschaft und Technik	**Alignment in Communication** Universität Bielefeld Universitätsstraße 25 33615 Bielefeld 308
03. November	Benefiz-Gala und Diskussionsplattform in der „Villa Bonn" Soziales und Religion	**Officium et Humanitas** Schwanthaler Straße 54 60596 Frankfurt am Main 241
04. November	Messe Wirtschaft	**Nürnberger Erfindermesse IENA** Messezentrum 1 90471 Nürnberg 099

WANN	WAS		WO	
05. November	Tag der offenen Tür	Wirtschaft	**Protagen AG** Otto-Hahn-Straße 15 44227 Dortmund	100
06. November	Autorenlesung mit Wladimir Kaminer	Kunst und Kultur	**Laufer Literaturtage** St.-Salvator-Weg 7 91207 Lauf	028
07. November	Experimentieren im Kindergarten	Bildung und Jugend	**Forschergarten** Robert-Rössle-Straße 10 13125 Berlin	170
08. November	Interaktive Erkundung des Untergrundes	Wirtschaft	**UNITRACC** Konrad-Zuse-Straße 6 44801 Bochum	101
09. November	Vortrag	Kunst und Kultur	**Ehemalige Synagoge Friedrichstadt** Am Binnenhafen 17 25840 Friedrichstadt	029
10. November	Presseball	Wirtschaft	**Mediengruppe Pressedruck** Curt-Frenzel-Straße 2 86167 Augsburg	102
11. November	Martinstagsmatinee mit Zeitschenk-Aktion der Stifter	Soziales und Religion	**Stiftung Zeit für Menschen** Schlossweg 1 72622 Nürtingen	242
12. November	Tag der Überraschungen	Wissenschaft und Technik	**Nieklitzer Ökologie- und Ökotechnologie-Stiftung** Moorweg 4 19258 Nieklitz	309
13. November	Tag der offenen Tür	Bildung und Jugend	**Wissensfabrik** 4. Gartenweg 4b, Gebäude Z17 67063 Ludwigshafen	171
14. November	Vortrag mit Werksbesichtigung	Wirtschaft	**Zweibrüder Optoelectronics** Kronenstraße 5–7 42699 Solingen	103

WANN	WAS		WO	
15. November	Führungen auf dem Grubengelände	Wirtschaft	NANOGATE AG Gewerbepark Eschbergerweg 66121 Saarbrücken	104
16. November	Dankeschönabend für alle Beteiligten	Soziales und Religion	b.free Seeweg 1a 78467 Allensbach	243
17. November	Unternehmertag und Dies Academicus	Wirtschaft	GROW Edlmairstraße 6+8 94469 Deggendorf	105
18. November	Abend der Begegnung	Wissenschaft und Technik	Institut für Friedenspädagogik Corrensstraße 12 72076 Tübingen	310
19. November	Tag der offenen Tür	Wirtschaft	Conference.Excellence Fritz-Hahne-Straße 8 31848 Bad Münder	106
20. November	Kinder-Forscher-Tag	Bildung und Jugend	Forscherwerkstätten an Grundschulen Klemensstraße 10 48127 Münster	172
21. November	Tag der offenen Tür mit Schulwettbewerb	Wissenschaft und Technik	Hessische Stiftung Friedens- und Konfliktforschung Leimenrode 29 60322 Frankfurt a.M.	311
22. November	Tag der offenen Tür im Werk	Umwelt und Energie	CHOREN Industries Frauensteiner Straße 59 09599 Freiberg	198
23. November	Tag der offenen Tür, 5 Jahre VDC Fellbach	Wirtschaft	Virtual Dimension Center Fellbach Auberlenstraße 13 70736 Fellbach	107
24. November	eCulture Trends 07 Symposium und Ausstellung	Wissenschaft und Technik	eCulture Factory Hermann-Koehl-Straße 7 28199 Bremen	312

WANN	WAS	WO
25. November	Veranstaltung zum Thema „Märtyrer“ **Wissenschaft und Technik**	**Zentrum für Literatur- und Kulturforschung Berlin** Schützenstraße 18 10117 Berlin 313
26. November	Tag der offenen Tür **Kunst und Kultur**	**Musikwerkstatt der Bremer Philharmoniker** Plantage 13 28215 Bremen 030
27. November	Tag der offenen Tür **Umwelt und Energie**	**Kompetenzzentrum für Erneuerbare Energien** Pömmelter Straße 17 39249 Barby 199
28. November	Begegnung mit den Athleten des Team Peking 2008 **Sport und Gesellschaft**	**Team Peking 2008** Im Neuenheimer Feld 710 69120 Heidelberg 363
29. November	Finissage mit Live-Versteigerung von zeitgenössischen Kunstwerken **Soziales und Religion**	**SOS-Kunststück** Menzinger Straße 23 80638 München 244
30. November	Öffentlicher Start des digitalen Adventskalenders **Wissenschaft und Technik**	**MATHEON** Straße des 17. Juni 136 10623 Berlin 314

Dezember

WANN	WAS	WO
01. Dezember	Uraufführung des Animationsfilms im Berliner Kino „International“ **Soziales und Religion**	**Gemeinschaftsinitiative EQUAL** Villemombler Straße 76 53123 Bonn 245
02. Dezember	Tag der offenen Tür **Bildung und Jugend**	**Medienkulturzentrum Dresden** Schandauer Straße 64 01277 Dresden 173
03. Dezember	dena-Dialog regional mit Besichtigung, Hannover **Umwelt und Energie**	**Deutsche Energie-Agentur GmbH** Chausseestraße 128 a 10115 Berlin 200

WANN	WAS		WO	
04. Dezember	Informationstag	Wirtschaft	**Cytonet Hannover** Feodor-Lynen-Straße 21 30625 Hannover	108
05. Dezember	Mitmachen - Ehrensache Event	Bildung und Jugend	**Mitmachen Ehrensache** Hohe Straße 9 70174 Stuttgart	174
06. Dezember	Workshop für Studenten	Bildung und Jugend	**Fachhochschule Jena** Carl-Zeiss-Promenade 2 07745 Jena	175
07. Dezember	Entrepreneur-Party und Open House	Wirtschaft	**Starterzentrum** Campus Saarbrücken, Gebäude A1 1 66123 Saarbrücken	109
08. Dezember	Tag der offenen Tür	Soziales und Religion	**Kinderhospiz Balthasar** Maria-Theresia-Straße 30a 57462 Olpe	246
09. Dezember	Tag der offenen Tür	Wirtschaft	**Thyssenkrupp Titanium** Westendstraße 15 45143 Essen	110
10. Dezember	Interaktive Vorträge zum Thema Zukunftsforschung	Wissenschaft und Technik	**Society & Technology Research Group** Alt-Moabit 96A 10559 Berlin	315
11. Dezember	Schülerkongress an der Universität Kassel, Abt. Genetik	Wissenschaft und Technik	**Gesellschaft für Biochemie und Molekularbiologie** Mörfelder Landstraße 125 60598 Frankfurt a.M.	316
12. Dezember	Multimedia Tanztheater mit Live Musik	Kunst und Kultur	**Tanzplan interart projekte** Kelkheimer Straße 11 65719 Hofheim am Taunus	031
13. Dezember	Ausstellung, Filmvorführung, Computeranimationen	Wissenschaft und Technik	**Heidelberger Akademie der Wissenschaften** Karlstraße 4 69117 Heidelberg	317

WANN	WAS		WO	
14. Dezember	Projektpräsentation	Bildung und Jugend	**Nachtwanderer-Bremen** Leverkenbarg 1 28779 Bremen	176
15. Dezember	Kerzen-Bastelwerkstatt	Wirtschaft	**Eika Wachswerke** An Vierzehnheiligen 19-25 36039 Fulda	111
16. Dezember	Tag der offenen Tür	Sport und Gesellschaft	**Kirchgemeinde Zeulenroda** Kirchstraße 17 07937 Zeulenroda-Triebes	364
17. Dezember	Tag der Medizintechnik: Rettung, Diagnose, Schlafmedizin	Wirtschaft	**Weinmann Geräte für Medizin** Kronsaalsweg 40 22565 Hamburg	112
18. Dezember	Nacht der Bewerber	Wirtschaft	**Festo AG** Jakobstraße 33 73733 Esslingen	113
19. Dezember	Bundesweiter Fachkongress	Bildung und Jugend	**Schulverweigerung – Die zweite Chance** Michaelkirchstraße 17/18 10179 Berlin	177
20. Dezember	Wein, Musik und Elektronik	Wirtschaft	**Wachendorff Elektronik** Industriestraße 7 65366 Geisenheim	114
21. Dezember	Vorstellung und Festakt	Kunst und Kultur	**Deutsches Schauspielhaus in Hamburg** Kirchenallee 39 20099 Hamburg	032
22. Dezember	Tag der offenen Tür	Wirtschaft	**UVEX WINTER HOLDING** Würzburger Straße 181 90766 Fürth	115
23. Dezember	Fotoausstellung und Eröffnung der Heimatstuben	Sport und Gesellschaft	**Kirche St. Petri** Am Kamp 3 39393 Ausleben	365

WANN	WAS		WO	
24. Dezember	Gottesdienst	Soziales und Religion	**Obdachlosenarbeit der Benediktinerabtei Sankt Bonifaz** Bergsstraße 2 82346 Andechs	247
25. Dezember	Weihnachtsbetreuung	Soziales und Religion	**Deutsches Rotes Kreuz** Voedestraße 53 44866 Bochum	248
26. Dezember	Fachtagung zum Jahr der Suchtprävention 2007 im Rathaus Pankow	Soziales und Religion	**teenex** Thulestraße 4 13189 Berlin	249
27. Dezember	Eröffnungsveranstaltung	Wirtschaft	**Denkfabrik** Rogätzer Straße 8 39106 Magdeburg	116
28. Dezember	Tag der offenen Tür im Klingenden Museum	Bildung und Jugend	**Klingendes Mobil** Zingster Str. 15 13357 Berlin	178
29. Dezember	Abschlusskonzert des Deutschen Mozartfests 2007	Wissenschaft und Technik	**Hochschule für Musik und Darstellende Kunst** N 7, 18 68161 Mannheim	318
30. Dezember	Tag der offenen Tür	Bildung und Jugend	**barrierefrei kommunizieren!** Wilhelmstraße 52 10117 Berlin	179
31. Dezember	Tag der offenen Tür	Kunst und Kultur	**Admiralspalast** Friedrichstraße 101 10117 Berlin	033

Autoren

Debra Bardowicks, Phillip Bittner, Holger Boethling, Ludger Booms, Mirko Derpmann, Mark Diening, Anna-Katharina Drenckberg, Johannes Graf, Birgit Gugath, Mirko Heinemann, Alexander Heinrich, Conny Hoffmann, Wendelin Hübner, Judith Hyams, Peter Könnicke, Svetlana Komar, Mark Krüger, Anja Lüdemann, Anne Meyer-Gatermann, Sandra Middendorf, Susan Mücke, Sonja Niemann, Annette Sawatzki, Annette Streicher, Jörg von Bilavsky, Karin Westphal

Bildnachweis

3d-ip GmbH 048; 4SC AG 081; Abel, Karin 228; ACII Universität Ulm/Troll, Carsten 259; Admiralspalast 033; AFAG 099; AGCO Fendt 114; Ahlhaus 180; AlfA/Kerp, Jürgen 250; Akademie Regensburg 126; Alevitische Gemeinde Deutschland 218; Aqua Orbis AG 054; Arch Image/Hansen, Meike 084; archi-medes 261; Archiv für menschliche Schicksale 340; Archiv Theater Hagen 011; ATU e.V. 073; B.Braun Melsungen AG 071; b.free 243; BARMER 332; Bayerische Staatsforsten 183; Bayerisches Landesamt für Umwelt 295; BayernForum der Friedrich-Ebert-Stiftung/Horst Schmidt 003; BBg Landkreis Peine mbH 125; Bellagio Forum for Sustainable Development 186; bellybutton International GmbH 052; Beluga Schools for Life gGmbH 237; Bergmann, Wonge 008; Berling, Hamburg 316; Bibeldorf Rietberg/Fricke, Dietrich 230; Bienert, Kai 022; Bierstedt, Frank 293; Bilderwerk 265; Bio-M/Röder, Jan 069; Biosphärenhaus 191; Biotechnologiepark Luckenwalde 093; Björn Steiger Stiftung Service GmbH 050; Blindeninstitut Rückersdorf 211; Börsenverein des Deutschen Buchhandels 141; Bonn, Stephan 281; Bratulic, Sven 171; Bremer Philharmoniker 030; Breuer, Anne 012; bruno banani underwear GmbH 075; BRUT (EWIV) 078; Bucerius Law School 304; Buck, Christian 181; Bürgermeisteramt Rechberghausen 347; Bundesverband Alphabetisierung und Grundbildung 155; Bundeszentrale für politische Bildung 150; Bunter Kreis e.V. 201; Casper, Gaby 161; Chaperon, Laurence 164; Clean Energy Partnership 185; Columbus Holding AG 053; Corneliusse, Andreas 151; CureVac 085; CUTEC 188; Cytonet Hannover GmbH 108; Daimler-Chrysler AG 058; DaimlerChrysler AG 315; DASA Dortmund/Uwe Völkner 002; DB Bahnbau GmbH/Benz 090; Demokratischer Frauenbund e.V./Seifert, Bettina 329; DERMALOG Identification Systems GmbH 044; Deutsche AIDS Hilfe e.V. 245; Deutsche Energie-Agentur GmbH 200; Deutsche Kinder- und Jugendstiftung gGmbH 146; Deutsche Kinderhilfe Direkt e.V. 202; Deutsche Kinderhilfe Direkt e.V. 232; Deutsche Messe AG 056; Deutsche Telekom AG 297; Deutsches Auswandererhaus/Huthmacher, Werner 335; Devich-Henningsen, Sabine 133; DeWiSt/Martin, T. 187; DFKI 145; Die Komplizen 220; DKMS Deutsche Knochenmarkspenderdatei 216; documenta GmbH/Werner Maschmann 020; Donau-Uni Krems 286; Eichhorn, H. 319; Eika 111; Endinger Narrenzunft/Vollherbst, Dr. Franz-Josef 325; Entwicklungsagentur Bernkastel-Kues e.V. 066; Eppler, Frank 174; Erbslöh AG 098; Erlangen AG 051; ESA/DLR/FU Berlin/Neukum, G. 256; Europa-Park 359; Europa-Rosarium Sangerhausen 349; EuroSpeedway Lausitz GmbH 306; Evang. Jugendwerk Stuttgart/Archiv 235; Exploratorium Potsdam e.V./Hagen Immel 138; Fachhochschule Jena 091; Fachhochschule Jena 175; Fäth, Reinhold J. 215; FernUniversität in Hagen 287; Festo AG & Co.KG 113; Feuerwehr-Informations-Zentrum 128; FIZ GmbH/Kreifels, Uli 038; FlexSecure GmbH 294; Fördergesellschaft Olympiastützpunkt Rhein-Neckar 363; Föste, Hans Joachim 264; FoSS, Universität Karlsruhe 132; fotolia.de/Pfluegel, Franz 040; Fraunhofer-Institut für Graphische Datenverarbeitung 296; Freiheit, Daniela 272; Freitag, Stefan 229; friedens räume Villa Lindenhof 336; Frischemarkt Bad Schlema eG 328; FTM/Riexinger, Sibet 288; Gamma 227; Gauditz, Peter 001; Gente, Prof. Dr. Michael 275; geobra Brandstätter GmbH & Co.KG 064; Geohumus 036; Gericke, Wolf-Dieter 134; Glossner 301; Grenzenlos - Wege zum Nachbarn e.V. 344; GROW 105; Hähnel, Susanna 361; Hallenbad Nörten-Hardenberg eG 352; HANNING & KAHL GmbH & Co.KG 086; Hansgrohe AG/Kobel, Jan 077; Hase, Petra 021; Hasso-Plattner-Institut/Herschelmann, K. 300; Haug, Otto 242; Haus des Lebenslangen Lernens 153; HausHalten e.V. 330; Heidelberger Akademie der Wissenschaften 317; Heinz Sielmann Stiftung 149; Heissner, Oliver 060; Hellwig-Schmid, Regina 027; Herz- und Diabeteszentrum Nordrhein-Westfalen 253; HFF München 168; Hießleitner, Günther 239; HNA 233; Hochschule der Sparkassen-Finanzgruppe 266; Hochschule Magdeburg-Stendal (FH) 270; Höchstleistungsrechenzentrum Stuttgart (HLRS) 291; Holzer, Jürgen Bernhard 109; Hotel Restaurant Anne-Sophie 207; HSFK 311; hülsta-werke Hüls GmbH & Co. KG 046; IBFS e.V. 120; ic! berlin 080; ICIDO GmbH 049; Initiative Zukunft durch Innovation 129; Innovations- und Gründerzentrum Biotechnologie 258; Institut für Friedenspädagogik 310; Institut für Social Marketing 059; Internationaler Studiengang Bionik 276; Internationales Hochschulinstitut (IHI) Zittau 252; Internationales Künstlerhaus Villa Concordia 015; Intersnack/Gerig 362; IT-Inkubator Ostbayer GmbH 047; ITV Denkendorf 260; Julia e.V. 142; Junges Schauspielhaus Hamburg 032; Junges Theater Bonn 007; Justizbehörde Hamburg 236; Kamelhof GmbH & Co. KG 157; KAS/Lüders, Henning 323; Kauper, Hermann 339; Keller, Florian 313; Keydell, Gerd 018; KGE Kommunalgrund GmbH 116; Kinderhortgruppe Dieselstraße 167; Kinderhospiz Balthasar 246; Kindertagesstätte „Am Flughafen Gatow" 118; Klein, Detlev 159; Knowledge Factory GmbH 101; König, Hannes 166; Körbler, Matthias 290; Kollenberg, Malte E. 282; Kommunale Kriminalprävention Süßen 224; Kompetenzzentrum Obstbau 307; Kompetenzzentrum Technik-Diversity-Chancengleichheit e.V. 140; Kontrola 195; Koschany + Zimmer Architekten KZA 070; Kraus, Harald 222; Krause, Lutz 088; Kreutziger, Matthias 026; KuK Zentrum Monschau 042; Kulturwerkstatt Bottrop 005; Kurzfilmtage/Gasenzer, Daniel 010; Lamsfuß, Claudia 350; Landeshauptstadt München, Schul- und Kultusreferat 208; Landwehr, C. Gregor 321; Leibniz Institut für Meereswissenschaften 284; Leibniz Privatschule 130; Leipzig International School/Webster, Annemarie 343; Lesewelt München e.V. 210; Linde AG 262; logport Logistik-Center Duisburg GmbH 082; Lohmann, Ralf 037; Luftbildservice Büschel 198; Märkische Allgemeine Zeitung 096; Maischack 035; Making Memories Matter 348; Mango, Giuseppina 356; Marathon Karlsruhe e.V. 354; MARUM/Diekamp, Volker 320; MATHEON 314; max-press 355; McDonald's-Kinderhilfe gGmbH 231; Mediana/Rammler, Walter 212; Mediengruppe Pressedruck 102; Medienkulturzentrum Dresden 173; Meroth, Patrick 124; Meyer, Marcus 312; MGG 034; Ministerium für Bildung, Kultur und Wissenschaft des Saarlandes 135; Mobile Research Center 302; Mobile Research Center Bremen 119; Mondialogo Engineering Award 299; Montessori-Schule 123; Moog, Jürgen 121; Morgenthal, Heinz 365; Moses Mendelsson Zentrum/Treß 277; MPI Bad Nauheim/Heil, Dr. Matthias 305; Müller, Thomas 009; Murmann School 280; Museum Frieder Burda 006; Musikkindergarten Berlin e.V. 162; MW Verlagsgesellschaft GmbH & Co. KG 169; NABU-Stadtverband Münster 341; Nachsorgeklinik Tannheim gGmbH 225; Nachtwanderer-Bremen 176; NANO-X, Saarbrücken 274; NANOGATE AG 104; Nationalpark-Zentrum KÖNIGSSTUHL 351; Naturschutzzentrum Annaberg GmbH/Georgi, Edelgard 154; Neue Landschaft Ronneburg 338; NICOL-Stiftung 309; Niklas, Uwe 206; o2 Village/Kletzsch, Sascha 223; Oberländer, Thomas 170; Öko-Institut e.V. 197; Officium et Humanitas e.V. 241; OFFIS Institut für Informatik 283; Ohlig, Maria 221; Otto Bock HealthCare GmbH 074; Otto, Volkmar 360; Pahlmann, Bernd 016; Passau Tourismus e.V. 019; Pavek, Saskia 017; Plasma Technik Grün GmbH 148; Plümer-Fotografie 182; Politischer Salon Essen 326; Potthast, Thorben 248; Pressestelle FH Brandenburg/Parsch, Stefan 255; Prisma e.V. 234; Produktionstechnisches Zentrum Hannover 279; Prof. Dr. Martha Klärle 041; Profis in Kitas 152; projekt REGION BRAUNSCHWEIG GMBH 045; Protagen AG 100; protime 083; Public Friends GmbH 089; QUELLE InnovationsPartner GmbH/Frey, Christian 057; Raetsch, Daniel 193; Rasbach, Peter 331; Ravensburger Spieleland AG 333; Reißig, Roland 004; REpower Systems AG 194; RespectResearchGroup 269; Rhein-Neckar-Zeitung 353; Roggenthin, Peter 204; Schäfereigesellschaft Südharz 065; Schick, Barbara 238; Schmidt, Albert Josef 184; Schönefeld, Andreas 322; Schokoladenmuseum Köln GmbH 013; Schreiner Group GmbH & Co. KG 067; Schüler Helfen Leben e.V. 219; Schuldorf Bergstraße 143; Schwieger, Hansjochen 298; Seidl, Silvia 028; SGL Carbon AG 095; sieger design GmbH & Co. KG 061; Simlinger, Wolfgang 178; Simon, Andrea/Etter, Andreas J. 031; Sisters of Design 024; SkySails GmbH & Co. KG 087; Smartfactory/Detlef Zühlke 062; SMOG e.V. 122; SOILTEC GmbH 268; SOLVIS GmbH & Co. KG 196; Sonntag, Klaus D. 023; SOS-Kinderdörfer weltweit/Krafft Angerer 244; Spetzger, Prof. Dr. Uwe 278; Spies, Florian 158; SPOT AG 079; SQUARE Werbeagentur/Grüber, Alexander 273; Staatliche Hochschule für Musik und Darstellende Kunst Mannheim 318; Stadt Dachau 324; Stadt Münster/ Emmerich, Ralf 147; Stadt Münster/Ralf Emmerich 172; Stadtbibliothek Brilon/Scholz, Stefan 117; Stadtmarketing Mannheim GmbH/ Atelier Markgraph GmbH 014; Städte-Netzwerk NRW 327; steco-system-technik GmbH & Co. KG 063; Sternevent GmbH 358; Stiftung Dianino 209; Stiftung Freilichtmuseum am Kiekeberg 240; Stiftung Frieder Burda 165; Stiftung Künstlerdorf Schöppingen 254; SynEnergie GmbH 190; Technische Fachhochschule Wildau/News & Media Berlin 267; Technologie-Centrum Hannover 055; teenex e.V. 249; Testo AG 092; TEUTLOFF 199; Thalia Theater Halle 144; Theis, Marc 337; Theodoro da Silva, Alciro 039; TheoPrax Zentrum 303; Thomas Mayer Archive 156; ThyssenKrupp Stainless AG 110; tjfbv e.V./barrierefrei kommunizieren! 179; Tradowsky, Uriel 025; Trautner, K. 308; TU Braunschweig 251; TU Darmstadt 189; TÜV NORD AG 285; UFT Forschungsbereich II Biodiversität 292; Ulrich, Bettina 364; Universität Kassel 289; Universität Paderborn 342; Universum Science Center Bremen 263; unsicht-bar(r) GmbH Köln 357; Unternehmergymnasium Bayern 136; UVEX WINTER HOLDING 115; v. Bodelschwinghsche Anstalten Bethel 217; VDE e.V. 076; Veit, Mette 160; Verein Helfende Hände e.V. 203; Virtual Dimension Center Fellbach 107; Viva con Agua e.V. 226; Voith Turbo Scharfenberg GmbH & Co. KG 068; Wagner, Thomas 072; Weeck, Marika 192; Weinmann Geräte für Medizin GmbH & Co.KG 112; Westermann, Michael 247; Westfälische Wilhelms-Universität Münster 139; WFMG Wirtschaftsförderung Mönchengladbach GmbH 163; wilhelm.tel GmbH 043; Wilkhahn 106; Wirtschaftsjunioren Westerwald-Lahn 137; Wirtz, Madlen 097; Wissensmanagement in der Praxis 094; Witthauschule 127; Wohnstätte Kiebitzhof WfbM/Birth, Gerhard 214; Wujtschik, Corina 334; Wulff, Stephanie 029; www.photocase.com 177; Wycisk, P. 257; zeitort.de/Hohmuth, Jürgen 346; Zentralrat der Juden/Bäcker, Rolf 205; Zisterziensermuseum Kloster Walkenried/Jentsch, Günter 213; ZMO/Schutz, Michael 271; Zukunft Leben 131; Zweckverband 345; Zweibrüder Optoelectronics GmbH 103

Meine Ideen

Impressum

www.land-der-ideen.de
www.land-of-ideas.org

Herausgeber: Land der Ideen - FC Deutschland, Berlin
Gestaltung: Scholz & Friends, Berlin
Kartografie: © MAIRDUMONT, Ostfildern
Druck: Firmengruppe APPL, aprinta druck, Wemding
Buchbinderische Verarbeitung: Kolibri, Schwabmünchen
Satz/Repro: Typomedia GmbH, Ostfildern